Berlin wird Kaiserstadt

Panorama einer Metropole
1871–1890

Ruth Glatzer

Berlin wird Kaiserstadt

Panorama einer Metropole
1871–1890

Einleitung von
Lothar Gall

Siedler Verlag

Die Deutsche Bibliothek – CIP-Einheitsaufnahme

Panorama einer Metropole: Berlin wird Kaiserstadt /
Ruth Glatzer (Hrsg.). Einl. von Lothar Gall. –
1. Aufl. – Berlin: Siedler, 1993
ISBN 3-88680-474-7
NE: Glatzer, Ruth [Hrsg.]

Der Siedler Verlag ist ein Unternehmen
der Verlagsgruppe Bertelsmann.

Umschlag: Brigitte und H. P. Willberg, Eppstein
Redaktion: Ditta Ahmadi, Berlin
Reproduktionen: Duplex, Berlin
Satz: LVD GmbH, Berlin
Druck und Bindung: Mohndruck, Gütersloh
Printed in Germany 1993
ISBN 3-88680-474-7

Inhalt

Lothar Gall
Das Berlin der Bismarckzeit 11

Von der preußischen Residenz
zur deutschen Reichshauptstadt 25

Der Krieg ist zu Ende: Die Siegesparade der heimkehrenden Truppen am 16. Juni 1871 · Zwischen Bewunderung und Spott: die Hauptstadt des neuen Reiches im Urteil der Zeitgenossen · Der Ausbau des Regierungsviertels · Bismarcks Kleinkrieg mit den Stadtbehörden · Der alte Reichstag in der Leipziger Straße – ein dreiundzwanzigjähriges Provisorium · Diskussion um den Sitz der obersten Volksvertretung: das »unruhige« und »radikale« Berlin nicht geeignet? Von Bismarck bis Bebel – die Parteien im ersten deutschen Reichstag · Die Veränderung des Stadtbildes in den siebziger Jahren · Die Siegessäule · Bauboom und Terrainspekulation · Größer, aber nicht schöner: die Entwicklung Berlins zur Mietskasernenstadt · »Die Häuser sind voll, übervoll, aber der Strom der Einwanderung läßt nicht nach«: Barackensiedlungen, Obdachlose und Asylbewohner · Der Protest der Exmittierten: Barrikadenkämpfe in der Blumenstraße

Der Milliardensegen – Berliner Wirtschaft
zwischen Gründerboom und Gründerkrach 85

Die französischen Milliarden bringen den Wirtschaftskreislauf in Schwung · Spekulationsfieber und Gründertaumel · Laskers Enthüllungen im preußischen Abgeordnetenhaus: »Ein drastisches Bild der verderblichsten Korruption« · Aschermittwoch in Berlin: der Börsenkrach von 1873 und die Folgen · Berliner Wirtschaft in der Krise · Das Urteil des Auslands: »billig und schlecht« · Die Berliner Gewerbe-

ausstellung von 1879 · Der Übergang von handwerklicher Einzelfertigung zur industriellen Serienproduktion gewinnt an Tempo · Die wirtschaftlichen Früchte der Einigung · Das Notwendige, das schwer zu machen ist: einheitliches Münz-, Maß- und Gewichtssystem für ganz Deutschland · »Der Taler ist tot, es lebe die Mark!« · Der erschütterte Glaube an die Segnungen des freien Marktes: Massenarbeitslosigkeit, Kurzarbeit und sinkende Löhne in Berlins Industrie und Handwerk · 22. März 1877: Kaisers 80. Geburtstag und Massendemonstrationen Arbeitsloser auf dem Alexanderplatz · Die Entwicklung der Sozialdemokratie bis zum Erlaß des Sozialistengesetzes · Die »Ära Tessendorf«: Verbote, Verhaftungen, Majestäts- und Bismarck-Beleidigungsprozesse · Stöckers Christlich-Soziale Arbeiterpartei und die Antisemitenbewegung in Berlin: »Der Jude ist an allem schuld!«

Berlins Aufstieg zum Wissenschaftszentrum 130

»Die schöne Literatur ist im Augenblick ziemlich tot, aber in der Wissenschaft pulsiert das Leben.« Führende Hochschule im deutschen Sprachraum: die Friedrich-Wilhelm-Universität Unter den Linden · Die wissenschaftlichen Bibliotheken der Hauptstadt – alles andere als benutzerfreundlich · Naturwissenschaftler von Weltruf und ihr Wirken in Berlin: Virchow, Robert Koch, Ernst von Bergmann, Du Bois-Reymond, Wilhelm von Hofmann, Emil Fischer, Hermann Helmholtz · Die Gründung der Physikalisch-Technischen Reichsanstalt und der Technischen Hochschule Charlottenburg · Im Dienste populärer Wissensvermittlung: die Urania in der Invalidenstraße · Streit um den Darwinismus: »staatsgefährlich, gesellschaftsgefährend«? Die Geisteswissenschaften an der Universität Unter den Linden · Der Historiker Treitschke: »Pastor, Lyriker und Lieutenant in einer Person« · Der »Kathedersozialismus« · Glanzvolle Namen in der Berliner Altertumswissenschaft

»Ein frischer Luftzug fehlt«
Literatur und Kunst nach der Reichsgründung 161

Literarische Neuerscheinungen 1878 · Kolportageliteratur und Leihbibliotheken · Die gesellschaftliche Stellung des Schriftstellers: »Kunst ist nichts, Geheimrat ist alles.« Schwierigkeiten eines Dichterlebens in Berlin: Fontane · Berliner

Theaterzustände in den siebziger Jahren · Das Gastspiel der Meininger · Das offizielle Kunstleben in Berlin · Zwischen Publikumsgefälligkeit und ideologischer Repräsentanz · Beinahe schon im Ruf eines Klassikers: Adolph Menzel · Der Aufstieg der Berliner Museen zur Sammlung von Weltrang.

Auf dem Weg zur Musikmetropole 192

Singakademie und Hochschule für Musik · Das Joachim-Quartett – ein Höhepunkt der Kammermusikkultur · Bilses populäre Konzerte im Konzerthaus am Dönhoffplatz · Die Gründung des Philharmonischen Orchesters · Neue Impulse für das Berliner Musikleben: das Wirken Hans von Bülows als Pianist, Dirigent und Wegbereiter moderner Musik · Die Hofoper im Glanz ihrer Stars – das Repertoire: »eine Rumpelkammer« · Blütezeit der Operette in Berlin

Vom Hofball bis zur Hasenheide – Freizeitvergnügen und geselliges Leben in Berlin 209

Berliner Familienleben in den siebziger Jahren · Das beliebteste Wochenendvergnügen der Hauptstädter: ein Ausflug »ins Jrüne« · Sommerwohnungen und Biergärten · Alte und neue Parkanlagen · Das Radfahren wird Mode · Anfänge des Sports in Berlin: Radrennen und Pferderennen, Ruder- und Segelsport · Eine kleine, aber begeisterte Gemeinde: die Leichtathleten · »Der Berliner amüsiert sich gern und leicht, nur darf das Vergnügen nicht teuer sein«: Panoptikum, Vergnügungspark Hasenheide, die »Spezialitätentheater« · Berlins bekanntestes Varieté: der Wintergarten · Die Entwicklung der Friedrichstraße zur berühmtesten Amüsiermeile Berlins. · Die Vergnügen der guten Gesellschaft · Ballsaison in Berlin · Die Rolle des Militärs im öffentlichen und gesellschaftlichen Leben: »Es wird regelrecht eng in der Straße, wenn ein preußischer Offizier vorbeikommt.«

Berlin unterm Sozialistengesetz 250

Schüsse Unter den Linden – die Kaiserattentate vom 11. Mai und 2. Juni 1878 · Die antisozialistische Hysterie beginnt · Das Gesetz gegen die gemeingefährlichen Bestrebungen der Sozialdemokratie · 28. November 1878: über Berlin wird der

»kleine Belagerungszustand« verhängt · Ausweisungen, Presseverbote, Vereinsschließungen · Das Spitzelwesen blüht · Wachsende Unzufriedenheit mit Bismarcks Kanzlerdiktatur · Die Anfänge der Sozialgesetzgebung: »ein paar Tropfen sozialen Öls im Rezepte« sollen die Arbeiter dem Einfluß der Sozialdemokraten entziehen · Das Ende der »milden Praxis«: Puttkamers »Streikerlaß« gegen wachsende Aktivitäten der Gewerkschaften.

Berlin – ein großer Bauplatz.
Stadtentwicklung in den achtziger Jahren 275

Gotik und Renaissance – kunsthistorisches Fassadenbabel bei der Errichtung neuer Prachtbauten · Auf dem Wege zu einer sauberen und gesunden Stadt: Kanalisation und Wasserversorgung · Die Wunder der Elektrizität · Markthallen kontra Wochenmärkte · Spreeregulierung und Umgestaltung des Mühlendamms · Gotik und Renaissance – kunsthistorisches Fassadenbabel bei der Errichtung neuer Prachtbauten · Die Entwicklung des Berliner Verkehrs · Pferdeomnibus und Pferdestraßenbahn · Kompetenzgerangel um den Aufbau eines leistungsfähigen Straßenbahnnetzes · Die erste elektrische Straßenbahn der Welt 1881 in Lichterfelde · Ein neues Verkehrsmittel verändert das Gesicht der Stadt: »Eine Fahrt mit der Berliner Stadt- und Ringbahn zählt nun zu dem Interessantesten, was die deutsche Reichshauptstadt zu bieten hat.« · Die Entwicklung der Vororte · Der Zug nach dem Westen · Der Ausbau des Kurfürstendamms · Ein Besuch in der Villenkolonie Grunewald · Berlin am Ende des Jahrzehnts: die am dichtesten besiedelte Stadt der Welt · Menschenunwürdige Wohnverhältnisse für 600 000 Berliner · Die ungebremste Macht der Bauspekulanten · Volksseuchen und hohe Sterblichkeitsziffern – Erfahrungen und Erlebnisse eines Kassenarztes im Berliner Norden.

Industriestandort Berlin 319

Die Randwanderung der Berliner Industrie · Das Produktionsprofil der Wirtschaft erweitert und modernisiert sich · Glanz und Elend der Berliner Konfektionsindustrie · Werner Siemens und die Entwicklung der Berliner Elektroindustrie · Zwischen Begeisterung und Skepsis – die Einführung des Telephons · Bankenplatz Berlin · Zunehmende Verflechtung von Industrie- und Bankkapital · Das Kolo-

nialfieber · Die sozialen Widersprüche wachsen · Arbeits- und Lebensbedingungen der Berliner Fabrikarbeiter · Die Geißel der Arbeitslosigkeit · Zunehmende Nachfrage nach weiblichen Arbeitskräften: mehr Arbeit, weniger Lohn

Gegen die Diktatur der Alten – die Kunstopposition formiert sich 339

Die Gründung des Deutschen Theaters, ein Markstein in der Berliner Theatergeschichte · Der »naturalistische« Protest der Jungen: Manifeste und Anthologien, Zeitschriften und Vereinsgründungen · Der Friedrichshagener Dichterkreis · Für und wider Ibsen · Die Gründung der Freien Bühne · »Skandalautor« Gerhart Hauptmann · Der Siegeszug des »sozialen Dramas« · Polizeischikane gegen Sudermanns Drama »Sodoms Ende« · Junge und Alte im Berliner Kunstleben der achtziger Jahre · Der Kunstsalon von Fritz Gurlitt: Bahnbrecher der Moderne · Die erste Ausstellung französischer Impressionisten in Berlin · Max Klinger, Käthe Kollwitz, Lesser Ury · Ein Künstler von Weltgeltung: Max Liebermanns Weg in Berlin

Das Ende einer Ära 374

Das Dreikaiserjahr 1888: Tod und Begräbnis Wilhelms I. · Der 99-Tage-Kaiser Friedrich III. · Ein junger Monarch sucht sein Profil: »Von ihm wurde fast so viel geredet wie vom Wetter – meistens kritisch.« Das »Huldigungsgeschenk« der Stadt Berlin für Wilhelm II.: der Neptunbrunnen · Das Scheitern des Sozialistengesetzes · Reichstagswahlen 1890: Die Sozialdemokratie wird nach zwölf Jahren ausnahmegesetzlicher Verfolgung stärkste Partei in Berlin · Zunehmende Widersprüche innerhalb der Regierungsparteien · Die Entlassung Bismarcks · Ende oder Neubeginn?

Anhang

Nachbemerkung 388
Straßenvergleichsregister 390
Literaturverzeichnis 391
Personenregister 398
Nachweise 416

Lothar Gall

Das Berlin der Bismarckzeit

Jede Stadt, die diesen Namen verdient, verkörpert so etwas wie einen Mythos – im Bewußtsein ihrer Bewohner wie ihrer Umwelt. Wie sich dieser Mythos bildet, wie er sich wandelt oder auch gegenüber allen unübersehbaren Wandlungen und Veränderungen erhält, ist schwer zu sagen. London sei schon längst nicht mehr London, Rom nicht mehr Rom, Paris nicht mehr Paris, lautet in entsprechenden Variationen eine beliebte Redewendung. Der Mythos wird hier gegen die Wirklichkeit ins Feld geführt, für ihn ein höheres Maß an Realität beansprucht als das, was die jeweilige Gegenwart besitzt. Im Mythos, so die dahinterstehende Vorstellung, sei der wahre Charakter, die ursprüngliche Individualität einer Stadt gleichsam geronnen und verdichtet.

In diesem Sinne haben sich in unseren Tagen viele auf die Suche nach dem »wahren Berlin« gemacht, dessen »Wahrheit« sie freilich, wenngleich jeweils in ganz unterschiedlichen Richtungen, schon längst gefunden zu haben glauben. Das zum Teil außerordentlich leidenschaftliche Ringen um die künftige äußere Gestalt der Stadt spiegelt das ebenso wider wie die Auseinandersetzung um ihre Stellung im wiedervereinigten Deutschland und im neuen Europa. Stets geht es dabei, selbst in den Aufrufen zu radikaler Abkehr von der Vergangenheit, um Geschichte. Von historischen Epochen, die den Charakter der Stadt, positiv oder negativ, entscheidend bestimmt hätten, ist die Rede, von Irrwegen und Abwegen, von dem Zu-sich-selbst-Finden oder von dem Verlust des Charakters. Es ist wie eine Suche nach dem archimedischen Punkt in der Geschichte Berlins, und nichts führt denn auch die gegensätzlichen, einander widersprechenden Positionen bei dieser Suche rascher zusammen als die Behauptung, das eigentliche Wesen der Stadt bestehe gerade in ihrer Charakterlosigkeit oder, milder gesagt, in dem ständigen dramatischen Wandel ihres Charakters: das kurfürstliche, das friderizianische, das vormärzliche Berlin, das Berlin der Kaiserzeit, der »goldenen Zwanziger«, des Dritten Reiches oder der Nachkriegszeit hätten lediglich den Ort gemeinsam.

Eine solche Behauptung ist natürlich eine bewußte Übertreibung. Aber wer sich in die in diesem Band versammelten Zeugnisse über das Berlin der Bismarckzeit, die Hauptstadt des eben, 1871, neu gegründeten Deutschen Reiches, vertieft, der taucht in eine Welt ein, die uns so fern gerückt erscheint wie nur möglich. Auch das Berlin der Kaiserzeit ist im heutigen Berlin kaum noch präsent. Und sofort stellt sich damit wieder die Frage, was der eigentliche Grund für den Eindruck großer Ferne und Distanz sei: die noch fortdauernde Dominanz der Tradition, des »klassischen« Berlin in jener Zeit trotz aller dramatischen Veränderungen oder aber die gesteigerte epochenspezifische Modernität, die dann rückblickend wie alle gesteigerte, forcierte Modernität als besonders abgelebt erscheint?

Ganz sicher freilich ist, daß nicht das friderizianische, das Berlin Schinkels, das »Spreeathen« die Aufmerksamkeit und die Menschen damals zunehmend anzog und die Stadt bald förmlich explodieren ließ, sondern der Vorort der offenbar in immer schnellerem Tempo heraufziehenden neuen, der modernen Welt. Ungeheure Chancen schienen sich hier, im politischen und bald auch ökonomischen und finanziellen Zentrum der neuen europäischen Großmacht, dem einzelnen wie den verschiedenen wirtschaftlichen, gesellschaftlichen und auch kulturellen Gruppen und ihren Unternehmungen zu eröffnen, mit den herandrängenden bürgerlichen Eliten an der Spitze – ähnlich wie in jenen Jahrzehnten in St. Petersburg und Wien, deren Entwicklung sich auch sonst am ehesten mit derjenigen Berlins vergleichen läßt. Und wenn auch die Weltwirtschaftskrise von 1873 und ihre Folgen den übersteigerten Erwartungen rasch einen Dämpfer aufsetzten, so blieb doch die Dramatik des wirtschaftlichen und gesellschaftlichen Wandels und mit ihm des äußeren Erscheinungsbildes und der inneren Struktur der Stadt fast ungeschmälert erhalten.

Von völligem Gesichtsverlust der Stadt war in Reaktion darauf immer häufiger die Rede, von Zerstörung entscheidender Grundlagen der städtischen, der im eigentlichen Sinne bürgerlichen Kultur. Berlin verliere sein Wesen, seinen Charakter, entwickle sich zu einem modernen Babylon, in dem im übertragenen Sinne bald niemand mehr die Sprache des anderen verstehe, so die wiederholte Klage. Überhaupt begleitete so etwas wie ein Dauerlamento die Entwicklung der preußischen und nunmehr auch deutschen Hauptstadt zu einer in Mitteleuropa alle bisher bekannten Maßstäbe sprengenden modernen Megalopolis: Dreihunderttausend Einwohner zählte Berlin in Theodor Fontanes Jugend und rund zwei Millionen waren es bei seinem Tode geworden. Alle Vertrautheit, ja, alle Orientierung drohte darüber verloren zu gehen.

Unmittelbar anschaulich wurde das an der Revolution des Verkehrswesens der Stadt, die der Stadtbahnbau einleitete. Binnen eines knappen Jahrzehnts veränderten sich durch ihn sowohl das Stadtbild als auch alle gewohnten Wege und Distanzen von Grund auf. Mit dem explosionsartigen Wachstum der Stadt, das dadurch weiter vorangetrieben wurde, wurden die geborenen Berliner rasch zu einer Minderheit, und was anderswo der öffentliche Raum schlechthin, die faßbare gesellschaftliche Wirklichkeit des städtischen Lebens war, auch in den nicht- und unterbürgerlichen Schichten ein Bürgerbewußtsein stiftete, löste sich im alltäglichen Bewußtsein mehr und mehr auf, wich den Abstraktionen der modernen Untertanen- und Wirtschaftsgesellschaft. Kein Wunder, so nicht nur die Konservativen, sondern auch viele Vertreter des Bürgertums, daß hier die radikale Linke, die Sozialdemokratie mit ihren klassenkämpferischen, eine übergreifende, eben »bürgerliche« Gemeinschaft leugnenden Parolen, einen im Vergleich selbst mit den am weitesten entwickelten Gebieten des Reiches weit überproportionalen Anteil an der Wählerschaft gewann: Bei den Reichstagswahlen von 1881 waren es bei den sogenannten Entscheidungswahlgängen, also den Stichwahlen, mehr als 45 Prozent. Das schlug auf die Zusammensetzung der Stadtregierung nicht durch, da hier ein anderes, an Besitzqualifikationen gebundenes Wahlrecht herrschte. Aber es war ein Spiegelbild der Stimmungen und Herausforderungen, mit denen sich die Stadt konfrontiert sah und die ihre politisch führenden Kräfte zu Antworten zwang, die ihrerseits die Entwicklung weiter dynamisierten und beschleunigten.

Hauptträger der Stadtpolitik waren zwar zunächst die Nationalliberalen, die im Reich mit Bismarck zusammenarbeiteten und mit Arthur Hobrecht und dann vor allem, seit 1878, mit Max von Forckenbeck den Oberbürgermeister stellten. Aber es war deutlich ihr linker Flügel, und die konservative Wende im Reich nach 1878/79 führte sie in immer entschiedenere Opposition zur Reichspolitik und zur Politik der preußischen Regierung, die sich in »ihrer« Hauptstadt zunehmend isoliert fand und, gemeinsam mit dem Hof, die berlinkritischen Tendenzen von rechts verstärkte. Bismarck selber sprach in den achtziger Jahren voller Erbitterung von dem »Fortschrittsring«, der die Stadt beherrsche – wobei ihm die englische Konnotation von »Ring« als einer dubiosen Vereinigung durchaus geläufig war.

Das zielte vor allem auf die scharfe Opposition der liberalen »Sezessionisten«, zu deren Führern Forckenbeck gehörte, gegen die konservative Wirtschafts- und Sozialpolitik des Kanzlers nach 1878, gegen dessen Versuche, den Einfluß des Parlaments und der liberalen Öffentlichkeit immer weiter zurückzudrängen. Es zielte aber auch und nicht zuletzt auf die Alternativen, die hier in sachlicher Hinsicht wie im Umgang mit den verschiedenen Kräften einer sich rasch wandelnden Gesellschaft formuliert wurden. Kooperation und zeitgerechte, an den konkreten Problemen und Bedürfnissen orientierte Reformen lautete dabei die Devise. Bezogen auf die Stadt hieß das, daß man nicht mehr alles dem freien Spiel der Kräfte überlassen dürfe, daß Stadtplanung und Stadtsanierung, Energie- und Wasserversorgung, der Verkehr und das Gesundheitswesen, der Bau von Schlachthöfen und Markthallen, die Errichtung und Unterhaltung öffentlicher Gärten und Parks, auch der Friedhöfe, kurz, alles, was die sogenannte Infrastruktur eines städtischen Gemeinwesens betraf, das an Zahl der Menschen schon bald eine ganze Reihe von Einzelstaaten des deutschen Reiches übertraf, Gemeinschaftsaufgaben seien, deren Bewältigung nicht nur eine gewaltige Kraftanstrengung, sondern auch ein politisches Umdenken erforderte. Weder mit den Methoden des Obrigkeitsstaates noch mit denen der traditionellen städtischen Honoratiorenverwaltung war hier noch voranzukommen. Es galt mit Hilfe einer in vielen Bereichen ganz neu aufzubauenden städtischen Bürokratie und in Emanzipation von dem in vielen Bereichen vorherrschenden staatlichen Einfluß jeweils Lösungen zu erarbeiten, die einerseits den Geboten der Zweckrationalität entsprachen und andererseits den Betroffenen und Beteiligten als dem Gemeinwohl und dem Allgemeininteresse dienlich vermittelt werden konnten.

Ein ähnlicher Weg wurde in den achtziger Jahren auf zahlreichen Gebieten auch im Reich und in vielen Einzelstaaten beschritten. Es handelte sich um den schrittweisen Übergang zum modernen Interventionsstaat. Der entscheidende Unterschied aber bestand darin, daß hier, auf der Ebene des Reiches und der meisten Bundestaaten mit Preußen an der Spitze, der Interventionsstaat Obrigkeitsstaat blieb – äußerlich verkörpert nicht zuletzt in der überragenden Rolle, die das Militär auf allen Ebenen des gesellschaftlichen Lebens und im Erscheinungsbild der Stadt spielte; aus »Spree-Athen« sei, so notierte ein Wiener Besucher, ein »Spree-Karthago« geworden: »Man findet wohl in keiner anderen Großstadt so viele Straßen und Plätze, die nach Schlachten und Feldherren benannt sind.« Demgegenüber setzten die Wortführer des Interventionsstaates im Bereich der Stadt zunehmend auf die Kooperation der verschiedenen politischen und gesellschaftlichen Kräfte und auf die Öffentlichkeit; bezeichnenderweise war Forckenbeck als Mitglied des preußischen Abgeordnetenhauses und des Reichstags in immer schärferer Frontstellung gegen das von ihm so genannte »System Bismarck« schon früh ein Wortführer einer konsequenten Parlamentarisierung.

Direkt vor den Augen der Reichs- wie der preußischen Regierung und zustimmend begleitet von einer mehrheitlich linksliberalen hauptstädtischen Presse – der »Vossischen Zeitung«, der »Berliner Volks-Zeitung«, dem 1872 gegründeten »Berliner Tageblatt«, der »Berliner

Zeitung« und Eugen Richters »Freisinniger Zeitung« – entfaltete sich hier also ein alternatives politisches System, das, wenn es Erfolg hatte, für die bestehende Ordnung und Machtverteilung im Reich gefährlicher werden konnte als alles andere. Das erklärt die Erbitterung und das tiefe Mißtrauen, mit denen der Chef der preußischen wie der Reichregierung die Entwicklung in der Hauptstadt verfolgte, die erneut, wie während des Verfassungskonflikts der sechziger Jahre, zu einer, wie man gesagt hat, »Metropole der Opposition« wurde.

Dabei war der Ausgangspunkt zunächst ganz ähnlich gewesen. Sowohl der Kanzler als auch die Wortführer einer neuen städtischen Politik in der Hauptstadt wie an vielen anderen Orten sahen, daß es mit dem freien Spiel der Kräfte in allen Bereichen des wirtschaftlichen und gesellschaftlichen Lebens in der bisherigen Form nicht weitergehen könne. Zu deutlich zeigte die Idee einer Art vorgegebenen, einer »prästabilierten« Harmonie der sozialen Ordnung ihre Kehrseite – am deutlichsten und erschreckendsten vielleicht im Zentrum des neuen Reiches, in der Hauptstadt selber.

Im Fieber der Gründerzeit blieben Wohnungsbau und Stadtentwicklung, Verkehr und Energieversorgung, Marktstruktur und Abfallbeseitigung weitgehend der sich immer hemmungsloser entfaltenden privaten Spekulation überlassen. Die Stadt wucherte ebenso rasch wie wildwüchsig. Den Preis aber zahlten diejenigen, die auf dem völlig liberalisierten Markt nicht mithalten konnten, die als Mieter und Konsumenten den Bedingungen der Terraingesellschaften, der Grundstücks- und Wohnungsspekulanten, der »Baubanken«, der privaten Versorgungs- und Entsorgungsinstitute, der, wie es ein Zeitgenosse ausdrückte, »Allmacht der Spekulation« nicht gewachsen waren. Halb Berlin befand sich in den siebziger Jahren auf dem Umzug beziehungsweise saß, auf der Suche nach einer preiswerteren und dazu einigermaßen verkehrsgünstigen, aber auch nach einer etwas größeren, menschenwürdigeren Wohnung, sozusagen auf gepackten Koffern – ein Fünftel der Berliner Bevölkerung lebte Ende 1871 in »übervölkerten Kleinwohnungen«, sprich Wohnungen mit einem beheizbaren Zimmer und einer Durchschnittsbelegung von sieben bis acht Personen! »Man kann einen Menschen durch eine schlechte Wohnung töten wie mit einer Axt. Das Sprichwort stimmt nicht«, so der 1865 geborene bekannte Sozialpolitiker Adolf Damaschke über die Wohnverhältnisse seiner Jugendzeit: »Eine Axt ist noch eine ritterliche Waffe, und der Tod durch sie ist in der Regel schnell und leicht.«

Barackenstädte und förmliche Slums entstanden mit bisher in Mitteleuropa so nicht beobachteten Zuständen, die den Schauerberichten der Reisenden aus London gleichkamen oder sie gar übertrafen. Die Kriminalität wuchs sprunghaft an. Es kam zu spontanen Krawallen, die vor allem aus der Wohnungsnot resultierten; einen ersten

Höhepunkt bildete der sogenannte Blumenstraßenkrawall vom Sommer 1872. Beidem, solchen spontanen Unruhen wie der wachsenden Kriminalität, stand die zahlenmäßig ganz schwache, ungenügend ausgebildete und ausgerüstete Polizei weitgehend hilflos gegenüber, was das Gefühl der Unsicherheit, vor allem natürlich innerhalb des städtischen Bürgertums, aber zunehmend auch in breiteren Schichten, weiter verstärkte.

Dazu kam, daß die äußeren Lebensbedingungen in vielen Teilen der neuen Hauptstadt alles andere als erfreulich waren. Weder der Straßenbau noch das Verkehrswesen noch die Stadthygiene hielten mit dem vielfach ganz regellosen Wachstum der Stadt mit, die zu Beginn der siebziger Jahre nur einen Bruchteil, nicht einmal ein Zehntel ihres heutigen Umfangs besaß und in einer knappen Stunde zu Fuß durchquert werden konnte: Im Westen beispielsweise endete sie 1890 am Nollendorfplatz; dort, wo heute Kurfürstenstraße und Budapester Straße zusammenstoßen, lag damals noch die alte Gärtnerei, die Fontane in »Irrungen, Wirrungen« beschrieben hat. In Zeiten starker Regenfälle verwandelten sich drei Viertel der Stadt in einen tiefen Morast, der sich aus Abwässern, Baudreck und von Baufahrzeugen aufgewühltem Erdreich zusammensetzte. Selbst in den älteren Teilen blieben die hygienischen Verhältnisse vielerorts weit hinter dem zurück, was anderswo in puncto Kanalisation und Abwässerbeseitigung bereits erreicht war; erst seit den späten siebziger Jahren erhielt die Stadt schrittweise ein, nun allerdings hochmodernes, Kanalisationssystem. »Zu beiden Seiten der Fahrstraße«, so schilderte ein Zeitgenosse die Verhältnisse, »liefen Rinnsale bis zu Halbmetertiefe, in denen die Niederschlagswässer und die Hausabwässer sich in duftausströmender Mischung vereinigten und ihren Lauf schließlich zu dem sogenannten ›grünen‹ Strand der Spree, ihren majestätischen Zuflüssen und den Kanälen nahmen. Bei dem geringen Gefälle konnten sich diese Rinnsalgewässer gehörig Zeit gönnen, bis sie ihren Weg durch die Stadt zurückzulegen vermochten. Das hatte seine ganz besonderen Annehmlichkeiten in den Sommermonaten.«

Kurz, das freie Spiel der Kräfte, das auf dem Wohnungsbausektor durch eine überaus »liberale« Bauordnung noch zusätzlich begünstigt wurde, die an Straßen von mehr als fünfzehn Metern Breite beliebige Bauhöhen zuließ und für die Hinterhöfe nur eine Mindestgröße von eben 28 Quadratmetern (für die »Feuerspritze«) vorschrieb, ließ die stürmisch wachsende Stadt in weiten Bereichen immer unwirtlicher werden. Die sozialen und politischen Probleme, die damit verbunden waren, multiplizierten sich in den Jahren der sogenannten Großen Depression nach dem wirtschaftlichen »Krach« des Jahres 1873 immer dramatischer. Sie erzwangen schließlich mit

Macht jene Wendung zum Interventionsstaat auch auf der städtischen Ebene, von der schon die Rede war.

Das Bild Berlins in der Kaiserzeit, deren erster, der »Bismarckschen« Hälfte, dieser Band gewidmet ist, haben diese dramatischen Entwicklungen und die vielfach menschenunwürdigen Zustände, die ihnen zugrundelagen und die sie begleiteten, freilich nur sehr zum Teil bestimmt. Die auswärtigen Besucher, deren Zahl gleichfalls stürmisch anwuchs – von täglich 5 000 in den Jahren vor der Reichsgründung auf rund 30 000 in den Jahren danach – nahmen sie nur begrenzt zur Kenntnis. Und auch die Bewohner der Stadt selber hielten sich, zumal im Rückblick, vielfach lieber an die glänzenderen, die eindrucksvolleren Seiten.

Zu ihnen zählte die unmittelbare, gleichsam täglich zu beobachtende Präsenz der großen Politik mit ihren Institutionen und den in ihnen wirkenden Personen. Dazu zählte aber nicht minder auch die Bedeutung, die Wissenschaft und Kunst von der neuen Reichshauptstadt aus entfalteten, indem sie von überall her die ersten Köpfe heranzogen und versammelten.

Was das politische Berlin angeht, so dominierte im Äußeren zunächst weithin das Provisorium. Vor allem an der Wilhelmstraße erwarb das Reich eine Reihe von Privathäusern, meist noch aus dem 18. Jahrhundert stammende, recht bescheidene und oft nur zweistöckige kleine »Palais«, die durch An- und Umbauten einigermaßen den Bedürfnissen der hier angesiedelten neuen Zentralverwaltungen angepaßt wurden; ein erheblicher Teil der Beamtenschaft – deren Zahl freilich noch kaum der einer heutigen Bezirksverwaltung entsprach – wurde zunächst in angemieteten Räumen einzelner Privathäuser untergebracht. Erst Mitte der siebziger Jahre wurde das neben dem Auswärtigen Amt gelegene Radziwillsche Palais für zwei Millionen Taler als künftiger Sitz des Reichskanzlers erworben, der nach langwierigen Umbauten 1878 dorthin umzog.

Noch provisorischer war das neue Zentralparlament, der Reichstag, untergebracht. Im Frühjahr und Sommer 1871 tagte es zunächst im preußischen Abgeordnetenhaus am Dönhoffplatz, einer, wie ein Zeitgenosse notierte, »elenden Halle, aus Fachwerkmauern notdürftig errichtet, mit erbärmlichen Sitzreihen für die Herren Volksvertreter«, mit unzureichender Beleuchtung und einem Oberlicht, aus dem es an Regentagen auf die Köpfe der Abgeordneten herabtropfte. Im Herbst 1871 zog man dann in das ehemalige Gebäude der Königlichen Porzellanmanufaktur an der Leipziger Straße um, das zwar etwas mehr Platz bot, ansonsten jedoch ähnliche Mängel aufwies: 1873 stürzten, nachdem es kleinere Vorfälle der Art schon vorher gegeben hatte, Teile der Decke des Sitzungssaals herab. »Wenn das letzte Stück, welches auf den Platz des Herrn von Puttkamer [des späteren preußischen Innenministers der achtziger Jahre] fiel«, so kommentierte der Fraktionschef der Zentrumspartei, Ludwig Windthorst, den Vorgang in der ihm eigenen Art, »auf den Kopf des Herrn von Puttkamer gefallen wäre, so hätte es wahrscheinlich den Hirnschädel des verehrten Herrn Kollegen eingeschlagen.« Erst 1894, ein knappes Menschenalter nach der Reichsgründung, konnte der Reichstag nach wiederholten Ausschreibungen und langen Diskussionen über die Anlage und den Stil des Hauses, das für ihn errichtete Gebäude am Rande des Tiergartens, nördlich des Brandenburger Tors beziehen.

Bis dahin hatte es im übrigen wiederholte Erörterungen darüber gegeben, ob die Entscheidung, Berlin als politische Hauptstadt und als Sitz der zentralen Reichsbehörden zu wählen, richtig gewesen sei. Schon im November 1871 hatte die konservative Berliner »Landeszeitung« vorgeschlagen, den Sitz von Regierung und Parlament nach Kassel zu verlegen. »Als Riesenstadt mit der kolossalen (hungernden) Arbeiterbevölkerung« sei Berlin, so die Begründung, »zum Sitz von unabhängigen höchsten Behörden keineswegs geeignet«. Und der Kanzler selber sekundierte dem in einer Reichstagsrede zehn Jahre später, im März 1881, vor dem Hintergrund wachsender Spannungen mit der Berliner Stadtregierung: »Ich habe mich immer dem Gedanken nicht verschließen können, daß der Reichstag und die Zentralbehörden besser in einer anderen, weniger bevölkerten und der Unruhe weniger ausgesetzten Stadt wie Berlin ihre Sitzungen hielten.«

Von ernstzunehmenden Plänen, die bestehende Situation zu ändern, konnte freilich zu diesem Zeitpunkt keine Rede mehr sein. Berlin war, trotz vieler Provisorien und Probleme, die etablierte politische Hauptstadt des neuen Reiches und bezog aus dieser Tatsache, bei aller wachsenden Kritik an der aktuellen Politik der Reichsregierung, einen guten Teil seines Selbstverständnisses. Mit Befriedigung registrierten die Berliner, daß ihre Stadt als politische Verkörperung der Nation – bis in den Sprachgebrauch hinein – zunehmend mit den älteren nationalen Metropolen wie London, Paris oder Madrid gleichzog.

Dazu trug nicht zuletzt bei, daß die Stadt sich vor allem in Wirtschaft und Wissenschaft, aber auch, wenngleich mit mancherlei Abstrichen, in den Künsten, insbesondere in der Musik, mehr und mehr zu einem nationalen Zentrum entwickelte. Am raschesten setzte sich dieser Prozeß auf dem Gebiet der Wissenschaft durch, wo Berlin schon in den Jahrzehnten davor, getragen von der zu Beginn des 18. Jahrhunderts gegründeten Akademie und dann vor allem von der 1810 ins Leben gerufenen Universität, eine führende Rolle gespielt hatte und diese nun kontinuierlich ausbaute – beides freilich in einem quantitativen Rahmen und mit Zahlenverhältnissen zwischen Lehrenden und Studierenden, die aus der Perspektive heutiger Massenuniversitäten kaum noch vorstellbar scheinen: 1877 war an der Berliner Universität die Zeitgenossen als enorm und kaum noch vertretbar geltende Zahl von rund zweitausend Studierenden eingeschrieben, denen 181 Lehrende gegenüberstanden.

Juristen wie Rudolf Gneist und Georg Beseler, Historiker wie Johann Gustav Droysen und Theodor Mommsen und natürlich noch Leopold von Ranke, der Ägyptologe Richard Lepsius, der klassische Philologe Ernst Curtius, Naturwissenschaftler wie der Anatom und Pathologe Rudolf Virchow, der Chemiker August Wilhelm von Hofmann und der Physiologe Emil Du Bois-Reymond hatten schon in den fünfziger und sechziger Jahren den Ruf Berlins befestigt, eines der führenden Zentren der Wissenschaft in Deutschland zu sein. Und zu ihnen gesellten sich nun, nach der Reichsgründung, in fast allen Fächern die ersten Namen aus dem gesamten deutschsprachigen Raum: der Jurist Otto von Gierke, die klassischen Philologen Ulrich von Wilamowitz-Moellendorff und Eduard Meyer, der Philosoph Wilhelm Dilthey, der Nationalökonom Gustav Schmoller, der Chemiker Emil Fischer, die Physiker Gustav Robert Kirchhoff und Hermann Helmholtz oder die Mediziner Ernst von Bergmann und dann Robert Koch.

Nicht weniger als vierzehn der seit 1901 vergebenen Nobelpreise gingen in den ersten Jahren nach der Stiftung an Berliner Gelehrte. Nicht nur aus allen Gebieten des Reiches, sondern aus ganz Europa, ja, auch aus Übersee strömten zunehmend Studenten und junge Wissenschaftler nach Berlin und ließen die Stadt, die 1876 auch eine rasch zu internationalem Ansehen gelangende Technische Hochschule erhalten hatte, als das neue Mekka des Geistes und der Wissenschaft erscheinen.

Nicht zuletzt von hier aus wuchsen auch die Ansprüche an das Kulturleben der Stadt, an Theater, Konzert, Oper und Ausstellungen. Die Impulse, die in dieser Richtung vom Hof und von der Politik ausgingen, waren, im Unterschied zu früheren Zeiten, eher marginal geworden, ja, alles Neue, alles Zukunftsorientierte, alles damit oft Traditionskritische stieß auf wachsenden Widerstand des »offiziellen« Berlin. Während man die großen Sammlungen und die Institutionen der Wissenschaft weiter pflegte und kontinuierlich ausbaute, neigte man im Bereich der Künste von seiten des Hofes und der Politik, wenn man sich überhaupt dafür interessierte, eher dem Volkstümlich-Leichten, dem Epigonalen, dann mehr und mehr dem Patriotisch-Bombastischen zu.

Nicht erst unter Wilhelm II., sondern schon unter Wilhelm I. und Bismarck wurde, ganz gegen die Traditionen der Hohenzollernmonarchie seit Friedrich dem Großen, der Draht zur zeitgenössischen, besser gesagt: zur zukunftsweisenden Kunst denkbar dünn – viele ihrer Vertreter waren mehr und mehr geneigt, darin eine nachdrückliche Bestätigung von Nietzsches Diktum zu sehen, das Jahr 1871 markiere die »Exstirpation des deutschen Geistes zugunsten des deutschen Reiches«. Wenn die zeitgenössische Kunst trotzdem am Sitz des Hofes und der zentralen Institutionen der deutschen Politik eine zunehmend breiter werdende Plattform und einen Resonanzboden für immer kühnere Experimente fand, so verdankte sie das, wie in vielen anderen Städten, jenen in ihrem Umfang und ihrer Bedeutung oft unterschätzten Kreisen des städtischen, insbesondere auch des jüdischen Bürgertums, die sich dem Neuen, dem Ungewohnten, auch dem Traditionskritischen gegenüber dort, wo es sich zeigte, also in der Musik, in der Malerei, im Theater, höchst aufgeschlossen zeigten; von einer ernstzunehmenden zeitgenössischen Literatur konnte dagegen mit der Ausnahme Fontanes kaum die Rede sein.

Hans von Bülow, der berühmte Dirigent, der seinem Berliner Publikum die damaligen Vertreter der musikalischen Moderne, Berlioz, Dvořák oder auch den jungen Richard Strauss nahegebracht hatte, war sich dieses Publikums völlig sicher, als er sich Anfang April 1892 nach einer der Tiraden Wilhelms II. gegen Sozialisten, Intellektuelle und die moderne Kunst mit den Worten aus dem Berliner Konzertleben zurückzog: »Seine Majestät haben in diesen Tagen geruht zu sagen, daß es für die Nörgler das beste wäre, den deutschen Staub von ihren Pantoffeln zu schütteln, um sich den elenden und jammervollen Zuständen des Vaterlandes auf das schnellste zu entziehen. Ich tue es hiermit und verabschiede mich von ihnen.« Sprach's, wedelte mit einem Seidentuch symbolisch über seine Lackschuhe und verließ das Berliner Dirigentenpult für immer.

Bis dahin freilich hatten er und andere Oper und Konzert weit emporgebracht. Die Singakademie, die 1869 gegründete Hochschule für Musik unter Leitung des berühmten Geigers Joseph Joachim, das Orchester des ehemaligen Militärkapellmeisters Benjamin Bilse, aus dem in den achtziger Jahren das Philharmonische Orchester hervorging, der philharmonische Chor, dazu, trotz aller berechtigten Kritik am ganz an der Vergangenheit orientierten Spielplan und den verstaubten Inszenierungen, auch die Königliche Oper mit ihren internationalen Stars – das waren die Säulen eines sich immer eindrucksvoller entfaltenden Musiklebens, zu dessen Ruf die Fülle der weltbekannten Solisten beitrug, die in Berlin gastierte: Clara Schumann, Anton Rubinstein, Pablo de Sarasate, Eugen d'Albert, Saint-Saëns, um nur einige Beispiele zu nennen.

Auch das Theater gewann mit der Gründung des »Deutschen Theaters« 1883 und des Lessingtheaters 1888, vor allem dann seit 1889 mit der von einem Verein getragenen »Freien Bühne«, die sich ganz den Modernen widmete, neuen Glanz. Auf Unterstützung durch das offizielle Berlin, durch den Hof und die Politik, konnte man auch hier weder in materieller noch in immaterieller Hinsicht rechnen. Im Gegenteil, die Frontstellung wurde immer ausgeprägter – der von der preußischen Regierung bestellte Berliner Polizeipräsident von Richthofen prägte damals den berühmten Satz: »Die janze Richtung paßt uns nicht.« Die Aufführungen von Gerhart Hauptmanns »Vor Sonnenaufgang« im Jahre 1889 und dann der »Weber« drei Jahre später entwickelten sich nach den Auseinandersetzungen um Ibsens »Gespenster« vor diesem Hintergrund zu förmlichen Theaterskandalen, die dem Kampf um die Moderne einen dezidiert politischen Charakter verliehen.

Wen der Hof förderte, traf von daher auf der anderen Seite immer unbesehener das Verdikt, er sei ein Mann von gestern. Das galt vor allem für den Maler Anton von Werner, in geringerem Maße auch für Reinhold Begas, den Bildhauer. Nur Adolf Menzel blieb, von allen Seiten bewundert, über den Parteiungen: Als Bismarck 1889 allen Künstlern, die preußische Beamte waren, also Lehrer an staatlichen Kunsthochschulen, die Teilnahme an der Pariser Weltausstellung untersagte, erklärte Menzel auf die Vorhaltung, er müsse sich als Kanzler des Ordens Pour le mérite dem Boykott anschließen, trocken: »Ich bin jetzt 73 Jahre alt, ich habe immer gewußt, was sich für mich schickt, und ich werde es weiter wissen« – sprach's und blieb bei seinem Entschluß, mehr als ein Dutzend seiner Werke auf der Weltausstellung zu präsentieren.

Daß die Kunst hier, wie der Kanzler und preußische Ministerpräsident meinte, aus Anlaß des hundertsten Jubiläums des Ausbruchs der Französischen Revolution zu politischen Zwecken mißbraucht werde, ließ er nicht gelten – und fand prompt den Beifall aller derjenigen, die von einem untrennbaren Zusammenhang von künstlerischer und politischer Moderne sprachen, der Lesser Ury, Max Klinger, Max Liebermann und ihres Förderers, des Kunsthändlers Fritz Gurlitt, des Herolds der Moderne im Berlin der achtziger und neunziger Jahre. In diesem Sinne sei Kunst immer auch politisch, jeder künstlerische Aufbruch zugleich ein Aufbruch zu neuen Ufern im staatlichen und gesellschaftlichen Leben, und die Haltung der Regierung dokumentiere einmal mehr, wo sie politisch und im Blick auf die drängenden gesellschaftlichen und geistig-kulturellen Probleme der Gegenwart und Zukunft stehe.

Die Einstellung zur Kunst, die sich von daher bei den Trägern und Anhängern der Regierung ergab, hat Fontane einmal lakonisch mit dem Satz kommentiert: »Kunst ist nichts, Geheimerat ist alles.« Als vergangenheitsorientierter Geheimratsstil galt von hier aus auch das meiste, was in Anlehnung an Renaissance und Barock in jenen Jahren an offiziellen Bauten errichtet wurde, beginnend mit Hitzigs 1876 vollendeter Reichsbank und gleichsam gipfelnd in Julius Raschdorffs neobarockem Dom der neunziger Jahre.

Solche Kritik am politischen Berlin, nicht nur von seiten vieler Künstler und Intellektueller, sondern erheblicher Teile des Bürgertums der Stadt, war zugleich Ausdruck des Selbstbewußtseins dieses Bürgertums, das sich, wohlhabend und auf vielen Gebieten einflußreich geworden, von der Hofgesellschaft und einer in den achtziger Jahren immer konservativer werdenden Regierung nicht mehr in die zweite Reihe drängen lassen wollte. Dazu kam ein zweites. Diese Regierung hatte sich, wie zunehmend deutlich wurde, zum Ziel gesetzt, die bestehende gesellschaftliche und politische Ordnung mit den Mitteln des ökonomischen Protektionismus und verschärfter staatlicher Repression zu erhalten.

Beides belastete eine Riesenstadt wie Berlin mit ihren Versorgungsproblemen und mit ihrer großen Arbeiterbevölkerung in besonderem Maße und traf ein Bürgertum empfindlich, das zu einem erheblichen Teil vom Handel und einer exportabhängigen Industrie lebte, mit Betrieben des Textil- und Bekleidungsgewerbes, der Metallverarbeitung, des Maschinenbaus und vor allem dann der Elektroindustrie an der Spitze. In den Chefetagen von Siemens & Halske, der in den achtziger Jahren von Emil Rathenau gegründeten AEG, der gewaltig expandierenden Werkzeugmaschinenfabrik Loewe, der Chemieunternehmen Schering, von Kunheim oder Agfa, aber auch der großen Banken, der »Deutschen Bank« oder der »Berliner Handels-Gesellschaft,« verfolgte man die ökonomische Status-quo-Politik des Reiches mit wachsendem Unbehagen.

Das galt in den achtziger Jahren auch für die staatliche Repressionspolitik gegenüber der Arbeiterbewegung und der sozialdemokratisch orientierten Arbeiterschaft mit Hilfe des im Herbst 1878 verabschiedeten und dann immer wieder verlängerten Sozialistengesetzes: So kritisch die meisten der Vertreter des Bürgertums den Sozialisten begegneten, so sahen sie doch zunehmend, daß auf diesem Wege das Ziel, die Arbeiterschaft von der Sozialdemokratie zu trennen, nicht erreicht, im Gegenteil der Arbeitsfriede immer mehr bedroht wurde.

Aus dieser doppelten Wurzel, den wachsenden Zweifeln an der ökonomischen und gesellschaftspolitischen Vernunft der Maßnahmen der Regierung und der wachsenden Diskrepanz zwischen tatsächlichem Gewicht und öffentlicher Bedeutung der Vertreter des Bürgertums, nährte sich eine Haltung, die bei manchen bereits systemkritische Züge annahm, jedenfalls aber bei einer wachsenden Zahl in scharfem Widerspruch stand zur Politik der preußischen Regierung und der Reichsregierung. Die neun Abgeordneten, die die Stadt Berlin aufgrund des preußischen Dreiklassenwahlrechts in das preußische Abgeordnetenhaus entsandte, entstammten denn auch bis 1908 durchweg dem linksliberalen, entschieden regierungskritischen Lager – in den Jahren danach ging zeitweise mehr als die Hälfte der Mandate an die Sozialdemokratie. Ebenso eindeutig waren die Verhältnisse auf der Ebene der Stadt selber, in der Stadtverordnetenversammlung. Auch dort fanden die Parteigänger der Regierung Bismarck in Preußen und im Reich je länger, je weniger ein politisches Fundament. Die linksliberale »Berliner Volks-Zeitung« gab der Mehrheitsmeinung in diesem Gremium Ausdruck, als sie aus Anlaß des Jahrestages des Todes von Wilhelm I. im März 1889 mit Blick auf die gegenwärtige Legendenbildung um den ersten deutschen Kaiser und das von ihm gestützte politische System bemerkte: »Das deutsche Volk« wird »erleichtert ›Uff‹ rufen, wenn es von Bismarck erlöst sein« wird – was prompt zum Verbot der Zeitung »auf Allerhöchsten Befehl« führte.

Hier schloß sich der Kreis. In den siebziger Jahren hatte sich eine wachsende Zahl von Vertretern des Bürgertums gegen die Auswüchse einer Wirtschafts- und Sozialpolitik des vollständigen Laissez faire gewandt und in diesem Sinne einen schrittweisen Wandel der Stadtpolitik bewirkt. Nun machten vielfach die gleichen Kräfte Front gegen die Instrumentalisierung der Interventionspolitik zur bloßen Erhaltung des Status quo und zur gewaltsamen Unterbindung des gesellschaftlichen Dialogs über Prinzipien und Ziele einer solchen Interventionspolitik, wie er auf der Ebene der Stadt inzwischen, wenn auch zögernd, zustandegekommen war – mit, wie der Kanzler argwöhnte, möglicherweise weitwirkenden politischen Konsequenzen, die das ganze herrschende politische System zu gefährden drohten.

Berlin, seine Presse, seine vorherrschenden Parteien, seine führenden gesellschaftlichen Zirkel standen schließlich, gegen Ende der achtziger Jahre, wieder, wie während des Verfassungskonflikts der sechziger, fast einmütig gegen den Mann, den die Stadt im Frühjahr 1871 mit großem Pomp zu ihren Ehrenbürger ernannt hatte. Als der Kanzler schließlich in dem offenen Machtkampf mit dem zwei Menschenalter jüngeren neuen Kaiser unterlag – das Sozialistengesetz wurde vom Reichstag nicht mehr verlängert und statt der von Bismarck geforderten verschärften Repressionspolitik proklamierte Wilhelm II. eine Politik des Ausgleichs und der Versöhnung –, da weinte ihm in der Hauptstadt kaum einer eine Träne nach. Seine Abreise nach Friedrichsruh vollzog sich fast unter Ausschluß der Öffentlichkeit, auch wenn natürlich viele Neugierige dem Ereignis beiwohnten. Es war also nicht einmal, wie Bismarck die Szene selber später spöttisch genannt hat, ein »Leichenbegängnis erster Klasse«. Das offizielle und das meinungsbildende Berlin atmeten auf, von der Arbeiterschaft ganz zu schweigen. »Gott sei Dank, daß er fort ist!« kommentierte die »Freisinnige Zeitung«: »Es wäre ein Segen für das Reich gewesen, wenn er schon viel früher beseitigt worden wäre.«

Erst als, sehr rasch, deutlich wurde, daß die meisten der Erwartungen, die man in den zweimaligen Thronwechsel von 1888 gesetzt hatte, unerfüllt blieben, im Gegenteil die bisherigen Probleme und Spannungen sich auf praktisch allen Feldern, der Kultur, der Gesellschaft, der Wirtschaft, der Politik, nach einer ganz kurzen Phase der scheinbaren Umorientierung noch vermehrten und verstärkten, da begann sich auch in der Hauptstadt die »Bismarckzeit« rückblickend etwas zu vergolden. Das galt vor allem für diejenigen, die, wie der alte Fontane, beobachteten, wie sich im weiteren bei einem Teil des Bürgertums dessen Geltungsdrang in unheilvoller Weise und in kruder Mischung mit dem Geltungsdrang des neuen Kaisers und seinen oft überraschend modernen und dann weder schroff reaktionären Ideen und Einfällen verband.

Das hat, mit allem was damit einherging, das Bild Berlins erneut stark verändert, hat Fronten entstehen lassen, die dem Kampf zwischen Vergangenheit und Zukunft, zwischen Tradition und Moderne eine neue Qualität gaben und die Stadt mehr und mehr innerlich zerrissen. Aber das ist ein anderes Kapitel, von dem in einem zweiten Band die Rede sein wird.

Von der preußischen Residenz zur deutschen Reichshauptstadt

16. Juni 1871: ein strahlender Sonnentag erwartet die Berliner und die zahlreich in die Stadt geströmten Fremden, die das große Schauspiel des Truppeneinzugs miterleben wollen. Wochenlang haben sie diesem Tag entgegengefiebert, der den krönenden Abschluß des siegreichen Feldzugs gegen Frankreich bringen soll, eines Feldzuges, der den Deutschen die langersehnte staatliche Einheit geschenkt und Berlin über Nacht zur Hauptstadt eines mächtigen Reiches in der Mitte Europas gemacht hat.

Bereits im März haben die Stadtväter beschlossen, den heimkehrenden Truppen einen festlichen Empfang zu bereiten, und seit der Kaiser Ende Mai durch allerhöchsten Erlaß die Siegesparade auf den 16. Juni festgesetzt hat, laufen die Vorbereitungen auf Hochtouren. Die Einzugsstrecke wird, einer römischen Via triumphalis gleich, mit Fahnen, Trophäen, Triumphbögen und monumentalen Denkmalsgruppen aus Gips und Holz geschmückt: am Halleschen Tor ersteht eine über zwanzig Meter hohe Berolina, am Potsdamer Platz zwei überdimensionale Frauengestalten, die neugewonnenen Städte Straßburg und Metz symbolisierend, im Lustgarten erwartet die Festgäste eine sitzende Kolossalstatue der Mutter Germania, von ihren jüngsten Kindern Elsaß und Lothringen flankiert. Quer über die Linden gespannt riesige Gemälde auf Segeltuch, auf denen die militärischen Erfolge und kriegerischen Tugenden, die siegreichen Heerführer und die endlich errungene Einheit gefeiert werden. Ehrensäulen sind der »ruhmvoll tätigen« Feldeisenbahn – »So eisern wie Eure Wege Euer Fleiß« – und der Feldtelegraphie – »Kurz und klar, / warm und wahr! / Hundert Siege berichtet, / keiner erdichtet« – sowie der Feldpost gewidmet: »Ein Posthorn in der Ferne, / das hört das Ohr so gerne / in Sommermorgenfrüh. / Ein Feldpostbrief, vierpfündig, / der spricht zum Auge bündig / und ist auch Poesie.« Selbst Fontane hatte ähnlich sinnige Verse verfaßt, die unter den von Menzel stammenden Bildern von Bismarck und Moltke stehen sollten. Aber sie fanden keine Gnade: Die Festkommission zog die Zweizeiler eines Justizrats von Gerloff vor.

Julius Jacob, Blick auf Alt-Berlin, 1885

Mehr als 450 000 Taler betragen die Kosten für die pompösen Einzugsfeierlichkeiten, an denen sich die Berliner durch einen Zuschlag zur städtischen Einkommenssteuer von zehn Silbergroschen pro Taler vom 1. Juli bis 31. Dezember 1871 beteiligen dürfen (Bericht der Gemeinde-Verwaltung der Stadt Berlin in den Jahren 1861–1876). Ein gutes Geschäft ist dagegen das patriotische Massenschauspiel für die vielen großen und kleinen Gewerbetreibenden Berlins. Da werden in den Zeitungen »Tonnen Girlanden in jeder beliebigen Ellenzahl zu billigen Preisen« angeboten, Gastwirtschaften und Brauereien empfehlen sich den hungrigen und durstigen Festbesuchern; fliegende Buchhändler bieten ihre Waren an: »Für den Straßenverkauf an dem Einzugstage eignet sich besonders die nur 5 Sgr. kostende Hesekielsche Kriegs- und Sieges-Chronik 1870 bis 1871. Wiederverkäufer erhalten angemessenen Rabatt« (Vossische Zeitung, 14. Juni 1871). Die Eisenbahngesellschaften annoncieren Extrafahrten in die Hauptstadt zu ermäßigten Preisen. Ein »Führer durch Berlins Nachtlokale« empfiehlt sich den Herren der Schöpfung nach absolvierter patriotischer Pflicht. »Kränze, Wappenschilder, Fahnen zu soliden Preisen« offeriert ein Theater- und Dekorationsverleih, der seine Dienste auch zum Dekorieren von Tribünen und Häusern anbietet. Lorbeerzweige, das traditionelle Siegesgrün, sind allerdings schon längere Zeit Mangelware:

Die hiesigen Gärtner und Blumenhändler sind, wie uns versichert wird, außerstande, die verlangte Anzahl von Lorbeerkränzen zu liefern, und haben sie sich deshalb nach Belgien gewandt, das bekanntlich reich an Lorbeerbäumen ist, sind aber mit dem Bemerken abgewiesen worden, daß die Gesinnungen der Belgier mit Frankreich sympathisierten, ihnen also, so gern sie auch sonst mit Deutschland in Geschäftsverbindung verblieben, nicht gestatteten, den Deutschen die zu ihren Friedens- und Siegesdemonstrationen erforderlichen Lorbeerzweige zu liefern.
Vossische Zeitung, 16. März 1871, 2. Beilage

Ein lukratives Geschäft ganz eigener Art eröffnet sich den Haus- und Ladenbesitzern entlang der Einzugsstrecke: »Ein einfenstriges Zimmer in der Königgrätzer Straße, nahe am Askanischen Platz, vorn 2 Treppen, ist für 60 Taler am Truppeneinzugstag zu vermieten.« – »Zur Einholung sind vor dem Schönhauser Tore (wo der Omnibus fährt) herrschaftlich möblierte Stuben mit sehr guten Betten zu vermieten (am liebsten an honette Damen).« – »Unter den Linden ist ein Schaufenster, eingerichtet zu 10 bequemen Sitzplätzen und mit freier Aussicht nach dem Pariser Platz, zu vermieten« (Vossische Zeitung, 10. Juni

Die Spreefront des Schlosses. Hinter den Bäumen versteckt der älteste, noch aus dem 15. Jahrhundert stammende Teil der ehemaligen Zwingburg: der »Grüne Hut«.

1871). Über eine halbe Million soll die Zahl der Fremden am Einzugstag betragen haben – kein Wunder, daß die Zimmervermieter auf ihre Kosten kamen:

... das kalifornische Goldfieber brach über uns herein. Wie dort die Anwohner des Sacramento in die Diggins zogen, um in dreimal vierundzwanzig Stunden reich zu werden, so glaubten jetzt die südwestlichen Anwohner der Verbindungsbahn, *ihre* Zeit sei gekommen. Nunc aut nunquam*: Jeder stand im Zenit seines Daseins. Von den Linden her trafen Schiffermeldungen ein, daß ein Zimmer mit Blick und Ausgang auf die Rosmarinstraße und mit *Gelegenheit,* ein Tribünenbillett zu *kaufen,* für 250 Taler vermietet worden sei, und diesem Schock hielt auch der solideste Bewohner unseres Bruchteils der Via triumphalis nicht länger stand. Alles war verändert. Der Kreislauf der Natur verkehrt. Der Familienvater, der bis dahin auf Geschlechts- und Standesunterschiede erhalten hatte, war jetzt entschlossen, alles nach dem Arche-Noah-Prinzip ohne weiteres zu behandeln, und preßte »Weib, Knecht, Magd, Vieh samt allem was sein ist« unter hohnlachender Verachtung aller so lange gepredigter Sittlichkeitsprinzipien in einen Verschlag ... Unberüht von diesem Fieber blieb eigentlich niemand, am wenigsten (wie natürlich) die Stiefkinder des Glücks, die Hinterhäusler, die Troglodyten des Sou-

* Jetzt oder nie

Der Frankfurter Friedensvertrag vom 10. Mai 1871 verpflichtete Frankreich zur Abtretung von Elsaß und Lothringen und zur Reparationszahlung von 5 Milliarden Francs innerhalb von drei Jahren. A. Müller-Schönhausen, Die Friedensdepesche, 1871

terrains. O wie erfinderisch in Motiven sind wir, wenn es zu beweisen gilt, daß das Glück an uns gar nicht vorübergehen könne. Der kleine Hofbewohner mit seiner alleinigen Aussicht auf eine Müllgrube und einen Geraniumtopf – man glaube doch nicht, daß *er* von diesem Vanity fair, von diesem Jahrmarkt aller Eitelkeiten sich ausgeschlossen hätte! Er sagte sich einfach: »Die goldene Pforte des Fenstervermietens ist dir verschlossen, aber die silberne des Zimmervermietens tut sich dir auf. 50 Zigeuner sind angesagt. Diese freilich werden ein Camp beziehen. Aber die wenigsten, die kommen, sind, Gott sei Dank, Zigeuner! Engländer kommen; sie sollen sauber sein, ja, sie sollen die Reinlichkeit für den wahrsten Luxus des Lebens halten. Diesen kann geholfen werden – wir haben Wasserleitung, und die Treppe kann am Ende auch mittwochs gescheuert werden. Zudem, was hilft aller Einzug. Einzug hin, Einzug her. Sie werden Einblick gewinnen in ein kleines, aber anständiges deutsches Familienleben. Das ist immer die Hauptsache. Unser sittlicher Gehalt gibt den Ausschlag. Niemand, so sagten wir, ist verschont geblieben von diesem Fieber, auch der Wohlsituierte nicht. Er lächelte, wie wir es verstehend getan haben; aber vor seiner erregten Phantasie stieg doch schließlich auch die Möglichkeit einer Gratis-Badereise lockend und winkend herauf.
Vossische Zeitung, 20. Juni 1871

Vier Stunden dauert am 16. Juni der Zug der heimkehrenden Krieger, der vom Tempelhofer Feld aus seinen Anfang nimmt und über das Hallesche und Brandenburger Tor die Linden entlang bis zum Schloß führt. An der Spitze des Zuges der mehr als 40 000 Soldaten der greise General Wrangel, dahinter Moltke, Bismarck in Uniform, Roon hoch zu Roß, dann der Kaiser, »gefolgt halb, halb umgeben von seines Hauses Prinzen und des Reiches Fürsten«.

Kein schönerer Junimorgen hat je über Berlin geleuchtet als dieser sechzehnte … Von der ersten Morgenfrühe an hatten die Schaubegierigen ihre Plätze eingenommen … Auf Mauern, auf Dächern, Dachrinnen, auf fliegenden Gerüsten, auf Möbelwagen und Karren, denen die Besitzer selbst ihre Pferde ausgespannt und weggeführt hatten, waren sie in Scharen etabliert längs der ganzen äußeren Strecke. Kein Dach zu hoch, kein Stuhl zu niedrig, daß er nicht von Menschen besetzt gewesen wäre … Selbst auf den schwindelnden Höhen des Brandenburger Tores zeigte sich … kein leerer Platz, keine Möglichkeit mehr des Sehens im Sitzen. Weiber und Männer wetteiferten dort in der Kühnheit der Posen, in einem Trotz gegen die Schwindel- und Todesverachtung, die etwas Erstaunliches hatten …
Vossische Zeitung, 17. Juni 1871

Das große Siegesfest auf den Straßen und Plätzen Berlins dauert bis in die späten Nachtstunden. Talgfackeln, Bengalische Flammen und elektrisches Licht, mit denen die Denkmäler und öffentlichen Gebäude illuminiert sind, tauchen die junge Kaiserstadt in ein bis dahin ungekanntes Lichtermeer. »Märchenhaft«, »unirdisch«, »ewig nachleuchtend« – so lauten die Attribute, mit denen die Journalisten ihre seitenlangen Berichte über die Berliner Siegesfeierlichkeiten schmücken.

Am Morgen nach dem Truppeneinzug schreibt der Dichter Berthold Auerbach an einen Freund:

Wie soll ich's zusammenfassen? Ich habe Weltgeschichte von Angesicht zu Angesicht gesehen. Das Dasein hat eine Füllung, der nichts mehr gleichkommen kann.

Auf einem großen Umwege fuhr ich mit den Meinen nach der Mittelstraße, von wo aus wir in das Freundeshaus Unter den Linden kamen. Ich kann Dir den Triumphzug nicht schildern. Das nur muß ich Dir sagen, als die 81 französischen Trikoloren und goldenen Adler vorübergetragen wurden und ein Jubelschrei ohnegleichen erdröhnte, da durchschauerte es mich unsagbar: es ist vollbracht, der sinnenverwirrende blutlechzende Dämon der Gloire ist niedergeworfen, hoffentlich für alle Zeit. Wie ganz anders, wie verloren und verzweifelt sähe die Welt aus, wenn die Franzosen so unsere Fahnen einhertrügen zwischen den Hunderten von aufgepflanzten Kanonen. Wir Deutschen haben hoffentlich das Glück und die Kraft, daß uns dieser Sieg ohnegleichen nicht anders macht, nur unser redliches Bemühen, unser Dichten und Trachten für alles Gute und Schöne soll ungeängstigt vom bösen Nachbarn sich frei ausleben.

Wie stramm und fest ziehen die Sieger dahin, zu Fuß, zu Roß, ein jeder muß doch fühlen, daß er eine neue Welt mitgeschaffen.

Der Kaiser kommt! hieß es. Ihm vorauf ritten Bismarck, Moltke und Roon. Der Kaiser ritt allein. Niemand neben ihm. Der wunderbare Greis muß eine überlebensgroße Menschenkraft haben, diese äußeren Strapazen und innern Bewegungen so zu überdauern, und ich glaube, daß nur eine elementarisch einfache, unzergrübelte Natur so aushalten kann.

Es duldete mich nicht mehr im Hause. Ich ging auf die Straße, ins Gedränge, überall eine Gehobenheit, ein Strahlen von Glück und daneben in Gruppen Hunderte von herzlichen Bewillkommnungen und darüber der hellste, so lang entbehrte volle Sonnenschein.

Ich traf Scherenberg, der das von der Festjungfrau gesprochene Gedicht verfaßt hat, man hat ihm aus Zimperlichkeit das Wort »in deiner Manneskraft« gestrichen. Da ist sie also noch immer und wieder – die Bedientenwelt.

Berthold Auerbach, Briefe an seinen Freund Jakob Auerbach/2

Anton von Werner, Der Siegeseinzug Kaiser Wilhelms am 16. Juni 1871.
»... selbst auf den Höhen des Brandenburger Tores zeigte sich kein leerer Platz.«

Mit dem Truppeneinzug vom 16. Juni 1871 ist die »heroische« Epoche der deutschen Einheitsbewegung zu Ende, das Erbübel der deutschen Geschichte, die staatliche Zersplitterung, beseitigt. Wen kümmert es da schon, daß dieses heißersehnte Ziel weniger das Werk einer breiten Volksbewegung, denn das Ergebnis militärischer und diplomatischer Aktivitäten war, wen stört das noch ernsthaft angesichts des atemberaubenden Tempos, in dem die Ereignisse in den vergangenen zwölf Monaten in der Mitte Europas abgelaufen sind.

Für die Stadt Berlin kommt die neue Rolle als deutsche Reichshauptstadt denn auch eher überraschend. »Noch sehr viel später fand sich selbst im Amtsblatt des Berliner Magistrats die Ansicht, Berlin sei 1871 im Grunde als ›Gewinner über Nacht‹ Kaiserstadt und Reichshauptstadt geworden: ›In keinem Stadium der preußischen Geschichte hätte menschliche Voraussicht die kühne Forderung erheben können, die preußische Hauptstadt müsse sich darauf vorbereiten, einmal die Reichshauptstadt darzustellen‹« (Hans Herzfeld, Berlin als Kaiserstadt). Und so berührt den Durchschnittsberliner denn seine neue Rolle als Hauptstädter vorerst auch wenig. Der Alltag tritt in seine Rechte, die tausend großen und kleinen Probleme des täglichen Lebens wollen bewältigt sein wie eh und je.

Berlin, die Hauptstadt des neuen Kaiserreiches, ist Ende 1871 eine Stadt von rund 826 000 Einwohnern, die größte Stadt Deutschlands, aber nicht einmal halb so groß wie Paris, und London hat um diese Zeit die 3-Millionen-Grenze längst überschritten. Aber seit den sechziger Jahren bereits ist die Residenz der preußischen Könige in raschem Wachstum begriffen. Berlin hat seine Einwohnerzahl in den zurückliegenden zwanzig Jahren fast verdoppelt und, wie man nicht ohne Stolz vermerkt, so alte Kaiserstädte wie Wien oder Petersburg hinter sich gelassen. »Berlin wird Weltstadt«, so hieß eine vielgespielte Posse von David Kalisch in den sechziger Jahren, und die Berliner glaubten schon damals fest daran.

Der erste Eindruck allerdings, den der Besucher von der Stadt empfing, wenn er um 1871 auf einer der acht Eisenbahnlinien in Berlin eintraf, vermittelte keineswegs Weltstadtflair:

Der alte Potsdamer Bahnhof war, wie alle anderen Berliner Bahnhöfe, eine erbärmliche »Bude«. Einen anderen Ausdruck hat unsere reiche deutsche Sprache nicht zur Verfügung, um die baulichen Zustände der hauptstädtischen Bahnhöfe jener Zeit wahrheitsgemäß zu bezeichnen. Dem jämmerlichen Aussehen entsprachen die inneren Einrichtungen auf das vollkommenste. Im Wartesaal der dritten Klasse waren an den Wänden Bänke aus Kiefernholz angebracht; ein eiserner Ofen in der Mitte desselben spendete in den Wintermonaten die nötige Wärme; für prächtige Beleuchtung sorgten ein Paar frei in die Zimmerluft hinausflackernde Gasflammen. Im Wartesaal zweiter Klasse sah es schon vornehmer aus. Hier konnte man sich auf Stühlen und Bänken mit Rohrgeflecht niederlassen; hier hatten die Gasflammen schon Glaszylinder, hier stand auch schon ein weißer Kachelofen. In dem kleinen Wartesaal erster Klasse herrschte indessen eine sinnbetörende Prachtausstattung in Gestalt von Mahagonisesseln und Sofas, deren Polster mit knallrotem Plüsch überzogen waren. Von der Decke herab hing ein fünfarmiger Beleuchtungskörper mit Milchglaskugeln. Wer sich einmal unbefugterweise in dieses Heiligtum hineinwagte, hielt förmlich den Atem an vor Staunen über diesen Luxus. Und so wie hier war's auf dem Schlesischen, dem Stettiner, dem Anhaltschen Bahnhof. Auf diesem Bahnhof hat sich's einmal zugetragen, daß sich die Gemahlin des Kaisers Alexander II. bei ihrem Gang nach dem Hofzuge in der Dunkelheit den allerhöchsten Fuß verstauchte. Ein Donnerstrahl zuckte auf die Verwaltung der Anhaltischen Eisenbahngesellschaft herab, und die Folge davon war, daß ein Ministerialbefehl erging, für die Abstellung der skandalös gewordenen Mißstände schleunigst Sorge zu tragen.

Isidor Kastan, Berlin wie es war

Blick von der Kurfürstenbrücke in die Königstraße. Im Vordergrund das von Schinkel entworfene Brückengeländer. Foto von F. Albert Schwartz, 1889

Heinrich Heine spricht von der überraschenden und bezaubernden Wirkung, die Paris auf den Fremden ausübt. Auch Berlin erzielt einen Überraschungseffekt, aber es liegt nichts von Bezauberung darin. Man ist erstaunt, daß der Mittelpunkt des neuen Kaiserreichs, die »Stadt der Intelligenz«, weitaus weniger den Charakter einer Hauptstadt trägt als Dresden, Frankfurt, Stuttgart oder München. Was Berlin seinen Besuchern zeigt, ist modern, nagelneu. Alles trägt hier den Stempel dieser Abenteuermonarchie, die aus lauter Stücken und Teilchen zusammengesetzt wurde, dieser Gelegenheitsmonarchie, die sich mit Säbelhieben aus dem Mantel des Nachbarn ihr Gewand geschneidert hat und die sich beträgt wie der Eichelhäher der Fabel, der sich mit dem Gefieder des Pfaus schmückte.

Es gibt nichts weniger Deutsches, im Sinne des Altdeutschen, als die Physiognomie von Berlin. Die Straßen sind lang und monoton, das Produkt eines königlichen Willens. Sie sind auf Befehl gebaut, wie Kasernen, und ausgerichtet durch den Stock des königlichen Korporals. Man braucht hier nicht nach Denkmälern zu suchen, die

Zäh hielten die Berliner an ihren Märkten fest, die es selbst auf den belebtesten Plätzen der Innenstadt gab. Wochenmarkt auf dem Alexanderplatz, 1880

von der Vergangenheit künden, Verkörperungen einer Epoche oder einer Kunstrichtung. Niemals hat die Begeisterung für das Schöne die Herzen dieser nüchternen und kleinlichen preußischen Könige erfaßt. Eine Kanone schien ihnen immer mehr wert als eine Kathedrale … Wenn man diese schnurgeraden Straßen durchlaufen hat, in denen kein Volksleben pulsiert, wenn man zehn Stunden lang nichts als Säbel, Helm und Federbusch gesehen hat, dann begreift man, warum Berlin, trotz des Ansehens, das ihm die letzten Ereignisse verliehen haben, niemals eine Hauptstadt sein wird wie Wien, Paris oder London.
Victor Tissot, Voyage au pays des milliards

Nicht nur Monotonie und preußische Nüchternheit bewirken, wie der gewiß nicht unparteiische Tissot meint, daß auf Berlins Straßen keine rechte Lust am Flanieren aufkommt. Wirklich schlimm sind die üblen Gerüche, die aus den zum Teil unverdeckten Rinnen längs des Fahrdamms emporsteigen und sich mit dem Gestank der Senkgruben aus den Höfen vermischen:

Zu beiden Seiten der Fahrstraße liefen Rinnsale bis zu Halbmetertiefe, in denen die Niederschlagswässer und die Hausabwässer sich in duftausströmender Mischung vereinigten und ihren Lauf schließlich zu dem sogenannten »grünen« Strand der Spree, ihren majestätischen Zuflüssen und den Kanälen nahmen. Bei dem geringen Gefälle konnten sich diese Rinnsalgewässer gehörig Zeit gönnen, bis sie ihren Weg durch die Stadt zurückzulegen vermochten. Das hatte seine ganz besonderen Annehmlichkeiten in den Sommermonaten. Es war einfach greulich, und das damalige Sprichwort von der Spree, die als Schwan in das Berliner Stadtgebiet eintrete und dasselbe in ganz anderer Tierform verlasse, hatte seine nur zu gute Berechtigung. Bei heftigen Niederschlägen ergossen sich die von den höher gelegenen Stadtteilen, besonders von dem Schönhauser Tor herabströmenden Wassermassen mit ungeheurer Gewalt in die niedrigeren Straßenzüge, die alsdann sehr bald überschwemmt wurden. Mehr als einmal sind Kinder in jenen Stadtgegenden bei derartigen Anlässen in Lebensgefahr geraten. So ungefähr waren die Straßen im damaligen Berlin beschaffen. Der damalige Besitzer des größten Teiles des inneren Stadtgebietes, nämlich der preußische Staat, dem die Pflicht der Instandhaltung der Straßen und der Brücken oblag, hatte indessen nicht die allermindeste Neigung, diese wahrhaft skandalösen Zustände in seiner Hauptstadt zu bessern. Trat den Berlinern die Schamröte ins Antlitz, wenn sie die wegwerfenden Äußerungen der Fremden über das jammervolle Straßenpflaster, die stinkenden Rinnsteine, die übelduftenden Flußläufe und Kanäle mit anhören und schweigend zustimmen mußten, so lachte sich der hartgesottene Fiskus ins Fäustchen und berief sich auf den alten Spruch: Fiscus non erubescit – der Fiskus errötet nicht. Das Straßenpflaster blieb nach wie vor erbärmlich, und die zahlreichen Brücken, bis auf wenige lauter alte Holz- und Klappenbrücken, wurden eine nach der anderen baufällig. Als dann nach vielen mühevollen, langwierigen Verhandlungen mit dem preußischen Fiskus endlich die Berliner Stadtverwaltung Herrin und Besitzerin des Straßenbodens wurde – das geschah während der Amtsführung des ausgezeichneten Oberbürgermeisters Hobrecht in der Mitte der siebziger Jahre –, da stürzten tatsächlich mehrere dieser fiskalischen Prachtbrücken unter der Last des Verkehrs zusammen.

Fiskus hatte sie just zur rechten Zeit an die Stadtverwaltung übergeben.

Isidor Kastan, Berlin wie es war

Zum fast noch provinziellen Charakter der Kaiserstadt – Kaiserdorf nennen sie manche auch spöttisch – tragen auch die zahlreichen Wochenmärkte bei, die noch bis in die achtziger Jahre hinein selbst auf den zentralen Plätzen der Innenstadt abgehalten werden:

Welch klägliches Bild bot aber auch die Hökerei eines Wochenmarktes in Berlin! – Den Gendarmenmarkt habe ich jahrelang in seiner Glorie alle Mittwoch und Sonnabend zu sehen und zu riechen Gelegenheit gehabt. Da standen in langer Reihe in der Mohrenstraßenfront die Fischbottiche, grün, schleimig und moosbewachsen, und darin, meist tot, mit den Bäuchen nach oben schwimmend, im Sommer in lauwarmem, altem, stinkendem Wasser, im Winter in Eis, die spärlichen Fische. Die Weiber paddelten mit Keschern darin herum, um durch die Bewegung den Fischleichen den Anschein des Lebens zu geben. Wenn es fror, konnte man diese Seite gar nicht passieren, wegen des Glatteises. An der Markgrafenstraße hatten die Schlächter ihre Stände. Schmeißfliegen summten um die ekelhaften Tierkadaver, das Blut rieselte auf den Pflastersteinen, und verhungerte Hunde suchten einige Fischabfälle zu erhaschen. Am schrecklichsten aber war der Gang über den Platz von der Jäger- zur Französischen Straße, wo die Käsehändler standen. Um eins wurden dann alle die Rumpelkasten von Buden abgebrochen, die Fischtonnen über das Pflaster ausgegossen, die unverkauften, halbverdorbenen Waren wanderten in den Grünkramkeller, nur zwei alte Obstfrauen blieben an zwei Ecken des Platzes in einsamer Majestät thronen, und das Chaos von alten Kohlblättern, Käsepapieren, Heringsschwänzen und Zwiebelschalen wurde stundenlang zusammengefegt. Nur der abscheuliche Gestank war nicht zu vertilgen.
Sebastian Hensel, Ein Lebensbild aus Deutschlands Lehrjahren

Berüchtigt ist auch das »Berliner Pflaster«. Bis zur Einführung der Kanalisation sind große Teile der hauptstädtischen Straßen, selbst in der Innenstadt, nur mit behauenen Feldsteinen belegt, auf denen die Fortbewegung für Einheimische wie Fremde ein schmerzhaftes Abenteuer ist. Die Beleuchtung der Straßen und Plätze – Schloßplatz, Lustgarten, Oper und Lindenpromenade nicht ausgenommen –, schafft ein Eldorado nur für Liebespaare und Taschendiebe. Als der Magistrat in der Stadtverordnetenversammlung vom 18. August 1871 beantragt, in der Umgebung des Rathauses 34 neue Laternen zu installieren, lehnt die Versammlung dies ab, da »es wenigstens für gewöhnlich nicht nötig sei, das Rathaus splendider zu beleuchten als das kaiserliche Schloß«, und bewilligt die Installation von nur zehn einfachen Laternen.

In weiten Abständen voneinander standen einfache Eisenständer; das zur Beleuchtung verwendete Gas war schlecht gereinigt, hatte nur geringe Leuchtkraft. Zu zeitgemäßen Verbesserungen war aber die »englische« Gesellschaft, der die Versorgung eines sehr großen Teiles des Stadtgebietes mit Leuchtgas vertragsmäßig zustand, ebensowenig bereitwillig wie der Fiskus zur Veranständigung des Straßen- und Brückenwesens. Die englischen Aktienbesitzer bezogen jahrzehntelang ihre ungeheuren Gewinnanteile, und die Berliner mochten zusehen, wie sie zu ihrem Rechte auf eine erträgliche Straßenbeleuchtung kamen. Auch in dieser Beziehung wurden erst Verbesserungen mühsam durchgedrückt, als die Stadtverwaltung durch die Erweiterung ihrer eigenen Gaswerke der englischen Verwaltung bessere Bedingungen abzuzwingen in die Lage kam ...

Und wie war es sonst mit den öffentlichen Plätzen der Hauptstadt bestellt? Der einzige Schmuckplatz war der nach Schinkelschem Plane angelegte Lustgarten, der zu der herrlichen Schauseite des Alten Museums den passenden Zugang schaffen sollte. Dann war noch eine winzige Grasfläche der Bauakademie vorgelagert. Das waren ungefähr die gärtnerischen Anlagen Berlins vor etwa sechzig Jahren. Außer der weltberühmten vierfachen Allee Unter den Linden traf man wohl in einigen Straßen einen recht spärlichen Baumbestand, so in dem oberen Teile der Jägerstraße, in der Breiten Straße, in der Lindenstraße, der Oranienburger Straße; einige Bäume führten auch am Dönhoffplatz ein recht verkümmertes Dasein. Im übrigen aber sah man damals in Berlin »nichts Grünes, keinen Baum«. Die einzige Oase inmitten der entsetzlichen Steinwüste bildete der Monbijou-Garten, der damals noch nicht so sehr durch Einbauten aller Art zusammengeschrumpft war, vielmehr das Aussehen einer prächtigen öffentlichen Parkanlage darbot. Dorthin flüchteten sich die Kinder und die Greise in den unerträglich schwülen Sommertagen, um ein wenig frische Luft zu schöpfen. Das Behagen war freilich nur von kurzer Dauer, denn mit dem sechsten Nachmittagsglokkenschlage wurden die Türen zum Monbijou-Park unerbittlich geschlossen.

Isidor Kastan, Berlin wie es war

Von wirklich »königlichem« Zuschnitt waren Anfang der siebziger Jahre nur wenige Straßen und Plätze im Stadtzentrum: der Schloßbezirk, das Friedrichsforum, Schinkels Bauten von klassisch-einfacher Linienführung und natürlich die traditionsreichen »Linden«, Berlins einzige »Bummelstraße«, in der sich das reiche und elegante Leben der Stadt konzentrierte:

Nordseite der Straße Unter den Linden. Im Hintergrund, an der Einmündung der Charlottenstraße, der pompöse Säulenbau des Hotel de Rome und, an der Stelle der heutigen Staatsbibliothek, der alte Marstall mit den Akademien der Künste und der Wissenschaft. Foto von F. Albert Schwartz, um 1885

Das Herz jedes Berliners klopft höher bei diesem Namen.

Mit dem Namen dieser Promenade ist es zwar wie mit dem des Hamburger Jungfernstiegs bestellt: Nomen et non omen!* Die Lindenbäume, welche, mit Kastanienbäumen untermischt, in vier Reihen die breite Straße in einer Länge von 1 600 Schritten teilen, sind nicht gerade schön und gut gepflegt und stehen der prächtigen Allee von Herrenhausen bei Hannover und der Palmaille in Altona bei weitem nach. Aber dennoch gewährt diese Promenade der Kaiserstadt einen überaus reizenden Anblick.

Hier ist der Brennpunkt des vornehmen Verkehrs in Berlin. Zwischen den zwei Ufern von prachtvollen Häusern, Palästen und Hotels, auf der eigentlichen Promenade in der Mitte, auf den Reit- und Fahrwegen und den beiden Trottoirs treibt die heitere Muße der

* Der Name charakterisiert sie nicht

Bevölkerung in unaufhaltsamem Strome dahin. Hier verkehrt das ganze vornehme Berlin. Aber auch die Geschäftsleute machen wohl einen Umweg hierher, um die tausenderlei Neuigkeiten mit stets neuem Behagen zu betrachten: schöne Gebäude und strahlende Paläste, meisterhafte Statuen, Offiziere, Reiter, Stutzer, geputzte Damen, glänzende Equipagen, reiche Livreen, hohe Spiegelschaufenster, Gemälde und Kupferstiche, Bibelots*, kostbare Sammlungen von Bronzearbeiten, chinesischem Porzellan, Filigran, Elfenbein, Perlmutter, Kristall, Achat, Lapis, Malachit – den glänzenden Krimskrams von Medaillons, Kleinodien und Spielereien.

Robert Springer, Die deutsche Kaiserstadt

Auf ... der Palaisseite, im Gegensatz zur gegenüberliegenden, der Akademieseite, befanden sich damals die vornehmsten Hotels: Meinhardt, Petersburg und du Nord. Sie lagen zwischen dem sogenannten Niederländischen Palais, das unmittelbar an das Haus des Prinzen von Preußen, des späteren Königs Wilhelm I., angrenzte, und der Friedrichstraße. Dort pflegten die reichen und vornehmen Fremden abzusteigen; auch viele Abgeordnete nahmen dort für die Dauer der Session ihren Aufenthalt. An der Wirtstafel, namentlich im Hotel Petersburg, konnte man regelmäßig sehr viele höhere Militärs und Ministerialbeamte antreffen ...

Adolf Landvogt, der seinen schauspielerischen Beruf gegen den einträglicheren eines Bierwirtes vertauschte, hatte hier eine Kneipe Unter den Linden 16/17 eröffnet, die sich von Anfang an eines sehr lebhaften Zuspruchs erfreute. Seine ausgebreitete Künstlerbekanntschaft sorgte dafür, daß das Haus nie leer wurde. Im Mittelpunkte der Gesellschaft stand Albert Niemann, dazumal auf der Höhe seines grandiosen künstlerischen Wirkens und Könnens. Bei Landvogt traf sich alles, was zur Bühne, zur Presse und zur Börse in irgendeiner Beziehung stand. Die Gesellschaft war außerordentlich belebt und anregend, und noch jetzt gedenkt man sehr gern der leidenschaftlichen Unterhandlungen über alle möglichen künstlerischen und politischen Zeitfragen, die sich zuweilen bis tief in die Nacht hinzogen ...

Nicht bloß für die Befriedigung der groben Magenbedürfnisse war hier auf der Palaisseite der Lindenpromenade hinlänglich je nach der Verschiedenheit des verfügbaren Geldbeutels gesorgt. Auch der geistige und der ästhetische Nahrungshunger ... konnte ... auf die mannigfaltigste Weise gestillt werden. Hier nämlich hatte eine ganze Reihe ansehnlicher Buch-, Kunst- und Musikalienhandlungen von alters her ihre Stätte aufgeschlagen. Gleich in unmittelbarer Nähe

* Kleinkunstwerke

des Palais traf man auf die berühmte Schlesingersche Musikalienhandlung. Einige Stufen führten zu ihr hinauf. Der Verkaufsladen zeigte eine vornehm-klassische Einrichtung. Hatte doch kein Geringerer als der große Schinkel die Zeichnungen für die Wandregale, die Tische und Pulte entworfen …

Weiter westwärts bemerkte man die nicht minder angesehene Buch- und Musikalienhandlung von Bote & Bock. Sie repräsentierte der obengenannten gegenüber schon entschieden den nach damaligen Begriffen »modernen« Standpunkt. Das eigentliche literarische Wahrzeichen der Linden bildete indessen die Ashersche Buchhandlung. Sie war in ihrer Art eine Sehenswürdigkeit Berlins. Die Reichhaltigkeit ihres Büchervorrats aus allen Kulturländern war in hohem Grade imponierend und war die natürliche Veranlassung, daß sich hier die Bücherfreunde aus allen Schichten der Gesellschaft zusammenfanden … Der damalige Hauptvertreter der angesehensten Berliner Sortimentsbuchhandlung war aber auch einer der größten Bücherkenner seiner Zeit, ein wirklicher Bücherantiquar: Albert Cohn, der gelehrte Verfasser von »Shakespeare in Germany«. Er war sozusagen das untrügliche Orakel in allen Angelegenheiten, welche die Buchkunde betrafen. Und welche unvergleichlichen bibliographischen Schätze, welche handschriftlichen Kostbarkeiten nannte er nicht sein Eigentum! War er gut gelaunt, dann lüftete er seine ängstlich gehüteten Kästen; dann sah man Dinge, daß einem wirklich die Augen übergehen konnten. Ganze Goethesche Briefwechsel, ganze Folgen von Werther-Drucken, allerseltenste Erstausgaben der Romantiker, und das alles lückenlos! Das bißchen Buchkunde, das man so aufgeschnappt hat, verdankt unsereiner den gelegentlichen Bemerkungen dieses um seines Sammlerglückes vielbeneideten Berliner Buchhändlers. Auch er gehörte zu den markantesten Persönlichkeiten des damaligen Berlin.

Isidor Kastan, Berlin wie es war

Wer um diese Zeit die Grenzen des Berliner Weichbildes erreichen will, kann diese vom Zentrum aus zu Fuß bequem in einer Stunde erreichen. Sechzig Quadratkilometer Grundfläche bedeckt die Stadt seit den letzten Eingemeindungen im Jahre 1861. Aber nur der innere Kern ist dicht bebaut; zur Peripherie hin dehnen sich zwischen den Straßenzügen noch weite Flächen unbebauten Landes, mit Gärten, Feldern oder Wiesen bedeckt.

Das Herz von Berlin bildet noch immer die Altstadt oder Königsstadt, wo in der ältesten Zeit der bequeme Übergang über die Spree die Gelegenheit zum schnellen Emporblühen einer glänzenden Stadt

Von dem Leben und Treiben auf Berlins berühmter Flaniermeile haben sich auch die Maler zu allen Zeiten anregen lassen. Franz Skarbina, Unter den Linden, 1882

Unter den Linden, Ecke Friedrichstraße, Blick nach Norden, 1881. An der rechten Bildseite das Hotel und Café Victoria, heute Standort des Hotels Unter den Linden, an der linken Ecke der Vorgängerbau des Hauses der Schweiz.

darbot. Einzelne altertümliche Bauten bekunden noch den frühen Ursprung. Über diesen Stadtteil haben sich die Söhne Israels verbreitet, die in ältester Zeit in ein enges und schmutziges Quartier gebannt waren. Die Läden zeigen zwar weniger Eleganz als die in der Friedrichstadt, sind aber reich an Wareninhalt. Die Königstraße ist verhältnismäßig zu eng für das rege und geschäftige Treiben, Laufen und Drängen, welches hier zu jeder Tagesstunde herrscht, für die Lastwagen, Droschken, Omnibusse und Equipagen, die sich unablässig begegnen, kreuzen und streifen und am meisten in Verwirrung geraten, wenn die hiesigen Wagen der Feuerwehr rücksichtslos dahertoben oder die Postwagen und die einspännigen Briefwagen, welche die Stadtkorrespondenz nach dem Zentralamt befördern, in den Hof des Postgebäudes einfahren. Der Torso des alten Stadthauses hat dem großen Prachtbau des neuen Rathauses weichen müssen; auch endlich die Gerichtslaube, die Denkstätte der ehemaligen unumschränkten Magistratsherrschaft, welche die Väter der Stadt lange vor der Hacke der Nivellierungspioniere zu schützen suchten.
Robert Springer, Die deutsche Kaiserstadt

Leipziger Straße, Ecke Charlottenstraße. Nur zögernd entwickelt sich an diesem späteren Brennpunkt von Handel und Verkehr großstädtisches Leben. Erst in den achtziger Jahren werden die zwei- und dreistöckigen Häuser von modernen Geschäfts- und Bürobauten verdrängt. Foto von F. Albert Schwartz, um 1880

In der angrenzenden Friedrichstadt war es dagegen schon beinahe still. Noch gibt es kein Konfektionsviertel am Spittelmarkt, kein Zeitungsviertel zwischen Jäger- und Kochstraße, kein Bankenviertel um die Behrenstraße herum; in der Leipziger Straße reihen sich die Geschäfte noch nicht in geschlossener Front aneinander:

In dem südlichen Teile der Friedrichstadt, besonders zwischen der Lindenpromenade und der Leipziger Straße, stockte die Entwicklung eine geraume Weile, selbst noch nach den gewaltigen Ereignissen von 1866 und 1870. Vorerst rückte und rührte sich so gut wie nichts. Die Jägerstraße behielt von der Oberwallstraße bis zur Markgrafenstraße ihren ruhigen, vornehmen Charakter. Hier versorgte sich die modische Berliner Frauenwelt mit den verschiedenartigen Luxusgegenständen, die von Paris, London oder Wien her bezogen wurden. Hier hatte auch eine der größten Kunsthandlungen, die Sachsesche, ihren Sitz von alters her. Als ihr Besitzer den kühnen Plan eines Saalbaues mit Oberlicht für Gemäldeausstellungen verwirklichte, sprach »ganz Berlin« wochenlang von diesem »Ereignis«. Jenseits des Gendarmenmarktes ging es mit der Vornehmheit der Jägerstraße schon sehr merklich abwärts, um dann weiter westwärts bis hin zur Kanonier- und Mauerstraße ins gerade Gegenteil umzuschlagen. In diesen Querstraßen von der Französischen bis zur Leipziger und darüber hinaus nistete ein Gesindel, das dem an der Königsmauer nicht viel nachgab. Mit am schlimmsten sah es in der Taubenstraße aus, die als Sackgasse am Hausvogteiplatz endete. Ein schmaler, widerlich schmutziger Durchgang, der »Bullenwinkel« genannt, bildete die Verbindung zwischen der abscheulichen Straße und dem häßlichen, verwahrlosten Platz, der lediglich wegen des aus der Zeit der Demagogenriecherei und der Burschenschaftsverfolgung her berüchtigten Gefängnisses einen nicht gerade beneidenswerten weltgeschichtlichen Ruf erlangt hatte.

Isidor Kastan, Berlin wie es war

Hier, keinen Steinwurf weit vom Schloß entfernt, herrscht, wie die »National-Zeitung« am 5. November 1871 klagt, weniger Schutz und Sicherheit für die Bevölkerung »als in den verrufensten und entlegensten Winkeln von London«.

In der Berliner Friedrichstraße und in anderen ist Tag für Tag Walpurgisnacht ... Jede Hexe, welcher es so beliebt, hat einen Begleiter und gehorsamen Diener ... Sie beschimpfen, verhöhnen und bedrohen die Leute; äußerst frech im Vertrauen auf ihre große Anzahl, fangen sie Händel an mit offener Herausforderung oder lauern im Hinterhalte; auf einen Wink ihrer Herrin sind sie zur Stelle, um Mißhandlungen oder Erpressungen oder beides zusammen zu vollführen.

National-Zeitung, 11. November 1871, 3. Beiblatt

Unsicherheit und Belästigungen auf Berlins Straßen entwickeln sich zu einem Dauerthema der hauptstädtischen Presse. Am 10. November 1871 steht es auch auf der Tagesordnung der Stadtverordnetensitzung, wo, angesichts von »mindestens 40 000, die sich hier von Diebstahl, Raub und Unzucht zu nähren verständen«, eine erregte Debatte darüber geführt wird, ob und in welchem Umfang die Berliner Schutzmannschaft verstärkt werden müsse. Der Abgeordnete Rudolf Virchow beispielsweise meldet Zweifel an, ob mehr Polizisten wirklich mehr Sicherheit für die Bevölkerung bringen:

Allerdings seien dieselben in gewöhnlichen Verhältnissen und für bürgerlichen Bedarf kaum vorhanden; zu diesem Zwecke bekomme man bei Tag oder Nacht selten einen Schutzmann zu sehen; aber wenn es große Staatsaktionen gebe, dann wüchsen die Mannschaften

Der Pariser Platz mit dem von C. G. Langhans 1788 bis 1791 erbauten Brandenburger Tor, dem einzigen heute noch erhaltenen Eingangstor in die Stadt.

förmlich aus der Erde empor, so daß man sich unwillkürlich frage, was sie denn treiben und wo sie bleiben und wie sie beschäftigt werden, wenn eben keine großen Staatsaktionen zu illustrieren sind.
National-Zeitung, 11. November 1871, 3. Beiblatt

Auf Beschluß des preußischen Abgeordnetenhauses Anfang 1872 wird die Königliche Polizeimannschaft schließlich wegen der großen Unsicherheit auf Berlins Straßen um 255 auf 1 543 Personen erhöht. Aber damit ist das Problem nicht gelöst. 25 Jahre später klagt man wie eh und je, daß es zwar viel Polizei, aber wenig Schutz für die Bevölkerung gebe:

Die Berliner Polizei ist zahlreich genug, um den Sicherheitszustand der Stadt aufrechtzuerhalten, aber die Kräfte werden an falscher Stelle eingesetzt. Rudolf von Gneist hat einmal den bestehenden Zustand sehr treffend gezeichnet, indem er sagt, die Polizei sei ein

schreibendes Gewerbe geworden. Der Bürodienst nimmt eine Reihe von Personen in Anspruch; das Meldewesen, die Kontrolle darüber, ob die Marken der Altersversicherung gehörig geklebt sind, nimmt eine ungezählte Menge von polizeilichen Arbeitsstunden in Anspruch. An jeder Ecke sieht man einen Schutzmann, der in sein Buch eine Notiz einschreibt; sehr viel seltener sieht man, daß er einschreitet, um den Übelstand, den er soeben notiert, auf frischer Tat abzustellen. Die unzweckmäßige Einrichtung des reitenden Schutzmanns an den belebten Straßenecken besteht jetzt schon seit mehr als zwanzig Jahren; der Mann kann von seinem Pferde herab unmöglich Hand anlegen, um einem Mißstand abzuhelfen. Wie anders wird in London oder Wien der Wagenverkehr durch das Eingreifen der Polizei geregelt. Hier hält man es für das Wichtigere, einen befriedigenden Zustand sofort herzustellen, während man in Berlin sein Augenmerk hauptsächlich darauf richtet, daß der, welcher gegen eine Polizeiverordnung verstoßen hat, ein Strafmandat erhält.
Alexander Meyer, Die Berliner Polizei

Neben der Straße Unter den Linden gilt seit jeher die Wilhelmstraße als eine der feinsten Adressen in Berlin:

Sie war von der Lindenpromenade an bis hin zum Wilhelmplatze die eigentliche Palaststraße der Stadt. Um den schweren altmodischen Staatskarossen die Möglichkeit des Dahinrollens über das entsetzliche Pflaster zu gewähren, war ein Doppelgleis aus Granitplatten in den Fahrdamm eingelegt. Zu jedem der Paläste führte eine Auffahrtsrampe. Das gab diesem Straßenbilde ein ganz besonders kennzeichnendes Gepräge. Nur der Palast der Familie Radziwill, das jetzige Reichskanzlerpalais, und das sogenannte Reimersche Haus, das spätere Hausministerium, bedurften dieser Rampen nicht, weil die Wagen durch Ehrenhöfe bis vor die Eingangspforten gelangen konnten.
Isidor Kastan, Berlin wie es war

In und um die Wilhelmstraße etabliert sich das Regierungszentrum des neuen deutschen Reiches. Bei der Unterbringung der zentralen Institutionen (nur dem Reichsgericht wird – nach langen Debatten – Leipzig als Sitz zugewiesen), ist man in Berlin für längere Zeit auf ständiges Improvisieren angewiesen. Die meisten Verwaltungen »müssen sich mit gemieteten Räumen in Privatwohnhäusern behelfen; für andere sind Privatgebäude, namentlich ältere Palais, erworben und durch größere oder kleinere Umänderungen bzw. Erweiterungen ent-

sprechend eingerichtet worden« (Berlin und seine Bauten/1). In der Wilhelmstraße werden die preußisch-schlichten, oft nur zweistöckigen und meist dem 18. Jahrhundert entstammenden Bauwerke durch Erweiterungen und Umbauten den neuen Bedürfnissen angepaßt. Auf der Tiergartenseite ziehen, verbunden durch die schönen, parkähnlichen Ministergärten, das Reichskanzleramt ein (ab 1879 Reichsamt des Innern), das Auswärtige Amt, das Ministerium für Handel, Gewerbe und öffentliche Arbeiten und das Kriegsministerium. Neben dem Auswärtigen Amt gelegen ist das weitläufige Radziwillsche Palais, welches das Deutsche Reich 1875 für zwei Millionen Taler erwirbt und zum Wohnsitz des Reichskanzlers Bismarck ausbauen läßt:

Im Jahre 1831 war das Terrain, auf dem gegenwärtig das stattliche Palais sich erhebt, gänzlich unbebaut, nur mit Bäumen und Gebüsch bestanden, und bildete noch einen Teil des Tiergartens. König Friedrich Wilhelm I., dem vor allem die Vergrößerung Berlins am Herzen lag, zwang seine Minister, Generäle und Hofbeamten, neue Häuser zu erbauen, wozu er ihnen nicht nur Grund und Boden, sondern auch Holz und anderes Material schenkte. So entstanden außer verschiedenen ansehnlichen Häusern in der Wilhelmstraße auch drei, mit einem Cour d'honneur versehene Palais: das Schwerinsche, jetzige königliche Hausministerium, das Schulenberg-Wolffsburgsche, jetzt Radziwillsche, und das Vernezobersche, jetzt Prinz Albrechtsche Palais ... Fürst Anton von Radziwill, der nachherige Statthalter der Provinz Posen, heiratete die Prinzessin Friederike von Preußen, die Tochter des Prinzen Ferdinand, und erhielt 1823 das Palais von seinem Vater zum Geschenk. Durch ihn wurde das Palais lange Jahre hindurch der Mittelpunkt des musikalisch gebildeten Berlins.
Max Ring, Die deutsche Kaiserstadt Berlin/1

In dieses weitläufige, für repräsentative Zwecke ausgebaute und restaurierte Palais übersiedelt Bismarck, der anfangs noch im Obergeschoß des Auswärtigen Amtes gewohnt hatte, Ende der siebziger Jahre. Hier sind seine Arbeits- und Wohnräume, hier empfängt er bei den sogenannten parlamentarischen Bierabenden Vertreter aus Politik und Wirtschaft, auch Mitglieder des Reichstages oder des preußischen Abgeordnetenhauses, allerdings, wie schon die Zeitgenossen kritisch bemerken, »nur Untergebene und Gleichgesinnte«:

Es sammelte sich gewöhnlich ein großer Kreis um ihn, und er trug meistens die Kosten der Unterhaltung selbst redend, während die Nächstsitzenden den Faden gewissermaßen weiterspannen durch Zwischenbemerkungen. Ihm selbst schien diese Art der Konversation eher

Wilhelmstraße und Wilhelmplatz, Blick von der Leipziger Straße Richtung Norden. Auf der linken Bildseite das Ministerium für öffentliche Arbeiten, an der Nordseite das damalige Johanniter-Ordens-Haus, von Schinkel 1827 umgebaut. In den 1844 von Lenné geschaffenen Grünanlagen standen sechs Denkmäler von Feldherren Friedrichs des Großen.

Vergnügen zu machen, und man merkte ihm selten Spuren von Ermüdung an. Er aß und trank reichlich dazu und sah, zumal wenn er sich eine lange Pfeife bringen ließ, wie ein Patriarch unter seinen Jüngern aus.
Lucius von Ballhausen, Bismarck-Erinnerungen

Hier, in der Wilhelmstraße, dem politischen Zentrum des neuen deutschen Reiches, ist Bismarck auch Gastgeber des Berliner Kongresses, der im Juni und Juli 1878 unter Beteiligung führender Staatsmänner der europäischen Großmächte berät, wie das Kräfteverhältnis auf dem Balkan im Gleichgewicht zu erhalten und einer drohenden »Orientkrise« entgegenzuwirken sei:

Auf Bismarcks Palais in der Wilhelmstraße weht die weiße deutsche Kriegsflagge. Jeden zweiten Tag ist von zwei bis fünf Uhr ein Teil der Straße für Fußgänger gesperrt, und kurz vor zwei fahren an den Neugierigen die zahlreichen schönen Wagen vorbei mit den herausgeputzten Jägern auf dem Bock, die die Kongreßmitglieder an ihren Bestimmungsort bringen, wo sie im Hof von einer Abteilung Infanteristen mit präsentierten scharf geladenen Gewehren empfangen werden und im Kongreßsaal von Fürst Bismarcks nicht minder scharf geladener Höflichkeit.

Erstmalig in seiner Geschichte ist Berlin Tagungsort eines politischen, europäischen Kongresses; die Tatsache allein verrät den Aufschwung, den es als Deutschlands Hauptstadt genommen hat. Berlin ist bereits so sehr Großstadt, daß der Kongreß die Einwohner in keiner Weise aus dem Gleichgewicht bringt. Mit Ausnahme der Schilderhäuschen mit Doppelwachen vor allen Palais oder Hotels, in denen ausländische Abgesandte wohnen, behielt die Stadt ihr gewöhnliches Aussehen. Die Neugierde ist hier weitaus geringer als in Kopenhagen, weil es weniger Müßiggänger gibt und man das ganze Jahr hindurch Fremden auf den Straßen begegnet.
Georg Brandes, Berlin als deutsche Reichshauptstadt

Bismarck ist sich übrigens nicht zu fein, mit der Stadt Berlin einen erbitterten Kleinkrieg um die Höhe der Mietzinssteuer für das Haus in der Wilhelmstraße zu führen. In zwei großen Reden im März und April 1881 beschäftigt der Reichskanzler, der sich von der in Berlin herrschenden »Demokratenclique« ungerecht besteuert fühlt, sogar die Reichstagsabgeordneten mit seinen privaten Haus- und Abgabensorgen:

… ich bin durch meine Lage ohnehin schon genötigt, aus meinen Privatmitteln … erhebliche Zuschüsse für den Staat zu leisten und Staatskosten aus eigenen Mitteln zu zahlen; ich bin sehr viel mehr Verlusten in meinem Besitz durch meine Abwesenheit ausgesetzt, als der Staat mir Gehalt gibt; aber ich würde darüber nicht weiter reden, wenn es nicht gerade die Wohnung beträfe. Es ist mir das gerade peinlich, weil ich sehr viel bessere und angenehmere Häuser wie das in Berlin besitze, wo ich sehr viel lieber wohnen würde, und die ich mir selbst nach meinem Geschmack ausgebaut und eingerichtet habe, und für die ich Steuer zahle, und daß ich nun hier noch in meiner Berliner Wohnung, wo ich ungern bin, wo ich nur auf Wunsch Seiner Majestät des Kaisers mich aufhalte, daß ich da noch für meinen Nachfolger vorweg schon jetzt die Mietssteuer bezahlen soll, die für ihn gerecht sein wird, weil er sehr viel mehr erhalten werde wie ich, das geht mir doch etwas über das Maß, welches ich mir pekuniär zumuten lasse.
Otto von Bismarck, Politische Reden/9

Am bescheidensten von allen neuen deutschen Reichsbehörden ist in Berlin das Parlament untergebracht, das am 21. März zu seiner konstituierenden Sitzung zusammentritt. Da für die nun rund vierhundert Abgeordneten der Sitzungssaal des Norddeutschen Reichstags zu klein geworden ist, versammelt man sich vorläufig im preußischen Abgeordnetenhaus am Dönhoffplatz:

Eine elende Halle, aus Fachwerkmauern notdürftig errichtet, mit erbärmlichen Sitzreihen für die Herren Volksvertreter versehen, in der nicht einmal für eine auch nur einigermaßen ausreichende Beleuchtung Vorsorge getroffen war – so sah die erste Unterkunftstätte für die preußische Volksvertretung aus … Zogen sich die überhitzten Sitzungen bedenklich in die Länge und senkten sich die Schatten auf den dunkelnden Raum herab, dann brachten die Diener einige grünbeschirmte Öllampen in den Saal, die sie vor die Präsidenten, die Stenographen, die Schriftführer und vor die Ministersessel hinsetzten. Auf der Journalistentribüne jedoch behalf sich Dr. Oldenberg, der damals wohl die gesamte deutsche Presse mit seinen ausgezeichneten Parlamentsberichten versorgte, mit einer Lichtkerze! An regnerischen Tagen aber kam es gar nicht selten vor, daß es durch das leckgewordene Oberlicht in den Saal hinein und auf die Köpfe der Volksvertreter herabrieselte!
Isidor Kastan, Berlin wie es war

Markttreiben auf dem Dönhoffplatz. Im Hintergrund das preußische Abgeordnetenhaus, in dem auch die ersten Sitzungen des neugeschaffenen Reichstags stattfanden. Foto von F. Albert Schwartz, 1886

Auch in dem Haus Leipziger Straße 4, dem Gebäude der ehemaligen Königlichen Porzellanmanufaktur, in das der Reichstag noch im Herbst desselben Jahres übersiedelt – ebenfalls nur ein Provisorium –, sind die Zustände nicht viel besser. Dort lösen sich 1873 Teile von der Decke des Sitzungssaales und stürzen herab. Der Abgeordnete Windhorst beschwert sich:

Ich muß hier öffentlich konstatieren, daß wir uns hier in der letzten Zeit in einer gewissen Lebensgefahr befinden. Es ist nämlich fort und fort von der Decke dieses Saales bald Glas, bald anderes hinuntergefallen (Heiterkeit links) und hat sehr scharf eingeschnitten. Es ist dies gar nicht lächerlich – es ist ein Stuhl zertrümmert; das Glas hat, wie Sie an dem Platz des Herrn von Bockum-Dolffs sehen können, ein ganzes Stück weggeschnitten; wäre dieses Glas auf den Kopf oder einen anderen Körperteil gefallen, so würde dieser weggeschnitten sein … Die Sache ist gar nicht gleichgiltig; denn wenn das letzte Stück, welches auf den Platz des Herrn von Puttkamer fiel, auf den Kopf des Herrn von Puttkamer gefallen wäre, so hätte

es wahrscheinlich den Hirnschädel des verehrten Herrn Kollegen eingeschlagen. Das ist doch nicht gleichgiltig.
Eugen Richter, Im alten Reichstag/1

Dreiundzwanzig Jahre dauert das Provisorium in der Leipziger Straße; erst 1894 können die Abgeordneten in das neue, aus dem französischen Milliardensegen finanzierte Reichstagsgebäude vor dem Brandenburger Tor übersiedeln. Es fehlte auch nicht an Stimmen, die den Reichstag am liebsten überhaupt aus Berlin entfernt hätten. Schon im November 1871 macht die Berliner »Landeszeitung«, ein Organ der Großgrundbesitzer, den Vorschlag, die Kaiserresidenz nach Kassel zu verlegen, da Berlin »als Riesenstadt mit der kolossalen (hungernden) Arbeiterbevölkerung zum Sitz von unabhängigen höchsten Behörden keineswegs geeignet« sei. Auch Bismarck hat zeitlebens tiefwurzelnde Vorbehalte gegen Berlin als Sitz der obersten Reichsbehörden: »Ich habe mich immer dem Gedanken nicht verschließen können«, verkündet er am 4. März 1881 vor den Abgeordneten, »daß der Reichstag und die Zentralbehörden besser in einer anderen, weniger bevölkerten und der Unruhe weniger ausgesetzten Stadt wie Berlin ihre Sitzungen hielten« (Bismarck, Politische Reden/8). Und am 4. Mai 1881 notiert Moritz Busch folgende Bemerkungen des Reichskanzlers:

... was ich über den Reichstag und seine Verlegung von Berlin weg gesagt habe, darüber läßt sich noch viel mehr bemerken. Sagen Sie, es wäre kein Schreckschuß, sondern ein ernstgemeinter Gedanke. Vieles empfiehlt ihn. Der Kaiser kann den Reichstag berufen, wohin er will; denn in der Verfassung ist nichts über den Ort bestimmt, wo er sich zu versammeln hat. Die alten Kaiser Deutschlands hatten keine Reichshauptstadt, sie versammelten die Vertreter des Reichs, Fürsten und Stände, wo es ihnen gerade paßte, bald im Norden, bald im Süden oder Westen ... Auch sonst sprechen sehr beachtenswerte Gründe für den Plan. Die Unabhängigkeit der Voten und die Redefreiheit ist in Mittelstädten besser gewahrt als in einer großen Stadt mit mehr als einer Million Einwohnern. Man hat das 1848 gesehen, wo die Radikalen, die Demokraten, die jetzt Fortschrittspartei heißen, die Gewalt an sich gerissen hatten. Volkshaufen bedrohten die Abgeordneten, deren Haltung ihnen nicht gefiel ... Die Reichstagsmitglieder haben dort die Berliner Schmutzpresse nicht zu fürchten. Wie viele von ihnen sind fest gegen solchen Zeitungspöbel? Wie viele würden in revolutionären Zeiten fest sein gegen Einschüchterung und Bedrohung ihres Lebens und ihrer Ehre? Solche Zeiten können wiederkommen. In kleinern Orten sind sie viel leichter zu schützen als hier, wo die Fortschrittsleute, die Jakobiner, mit

Ewald Thiel, Bismarck im Reichstag. Der Kanzler trug, wie immer bei offiziellen Anlässen, auch im Reichstag die Uniform der Halberstädter Kürassiere.

den Sozialisten künftig das enge Bündnis schließen werden, auf das die demokratischen Ziele hinweisen, die sie gemeinsam im Auge haben. Ihre Verwandten in Paris hatten es 1871 geschlossen. Wenn diese beiden Parteien aber in Berlin einig sind, so bilden die Ordnungsfreunde und die Monarchischgesinnten die Minorität und können ihre Meinung nicht zur Geltung bringen, selbst wenn alle ihre Schattierungen zusammengehn.
Moritz Busch, Tagebuchblätter/3

Bismarcks Vorstellungen finden jedoch keine ausreichende Resonanz. Der Reichstag, oberste Legislative des Reiches, tagt weiter in Berlin. Hervorgegangen aus allgemeinen, gleichen und direkten Wahlen der männlichen Bürger über 25 Jahren, verkörpert er am deutlichsten den neuen einheitlichen Nationalstaat, der sich aus vier Königreichen, sechs Großherzogtümern, fünf Herzogtümern, sieben Fürstentümern, drei hanseatischen Stadtrepubliken und, als »äußeres Pfand der Einheit«, den von Frankreich annektierten »Reichslanden« Elsaß und Lothringen gebildet hat. Wenn auch in seinen Befugnissen gegenüber Monarch und Regierung vielfach eingeschränkt, tragen die hier geführten Debatten, über die die Zeitungen ausführlich berichten, nicht wenig zur öffentlichen Diskussion und zur Herausbildung eines politischen Problembewußtseins in breiten Kreisen der Bevölkerung bei.

Der Reichstag tagt öffentlich. Bei der Diskussion wichtiger Gesetzentwürfe sind die über dreihundert Tribünenplätze oft bis auf den letzten Platz gefüllt. Hier ist auch Frauen der Zutritt gestattet, die ansonsten der Politik fernzubleiben haben: sie dürfen weder wählen noch gewählt werden noch politischen Parteien oder Vereinen angehören. Marie von Bunsen, Tochter eines liberalen Politikers und Reichstagsabgeordneten, war des öfteren auf der Tribüne:

Mein Vater ermutigte bei uns jedes geistige Interesse, sah gern, daß ich die Zeitung las, und nahm mich bei großen Anlässen in den Reichstag mit. So habe ich Bismarcks historische Rede über die Orientfrage am 5. Dezember 1876 miterlebt, später noch manche, die zur deutschen Geschichte gehören. Deutlich sehe ich alles noch vor mir. Ein gedrängt übervolles Haus, ansteckende Erregung. Diener ordneten die langen Bleistifte und Mappen. Dann trat Bismarck durch den Vorhang herein. Er wirkte noch größer als er war durch seine breite Wucht. Er setzte sich. Der uns bekannte Simson sagte: »Der Reichskanzler, Fürst Bismarck, hat das Wort«, und alle atmeten kurz und leise, als in der Totenstille die mächtige Gestalt sich erhob. Er sprach stockend, seine Hände beschäftigten sich nervös mit dem Auf- und Zuknöpfen der silbernen Uniformknöpfe oder spielten mit dem dicken, langen Beistift. Meiner Erinnerung nach war die Stimme nicht besonders kräftig, aber doch klangvoll, und vorzüglich war seine Aussprache, seine Art zu reden: gebildet, dialektfrei, vollkommen ungezwungen – gerade so, wie ein vornehmer Mann an verantwortungsvoller Stelle sprechen sollte. Kam die Rede auch nicht fließend hervor, war sie sehr deutlich, war jeder Satz meisterhaft fest gefügt.

Marie von Bunsen, Die Welt, in der ich lebte

Neben Bismarck werden auch die Hauptvertreter der wichtigsten politischen Parteien vor allem durch ihr Auftreten im Reichstag bekannt: Rudolf Bennigsen, Fraktionsvorsitzender der Nationalliberalen Partei, mit 125 Abgeordneten stärkste Fraktion im Reichstag, und sein Fraktionskollege, der Berliner Rechtsanwalt Eduard Lasker, der als Abgeordneter einen wichtigen Beitrag zur Vereinheitlichung des deutschen Rechtswesens leistet; Eugen Richter, einer der herausragenden Führer der Fortschrittspartei, die zusammen mit dem Zentrum in Opposition zum innenpolitischen Kurs Bismarcks steht; Großindustrielle wie Karl Stumm, Mitbegründer der Deutschen Reichspartei oder der Rittergutsbesitzer und Bismarck-Vertraute Lucius von Ballhausen, der Gruppe der Agrarier zugehörig, die mit 116 Sitzen fast ein Drittel der Sitze im Parlament innehat; oder die »kleine Exzellenz« Ludwig Windhorst, unbestrittener Führer der 1870 gegründeten Zentrumspartei, die unter dem Banner des politischen Katholizismus und Antipreußentums die partikularistischen Bestrebungen der verschiedensten Couleur zu bündeln versteht. Als einzigem Sozialdemokraten gelingt August Bebel im März 1871 die Wahl in den Reichstag. Sozialistische und radikaldemokratische Politiker, die sich nach Sedan für eine Beendigung des Krieges gegen Frankreich einsetzten, tragen seitdem das Stigma der »Vaterlandslosigkeit«. Bebel, der von Mitte Dezember bis März 1871 wegen »Vorbereitung zum Hochverrat« in Untersuchungshaft sitzt, kann erst am 2. April zur Ausübung seines Mandats nach Berlin fahren:

Zunächst besuchte ich meine frühere Wirtin, um zu hören, ob ich wieder Wohnung bei ihr bekommen könne. Sie erklärte, daß sie zu ihrem großen Bedauern mich nicht mehr in Wohnung nehmen dürfe. Nachdem Liebknecht und ich im Dezember abgereist seien, sei die Polizei zu ihr gekommen und habe ihr heftige Vorwürfe gemacht, daß sie uns Wohnung gegeben habe. Wir waren in jener Session auf Schritt und Tritt durch Geheimpolizisten überwacht worden, als seien wir Verbrecher. Wie uns erging es den Polen ...

Als ich in den Reichstag trat, waren die Plätze auf der Linken besetzt, nur auf der äußersten Rechten waren noch solche frei. Dorthin begab ich mich, obgleich mir die Nachbarschaft der ehrenwerten Herren der äußersten Rechten nicht sehr sympathisch war. Aber sie begriffen mein Unglück und ließen mich nicht entgelten, daß ich als Saul unter die Propheten geraten war. Sie benahmen sich durchaus als Gentlemen, obgleich auch ihnen meine Nachbarschaft sicher unangenehm war. Manchmal entstand im Haus Heiterkeit, wenn die Linke gegen die Rechte stimmte und ich auf der äußersten Rechten mich mit der Linken erhob. Unter Larven die einzig fühlende Brust.
August Bebel, Aus meinem Leben

Bereits in seiner zweiten Reichstagsrede setzt sich Bebel vehement für die Bewilligung von Diäten für Reichstagsabgeordnete ein. Bismarck, der verhindern möchte, daß eine Schicht berufsmäßiger Politiker oder Habenichtse im Reichstag den Ton angibt, macht den »Unentgeltlichkeitsparagraphen« in der deutschen Verfassung zu einer Kabinettsfrage. Er erhofft sich davon ein Gegengewicht gegen eine Demokratisierung des Parlaments auf Grund des allgemeinen Wahlrechts. Wer, so spekuliert er nicht zu Unrecht, kann es sich von den Unbemittelten schon leisten, Abgeordneter zu sein. »Die Leute, welche zwei bis drei Monate gratis hier in Berlin sitzen können, sind in Deutschland doch sehr rar«, schreibt Anna von Helmholtz in einem Brief vom 7. Januar 1874, vor den neuen Reichstagswahlen, »und nun die erste Begeisterung verrauscht ist, fehlen gewiß manche bedeutende Kräfte. Wir werden mit der Zeit einen Bankier-Reichstag bekommen, denn neben den Großgrundbesitzern sitzen in der Finanz hier zu Lande die einzigen, die das Opfer bringen können.« (Anna v. Helmholtz, Briefe/1) Die einzige Konzession, die Bismarck den Abgeordneten macht, ist die Gewährung von Freifahrten auf deutschen Eisenbahnen während der Parlamentstagungen. Und auch diese Vergünstigung wird nur gewährt, weil infolge des teuren Pflasters in Berlin die Zahl der Auswärtigen ständig sinkt und Bismarck darauf Wert legt, »daß der Reichstag nicht verberlinert wird« (Busch, Tagebuchblätter/3).

Das westliche Ende der Leipziger Straße, wo die Reichstagsabgeordneten bis 1894 ihr Domizil haben, liegt um 1871 schon am Rande der Stadt:

Hier, um das Potsdamer Tor, begann in den siebziger Jahren die Idylle. Die Potsdamer Straße hatte zwar schon einzelne Läden aufgenommen, und als Fortsetzung der Leipziger schien ihr auch in ihrem weiteren Verlauf eine glänzende Zukunft vorbehalten. Indessen blieb die frühere Potsdamer Chaussee noch lange nach dem Französischen Kriege durch die Etagenwohnhäuser und die liebenswürdige Kette der beschaulichen Villen bestimmt ... Rings um den Potsdamer Platz wohnten Bürgerfamilien, Geschäftsleute, Gelehrte, Beamte in reicher Zahl.

Die Potsdamer Brücke, ebenso wie die anderen Übergänge über den Landwehrkanal, sah wesentlich anders aus, als die heutige Generation sie kennt. Malerischer, wenn auch unbequemer. Es war eine Holzbrücke, deren Mittelteil nach beiden Seiten aufgeklappt werden konnte, wenn ein hochbeladener Lastkahn seines Weges daherglitt, von seinen Insassen ohne Eile durch lange, an die rechte Schulter gestemmte, gegen Ufer oder Wassergrund gestoßene Stangen fortbewegt. Dann wurde der Brückenwart alarmiert, der mit primitiver

Vorrichtung seine Brücke öffnete. Das gab für den Verkehr Unterbrechungen, überaus lästig, wenn man sie auch nicht allzu tragisch nahm, da man noch Zeit hatte, nur den Schulkindern erwünscht, weil sie dadurch in jedem Falle Verspätungen entschuldigen konnten. Als in den achtziger Jahren die Pferdebahn, von der wir noch zu sprechen haben, durch die Potsdamer Straße rollte, ergab die Brücke eine heikle Stelle. Um sie nicht zu stark zu belasten, war darauf nur ein Gleis angelegt, so daß die Wagen abwechselnd von Osten und von Westen hinüberfahren konnten. Auf der Brückenhöhe aber stand ein uniformierter Alter, der nach Bedarf eine runde Scheibe rot oder grün nach den Seiten richtete, abends eine Laterne mit rotem oder grünem Glas, um freie Durchfahrt oder Haltesignal anzuzeigen. Denn die Straße lag zu beiden Seiten niedrig, so daß man von einem Ufer zum anderen nicht sehen konnte, was sich dort heranbewegte. Fürchterlich war bei nassem Wetter und bei Schnee und Frost die Anstrengung der Pferde, mit den vollbesetzten Wagen die Höhe emporzutraben. Es mußte Sand gestreut werden, damit die Hufe in der Glätte einen Widerstand fanden.

Max Osborn, Berlins Aufstieg zur Weltstadt

Vom Landwehrkanal westwärts trug die Potsdamer Straße ein ausgesprochen ländliches Aussehen. Sie war nicht gepflastert, sondern nur chaussiert, und die Grundstücke waren ausgesprochen kleinere oder mittlere bäuerische Besitzungen, auf denen Gemüse aller Art, auch Kartoffeln gezogen wurden. Hier und da hatte sich allerdings bereits ein Landhaus eines begüterten Städters eingedrängt ... Je weiter man diese westliche Hauptausgangsstraße aus der inneren Stadt hinaus verfolgte, desto »märkischer«, um es mit einem Worte zu bezeichnen, nahm sie sich aus. Über die Lützowstraße hinaus hatte man nur sehr selten Gelegenheit oder Veranlassung, seine Schritte zu lenken. Es wäre denn, daß man sich zu einem »Ausflug« nach dem Botanischen Garten oder nach Schöneberg entschlossen hätte, um dort im »Schwarzen Adler« eine »kühle Blonde«, näm- lich ein Glas Weißbier, zu schlürfen und dabei alle Wonnen einer ländlichen Musikbande, einer Drehorgel über sich ergehen zu lassen oder an hohen Festtagen ein Militärkonzert zu hören. Zuweilen ließen auch Seiltänzer ihre halsbrecherischen Kunststücke dort sehen, und an schönen Sommerabenden wurden Feuerräder, Raketenschwärmer und ähnliche Wunder der Pyrotechnik abgebrannt. Kurz, es war einfach großartig. Schöneberg selbst entsprach in seiner dörflichen Anlage der vielverheißenden Benennung auch nicht im allermindesten. Es war ein häßliches und trotz der großen Wohlhabenheit seiner Bauernschaft in seinem Äußeren verwahrlostes Dorf. Von der baulichen Beschaffenheit des lang hingestreckten Dorfes, von dem damaligen Zustande der Hauptstraße kann sich kein Mensch heutzutage auch nur die leiseste Vorstellung machen.

Isidor Kastan, Berlin wie es war

Die explosionsartige Zunahme der Berliner Bevölkerung nach der Reichsgründung – allein im Jahr 1871 steigt die Einwohnerzahl um 55 000, bis 1875 um mehr als 140 000, Anfang 1877 wird die Millionengrenze erreicht – verändert das Gesicht der Stadt in raschem Tempo. Unbebaute Flächen, Wiesen und Gärten verschwinden fast über Nacht.

Die Bebauung erfolgte in den siebziger und achtziger Jahren zu einem großen Teile durch Baugesellschaften, welche große Gelände in ihren Besitz brachten, Straßen anlegten, die Bauplätze abteilten und diese dann teils verkauften, teils selbst bebauten. 1872 bestanden 40 solcher Baugesellschaften, von denen einige große Anlagen geschaffen haben. Der Bauverein Königstadt und der Deutsch-Holländische Bauverein nahmen die Gegend vor dem Schönhauser und Prenzlauer Tor in Angriff, wo sie die Straßburger, Saarbrücker, Metzer, Weißenburger, Belforter Straße anlegten. Die Berlin-Hamburger Immobilien-Gesellschaft schuf innerhalb des Bogens, den die Spree südlich von Moabit bildet, das Hansaviertel mit der Händel-, Klopstock-, Claudius-, Lessing-, Cuxhavener, Altonaer, Flensburger Straße, in einer Gegend, die bis dahin ein feuchtes Wiesengelände darstellte, im Winter meist mit Eis bedeckt und ein Tummelplatz der Schlittschuhläufer gewesen war. Jetzt wurden die Sandberge am rechten Havelufer, Schildhorn gegenüber, abgetragen und der Sand in zahlreichen großen Spreekähnen hierhergebracht, um das niedrige Gelände aufzufüllen und trockenzulegen. Im Sommer 1872 konnte man täglich ganze Reihen solcher Kähne sehen, die durch Dampfboote von Gatow nach Moabit geschleppt wurden. Wenn man vom Hansaviertel nach Norden über die Spree und durch Moabit geht, kommt man zum Kleinen Tiergarten, nach welchem eine andere Baugesellschaft sich nannte. Sie legte dort die Bandel-, Dreyse-, Krupp-, Wilsnacker, Rathenower, Stendaler, Havelberger, Perleberger Straße an. Östlich vom Zoologischen Garten lag das Gebiet des Bauvereins Tiergarten, der einen Teil des Kurfürstendamms, der Kurfürstenstraße, des Lützowufers, die Keith-, Wichmann- und Burggrafenstraße bebaute … Die Gegend östlich von der Potsdamer Straße, wo die Steinmetz-, Blumenthal-, Alvensleben-, Göben-, Kirchbach- und Kulmstraße entstanden, war das Gebiet des Berlin-Schöneber-

ger Terrainvereins, während die Gesellschaft Belle-Alliance östlich von der Belle-Alliance-Straße die Fürbringer-, Solms-, Zossener, Mittenwalder und Baruther Straße erbaute.
Paul Goldschmidt, Berlin in Geschichte und Gegenwart

Auf dem Grundriß von 1778 war Berlin am Halleschen Tor zu Ende, und auf dem von 1831 führt das, was heute die großmächtige Belle-Alliance-Straße ist, den anspruchslosen Namen Weg nach Tivoli. »Tivoli« war ein berühmtes, nach Pariser Muster im Jahre 1829 angelegtes und genanntes Vergnügungslokal am Kreuzberg, da, wo gegenwärtig die Brauerei gleichen Namens liegt. Aber hier war nicht mehr Berlin, sondern »Umgegend von Berlin«; man fuhr nach »Tivoli«, wie man heute nach Tegel oder Pichelswerder fährt. Im Jahre 1842 hieß die Straße, welche bis dahin Weg nach Tivoli geheißen hatte, die Tempelhofer Straße: aber sie war, wie wir dem Buche von Fidicin (»Berlin, historisch und topographisch«, 1843) entnehmen, nur »in der Nähe der Stadt mit Häusern besetzt«. Die eigentliche Bebauung dieser Strecke, welche an Ausdehnung die Friedrichstadt übertrifft, fällt in die Periode von 1866 bis 1875, und die Belle-Alliance-Straße, eine Geschäftsstraße voll regen Verkehrs, länger als die Linden und fast ebenso breit, bildet seitdem den Kern eines neuen Stadtteils mit vorstädtischem Charakter und sehr eigentümlich zusammengesetzter Bevölkerung. Gegen das Tempelhofer Feld ansteigend und zu beiden Seiten flankiert von den mäßigen Terrainerhöhungen, die man sich gefällt, den Tempelhofer Berg und den Kreuzberg zu nennen, macht sie mit ihren Bäumen, Kasernen, großen Läden und hohen Häusern einen sehr stattlichen Eindruck, als die vornehmste dieses Quartiers … diese Vorstadt ist noch weit davon, vollständig ausgebaut zu sein, und hier kann man, wenn ich so sagen darf, Berlin wachsen sehen.

Namentlich die nähere Umgebung des Kreuzberges nach Norden und Westen hin bietet noch solch einen Anblick. Hier sind Trottoirs ohne Straßen und, was noch ärger ist, Straßen ohne Trottoirs, Holzplätze, Kohlenplätze, dann wieder ein einzelnes Haus, ein Baugerüst, ein Bretterzaun und ein Stück Eisenbahn, ganz voll ausrangierter Wagen. Nähert man sich von einer dieser Seiten, etwa unter den alten Pappeln und Häusern der Möckernstraße, dann sieht der Kreuzberg aus wie eine Düne am Meeresstrand, unten ganz weiß, oben spärlich begrünt – man meint, man müßte die Segelstangen vorüberziehender Schiffe erblicken unter dem milden, grauen Abendhimmel … Hier sind auch noch die beiden altmodischen Tanzlokale, in welche beim Vorübergehen hineinzuschauen uns damals soviel Vergnügen machte: »Zum Türmchen« und »Zum Alten Türmchen« –

letzteres über dem Dach mit einem veritablen, grün angestrichenen Türmchen, das wie ein Taubenschlag aussieht und vielleicht auch einer sein mag. Wieder ist hier die Drehorgel und das Marionettentheater; es wird gekegelt und getrunken. Plötzlich höre ich jemanden rufen: »Naucke!« Ich achte nicht darauf. Da fragt ein zweiter einen dritten: »Haste Naucken nich jesehn?« und ein vierter sagt: »Wo is Naucke?« Mein Gott, denke ich, wer mag der Mann sein, nach dem alle sich so teilnehmend erkundigen? Wer ist Naucke? Da steht vor dem Eingang »Zum Alten Türmchen» ein kleiner Stillvergnügter, der sich fortwährend um sich selber dreht und dazu mit gerührter Stimme singt:

»Naucke is nich mehr zu sehn,
Naucke is mich jar zu kleen.«

Nun denn, so will ich mich darein ergeben; ich fürchte, mich zu blamieren, wenn ich weiter nach diesem interessanten Unbekannten forsche. Doch ein paar Tage später, beim Stralauer Fischzug und auf dem Erntefest im »Schwarzen Adler« zu Schöneberg – überall hör ich denselben Namen, überall ist Naucke, oder ist er vielmehr nicht; und ich überzeuge mich nun, daß es sich hier um eine jener Neckereien handelt, die oft so plötzlich, man weiß nicht woher, im Berliner Leben auftauchen. Vielleicht, daß bei einer Landpartie eine liebende Gattin ihren Mann verloren hat, der sich des Namens Naucke erfreut. »Naucke!« ruft sie, »wo ist Naucke?« Ihr Schicksal erregt Teilnahme, man hilft ihr suchen, alle Bezirksgenossen schließen sich an – was anfänglich bitterer Ernst gewesen, wird allmählich fröhlicher Scherz, der Ruf wird populär, und lange noch, nachdem, so wollen wir hoffen, Frau Naucke ihren Mann wiedergefunden hat, klingt es durch ganz Berlin bis »Zum Alten Türmchen« in der Schöneberger Feldmark: »Wo ist Naucke?«

Julius Rodenberg, Bilder aus dem Berliner Leben/1

Auch im Stadtinnern verändert sich Berlin. In der Straße Unter den Linden, die ihren Charakter als Wohnquartier des Adels und des reichen Bürgertums langsam verliert, schließt sich durch Neu- und Umbauten die Reihe der Geschäftshäuser. Immer mehr der vornehmschlichten Bauten der alten Lindenpromenade fallen der Spitzhacke zum Opfer, um Neubauten mit aufwendig-protziger Fassade im Geschmack der Gründerjahre Platz zu machen: Banken, Restaurants, Cafés und vor allem Hotelneubauten entstehen, deren Berlin bei seinem wachsenden Zustrom an Fremden allerdings dringend bedarf: vor 1870 gab es täglich etwa 5 000 auswärtige Besucher in Berlin, nach der Reichsgründung zählt man bald schon 30 000. Da reichen

*Die Einweihung der Siegessäule ►
auf dem Königsplatz am
2. September 1873*

die altrenommierten Häuser Unter den Linden, wie das »Hotel de Rome«, das »Hotel de Russie« oder Meinhardts »Hotel du Nord« längst nicht mehr aus. Zu den ersten modernen Hotelneubauten, die in den siebziger Jahren entstehen, gehört das »Central-Hotel« an der Dorotheenstraße, unweit des Bahnhofs Friedrichstraße (mit seinem Varieté »Wintergarten« wird es bald weltberühmt werden) und das Nobelhotel »Kaiserhof« am Wilhelmplatz, das, nach einer Bauzeit von zwei Jahren am 1. Oktober 1875 feierlich eröffnet, schon wenige Tage später fast vollständig ausbrennt. In erstaunlich kurzer Zeit wird das Hotel neu errichtet: schon im Dezember desselben Jahres findet die Wiedereröffnung statt. Der »Kaiserhof« mit seinen über dreihundert Zimmern, den vielen kleinen und großen Konferenzsälen, günstig im Zentrum des Regierungsviertels gelegen, entwickelt sich rasch zu einem renommierten gesellschaftlichen Treffpunkt der Hauptstadt. Auch das im »original Wiener Stil« eingerichtete Café Bauer, seit 1877 an der berühmten Ecke Unter den Linden/Friedrichstraße ansässig, hat hier sein erstes Domizil.

Der Verschönerung des Stadtbildes soll auch die »Siegessäule« dienen, die, in Verlängerung der Linden weithin sichtbar, 1873 auf dem Königsplatz vor dem Brandenburger Tor eingeweiht wird. (Erst 1938 erhält sie, um ein Segment aufgestockt, ihren jetzigen Platz auf dem Großen Stern.) »Siegesspargel« tauft der Volkswitz alsbald das hochaufragende, als Symbol deutscher Einigung unter Preußens glorreicher Führung konzipierte Monument, und auch bei ausländischen Besuchern erntet das Kunstwerk mit der Riesenfigur der Siegesgöttin – halb antike Victoria, halb preußische Borussia – mehr Spott als Bewunderung:

Die Säule ist bestimmt, die künftigen Generationen an die preußischen Siege in den Jahren 1864, 1866 und 1870 zu erinnern. In den Kannelierungen des Schaftes sind dänische, österreichische und französische Kanonen eingefügt. Auf den Seiten des Unterbaues sind verschiedene militärische Episoden in Basrelief dargestellt, unter anderem der Einzug der Preußen in Paris im Jahre 1871. Die Säule ist schwerfällig und ungeschickt; der Unterbau ist zu breit und zu hoch, und ihre Linien sind unschön. Eine besondere Beschreibung verdient die Borussia, welche sie überragt.

Von dieser Borussia sagt der Berliner Volkswitz: »Sie ist das einzige Mädchen in Berlin, das kein Verhältnis hat.« Wenn schon die Berliner selbst sich in dieser Weise darüber lustig machen, so kann man sich denken, was die Fremden dazu sagen.

Bei der Modellierung der Statue war der Künstler in nicht geringer Verlegenheit. Dieses Symbol Preußens sollte die hauptsächlichsten Eigenschaften des siegreichen Volkes zur Anschauung bringen. Ist der Genius der Bastille in seiner unsicheren Stellung auf der Fußspitze nicht ein Bild der französischen Leichtfertigkeit? Und zeugt seine Nacktheit nicht von der Verderbtheit unserer Sitten? Der Preuße dagegen ist standfest und sittsam; noch mehr, er besitzt alle häuslichen Eigenschaften: er ist sparsam, einfach in seiner Kleidung; er ist praktisch, und zu gleicher Zeit strebt er auch nach den Höhen des Ideals. Wie sollte man alles das sinnbildlich vereinigen?

Dem Künstler ist es gelungen; man höre wie. Zunächst die Standfestigkeit: Die auf beiden Füßen ruhende Borussia widersteht einem kräftigen Windstoß, der ihre Röcke wie toll umherflattern läßt. Bedarf es eines deutlicheren Bildes? Die Sittsamkeit: Unsere Statue ist vom Kopf bis zu den Füßen bekleidet und trägt sogar der Mode des Landes folgend dicke Unterröcke, welche, indem sie die Beine einschnüren, in der sinnreichsten Weise von der Welt gegen die Indiskretion der Windstöße schützen. Die häuslichen Eigenschaften zeigen sich auf das klarste in der einfachen Kleidung der vergoldeten Borussia: Ein formloser Rock und ein etwas langes, auf die Hüften herabfallendes Mieder; dem eitlen Tand sind keinerlei Zugeständnisse gemacht. Die Borussia – man glaube es mir – ist eine häusliche Frau, und um das noch besser zu beweisen, hat der Künstler ihr in die rechte Hand einen Lorbeerzweig und in die linke anstatt eines Zepters den Schaft einer Fahne gesteckt, der zum Verwechseln einem Besenstiele ähnlich sieht, welcher in einem Heroldsstabe und in einer Spitze endigt. Der Heroldsstab ist das Symbol für die preußische Vaterlandsliebe, und die Spitze dient als Blitzableiter; damit ist der praktische Sinn angedeutet. Es bleiben noch die idealen Bestrebungen: Sie sind dargestellt durch ein paar majestätische Flügel, die auf geschickte Weise, vermittels einer Öffnung in dem Mieder, an den Schultern angebracht sind. Es gibt nichts Harmonischeres als diese Mischung von Symbolischem und Naturalistischem. Die halbausgebreiteten Flügel, der Besenstiel und die im Winde flatternden Röcke, ist das nicht die höchste Errungenschaft der modernen Kunst mit ihren Antithesen und ihrer Wahrheitsliebe im Kleinen?! Wenn man schließlich die Säule von hinten betrachtet, so bilden die Falten des Rockes mit den Füßen der Statue eine Art Triangel von höchst erheiternder Wirkung. Kurz, wenn ein Fremder nach Berlin kommt, so ist es die erste Sorge seiner Freunde, ihn nach der Siegessäule zu führen. Die sanfte Heiterkeit, welche dieser Besuch in ihm hervorruft, läßt ihm Berlin in einem viel freundlicheren Lichte erscheinen.

Luc Gersal, Spree-Athen

Mit der Entwicklung Berlins zur Reichshauptstadt, mit der zu erwartenden Nachfrage nach günstig gelegenem Bauland für renditeträchtige Geschäftshäuser, Banken, Hotels und touristische Attraktionen blüht an der Spree der Weizen der Terrainspekulanten. Die Grundstückspreise im Stadtzentrum steigen innerhalb weniger Jahre auf schwindelerregende Höhen; vierzig Baubanken mit einem Aktienkapital von fast 200 Millionen Mark entstehen allein in den Jahren 1871/72 in Berlin. Die von ihnen finanzierten Baugesellschaften machen den Grund und Boden zum Gegenstand unverhüllter Spekulation. Wer im Stadtinnern nicht mehr zum Zuge kommt, versucht es vor den Toren der Stadt. Bereits Ende der sechziger Jahre hatten »vorausschauende« Unternehmer begonnen, hier brachliegendes Land in Baugrund zu verwandeln. J.A.W. von Carstenn kaufte die Rittergüter Lichterfelde, Wilmersdorf und andere Ländereien auf, parzellierte sie und baute Straßen, Restaurants, ja sogar eine Verkehrsverbindung zur nächsten Vorortbahn, um den Berliner Bürgern die Ansiedlung in seinen »Kolonien« schmackhaft zu machen. Diese Transaktion brachte ihm einige Millionen ein. Heinrich Quistorp, bald einer der bekanntesten Spekulanten der Gründerzeit, hatte ebenfalls schon 1868 versucht, mit dem Projekt der Landhaussiedlung Westend märkischen Sandboden in eine Goldgrube zu verwandeln. Nun tritt in die Fußstapfen dieser »Pioniere« ein ganzes Heer von Bodenspekulanten:

Sie kauften Häuser und Grundstücke in der Stadt und legten sie nieder; sie kauften öffentliche Gärten und Etablissements und verwandelten sie in Bauplätze; sie kauften die Kartoffeläcker und Gemüsefelder in den Vorstädten, die Wiesen, Sümpfe und Sandschollen vor den Toren, die Weiden und Ländereien der benachbarten Dörfer und steckten überall Häuserzeilen und Straßenviertel ab. Aus den Gärtnern der Vorstädte, aus den Bauern der Umgegend wurden große Kapitalisten, die nicht recht wußten, was sie mit ihrem Gelde anfangen sollten und es bald der Börse zutrugen. Im zweimeiligen Umkreise von Berlin gab es plötzlich keine Äcker und Felder mehr – nur noch Baustellen und Baugründe. Vor den Toren wurde die Quadratrute mit 50 bis 500, in der Stadt mit 1 000 bis 10 000 Talern bezahlt …

Die Menge der Bauvereine, Baugesellschaften und Baubanken war bald so groß, daß es an Namen für sie gebrach, daß selbst Börsenleute sich in dem Labyrinth dieser Namen nicht mehr zurechtfinden konnten. Man höre:

Nord-End, Ost-End, Süd-End, West-End (Quistorp), Tiergarten, Tiergarten-Westend, Hofjäger, Unter den Linden, Passage, Centralstraße, City, Königstadt, Friedrichshain, Schönhausener, Nieder-Schönhausener, Tempelhofer, Belle-Alliance, Wilhelmshöhe, Landerwerb, Land und Baugesellschaft Lichterfelde, Lichterfelder Cottage, Char-

Wer um 1870 die Grenzen des Berliner Weichbildes erreichen wollte, konnte das vom Zentrum aus bequem zu Fuß in einer Stunde. Und schon an der Peripherie hatte die Kaiserstadt ein eher ländliches Aussehen. Schönhauser Allee, Höhe Buchholzer Straße, um 1890

dam, Westend-Potsdam, Berolina, Berliner Neustadt, Mittelwohnungen, Immobilien, Berlin-Hamburger Immobilien, Union; Berliner Bauvereinsbank (Wäsemann), Berlinische Bank für Bauten, Berliner Häuserbaugenossenschaft, Allgemeine Häuserbaugesellschaft, Gesellschaft für Bauausführungen, Deutscher Centralbauverein (Quistorp), Deutsch -Holländischer Bau-Verein, Deutsche Baugesellschaft, Deutschlands Baubeförderungs-Verein, Preußische Baugesellschaft, Preußische Baubank, Märkische Baubank, Provinzial-Baubank, Provinzialbank für Bauten und Handel, Allgemeine Bau- und Handelsbank, Centralbank für Bauten, Metropole, Immobilienbank, Hypothekar-Credit- und Baubank, Nord-Baubank, Residenz-Baubank, Union-Baubank, Imperial-Bank.

Das sind aber entfernt noch nicht alle! ...

Hätten die Gründer ihre Bauprojekte durchgeführt, wäre der Bedarf an Wohnungen für Zeit und Ewigkeit gedeckt gewesen. Der kürzlich verstorbene Statistiker Schwabe hat berechnet, daß die in Aussicht gestellten Neubauten für eine Bevölkerung von neun Millionen zureichen würden, daß mit ihnen Berlin zu einer Riesenstadt anwachsen müßte, noch dreimal größer als das heutige London. Aber von all den zahllosen Baugesellschaften bauten in Wirklichkeit nur wenige, äußerst wenige; und sie bauten Häuser und Villen für die wenige, äußerst wenige; und sie bauten Häuser und Villen für die wohlhabenden Klassen, oder sie machten aus kleinen Wohnungen lauter große. Erst mit den Baugesellschaften begann der Wohnungsjammer, namentlich für die untern Stände.

Otto Glagau, Der Börsen- und Gründungs-Schwindel in Berlin

Vor allem die Ländereien im Bereich des Berliner Bebauungsplans, der von dem späteren Stadtbaurat James Hobrecht bereits in den sechziger Jahren entworfen worden war, entwickeln sich zum Objekt wildester Spekulation. Die Geschäftemacher halten das Heft fest in der Hand, und die Stadtbehörden zeigen sich weder willig noch fähig, dieser Spekulationswut, die jede vernünftige Stadtplanung zunichte macht, Einhalt zu gebieten. Resigniert stellt der Berliner Magistrat schon im Oktober 1871 in einem Schreiben an den Minister für Handel, Gewerbe und öffentliche Arbeiten fest: »Die Ausarbeitung des Bebauungsplanes für Berlin – richtiger des Straßenplanes von Berlin –, ohne daß diese Straßen wirklich angelegt wurden, hat eine große Zahl von Flächen zwar nicht der Bebauung erschlossen, denn die Straßen existierten nur auf dem Papier, wohl aber hat er den Inhabern dieser Flächen Veranlassung gegeben, Baustellenpreise dafür zu fordern, und er hat somit zur Preissteigerung der Baustellen wesentlich mitgewirkt« (Communal-Blatt der Haupt- und Residenz-Stadt Berlin, 5. November 1871).

Der Bauplan hat die schreiendsten Ungerechtigkeiten und die fabelhaftesten Begünstigungen mit sich gebracht. Es kam vor, daß der Besitzer eines großen Terrains, welches in nächster Zeit Bauland werden konnte, plötzlich ohne Straßenfront oder Zugang war, während ein anderer große Straßenfront ohne Hinterland besaß. Man kann sich denken, zu welchen Mißhelligkeiten und Erpressungen dieses Anlaß gab und wie häufig der Eigensinn mitspielte … Der große Übelstand bestand darin, daß man durch den Bebauungsplan plötzlich zahllose Handelsobjekte geschaffen hatte, die noch sehr lange ihren alten Zwecken hätten dienen können; dadurch aber wurde die Spekulation in Bauplätzen veranlaßt. Was früher pro Morgen gerechnet wurde, forderte man jetzt pro Rute, und Preise, wie sie im Innern der Stadt bezahlt worden sind, wurden dabei als analoge bezeichnet, und hierdurch stellte sich ein ganz unnötig und vorzeitig hoher Preis für Baustellen heraus. Es sind infolgedessen verhältnismäßig arme Leute ohne Arbeit zu Millionären geworden; dies hat im höchsten Grade anregend gewirkt, und nichts hat soviel Chance als ein richtiges Treffen in Baulandspekulation.

Dr. Strousberg und sein Wirken, von ihm selbst geschildert

Carl Kappstein, Blick auf den Kurfürstendamm, 1886 (zwischen der heutigen Waitzstraße und dem Lehniner Platz)

Zu den großen Gewinnern zählten auch die Bauern in den Dörfern bei Berlin. Eisenbahnbau und Bodenspekulation verwandeln den märkischen Sandboden für seine Besitzer in kalifornische Goldfelder. Innerhalb kurzer Zeit gehen Dörfer wie Schöneberg, Tempelhof oder Wilmersdorf fast vollständig in den Besitz von Baugesellschaften über. Aus den ehemaligen Bauern und Kossäten wurden über Nacht die vielbestaunten und vielbelachten »Millionenbauern«.

Viel, viel Geld, ein Millionensegen hatte sich über die Großbauern und Kossäten [in Wilmersdorf] während der Gründerjahre in dieser Zeit ausgeschüttet. Die Felder und Äcker, die nicht zum Rittergut gehörten, waren etwa ein Vierteljahrhundert früher unter die acht Großbauern des Dorfes bei der Verkoppelung verteilt worden. Meist handelte es sich um Brachland, das den Hammelherden eine nicht zu üppige Weide gab. Zum Teil lag das Land auch ziemlich weit entfernt von den Bauernhöfen, erstreckte es sich doch auf der einen Seite bis nach Charlottenburg, auf der anderen bis nach Steglitz hin. Die Bauern verkauften ihre sonst wertlosen Felder an die Eisenbahnverwaltung, die sie für neue Bahnanlagen brauchte, und, wie schon angedeutet, an Spekulanten, die eine schnelle Entwicklung der Stadt Berlin und ihrer Vororte erhofften. Selbst der Pfarrer, der das Kirchlein betreute, durfte jetzt über sehr reiche Jahreseinkünfte verfügen, weil auch überschüssiges Kirchenland verkauft werden konnte. Fast über Nacht waren die Schramms, die Bolzes und Blisses, die Mehlitzens, Willmanns und andere noch zu Leuten geworden, die nicht wußten, wo sie mit dem vielen Gelde hin sollten.

Berliner Mietskasernen. Rückansicht einer Häuserreihe in Moabit, von der Wilhelmshavener Straße aus gesehen.

In Herzsprungs »Restaurant« wurde Skat und Billard um ungeheuer hohe Einsätze gespielt. Stork, ein aus Berlin herübergekommener Sommerfrischler, Beamter, wenn ich mich recht erinnere, war gewissermaßen ihr Lehrmeister darin. Er gründete später die Omnibuslinie Wilmersdorf-Schöneberg-Berlin mit der Endstation Mauerstraße. Das Unternehmen machte ihn zum wohlhabenden Manne …
Hanns Fechner, Spreehanns

Da, wo nicht nur spekuliert, sondern wirklich gebaut wird, treibt die rasante Verteuerung von Grund und Boden die Bauunternehmer zu immer rücksichtsloserer Ausnutzung der erworbenen Flächen. Es entsteht jene für Berlin so typische Bebauungsweise, die schon die Zeitgenossen mit dem Begriff der »Mietskaserne« belegt haben. »Für das Wohngebäude, das jede Individualität der Bewohner verwischt und das Wohnungswesen durchaus den Zwecken der Spekulation unterwirft, konnte deshalb in der Tat keine treffendere Bezeichnung gefunden werden als die der Mietskaserne. Der Ausdruck bezeichnet den Haustypus, der in Hofwohnungen, Seitenflügeln, Quergebäuden eine un-

terschiedslose Masse von Wohnräumen umschließt. Durch die Größe des Grundstücks, dessen Abmessungen die Wohnhausform vollständig abgestreift haben, und zugleich durch den Hausgrundriß, in dem die Einzelwohnung völlig verschwindet, ist die Mietskaserne gekennzeichnet« (Rudolf Eberstadt, Die Spekulation im neuzeitlichen Städtebau).

Daß diese Bauten zum überwiegend größten Teil ohne jeden baukünstlerischen Wert sind und zur Verschönerung der Stadt nicht beitragen, ist indessen nicht von so sehr hervortretender Bedeutung gegenüber dem Umstand, daß ihnen in ihrer großen Mehrheit der Stempel großer Massenquartiere aufgedrückt ist. »Statt der Straßen«, sagte damals Dr. Schwabe, »vermehrt man die Treppen; man türmt Stockwerke auf Stockwerke, garniert die Häuser mit Seiten-, Quer- und Hintergebäuden, man verbaut jedes Stückchen Garten, denn die Mietskaserne duldet nichts Grünes, und läßt selbst die Höfe zwischen den Mauerkolossen zu engen, dunklen Röhren zusammenschrumpfen, die mit frischer Luft und warmen Sonnenstrahlen auf gespanntem Fuße leben« (H. Schwabe, Berliner Südwestbahn und Zentralbahn, 1873). Doch nicht den Spekulanten allein trifft der Vorwurf, derartige Wohnverhältnisse geschaffen zu haben. Es ist der Einfluß des Bebauungsplanes, der nichts anderes zustande kommen läßt als die in Stein umgesetzte Kapitalanlage der Mietskaserne, die darauf gerichtet ist, aus den Insassen eine möglichst hohe Rente zu ziehen. Und das Dividendenprinzip dieser Wohntürme schleppt sich auch in die weitere Berliner Umgebung; es findet Anwendung weit und breit, soweit die Herrschaft des bestehenden und der zukünftigen, nach gleichartigen Gesichtspunkten entworfenen Bebauungspläne reicht.

Berlin und seine Eisenbahnen/1

Ermöglicht und gefördert wurde das Mietskasernensystem durch die damals gültige Bauordnung, die an Straßen von mehr als 15 Meter Breite eine beliebige Bebauungshöhe zuließ, während die licht- und luftlosen Hinterhöfe lediglich 5,3 Meter breit und 5,3 Meter tief zu sein hatten – gerade die Mindestgröße, die zum Umdrehen der Feuerspritze erforderlich war.

Die durchschnittliche Bewohnerzahl der Grundstücke stieg rapide: 1860 wurden rund 45 Bewohner je Grundstück gezählt, 1870 waren es 51 und 1880 bereits 60 Bewohner, während zur gleichen Zeit in Paris etwa 20 und in London nur 8 Personen auf ein Grundstück kamen. Nach der Volkszählung vom 1. Dezember wohnten 1871 rund 162 000 Menschen, das waren rund ein Fünftel der Berliner Bevölkerung, in sogenannten übervölkerten Kleinwohnungen; darunter ver-

stand man Wohnungen mit einem heizbaren Zimmer, das nach amtlich berechnetem Durchschnitt mit 7,2 Personen belegt war. Und 90 000 Menschen, das waren elf Prozent der Bevölkerung, konnten nicht einmal solch eine elende Behausung ihr eigen nennen; sie mußten als Chambregarnisten oder Schlafburschen einen Unterschlupf suchen. Heinrich von Treitschke aber, Geschichtsprofessor und Repräsentant preußischer Staatsweisheit, antwortete 1874, als er auf diese schreienden Mißstände hingewiesen wurde, mit frommem Augenaufschlag: »Jeder Mensch ist zuerst selber verantwortlich für sein Tun. So elend ist keiner, daß er im engen Kämmerlein die Stimme seines Gottes nicht vernehmen könnte« (Treitschke, Die Grundlagen der bürgerlichen Gesellschaft).

Mit dem massenhaften Anwachsen seiner Bevölkerung geht Berlin Zuständen entgegen, welche der Gesundheit des Leibes und der Seele gefährlich zu werden drohen. Mehr und mehr beginnt die Wohnungsnot einen erheblichen Teil der Bürgerschaft auf eine niedrigere Lebensstufe herabzudrücken, ja dem größten Elend preiszugeben und Gesundheit und Sittlichkeit zu bedrohen. – Die Häuser sind voll, übervoll, aber der Strom der Einwanderung läßt nicht nach, sondern fährt fort, das Bedürfnis schneller zu steigern, als es befriedigt werden kann.

Die vom Minister des Innern, dem Grafen zu Eulenburg, berufene Spezialkommission fand zwar als Resultat ihrer Untersuchung, daß »eine Wohnungsnot im eigentlichen Sinne des Wortes nicht vorhanden sei«. Dem aber widerspricht die Erfahrung von einem Ende der Stadt bis zum andern. Die etwa leerstehenden Wohnungen nützen dem Unbemittelten gar nichts, wenn, wie es meistens der Fall ist, »Wirt bei Wirt keine Kinder aufnehmen zu wollen erklärt und seinen Mietern nur unter derselben Bedingung die Aftervermietung gestattet, wenn Witwen exmittiert werden, die auch nur ein Kind einzuschmuggeln versucht haben«. Wer vor den Umzugsterminen ein Obdach fand, mochte es auch nur »ein feuchter Keller oder eine Kammer ohne Ofen oder eines jener liebenswürdigen Zimmer sein, deren Wände aus lauter Türen bestehen«, wurde von vielen als ein Glückspilz beneidet. Man wagte gar nicht darauf zu dringen, daß die Wohnung in bewohnbarem Zustande sei, weil man fürchtete, sofort abgewiesen zu werden.

Berlin und seine Entwicklung, 6/1872

Hemmungslos treiben die Wirte, den Mangel an Wohnungen ausnutzend, die Mietpreise in die Höhe. Jeder dritte Berliner muß 1872 eine zum Teil erhebliche Erhöhung seiner Miete hinnehmen – ohne daß der Wert der Wohnung sich gesteigert hätte. »Meine Frau ist jetzt vor allem in Wohnungsnöten«, schreibt Theodor Fontane am 30. März 1872 an Mathilde von Rohr. »Ich weiß nicht, ob ich Ihnen schon schrieb, daß unser Haus verkauft ist, daß die Mieten mindestens verdoppelt werden und wir also alle ziehen.«

Bis zur Schwindelperiode erforderte in Berlin die Miete etwa ein Sechstel des Einkommens. Auch schon ein unverhältnismäßig hoher Prozentsatz, der von ungesunden Verhältnissen zeugt! Aber 1871, 1872 und auch noch 1873 stiegen die Mieten fast von Quartal zu Quartal, in zwei bis drei Jahren um das Doppelte und Dreifache. Der Mietzins verschlang jetzt durchschnittlich ein Viertel, ja nicht selten ein Drittel der Gesamteinnahme. Er nötigte die Familien zur größtmöglichsten Einschränkung auf allen andern Gebieten, und er erzeugte namentlich unter den sogenannten gebildeten Ständen, die kein eigenes Vermögen besitzen, sondern nur von ihrem Gehalt oder Jahreseinkommen leben, ein heimliches Proletariat.

Mit dem Börsen- und Gründungsschwindel schmolz die Zahl der kleinen, billigen Wohnungen zusehends, und es vermehrten sich erstaunlich die großen, kostbaren Mietsräume. Quartiere im Preise von 2 000 bis 5 000 Talern jährlich waren bis dahin noch selten gewesen; jetzt wurden sie häufig. Eine Unmasse von Banken und Aktiengesellschaften etablierte sich und verschwendete in Lokalitäten, mit denen sie prahlten und lockten. Ein Heer von Direktoren und Verwaltungsräten, Bankiers und Maklern, Prokuristen und Agenten wuchs empor, die sich alle elegant oder gar luxuriös einrichteten. Den Gründern und Börsianern war keine Wohnung zu teuer; sie überboten sich in den Preisen, sie verdrängten die bisherigen Insassen und trieben die Mieten systematisch in die Höhe. Sie hatten es ja dazu; sie wollten repräsentieren und genießen, sie wollten glauben machen an den befruchtenden Segen der französischen Milliarden, an den allgemeinen Wohlstand, an die ungeheure Vermehrung des Nationalvermögens. Die Gründer und Börsianer setzten sich in den schönsten Straßen fest, nahmen die vornehmsten Quartiere in Beschlag; viele von diesen Leuten zahlten an Miete 6 000 bis 20 000 Taler jährlich!

Otto Glagau, Der Börsen- und Gründungsschwindel in Berlin

Die unaufhörliche Steigerung der Mieten, der immer empfindlichere Mangel an kleinen, bezahlbaren Wohnungen, die immer brutaleren Schikanen der Wirte verurteilen einen Großteil der Berliner zum ständigen Umzug. 38 Prozent der Mieter verlassen 1871 ihre Wohnung, 43 Prozent sind es 1872. Zum »Ziehtag« am 1. April und 1. Ok-

tober – die Mietverträge werden zumeist halbjährlich, bei kleinen Wohnungen oft auch nur für einen Monat abgeschlossen – ist halb Berlin auf den Beinen. »Die Großstadt mit ihrem ewigen Wechsel und ihrem lockeren Gefüge der Gesellschaft nimmt auch der Wohnung den stabilen Charakter, der ihr unter normalen Verhältnissen eigentümlich ist; sie gewöhnt den Menschen allgemach an das Umziehen, an jene schreckliche Quartalswanderung, bei der sich das Hab und Gut von durchschnittlich 20 000 Berliner Familien auf dem Möbelwagen herumtreibt, mit allen jenen Schrecknissen von verschabten und beschädigten Wandflächen, die man verläßt und die man vorfindet, von abgestoßenen Möbelfüßen, schadhaften Haushaltsgegenständen, von tagelanger chaotischer Wirtschaft, gegen welche ein wandernder Zigeunerhaushalt ein Muster von Ordnung und Behaglichkeit genannt werden kann.« (Hermann Schwabe, Das Nomadentum in der Berliner Bevölkerung)

Wir zählten gewiß zu den »ordentlichen Leuten«. Niemals sind wir auch nur mit einem Pfennig Miete im Rückstande geblieben. Und doch, welch ein wurzelloses Nomadenleben! In den folgenden zwanzig Jahren haben wir, soweit ich mich noch entsinnen kann, gewohnt in der Neuen Königstraße, in Neu-Weißensee, in der Neuen Jakobstraße, in der Metzer Straße, wieder in Neu-Weißensee, in der Zionskirchstraße, in der Friedrichstraße, in der Tempelherrenstraße Nr. 17 und in derselben Straße Nr. 3. Das war und ist das Schicksal der modernen Mietkasernenbewohner! Die Engländer haben ein Sprichwort: Man kann einen Menschen durch eine schlechte Wohnung töten wie mit einer Axt. Das Sprichwort stimmt nicht. Eine Axt ist noch eine ritterliche Waffe, und der Tod durch sie ist in der Regel schnell und leicht. Eine schlechte Wohnung aber tötet wie Opium oder ein anderes langsam wirkendes Gift, das zuerst Geist und Willen lähmt. Wie auch bei tapferer Gegenwehr in einem solchen Leben unwillkürlich alle Kulturansprüche sinken, zeigte mir ein Wort der Mutter in der Zionskirchstraße, einer der engen Mietkasernenstraßen im Norden Berlins. Wir bewohnten »natürlich« nur Stube und Küche. Auf demselben Flur mit uns lebte noch eine alleinstehende Frau in einem kleinen Zimmer, und da hatte Mutter nur einen Wunsch: »Hätten wir doch auch noch diese Kammer, so daß wir allein auf unserem Korridor wohnen könnten – dann hätte ich wegen der Wohnung wohl keinen Wunsch mehr.«
Adolf Damaschke, Aus meinem Leben/1

Die häufigen Mietsteigerungen in der neuen Reichshauptstadt verurteilten einen Großteil der Berliner zum ständigen Umzug. Hans Baluschek, Nomaden der Großstadt. Der Quartalsumzug

Anfang der siebziger Jahre ist der Mangel an bezahlbaren Wohnungen so groß, daß viele am turnusmäßigen »Ziehtag« überhaupt keine Wohnung mehr finden. Die Hauswirte nutzen die Lage und setzen jeden, der seine Miete nicht mehr zahlen kann oder der ihnen unbequem ist, unbarmherzig auf die Straße: Der Vermieter kann, so steht es in den Verträgen, die sofortige Räumung der Wohnung ohne vorangegangene Kündigung verlangen und auf Exmission antragen.

Zu den ältesten baulichen Anlagen Berlins gehörte die Straße »Am Krögel«, die vom Molkenmarkt entlang der alten Stadtvogtei an die Spree führte.

Die Bewohner des großen dreistöckigen Vorder- und Hinterhauses Schillerstraße Nr. 22 wurden Sonntag früh mit dem Besuche des Exekutors und einer Anzahl handfester Leute beehrt. Das Haus war seit dem 1. Oktober in andere Hände übergegangen. Die Kündigung war rechtzeitig geschehen, die Bewohner waren aber nicht ausgezogen, da sie keine Wohnung aufzutreiben vermochten. Man fing nun an, sämtliche Fenster und Türen auszuheben. Dies veranlaßte einen Teil der Bewohner, nach einem nahe gelegenen Rohbaue überzusiedeln. Der daselbst angestellte Vizewirt vermietete die Stuben zu drei bis fünf Taler monatlich mit dem Hinzufügen, daß Fenster und Türen selbst zu beschaffen wären. Acht Familien waren nicht so glücklich, ein Unterkommen zu finden. Diese biwakieren an dem Zaune der Erbsenwurstfabrik. Der Dienstmann Nolte, der ebenfalls schon vor einiger Zeit exmittiert wurde, schläft mit seiner Familie seit vierzehn Tagen auf freiem Felde. Bettstellen mit Strohsäcken sind vorhanden, in denen zu gleicher Zeit mehrere Personen liegen, dem Anblicke des Publikums freigegeben. Ein Kind des Nolte ist bereits, durch die Nachtluft schwer erkrankt, nach der Charité befördert und dort an den Augen operiert worden. Eine Frau, die vor einigen Tagen ihren Mann verloren, kauert zwischen einigen Kasten an der Erde mit ihren drei hungernden Kindern. Heute wird die Räumung der Hinterhäuser des bezeichneten Gebäudes von seinen Bewohnern zwangsmäßig stattfinden, und die Wiese wird dann noch ein lebhafteres Bild des menschlichen Elendes aufzuweisen haben. Als gestern abend spät der Schreiber dieses die Stätte, welche den ganzen Tag über mit Neugierigen besetzt war, verließ, erschien der Leutnant des betreffenden Polizeireviers und ersuchte die am Hause aufgestellten Posten, die ausgesetzten Familien wenigstens des Nachts noch im Gebäude schlafen zu lassen, was aber abgelehnt werden mußte, da die Hüter hierzu keine Erlaubnis erteilen durften.

Berliner Börsen-Zeitung, 1. November 1871

Im April 1872 mußten viele Familien im Arbeitshause Wohnung nehmen, welche durch Quittungsbücher den Beweis lieferten, daß sie seit Jahren die Miete pünktlich, und zwar monatlich postnumerando*, gezahlt hatten, aber den Ansprüchen der Wirte, vom 1. April ab quartaliter pränumerando** Miete zu zahlen, nicht nachkommen konnten. Am 6. April hatten noch 233 Familien keine Wohnung finden können, und mindestens ebenso viele mußten sich mit einzelnen Stuben oder mit einem Anteil an einer solchen begnügen, so daß mindestens 500 kleine Wohnungen zuwenig vorhanden waren. In der Nacht vom 3. zum 4. April übernachteten in der Pappelallee über 24 und auf dem Exerzierplatze 13 anständige Familien unter freiem Himmel. Andere kampierten in der Hasenheide, im Friedrichshain, im Tiergarten und ähnlichen Lokalitäten und mußten, sowie ihre Habseligkeiten, von der Witterung leiden. In der Albuschen Krippe blieben die Kinder, den Statuten zuwider, des Abends in der Anstalt, und selbst einzelne Mütter übernachteten in derselben. Die Asyle waren überfüllt, und eine große Anzahl der Unterkunftsuchenden mußte abgewiesen werden. Manche begnügten sich oder mußten sich begnügen mit Lokalitäten, die Wohnungen zu nennen der größte Namensmißbrauch gewesen wäre …

Man machte sich mit allen möglichen improvisierten Surrogaten der Wohnung vertraut: man bat um Einrichtung von Schiffen wäh-

* nachträglich
** im voraus

rend des Winters und um Überlassung von Eisenbahnwagen. Unter den Drehscheiben der Bahnhöfe waren regelmäßige Schlafstellen eingerichtet. »Gute und billige Wohnungskasten« wurden wörtlich im »Intelligenzblatte« zum Kauf angeboten. Mehrere Bau- und sonstige augenblicklich unbenutzte Plätze in der Gegend der Andreas- und Koppenstraße waren mit den Habseligkeiten Obdachloser bedeckt, welche sich troglodytenartig einzurichten gezwungen waren und leerstehende Fuhrwerke und so weiter als sehr willkommene Schlafstellen betrachteten. An der Verbindungsbahn, namentlich an den Stellen, an welchen wegen der vorhandenen Straßen, Feldwege und so weiter Viadukte errichtet werden mußten, fand man zahlreiche Familien, die sich so gut als möglich häuslich eingerichtet hatten. Vor dem Stralauer Tor, in der Nähe der Spree, hatten einige Familien eine alte Zille umgestürzt, parzelliert und zu Wohnungen eingerichtet.
Berlin und seine Entwickelung, 6/1872

Im April 1872 werden in Berlin 1500 Personen ohne Obdach registriert, unter ihnen »nicht nur Arbeiter, sondern auch manche Vertreter des Mittelstandes«. Vor dem Kottbusser, Frankfurter und Landsberger Tor wachsen regelrechte Barackenstädte aus dem Boden, in denen Hunderte von Obdachlosen mit ihrer kümmerlichen Habe hausen. Im August 1872 beseitigt die Polizei einen großen Teil dieser »vorschriftswidrigen« Unterkünfte, aber weder die Wohnungsnot noch die Spekulation mit Grund und Boden, bei denen Millionen verdient werden, sind damit beseitigt.

Ein Teil der Baracken, die Ansiedlung vor dem Landsberger Tor, hinter dem Friedrichshain, ist seit Dienstag früh verschwunden. Nachdem die Bewohner der Baracken mehrmals amtlich zu Protokoll verwarnt worden waren, sich ein anderes Unterkommen zu verschaffen ..., wurde in der Nacht zum Dienstag die ganze disponible Schutzmannschaft, eine Abteilung Feuerwehr und mehrere Möbel- und Arbeitswagen aufgeboten, um dem Gebote Nachdruck zu verschaffen. Es war ein recht achtunggebietender Zug, der sich nachts 2 Uhr vom Stadtvogteihofe in Bewegung setzte. Voran 2 Züge reitende Schutzleute, hinter ihnen etwa 150 Polizeibeamte zu Fuß, dann 2 Wagen mit Feuerwehrmännern ... Die reitenden Schutzleute sperrten in der Nähe des Barackenlagers sämtliche Zugänge ab, die zu Fuß bildeten einen sich immer mehr verengenden Ring um die moderne Blockstadt, und wie auf ein geheimes Zeichen wurden die Bewohner sämtlicher 23 Hütten aus dem Schlafe aufgescheucht. Kaum waren sie im Freien, so drangen die Feuerwehrleute in die Baracken ein, transportierten das dürftige Mobiliar vor die Tür und rissen die leichtge-

Bei dem starken Zustrom von Menschen aus allen Teilen des Reiches wurden bezahlbare Wohnungen knapp in Berlin. Paul Meyerheim, Barackenkolonie obdachloser Familien am Kottbusser Damm, 1872

zimmerten Hütten nieder … Die Mobilien der Obdachlosen wurden vorläufig im Friedrich-Wilhelm-Hospital asserviert und den Leuten bedeutet, im Arbeitshaus vorläufig Wohnung zu nehmen.
Vossische Zeitung, 28. August 1872

Die Stadt Berlin sieht trotz der bedrohlich anwachsenden Wohnungsnot keinen unmittelbaren Handlungsbedarf. In einem Schreiben des Magistrats an den Minister für Handel, Gewerbe und öffentliche Arbeiten vom 23. Oktober 1871 wird lediglich konstatiert, daß die Wohnungsverhältnisse Berlins »dringende Veranlassung« geben, »denselben und namentlich denjenigen der weniger bemittelten Bevölkerungsklassen einen hohen Grad von Aufmerksamkeit zuzuwenden, zumal die Entwickelung der Wohnungsverhältnisse unzweifelhaft vom erheblichsten Einfluß auf die Entwickelung unserer gesamten sozialen Zustände sein wird. Es muß jedoch ein direktes Eingreifen der Behörden in die wirtschaftliche Bewegung unbedingt vermieden werden, vielmehr muß es der Privatspekulation unter allen Umständen überlassen bleiben, die Nachfrage nach Wohnungen zu befriedigen« (Communal-Blatt der Haupt- und Residenz-Stadt Berlin, 5. November 1871).

Auch die National-Zeitung, Organ der Liberalen, legt sich wortreich für eine Enthaltsamkeit der öffentlichen Hand ins Zeug:

Es gibt auch in Deutschland noch immer Gegenden, die den Gedanken eingeben: hier sollte der Staat mehr eingreifen, da ohne seine Hülfe die Bewohner noch lange arm und roh bleiben werden. Aber so weit ist – ohne Überschätzung – die deutsche Entwicklung nachgerade gediehen, daß es in Berlin der Staat der Bevölkerung überlassen darf, sich ihre Häuser selbst zu bauen.

Und auch die *Gemeinde* Berlin wird man nicht unmittelbar als Bauherrn in Anspruch nehmen dürfen. Wie käme denn diese Gemeinde dazu, für alles, was Beine hat, um hierher zu reisen, Wohnungen bereitzustellen? Diese Verpflichtung soll doch nicht etwa dem Freizügigkeitsrechte gefolgert werden, welches Recht wahrlich nicht besagt, daß jedermann in jedem Orte auf fremde Kosten seinen Wohnsitz aufschlagen darf ... Wohnhäuser für die einzelnen Personen oder Familien hat eine Stadtgemeinde nicht zu beschaffen: also auch nicht Wohnhäuser für die sogenannten Arbeiter ... Eine Stadtgemeinde hat nicht Häuser auszubauen, sondern ihre Stadt. Sie hat die öffentlichen, die allgemeinen Zwecke wahrzunehmen, und das kostet schon sehr viel Aufmerksamkeit, Arbeit und Geld. Die Steuerkraft der Einwohnerschaft wird in einer großen und immer größer werdenden Stadt schon sehr stark in Anspruch genommen für diesen öffentlichen Zwecke – außerdem auch noch allen Einwanderungslustigen billige Wohnungen zur Verfügung zu stellen, dazu hat die Stadtgemeinde kein Geld und keinen Beruf.

National-Zeitung, 4. Oktober 1871, Morgenausgabe

Im Sommer 1872 ist die Situation mit frommen Sprüchen nicht mehr zu beherrschen. Es kommt zu regelrechten Straßenschlachten zwischen Bevölkerung und Polizei, dem sogenannten Blumenstraßenkrawall:

Er setzte am Donnerstag, den 25. Juli, abends, mit Zusammenrottungen vor dem Hause Blumenstraße 51c ein, wo ein armer Schuhmacher aus seiner Wohnung exmittiert worden war. Schutzleute, welche die angesammelten Massen auseinandertreiben sollten, wurden mit Steinwürfen bedacht, ihre Verstärkung durch berittene Schutzmannschaft zog, statt Ruhe zu stiften, immer neue Massen an, und auch die angrenzenden Straßen waren schließlich von Menschen überfüllt; wo die Berittenen sich zeigten, flogen Steine. Es dauerte bis drei Uhr nachts, ehe die Massen sich völlig zerstreuten. Am nächsten Tage schien alles ruhig abgehen zu wollen, bis gegen Mittag die Polizei wieder in großer Zahl auf dem Schauplatz erschien. Der Versuch, Färbereiarbeiter zum Verlassen der Straße zu zwingen, hatte die gefährliche Verletzung des Polizeileutnants von Rath durch einen Ziegelstein zur Folge. Mittlerweile kam vom weiteren Osten, vom

Frankfurter Feld her, Kunde, die das ganze Stadtviertel erregte. Draußen hatte die Polizei unbarmherzig Baracken von Obdachlosen niedergerissen, und der Jammer der armen Leute, die nun kamen, ihr Leid zu klagen, erbitterte alle Welt aufs höchste. Im ganzen Viertel, in Frankfurter Straße, Weberstraße und deren Querstraßen, in Blumenstraße, Strausberger Straße und Krautsstraße, lärmte die Masse, warf die Gaslaternen ein, hob die Rinnsteinbohlen aus und errichtete aus ihnen und Pflastersteinen in den engeren Straßen Barrikaden. Jetzt wurden die ganze berittene Schutzmannschaft und mehrere hundert Schutzleute zu Fuß aufgeboten, aber wohin die Polizisten kamen, wurden sie mit Steinwürfen empfangen, die an manchen Stellen wahren Bombardements glichen. Auch aus Häusern flogen allerhand Wurfgegenstände, Flaschen und so weiter, auf die Schutzleute; so aus dem Hause Krautsstraße 36, während das Volk dort aus Bohlen eine Barrikade gebaut hatte, um die Polizei im Vorrücken zu hemmen. Wieder dauerte es bis drei Uhr nachts, ehe die Straßen von der Menge verlassen waren.

Am nächsten Tag, Sonnabend, den 27. Juli, machten Plakate der Polizei mit den üblichen Warnungen und Drohungen und ein Massenaufgebot von Polizei das Volk erst recht aufsässig. Gegen 400 Schutzleute zu Fuß, 200 zu Pferde und eine große Anzahl Polizisten in Zivil waren zur Stelle, zwei Bataillone des Kaiser-Alexander-Regiments und zwei Schwadronen der Gardedragoner standen mit scharfen Patronen in den Kasernen zum Ausmarsch bereit. Die Schutzmannschaft stellte sich am Zentralpunkt des Krawalls, Blumen- und Krautsstraßenecke, auf und hielt hier Standquartier, von wo aus kleinere Abteilungen in die nächstliegenden Straßen entsandt wurden. Das schien anfänglich zu genügen. Wohl gab es immer noch kleinere Krawalle und eine Art Guerillakrieg mit Steinwürfen aus den Häusern heraus, so daß einem der Schutzleute der Arm zerschmettert wurde. Aber die Häuser wurden bald von der Polizei gestürmt, und schon meldete der Kommandeur der Schutzmannschaft, Oberstleutnant von Tempsky, dem Minister des Innern: »Die Situation hat sich wesentlich gebessert!« und war eben im Begriff, durch einen Polizeiassessor die zur Verfügung gestellten Militärmannschaften abzubestellen, da erlöschten gerade im selben Angenblick am Grünen Weg, östlich vom Andreasplatz, sämtliche Straßenlaternen unter Steinwürfen der Menge, und östlich und nördlich vom Hauptquartier der Schutzmannschaft tobt die Revolte erst recht. So dichtgedrängt sind die Massen, daß es der Polizei lange Zeit nicht gelingt, sie zu sprengen. Drei Barrikaden werden gebaut, eine davon Ecke Grüner Weg und Küstriner Platz, und sie wird vom Volk erst verlassen, als die Polizei sie umgangen hatte. Außerdem wird das Polizeibüro in der Langestraße gestürmt und der dort wachthabende Polizist, Wachtmeister Kunze, schwer verwundet. Ja, in weiter entlegenen Stadtteilen revoltiert es nun auch. Vor dem Hause Weinstraße 32, dessen Vizewirt Schutzmann ist, sammelt sich am Abend eine bis auf tausend Köpfe anwachsende Menge, dringt um elf Uhr in das Haus ein, schlägt dort alles kurz und klein, bis eine Abteilung berittener Polizei eintrifft und sie nach dem Friedrichshain hin zurückdrängt. Ein gleicher Angriff findet unweit vom Kottbusser Tor auf das Haus Skalitzer Straße 12 statt, wo ein Mieter exmittiert worden war. Der Krawall nahm hier ein so bedrohliches Gesicht an, daß in der Kaiser-Franz-Kaserne in der Pionier-, jetzt Blücherstraße die Soldaten konsigniert wurden und ebenfalls eine Schwadron Dragoner sich gesattelt bereit halten mußte. Wieder wird es gegen drei Uhr nachts, bis es gelingt, überall die Volksmenge von den Straßen wegzudrängen. Am Sonntag wurde ein noch stärkeres Aufgebot von Militär in den Kasernen konsigniert gehalten, aber man hatte mittlerweile gelernt und verzichtete darauf, die Schutzumannschaft in Massen aufmarschieren zu lassen. Da man es nicht provozierte, verhielt sich das Volk ruhig, und die Revolte hatte ein Ende.

Sie hatte aber selbstverständlich noch ihr Nachspiel vor den Gerichten. Nach amtlicher Feststellung waren 102 Beamte verwundet worden, davon 30 schwer. Durch amtliche Umfrage bei Heilgehülfen aber wurde ferner festgestellt, daß allein 159 Personen aus dem Publikum sich Säbelwunden hatten verbinden lassen. Eine Menge von Leuten, Erwachsene wie halbwüchsige Burschen, waren verhaftet worden; die meisten mußten wieder entlassen werden, aber 37 kamen vor die Geschworenen.

Die Verhandlung gegen die Verhafteten fand im Februar 1873 vor dem Schwurgericht statt und nahm mehr als eine Woche in Anspruch. Ein Versuch, die Sozialdemokratie als Anstifterin des Aufruhrs hinzustellen, mißglückte kläglich. »Wir dürfen feierlich und offiziell erklären«, heißt es in der Schlußansprache des Präsidenten an die Geschworenen, »daß die sozialistische Partei bei dem Krawall ihre Hand nicht mit im Spiele hatte. Aber« – und nun kommt der Nachsatz – »bedenken Sie, meine Herren Geschworenen, was daraus hätte entstehen können, wenn zufälligerweise zu jener Zeit ein größerer Streik ausgebrochen wäre oder wenn einige sozialistische Führer sich der Sache bemächtigt hätten.« Das war ein deutlicher Wink. Der Staatsanwalt, Oppert, beantragte nicht weniger als 145 1/2 Jahre Freiheitsentziehung gegen die Angeklagten – beinahe vier Jahre im Durchschnitt! –, nämlich 89 Jahre Zuchthaus und 56 1/2 Jahre Gefängnis.

Eduard Bernstein, Die Geschichte der Berliner Arbeiterbewegung/1

Der Milliardensegen – Berliner Wirtschaft zwischen Gründerboom und Gründerkrach

Am 28. Juni 1871 trifft, so meldet die »Vossische Zeitung« zwei Tage später, ein Geldtransport von 18 Millionen Francs, in neun Eisenbahnwagen aus Frankreich kommend, in Berlin ein. Es ist die erste Rate der Kriegsentschädigung von 5 Milliarden Goldfrancs, zu deren Zahlung sich Frankreich im Frankfurter Friedensvertrag vom Mai 1871 verpflichten mußte. Bis zur vollen Abzahlung der Summe, so wurde festgelegt, würden die östlichen Gebiete Frankreichs von deutschen Truppen besetzt bleiben. Frankreich gelingt es – keiner hatte das erwartet – mittels einer internationalen Anleihe, die vierzehnfach überzeichnet wird, seine Verpflichtungen in kürzester Frist zu erfüllen. Schon am 5. September 1873 ist der letzte Teil der Kriegsschulden bezahlt. 40 Millionen Taler werden davon als neugebildeter Reichskriegsschatz im Spandauer Juliusturm eingelagert.

5 Milliarden Goldfrancs oder 1,3 Milliarden Taler – die Zeitungen versuchen mit allen möglichen Hilfsmitteln ihren Lesern zu veranschaulichen, was eine solche Summe bedeutet. In silbernen Fünffrancsstücken bezahlt, so erläutert ein Ökonom, würde sie ein Gewicht von 500 000 Zentner Münzsilber ausmachen, zu dessen Transport 2 500 Eisenbahnwaggons erforderlich wären (Alfred Soetbeer, Die fünf Milliarden). Und der Syndikus des Deutschen Handelstages, Alexander Meyer, berechnet, daß die französische Kriegsentschädigung für jeden Deutschen, ob groß, ob klein, den Besitz eines goldenen Teelöffels von 2 Lot Gewicht bedeuten würde. Selbst die Banken müssen sich an den Umgang mit so gewaltigen Summen erst gewöhnen, betrug doch der geschätzte Geldumlauf im gesamten deutschen Reich 1870 gerade die Hälfte dessen, was nun mit den französischen Milliarden ins Land fließt. Wer bei diesen riesigen Geldtransaktionen die Nase vorne hatte, wie Bismarcks Finanzberater, der Berliner Bankier Gerson Bleichröder, konnte am Ende mehr als nur einen goldenen Teelöffel in den Kasten stecken.

Der rasche Geldzufluß bringt überall Bewegung ins deutsche Wirtschaftsleben, das durch den Krieg vorübergehend ins Stocken geraten war. Mehr als 800 Millionen Taler, die in den Festungsausbau und in

Dem Verdienste seine — Millionen!

Heerführer und Soldaten haben sich gleich brav geschlagen, und darum kommt auch für beide Theile die gleiche Summe von vier Millionen zur Vertheilung.

die Modernisierung des Heeres fließen, bringen Baufirmen und Kriegsmaterial produzierenden Betrieben lohnende Aufträge, der Ausbau der Eisenbahnlinien lockt mit Investitionsmöglichkeiten; immense Summen, die aus den zurückgezahlten Kriegsanleihen der deutschen Bundesstaaten wieder in den Geldkreislauf gelangen, suchen nach neuer, zinsbringender Anlage.

Der Bedarf an Maschinen für alle Industriezweige war ein ungewöhnlich großer. Bergwerksanlagen, Hüttenwerke, Schneidemühlen, Brückenbauten, architektonische Konstruktionen, Brennereien, Siedereien, vor allem aber die mannigfaltigsten Bedürfnisse der Eisenbahnen stellten an unsere zahlreichen großen und kleinen Werkstätten enorme Anforderungen; auch die Landwirtschaft zeigte größeren Bedarf an Maschinen; Buchdruckereien gaben zahlreiche Aufträge; Weberei und Spinnerei erteilten dergleichen auch mehr als sonst. Den Bestellungen von Lokomotiven konnte mit den vorhandenen Kräften so wenig entsprochen werden, daß die Anstalten, welche darauf eingerichtet sind, noch für das laufende und selbst folgende Jahr vollauf besetzt sind.
Bericht über den Handel und die Industrie von Berlin im Jahre 1872

Gefördert wird der wirtschaftliche Boom nicht nur durch die französischen Milliarden, die den deutschen Kapitalmarkt überfluten, sondern auch durch die Aufhebung des Konzessionszwangs für Aktiengesellschaften. Bis zum Juni 1870 war die Gründung von Aktiengesellschaften von der Genehmigung durch den preußischen Staat abhängig gewesen, und die wurde nur selten erteilt. Das ändert sich nun schlagartig. Wie in einer warmen Sommernacht nach dem Regen die Pilze, so schießen die Aktienunternehmen aus dem Boden. Berlin, die neue Hauptstadt, ist auch hierfür ein besonders günstiger Boden. Alteingesessene, renommierte Firmen wie Wöhlert, Egells, Schering oder Ludwig Loewe verwandeln sich in Aktiengesellschaften und nutzen das zufließende Kapital zur Erweiterung und Modernisierung ihrer Betriebe. Aber auch viele Neugründungen werben mit lockenden Angeboten um das Geld der großen und kleinen Sparer.

Es gab kaum ein Gebiet, auf welchem in der verflossenen Woche nicht gegründet worden ist, Banken, Bergwerke, Wagenfabriken, Drahtziehereien, Tuchfabriken, Bauvereine, Pfandbriefemissionen usw. usw. Außerdem wird recht munter zu Kapitalvermehrungen bestehender Institute geschritten … Industriewerte fangen an, wieder zur Parole des Tages zu werden. Schade nur, daß das Publikum davon wenig Nutzen hat, weil der Verkehr auf diesem Gebiete gradezu den Charakter des Kümmelblättchens hat: wer nicht Eingeweihter ist, ist Bauer.

Volks-Zeitung, 9. Februar 1873

Und die »Volks-Zeitung« ergänzt ihren wöchentlichen Börsenbericht: »Es ist mit den Veraktionierungen wie mit den Kriegen: man kann nicht umhin, ihnen unter Umständen eine kulturgeschichtliche Bedeutung zuzuerkennen, aber man fühlt sich nicht behaglich dabei, es sei denn, daß man in dem einen Falle Armeelieferant oder in dem anderen Falle Gründer ist.«

Im einsamen Tal entdeckt der Gründer (Erfinder) einen verlassenen Schornstein, und aus dieser Ruine macht er flugs eine – Maschinenfabrik. Auf dem Berge sieht er eine Windmühle, ein altersschwaches Gehäuse mit lahmen Flügeln – und sofort ist ein Mühlenetablissement auf Aktien fertig. Am Ufer eines Baches stolpert er über einen umgestülpten Kahn – und ein »Lloyd«, ein binnenländischer »Lloyd«, läßt seine Dampfer hin und her fliegen. Und wie beginnt die Geschichte jener Verblendziegelei auf Aktien? Es war einmal ein Tonlager … und so weiter. Des Gründers Phantasie macht aus einem Zimmermann, der Balken ausschält, ein Lieferungsgeschäft für Baumaterial; aus dem verwegenen Knaben, der eine Rakete steigen läßt, eine chemische Fabrik; und – nehmt eure Wäscherinnen in acht! Laßt sie nicht mehr allein über die Straße gehen, sonst macht sie der Gründer über Nacht zu einer Aktienwäscherei.

Otto Glagau, Der Börsen- und Gründungs-Schwindel in Berlin

Hunderte von Gründungen etablieren sich auf diese Weise zwischen 1871 und 1873 in Berlin: Fabriken, Baugesellschaften und Banken, Brauereien und Vergnügungsetablissements, Palmengärten und Viehmärkte. Das Spekulationsfieber geht um wie eine Seuche. Die lockende Aussicht, rasch und viel Geld zu verdienen, läßt jede Vorsicht außer acht geraten. Vor allem der kleine Sparer, mit den Usancen der Börse nicht vertraut, wird zum leichten Opfer der Gründermafia. »In fast allen Fällen genügt es den Leuten, wenn ihnen ihr Geld abgefordert wird, den Prospektus zu lesen, der natürlich das Geschäft so glänzend darstellt, daß der Privatkapitalist glauben müßte, ein sorgloser Familienvater zu sein, wenn er an einer solchen Goldgrube nicht teilnähme.« (Berlin und seine Entwickelung, 6/1872)

Dieser Ehrenmänner Kochrezept war verdammt einfach: man nahm irgendein industrielles Etablissement, sagen wir meinetwegen eine Brauerei oder Maschinenfabrik, ein bebautes Straßenkarree oder eine noch jungfräuliche Fläche, erzählte dem atemlos lauschenden Publikum in tönenden Prospekten, die, natürlich nicht umsonst, der ködernde Hochadel mitzuunterzeichnen sich nicht entblödete, von der geradezu lächerlichen Zukunft dieses oder jenes Unternehmens, rührte den Brei, bis er schön gar war und warf dann die mit den tollkühnsten Versprechungen überzuckerten Aktien mit natürlich unverschämtem Verdienst der goldgierigen, besinnungslosen Masse in den Rachen, schwindelte mit undurchsichtigen Manövern die an der Börse kotierten Papiere so lange in die Höhe, bis das ganze Kapital in privaten Besitz übergegangen war, und zog dann den Kopf aus der Schlinge, um am nächsten Tage mit von Fürsten und Herzögen unterzeichneten Prospekten über noch viel schwindelhaftere Unternehmungen die törichte, naive und heißhungrige Menge zu überraschen, zu blenden und zu verwirren. Es wurde darauflos »gegründet«, was das Zeug halten wollte. Banken mit Protzbauten, Hypotheken- und Produktenbanken, Eisenbahnen und Tapeten, Spinnereien und Leder, Petroleum und Wellblech, Dampfziegeleien und Schiffswerften, Baugesellschaften, Bauvereine und Immobilien: alles, was nicht niet- und nagelfest war, wurde »gegründet«. Und alle, alle flogen sie ans Licht, und alle tanzten mit in dieser Hetzgaloppade um das angebetete goldene Kalb: der gewitzte Kapitalist und der unerfahrene Kleinbürger, der General und der Kellner, die Dame von Welt, die arme Klavierlehrerin und die Marktfrau, man spekulierte in den Portierlogen und in den Theatergarderoben, in dem Atelier des Künstlers und im stillen Heim des Gelehrten, der Droschkenkutscher auf dem Bock und »Aujuste« in der Küche verfolgten mit Sachkenntnis und fieberndem Interesse das Emporschnellen der Kurse. Die Börse feierte Hausse-Orgien, Millionen, aus dem Boden gestampft, wurden gewonnen, der Nationalwohlstand hob sich zu scheinbar ungeahnter Höhe. Ein Goldregen rieselte über die trunkene Stadt.

Und mit diesem jähen und mühelosen Erwerb steigerte sich natürlich das Bedürfnis nach Wohlbehagen und üppigstem Luxus; mit dem Goldgewinn wuchs die Genußsucht zu exotischen und grotesken Formen. Lebensansprüche und Lebensführung bis dahin bescheidener Menschen waren nicht wiederzuerkennen. Luxuriöse Restaurants wie Poppenberg und Langlet Unter den Linden entstanden und waren überfüllt, in den Cabinets particuliers goß man den Champagner zuerst in die Kehlen und dann in die Pianinos, die kleinsten Ballettratten waren glänzend tarifiert, Juweliere und Modistinnen hatten alle Hände voll zu tun, der Gründungsgummiwagen – das Berliner Volk nannte ihn den »Deibel auf Socken« – tauchte zum erstenmal in den nun schon wesentlich eleganteren, belebteren und makadamisierten Straßen auf: Berlin schwelgte, Berlin genoß und schlürfte das Leben aus in hastigen und fieberhaften Zügen.

Felix Philippi, Alt-Berlin

Ein typisches Werk der Gründerperiode in Stil und Entstehungsgeschichte ist die vielgerühmte Passage, die von der Straße Unter den Linden zur Friedrich-, Ecke Behrenstraße verlief. Die sogenannte Kaiser-Galerie, der berühmten Galleria Vittorio Emanuele in Mailand nachgebildet, wird 1873 nach dreijähriger Bauzeit eröffnet: eine 130 Meter lange glasüberdachte Ladenpassage, die mehr als fünfzig Geschäfte, Cafés, Restaurants und Vergnügungsetablissements beherbergt. Auch Castans berühmtes Panoptikum wird hier einziehen. Die Gründer des Passage-Bauvereins schieben sich gegenseitig die Gelder und die Dividenden zu. Doch das Unternehmen, aller vollmundigen Reklame zum Trotz, kommt nicht in Schwung:

... auf der Passage ruhte von vornherein ein Fluch. Nur mit Not gelang es, die Läden zu vermieten, nachdem man die zuerst in Aussicht genommenen Mieten bedeutend herabgesetzt hatte. Die Konzerte verunglückten, die Festsäle blieben leer, die großen Restaurants in den obern Etagen fanden bald keinen Pächter mehr, und die durch alle Stockwerke gehenden Banklokalitäten in der Behrenstraße konnten überhaupt nicht vermietet werden. Man verwandelte diese Räume in ein Hotel von 60 Zimmern, aber man suchte vergebens nach einem Pächter ...

In dem kostbaren Säulensaale der Kaiser-Galerie nahmen am 22. April d. J. die Aktionäre die magere Bilanz und den trostlosen

Geschäftsbericht entgegen. Das große Restaurant in der zweiten Etage ist nach dem Erdgeschoß verlegt; da sich aber auch hier kein Pächter fand, übernahm die Bewirtschaftung ein Konsortium, bei welchem sich die Passage-Gesellschaft zu Dreiviertel beteiligen mußte. Wenn wir die unklare Bilanz und die ebenso unklaren Notizen der Zeitungen recht verstehen, hat die Gesellschaft bei dieser »Beteiligung« pro 1873 18 750 Taler, pro 1874 25 000 Taler eingebuttert ...

Wenn wir durch die Passage gehen, sehen wir sie stets von Menschen angefüllt, aber nur selten erblicken wir in den zahlreichen Läden einen Käufer. Von jeher machten alle diese Läden schlechte Geschäfte, und man sagt, daß hier der Berliner überhaupt nicht kaufe, nur der Fremde. Den meisten Zuspruch hat noch Castans »Panoptikum«, ein sehr mäßiges Wachsfigurenkabinett, wo stets der Räuber oder der Mörder paradiert, der Berlin gerade mit seinem Ruhm erfüllt ...

Wenn wir durch die Passage gehen, lesen wir am Schwarzen Brett, daß die großen Festsäle, die großen Restaurants in der obern Etage und das Hotel von 60 Zimmern in der Behrenstraße noch immer zu vermieten sind. Auch das Restaurant im Erdgeschoß hat erst im letzten Sommer einen ständigen Pächter gefunden; bis dahin war es einem Kellner überlassen, der das Wagnis jedesmal nur auf vier Wochen übernahm. Die großen kostbaren Räume in den obern Stockwerken stehen sämtlich leer, und des Nachts gehen hier die gemordeten Aktionäre um und ringen wimmernd die Hände.

Otto Glagau, Der Börsen- und Gründungsschwindel in Berlin

Am 7. Februar 1873 besteigt der nationalliberale Abgeordnete Eduard Lasker die Rednertribüne des preußischen Abgeordnetenhauses und nennt den Gründerschwindel beim Namen. Hohe Staatsbeamte, bis hinauf zum Handelsminister, werden der Manipulation, der Korruption, im geringsten Fall der mangelnden Aufsichtspflicht bei der Vergabe von Eisenbahnkonzessionen bezichtigt:

Die fast dreistündige, mit gespanntester Aufmerksamkeit sowohl von den Abgeordneten als vom Ministertisch aus angehörte Rede entrollte, auf Akten des hiesigen Stadtgerichts, auf Aussagen schwurbereiter Zeugen gestützt, ein drastisches Bild der verderblichsten Korruption, die sich in unserer Eisenbahnverwaltung eingeschlichen und zum Teil unseres Staatsbeamtentums bemächtigt hat.

So viel steht schon jetzt fest: Lasker hat sich durch seine umfassenden Enthüllungen um das Vaterland verdient gemacht, und das ganze Land wird sich dem Volksvertreter in der gerechten Forderung anschließen, daß eine gründliche und umfassende Untersuchung der

Die Passage, auch Kaisergalerie genannt, war ein typisches Bauwerk der Gründerjahre. Die 128 Meter lange dreigeschossige Ladenstraße erstreckte sich von der Straße Unter den Linden zur Behren-, Ecke Friedrichstraße und beherbergte Geschäfte aller Art, Büroräume, Festsäle, Restaurants und bis 1888 auch Castans Panoptikum.

Tatsachen durch das Parlament und die Gerichte den so gut begründeten Anklagen folge. Denn nur eine vollständige Bloßlegung des Krebsschadens, auf welchen Lasker aufmerksam gemacht hat, kann die Gefahr des Übels beseitigen, bei etwaiger Schonung den Staatsorganismus zu ergreifen.
Volks-Zeitung, 9. Februar 1873

Laskers Enthüllungen schlagen wie eine Bombe ein, in fast allen Zeitungen werden lange Auszüge abgedruckt, ein »korrekter und elegant ausgestatteter« Sonderdruck erlebt in zwei Wochen vier Auflagen. Lasker wird in der Presse als »Wahrer deutscher Tugenden« gefeiert. »Dem Abgeordneten Lasker gebührt das Verdienst«, so schreibt die »Tribüne«, »öffentlich und gründlich gezeigt zu haben, wie auf dem Gebiete des großindustriellen Gewerbes die Grenze zwischen berechtigtem Gewinn und professionellem Betruge mehr und mehr dem allgemeinen Bewußtsein abhanden kommt.« Im Schaukasten des Hofphotographen Günther am Zietenplatz erscheint ein Brustbild mit der Unterschrift: »Lasker, Bürger ohne Furcht und Tadel«. Einige allzu kompromittierte Staatsbeamte müssen ihren Hut nehmen, aber sonst passiert nichts. Zu viele hochgestellte Persönlichkeiten, quer durch das Parteienspektrum, sind in die Gründerspekulationen verwickelt. Als die vom König eingesetzte Untersuchungskommission 1876 die Ergebnisse ihrer Recherchen vorlegt, interessiert sich keiner mehr für den Berg beschriebenen Papiers: da ist der Gründungsschwindel längst im großen Krach zu einer Episode der Geschichte geworden.

Wenige Wochen nach Laskers Rede beginnen Ereignisse ganz anderer Art die Berliner Wirtschaftswelt zu beunruhigen: In Wien, Gastgeber einer vielgefeierten Weltwirtschaftsausstellung, bricht im Mai 1873 die Börse zusammen. »Mit wahrhaft vandalischer Grausamkeit wütete heute die Baisse«, meldet die Berliner »Volks-Zeitung« am 10. Mai 1873, »und die durch sie angerichteten Verheerungen sind von so ausgedehntem Umfange, wie sie selbst in der berüchtigten Chronik des Spätsommers 1869 kaum zu finden sind ... Zahlreiche freiwillige Exekutionen und Zwangsverkäufe wurden ausgeführt. Mit einem Worte, der eine überbot den anderen in der Entwertung der Effekten. Jeder war nur darauf bedacht, das Seine tunlichst in Sicherheit zu bringen.«

Die Börsen, welche sich für die Neugründungen einen Straußenmagen zutrauten, haben eine andere Eigentümlichkeit dieses Vogels jedenfalls zur Schau getragen; sie verbargen den Kopf und ignorierten die drohende Gefahr dadurch, daß sie die Augen vor derselben schlossen. So ist urplötzlich der Schrecken ein allgemeiner. In Wien

erlebt die Börse statt des erträumten Weltausstellungsjubels ein Wehgeheul der ins Herz getroffenen Spekulanten. Wiener Blätter vom Freitag abend beziffern die Zahl der insolventen Spekulanten auf 70, und einige Privatnachrichten sprechen von über 120 Fällen.
Volks-Zeitung, 11. Mai 1873

Eine Woche nach dem Börsensturz in Wien schreibt Werner Siemens an seinen Bruder in London:

Die Wiener Börsen- und Handelskrisis fängt an, auch in Berlin sehr fühlbar zu werden. Man hofft hier zwar ohne einen wirklichen Zusammenbruch durchzukommen, doch dafür gehen die Werte Schritt für Schritt herunter, und das Resultat ist schließlich so ziemlich dasselbe. Bei Delbrück sitzen wir jetzt mit 220 000 Taler im Debet, nähern uns also mit starken Schritten unserer fundierten Kreditgrenze. Zu verkaufen (Papiere, die wir noch haben) ist jetzt fast unmöglich, Gelder gehen schlecht ein, und die Ausgaben vermehren sich. Wenn Delbrück plötzlich Deckung verlangte, säßen wir vollständig fest.
Werner Siemens. Ein Lebensbild nebst einer Auswahl seiner Briefe/2

Siemens läßt bei seinen unternehmerischen Entscheidungen fortan äußerste Vorsicht walten und kommt ohne größere Verluste aus der Krise. An der Berliner Börse jedoch versteht man die Zeichen der Zeit nicht. Selbst als die Krise in Wien längst andere europäische und außereuropäische Börsenplätze in den Strudel hineingerissen hat, melden die Berliner Zeitungen in den Monaten Juli, August und September noch ein Dutzend Gründungen mit einem Kapital von fast 100 Millionen Mark. Dann nimmt auch in Berlin die Periode der wilden Spekulationen und Börsenmanipulationen ein jähes Ende: Anfang Oktober bricht die Quistorpsche Vereinsbank zusammen, die von der Baugesellschaft Westend über den »Baltischen Lloyd Stettin«, die Kontinental-Gasgesellschaft Dessau, Brauereien, Papierfabriken, optische Betriebe bis zur Chemischen Fabrik auf Aktien (vormals Schering) an einer Fülle von »Gründungen« beteiligt ist.

Der Quistorpsche Zusammenbruch löst eine Lawine von Zahlungseinstellungen und Konkursen aus. Schwindelfirmen, gestern noch »hoch seriös«, verschwinden über Nacht von der Bildfläche. Die Aktien der Gesellschaften, die sich halten können, fallen bis auf ein Zehntel ihres ursprünglichen Wertes. Die schrankenlose Spekulation endet auch in Berlin im großen Krach:

Der Boden, auf dem jahrelang diese wahnsinnigen Quadrillen getanzt worden waren, knisterte und barst in allen Fugen, das Mißtrauen wuchs zur Besinnungslosigkeit, die Börse ertrank in Verkaufsaufträgen, und plötzlich, über Nacht, wurde der deutsche Sprachschatz um ein zweites Wort bereichert, welches jäh durch die Stadt gellte, welches viele tausende Existenzen ruinierte, die großen Piraten und auch die kleineren Strandräuber, welches namenloses Unglück über zahllose solide Familien brachte und das ganze wirtschaftliche Leben plötzlich brachlegte, und dieses Wort hieß »Krach«! »Krach« hallte es durch die Paläste der Herzöge, durch die Couloirs* des Parlaments, durch die Hallen der Börse, durch die Villen der Reichen, durch die Hofwohnungen, durch die Obst- und Milchkeller … Krach! Krach! Und dieses unübersehbare Leichenfeld war bedeckt mit den bewußten Sündern, den großen Kommandanten, denen recht geschah, leider aber viel mehr noch mit den kleinen Rekruten, welche mit ins Kampfgewirr geraten waren und sich verbluten mußten. Krach! Krach! und durch ganz Deutschland hallte es, dieses kleine zermalmende Wort, und von der Donau, der Seine, der Themse und dem Tiber grollte es zurück, dieses furchtbare und unvergeßliche Wort!

Felix Philippi, Alt-Berlin

Der Schock, den die Krise auslöst, die Vernichtung unzähliger Existenzen, die fortschreitende Entwertung der Vermögen lassen plötzlich den Ruf nach staatlichen Eingriffen wieder laut werden. Wer entsann sich schon der Empörung, mit der man auf dem Höhepunkt des Gründungsfiebers die Intervention des Staates gegen den »Schwindel« als Eingriff in die unverzichtbare Freiheit des Individuums von sich gewiesen hatte. Da entbehrte es nicht einer gewissen Logik, wenn der Präsident des Reichskanzleramts und Experte in Wirtschaftsfragen Rudolf von Delbrück zynisch feststellte: kein Gesetz könne den Dummen daran hindern, sein Geld loszuwerden.

Am Ende des Jahres 1873 jedenfalls herrscht in Berlin Aschermittwochsstimmung. Drei Jahre nach der Reichsgründung ist von der Euphorie des Anfangs nichts mehr zu spüren: »Ein wenig ernüchtert«, notiert die »National-Zeitung« am 25. Dezember 1873, nahen wir der Schwelle des nächsten Jahres, wir haben gleichsam die frohen Feste vorausgenommen, und die sauren Wochen der Arbeit stehen uns bevor.« Und die »Volks-Zeitung« verabschiedet »Das scheidende Jahr 1873«:

* Wandelgänge

Es hat dieses Jahr Streiks und Gründungen in blühender Üppigkeit erzeugt und die Teuerung in einer Weise wachgerufen, daß die Auswanderungslust der ländlichen Bevölkerung in bedenklichem Grade um sich gegriffen, bis in der Mitte des Jahres der große Krach den erhabenen Schwindel der großen Errungenschaft aufdeckte und den Abgrund zeigte, in welchen eine Nation hineingerät, wenn sie Freiheit des Gründertums als wirtschaftliche Errungenschaft und Milliarden ohne Arbeit als eine Quelle des Wohlstands betrachtet.

Das Jahr 1873 scheidet unter dem Eindruck einer starken Ernüchterung von dem Wahn, der viele beim Eintritt des Jahres berauscht hatte. Wird die Ernüchterung eine Heilung herbeiführen? Wir wollen die Hoffnung nicht aufgeben, daß das kommende Jahr manchen Schaden ausbessern wird; für jetzt müssen wir uns jedoch mit dem Bewußtsein trösten, daß eine Enttäuschung auch ein Gewinn ist, und es immerhin als eine Errungenschaft angesehen werden muß, wenn man durch die Erfahrung belehrt worden ist, daß hochgepriesene Errungenschaften des Manchestertums und der Freiheit der Ausbeutung nicht gerade geeignet sind, als willkommener Ersatz für versagte Grundrechte des Volkes zu gelten.

Volks-Zeitung, 31. Dezember 1873

Die allseits geäußerte Hoffnung auf eine rasche Überwindung der Krise, auf eine schnelle Rückkehr zu »normalen, gedeihlichen Verhältnissen«, eine »Wiederherstellung des gestörten Gleichgewichts durch Fleiß und Sparsamkeit«, wie die Journalisten am Jahresende beschwörend formulieren, erfüllt sich nicht.

Das abgelaufene Geschäftsjahr war für den Fonds- und Effektenhandel ein außerordentlich ungünstiges, der allgemeine Charakter desselben Geschäftsstille. Oft wochenlang schien es, als sei das Wort »lebhaft« vollständig aus der Börsensprache verschwunden. Nur dann und wann wurde ein Versuch gemacht, eine Hausse zu improvisieren, doch war solcher nur stets von vorübergehendem Erfolge begleitet. Es fehlte die Beteiligung des außerhalb der Börse stehenden Publikums, ohne welche sich keine durchgreifende Bewegung zu entwickeln vermag. Sprungweises Herauftreiben oder Herunterwerfen der Kurse ist in heutiger Zeit am wenigsten geeignet, den Geschmack des Publikums an spekulativer Tätigkeit wieder zu erwecken.

Bericht über den Handel und die Industrie von Berlin im Jahre 1874

Die mit dem »Krach« ausgelöste Börsenkrise geht 1874 in eine akute Produktions- und Absatzkrise über, die sich erst zum Ende des Jahrzehnts abschwächt:

Borsig war einer der ersten, der bereits vor der Reichsgründung Teile seines expandierenden Unternehmens an die Peripherie der Stadt verlegt hatte: nach Moabit. Im Vordergrund die Villa des Unternehmers mit den berühmten Palmenhäusern und den Gartenanlagen von Peter Joseph Lenné.

Das Fazit des Jahres 1874 ist nach allen Richtungen hin ein ungünstiges: die Buße für die Sünden der vorhergegangenen beiden Jahre hat sich wie ein Naturgesetz mit unerbittlicher Strenge vollzogen; Handel und Verkehr stocken; die Industrie hat einen Teil ihres früheren Absatzgebietes verloren ... Außerdem war auch der Bedarf des Auslandes, namentlich Amerikas, ein schwächerer, die Produktion Deutschlands eine größere geworden. Der ungewöhnliche wirtschaftliche Aufschwung nach dem glücklich beendeten Kriege mit Frankreich hatte zu dem Glauben geführt, daß die Prosperität nicht nur eine dauernde, sondern eine weitersteigende sein würde und somit die inländische Verbrauchsfähigkeit zunehmen müsse. Vergrößerung und Neubegründung einer Menge industrieller Etablissements und als Schlußresultat Überproduktion waren die Folge. Größere Kapitalien sind in Unternehmungen teils vergeudet, teils vorläufig unrentabel angelegt, fast alle Dividendenpapiere wie Eisenbahnen, Banken etc. gewährten geringere Rente.

Bericht über den Handel und die Industrie von Berlin im Jahre 1874

Berlin, das sich zu einem der bedeutendsten Industrie- und Bankstandorte Deutschlands entwickelt hat – fast dreißig Prozent der Bevölkerung sind 1875 in Industrie, Gewerbe und Verkehr tätig – trifft die Krise besonders hart. Traditionelle Wirtschaftszweige wie der Werk-

Paul Meyerheim, Im Lokomotivsaal der Maschinenbauanstalt von Borsig, 1879

zeugmaschinenbau und die Metallwarenfabrikation, der Eisenguß, der Lokomotivbau, die Textil- und Konfektionsindustrie müssen erhebliche Produktionseinschränkungen vornehmen: von 1873 bis 1878 sinkt die Produktion der Berliner Eisengießereien auf die Hälfte; Borsig, der 1874 noch 181 Lokomotiven gebaut hatte, reduziert seine Produktion 1876 auf 80, ein Jahr später auf 44 Stück; die Aktienkurse der Kapitalgesellschaften, soweit sie den großen Krach überlebt haben, sind Ende 1876 halbiert. Renommierte Unternehmen wie die Berliner Fabrik für Eisenbahnwaggonbau, die große Pflugsche Maschinenfabrik oder die Königliche Eisengießerei müssen ganz schließen. Die Bautätigkeit liegt für Jahre darnieder.
1876/77 erreicht die Produktions- und Absatzkrise ihren Höhepunkt:

Die Krisis, unter deren Druck Handel und Gewerbe Deutschlands seit einer Reihe von Jahren stehen, hat im Jahre 1877 an Kraft und Intensität zugenommen. Bedarf und Nachfrage ließen in fortschreitendem Maße nach. Die Großgewerbe Deutschlands, soweit über ihren Betrieb statistische Ziffern vorliegen, haben ihre Produktion teils eingeschränkt, teils nur dadurch auf ziemlich gleicher Höhe mit dem Vorjahr erhalten, daß sie mit den äußersten Anstrengungen erweiteren Absatz nach dem Ausland suchten ... Die Maschinenindustrie sah die Zahl und Bedeutung ihrer Aufträge und den Ertrag ihrer Arbeit nie tiefer reduziert als im verflossenen Jahre und fand einige Erleichterung ihrer gedrückten Lage erst in den letzten Monaten desselben infolge größerer Bestellungen Rußlands und etwas vermehrter Aufträge des Inlands. Verminderung der beschäftigten Arbeitskräfte, notgedrungene Reduktion der Arbeitszeit, Lohnherabsetzungen brachte das Jahr daher in größerem Maße, als bis dahin der Fall gewesen war.

Sündigten die Zeiten erhöhter Nachfrage in dem Übermut zahlreicher Gründungen, so ist keines der darauf folgenden mageren Jahre so reich gewesen an »Entgründungen«, an zwangsweisen und freiwilligen Liquidationen, an Kapitalsreduktionen, die freilich oft nur eine Form gewesen sind, um eingebildete Werte verschwinden zu machen, als das Jahr 1877. Wieviel dabei Aktionäre und Gläubiger der Aktiengesellschaften verloren haben, läßt sich nicht berechnen; der Umstand aber, daß die Liquidationen gleichsam epidemisch wurden, erklärt sich nur aus der trüben Gesamtlage der Industrie, und die Entwertung der Vorräte und Fabrikate schädigte noch die stehengebliebenen Etablissements, so daß die wirtschaftlichen Vorteile, die man in der Auflösung künstlich fortgesetzter Geschäfte als einem Mittel allmählicher Gesundung finden mag, vorläufig noch nicht erkennbar wurden.

Bericht über den Handel und die Industrie von Berlin im Jahre 1877

Eine Überlebenschance bietet sich manchem Berliner Industriebetrieb durch den Einstieg ins Rüstungsgeschäft: Ludwig Loewe, bisher erfolgreicher Fabrikant von Nähmaschinen, stellt seine modernen Produktionsanlagen um und liefert Teile für das neue Zündnadelgewehr Modell 71, mit dem das deutsche Heer nach dem Deutsch-Französischen Krieg ausgerüstet wird; Borsig erweitert seine Produktionspalette durch die Fertigung von Schiffsmaschinen, Torpedos, Seeminen und Ankerketten für die preußische Marine; C. Hoppes Maschinenbau-Anstalt, Eisengießerei und Dampfkessel-Fabrik spezialisiert sich auf Werkzeugmaschinen für die Spandauer Geschützgießerei; die elektrotechnische Industrie sichert sich ihr Fortbestehen durch lukrative Staatsaufträge für signal- und sicherungstechnische Anlagen.

Auf dem Artillerie-Schießplatz bei Tegel wird die Funktionsfähigkeit der neuen Technik getestet:

Unter vielen schlimmen Tagen war der 29. v. M. für die Anwohner des Tegeler Sees einer der schlimmsten. Das Bombardement, schon am verflossenen Donnerstag ungewöhnlich stark, nahm an diesem Tage außergewöhnliche Dimensionen an. Ein Regen der kolossalsten Geschosse verbreitete sich in weitester Ausdehnung über den See und die Inseln, wobei wie gewöhnlich Scharfenberg besonders bedacht wurde. Auf einer Wiese wurde ein gewaltiges Loch von einer derartigen Tiefe gerissen, daß die umherfliegenden Rasen- und Baumwurzelstücke allein hinreichend gewesen wären, Menschen zu erschlagen. Jede Feldarbeit mußte an diesem wie an vielen anderen Tagen daselbst eingestellt werden. Es verdient noch bemerkt zu werden, daß die Geschosse jetzt viel weiter reichen als sonst. Valentinswerder, zwischen See und Havel gelegen, ist vor ihnen nicht mehr sicher, und auf dem Wege dahin brausen sie über die Lokale des Saatwinkels hinweg, die Gegend selbst bis zur Mündung des Schiffahrtskanals gefährdend.

Vossische Zeitung, 6. September 1871, 2. Beilage

Ausflügler und Anwohner beschweren sich vergebens. Der Schießplatz Tegel, mit einem Attrappendorf in Saatwinkel, wird ständig weiter ausgebaut. Erst als das Thema im Reichstag zur Sprache kommt, gelingt es schließlich, einen Beschluß herbeizuführen, der wenigstens die Insel Scharfenberg mit ihrem wertvollen Baumbestand vor weiterem Artilleriebeschuß bewahrt.

Die bis zum Ende des Jahrzehnts andauernde Wirtschafts- und Absatzkrise ist begleitet von einem anhaltenden Preisverfall. Zwischen 1873 und 1879 sinken die Preise für Industrieerzeugnisse um fünfzig bis sechzig Prozent, die des Großhandels um ein Drittel. Wer auf dem immer enger werdenden Markt eine Chance haben will, muß billig produzieren und billig anbieten:

Die Mehrzahl der deutschen Konsumenten machte vor allem Jagd auf das möglichst Wohlfeile; nach Solidität und Haltbarkeit war, zumal in den minder vermögenden Klassen, weniger die Frage als nach Billigkeit. Dieser Sucht sieht sich ein Teil der Fabrikanten genötigt nachzugeben; auch das Ausland überführt uns zum Teil mit recht geringer Ware. Nicht wenige Unternehmer fröhnen der gleichen Sucht; sie fragen vor allem, wer ihnen die Lieferungen und Leistungen am billigsten gibt. Verstärkt und befestigt wird diese krankhafte Richtung durch den Rückgang der Wohlhabenheit und Sparfähigkeit in den meisten Gesellschaftsklassen, der im Jahre 1877 ganz augenscheinlich weitere Schritte getan hat ... Man kann sich also wenigstens die Erscheinung erklären, daß, wie wir täglich wahrnehmen, selbst am Notwendigsten gespart, mit Vorliebe nach dem Billigeren, wenngleich Schlechteren gegriffen wird, und daß fast alle Industrien, die einigermaßen für den Luxus arbeiten, sich in sehr gedrückter Lage befinden.

Bericht über den Handel und die Industrie von Berlin im Jahre 1877

Da nimmt es nicht wunder, wenn immer mehr Betriebe dazu übergehen, ihre Produkte mit der heißen Nadel zu nähen – Hauptsache, man schlägt die Konkurrenz mit niedrigen Preisen aus dem Felde:

Wo deshalb die kleinen und mittleren Unternehmer von den amortisierten großen Unternehmern zu sehr gedrückt werden, da beginnen sie fast unwillkürlich, zuerst im kleinen, dann fortschreitend jene Verschlechterung der Waren. Doch bald wird die Unreellität, die liederliche Arbeit, die Täuschung und schwindelhafte Reklame zur Maxime und schreckt gewissenlos vor nichts zurück, selbst nicht vor Verfälschuug der Nahrungsmittel mit den schädlichsten Stoffen und Bestreichung der Kinderspielsachen mit giftigen Farben – Dinge, gegen welche die permanenten betrügerischen Auktionen noch Kinderspiele sind. Sein oder Nichtsein – nein, Verdienen oder Nichtverdienen –, das ist die Frage; auf eine Vergiftung mehr oder weniger kommt es nicht an. Ist es nicht ein sprechender Beweis für die schnöde Gewissenlosigkeit der Fabrikanten, wenn die Polizei gezwungen ist, durch periodische Bekanntmachungen in den Zeitungen das Publikum vor allerhand vergifteten Gebrauchsgegenständen zu warnen?

Gebrauchten grünen Tee kauft man auf und macht ihn auf heißen Kupferplatten mit Grünspan wieder frisch; Butter, Mehl, Wein, Bier, klarer Zucker, Zimt – alles wird gefälscht, und zwar mit Stoffen, bei deren Nennung sich jedem die Haare sträuben. Zigarrenkisten werden zu klarem Zimt vermahlen, Mostrich wird fabriziert aus Rapskuchen, Schüttgelb, Essig und Cayennepfeffer, das heißt aus Gegenständen, die wiederum gefälscht sind, denn der Essig besteht aus Wasser und Schwefelsäure, der Cayennepfeffer aus rotem Bleioxyd und das Schüttgelb aus Lehmpulver.

Man sieht, auch auf anderen Gebieten gedeiht eine Art von Gründern, das heißt von Leuten, die auf eine arbeits- und gewissenlose Weise reich werden wollen, und wenn irgendwo, so sollte auch hier die öffentliche Meinung rufen: Ein Königreich für einen Lasker!

Neben der gefälschten Arbeit floriert ferner die unsolide Arbeit. Auch diese Richtung hat in Berlin schon eine bedenkliche Höhe erreicht; nirgends wird leichtfertiger und unsolider gearbeitet als hier. Von 100 Berliner Tür- und Möbelschlössern pflegen bloß 5 wirklich zu schließen. Ein Möbelhändler in Petersburg, in dessen Schaufenster Berliner Möbel standen, erklärte, als ich mich nach seinem Urteil über die Fabrikate erkundigte: »Ich habe früher bedeutende Geschäfte mit Berlin gemacht, und aus dieser Zeit stammen noch diese Möbel. In letzter Zeit wird in Berlin so liederlich gearbeitet, daß ich nicht ein Stück mehr von dort beziehe, sondern alles von Wien und Hamburg entnehme.« Genauso klagt jeder Familienvater über die oberflächlichen Tischler- und Tapezierarbeiten; ein Gast, dessen Schwere einige Pfund über das landesübliche Zollgewicht des mittleren Menschen hinausragt, kann sich nur mit Lebensgefahr auf die modernen Berliner Stühle setzen.

Hermann Schwabe, Berliner Südwestbahn und Zentralbahn

»Billig und schlecht« – mit diesem Begriffspaar verbindet man zunehmend, vor allem im Ausland, deutsche Produkte. Für die Berliner Industrie mit ihrem traditionell hohen Exportanteil ein tödliches Urteil. Franz Reuleaux, Direktor der Berliner Gewerbeakademie und Jurymitglied der Weltausstellung 1876 in Philadelphia, schlägt Alarm:

Es darf nicht verhehlt, es muß sogar laut ausgesprochen werden, daß Deutschland eine schwere Niederlage auf der Philadelphier Ausstellung erlitten hat. Unsere Leistungen stehen in der weitaus größten Zahl der ausgestellten Gegenstände hinter denen anderer Nationen zurück, nur in wenigen erscheinen wir bei näherer Prüfung ihnen gleich, in einem Minimum von Fällen nur überlegen …

Aber das neue Deutschland ist verwöhnt von seinen Schmeichlern, die Phrase von Deutschlands Bestimmung und Stellung ist ihm so oft ins Gesicht gesagt worden, das Lied seines Ruhmes so oft vorgetrillert worden, daß es die Fühlung mit den Forderungen verloren hat, welche ein internationaler Wettkampf an seine Kräfte stellt ... Für heute möchte ich nur in einigen Hauptzügen die gegen uns geschleuderten Vorwürfe ausführen.

Als Quintessenz aller Angriffe tritt der Wahrspruch auf: Deutschlands Industrie hat das Grundprinzip »billig und schlecht«. Leider hat unsere Industrie wirklich im Durchschnitt diesen Grundsatz, wenigstens rücksichtslos in seinem ersten Teile und darum als Konsequenz in seinem zweiten. Soviel sich auch schon tüchtige, wackere Industrielle, welche jenen Grundsatz verdammen, bei uns bemüht haben, ihm entgegenzuwirken, soviel auch schon mancher, dem ein warmes Herz für unsere Industrie im Busen schlägt, dagegen gesprochen, er behält immer die Oberhand und ist denn auch in unserer Ausstellung nur zu deutlich zum Ausdruck gelangt.

Zweiter Satz: Deutschland weiß in den gewerblichen und bildenden Künsten keine anderen Motive mehr als tendenziös-patriotische, die doch auf den Weltkampfplatz nicht hingehören, die auch keine andere Nation hingebracht; für die tendenzlose, durch sich selbst gewinnende Schönheit hat es keinen Sinn mehr. In der Tat, nachdem man uns dies gesagt, beschleicht uns ein beschämendes Gefühl, wenn wir die Ausstellung durchwandern und in unserer Abteilung die geradezu bataillonsweise aufmarschierenden Germanien, Borussen, Kaiser, Kronprinzen, »red princes«, Bismarcke, Moltken, Roone betrachten, die in Porzellan, in Biskuit, in Bronze, in Zink, in Eisen, in Ton, die gemalt, gestickt, gewirkt, gedruckt, lithographiert, gewebt an allen Ecken und Enden uns entgegenkommen. Und nun in der Kunstabteilung gar zweimal Sedan! Was hat die Kommission für Kunstwerke sich bei der Annahme dieser Bilder gedacht! Und wieder in der Maschinenhalle: Sieben Achtel des Raumes, so scheint es, für Krupps Riesenkanonen, die »killing machines«, wie man sie genannt hat, hergegeben, die da zwischen all dem friedlichen Werk, das die anderen Nationen gesandt haben, wie eine Drohung stehen! Ist das wirklich der Ausdruck von Deutschlands »Mission«? Muß man nicht den Chauvinismus und Byzantinismus als bei uns in höchster Blüte stehend annehmen? Zwingen wir nicht die fremden Nationen geradezu zu dieser Annahme?

Franz Reuleaux, Briefe aus Philadelphia

1879 wird in Berlin, im Dreieck zwischen Invalidenstraße, Lehrter Bahnhof und Alt-Moabit, eine Gewerbeausstellung eröffnet, die die Leistungsstärke und Wettbewerbsfähigkeit der hauptstädtischen Industrie unter Beweis stellen soll. »Noch sprach man überall von dem großen ›Berliner Krach‹«, schreibt Otto Wiedfeldt in seinen »Studien zur Entwickelungsgeschichte der Berliner Industrie«, »noch stand auch das urteilsfähigere Publikum unter der Wirkung jenes von Reuleaux einer amerikanischen Zeitung entnommenen ›billig und schlecht‹, so daß der Ausstellung von vielen Seiten ein Fiasko prophezeit wurde. Um so überraschender war ihr äußerst günstiger Gesamteindruck. Es zeigt sich vor aller Welt, daß die Berliner Industrie trotz allem gesund und kräftig dastand; hier sah auch das Ausland, daß die übliche Gleichsetzung von ›made in Germany‹ mit ›Berliner Schund‹ nicht mehr zutraf.«

Die Berliner interessieren allerdings nicht in erster Linie die Maschinen, Werkzeuge, Möbel oder Handwerkserzeugnisse aller Art, die auf der Ausstellung zu sehen sind. Was sie an die Spree zieht, ist eine Attraktion ganz besonderer Art: die erste, von Siemens entwickelte elektrische Eisenbahn. Johannes Trojan hat für die Leser der »National-Zeitung« das erstaunliche Gefährt beobachtet:

In der Gewerbeausstellung ist vor einigen Tagen die elektrische Eisenbahn von Siemens & Halske eröffnet worden. Der Schienenstrang dieser Bahn schneidet das Terrain des Maschinenhofes in doppelter Windung und kehrt in sich selbst zurück. Die Abfahrtstelle oder der Bahnhof liegt in der Nähe des Strasserschen Backofens.

Ein zur Abfahrt fertiger Zug gewährt einen allerliebsten Anblick. Interessant vor allem ist daran die kleine Maschine ohne Schornstein, auf welcher der Lokomotivführer rücklings sitzt. Diese Maschine birgt in ihrem Innern den bewegenden elektrischen Apparat, dessen Konstruktion zur Zeit noch ein Geheimnis ist. Der Lokomotive angehängt sind drei Waggons, von denen jeder aus zwei kleinen, mit den Lehnen einander zugekehrten Bänken gebildet wird. Jeder Waggon bietet für acht Personen Raum. Klassenunterschiede finden nicht statt. Gepäckwagen sind nicht vorhanden, es kann daher nur ganz leichtes Handgepäck mitgenommen werden. Auch besteht nur eine Art von Zügen, die man nach Belieben Personen-, Schnell-, Kurier- oder Jagdzüge nennen kann. Bestimmte Abfahrtszeiten sind nicht festgesetzt; ein Zug wird stets abgelassen, sobald die Waggons sich gefüllt haben. Der Fahrpreis beträgt für die Person 20 Pfennige. Was durch den Billettverkauf eingeht, fällt einem wohltätigen Zweck zu.

Mit dieser Bahn nun kann man eine Rundreise durch den Maschinenhof von zwei bis drei Minuten machen. An landschaftlichen Schönheiten bringt eine solche Reise nicht viel vor Augen, doch bietet sie sonst manches Anziehende. Ihren Glanzpunkt bildet die Durchfahrt durch den Restaurationsgarten des kleinen Poppenberg. Jedesmal, wenn der Zug zwischen den mit Gästen umsetzten Tischen des Restaurants hindurchgeht, erscheint auf den Gesichtern sämtlicher Passagiere ein drolliges Lächeln der Verlegenheit, wie es dem

Gefühl entspringt, in ungewöhnlicher Situation beobachtet zu werden. Die Passagiere aber haben die Genugtuung, dasselbe Lächeln auf den Gesichtern der Gäste zu finden, zwischen denen sie in so großer Nähe und auf so ungewöhnliche Art hindurchfahren.

Daß das Ganze noch etwas Neues ist, macht sich wohl bemerkbar. Manchmal vergeht längere Zeit, ohne daß ein Zug abgelassen wird; obgleich eine zahlreiche Menge sich um Lokomotive und Waggons drängt, bleiben die letzteren leer. Dann kommt auf einmal von Poppenberg her ein entschlossener Mann, geht gerade auf den Bahnhof zu und setzt sich auf eines der Waggonbänkchen mit einer Miene, als sei dies der Zug, den er einer notwendigen und unaufschiebbaren Reise wegen zu benutzen genötigt ist. Kaum sitzt er da, so sind auch schon alle Waggons gefüllt; denn in dem Augenblick, in dem er sich niederläßt, wissen auch alle andern, was sie zu tun haben. Nun besteigt der Zugführer sein elektrisches Rößlein, greift mit der Rechten lässig an einen eisernen Hebel – und der Zug rollt ab.

National-Zeitung, 8. Juni, 1879, 1. Beiblatt

Die vor 1929 längste und schwerste Wirtschaftskrise führt zu einer raschen Konzentration in der Produktion. Nur wer rationell produzieren kann, hat eine Chance auf dem Markt. Der Übergang von handwerklicher Einzelfertigung zur industriellen Serienproduktion gewinnt an Tempo.

Werner Siemens, nicht nur ein genialer Erfinder, sondern auch ein vorausdenkender Betriebsorganisator, schreibt schon am 13. März 1872 an seinen Bruder Karl:

Das Geschäft ist bei seiner Vielseitigkeit und Kompliziertheit zu groß geworden ... Wir sind daher namentlich seit einem Jahre eifrig bestrebt, wie die Amerikaner alles mit Spezialmaschinen zu machen, um auch mit schlechten Arbeitern gute Sachen machen zu können. Das hat sich auch schon brillant bewährt ... Jetzt sind alle davon überzeugt, daß in der Anwendung der amerikanischen Arbeitsmethode unser künftiges Heil liegt und daß wir in diesem Sinne unsere ganze Geschäftsleitung ändern müssen. Nur Massenfabrikation darf künftig unsere Aufgabe sein, darin können wir künftig jedes Bedürfnis befriedigen und jede Konkurrenz überwinden! Um sie zu bekommen, müssen wir allerdings unseren Kunden einen gewissen Zwang auferlegen und ihnen unsere Konstruktionen vorschreiben. Wir können dies dadurch tun, daß wir unsere »fabrizierten« Konstruktionen sehr billig, gut und schnell liefern, andere aber teuer und langsam oder gar nicht ... Der Fehler ist nur, daß die Herren Ingenieure und Werkstattsvorstände nicht lassen können, selbst zu konstruieren und

Eine Weltpremiere erlebten die Berliner auf der Gewerbeausstellung 1879: Siemens stellte die erste von einer Elektrolok gezogene Bahn vor. Sie fuhr mit sieben Kilometern pro Stunde durch das Ausstellungsgelände am Lehrter Bahnhof.

zu erfinden – geradeso wie die Telegrapheningenieure! Das geht eben nicht. Was man mit Maschinen machen will, muß für die Maschinen konstruiert sein … Nur so können wir oben bleiben. Wir haben jetzt die Preise für unsere Fabrikationskonstruktionen so niedrig gestellt, daß uns niemand nachkommen kann. Trotzdem ist unser Abschluß brillant, weil die Massenfabrikation ungeahnte Hilfsquellen bietet. Das ist unser Weg. Willkürliche Abänderungen unserer festen Konstruktion müssen ebenso lächerlich werden, wie wenn einer eine abgeänderte Nähmaschine bestellen wollte. Will er sie haben, so muß er sich eine Fabrik dafür anlegen oder zehnmal so teuer durch Handarbeit sie machen lassen.

Werner Siemens. Ein Lebensbild, nebst einer Auswahl seiner Briefe/2

Siemens gehört auch zu jenen, die engagiert daran arbeiten, der nationalen Einheit die wirtschaftlichen Reformen folgen zu lassen, die für eine Erhöhung der Konkurrenzfähigkeit deutscher Erzeugnisse unabdingbar sind. Noch herrscht in Deutschland eine verwirrende Vielfalt von Münzen, Maßen und Gewichten: Fuß und Zoll, Elle und

Rute, Meile und Meter existieren friedlich nebeneinander. Die vielen eigenstaatlichen Rechtsordnungen zwischen Spree und Rhein, Elbe und Donau erschweren den Verkehr: Ein einheitliches Patentrecht gibt es erst seit 1877 – es löst die 29 bis dahin gültigen Patentgesetze ab. Ein Jahr später treten die neue Zivilprozeßordnung und ein einheitliches Gerichtsverfassungsgesetz in Kraft (die Berliner Kaufleute klagen in ihrem Jahresbericht 1879 über die Schwierigkeiten, die sich bei der Einrichtung »eines so kolossalen Gerichtshofs wie das Landgericht Berlin I und das Amtsgericht Berlin I« ergeben hätten, »daß es mehr als je an schneller und prompter Erledigung der Rechtsangelegenheiten, vornehmlich auch der außerprozessualischen, fehlt«). Das Chaos der Zeitunterschiede – es gab in Deutschland zwanzig verschiedene Ortszeiten – dauert bis 1893. Das Eisenbahnnetz befindet sich teils in staatlicher Verwaltung, teils in Händen von Privatpersonen oder Gesellschaften – eine noch lange fortwirkende Erschwernis bei der Festlegung einheitlicher Fahrpläne und rationeller Streckennutzung. 1896 schließlich verabschiedet der Reichstag das neue »Bürgerliche Gesetzbuch«, das – drei Jahrzehnte nach der Reichsgründung – im Jahr 1900 in Kraft tritt.

Als erste Maßnahme wird zum 1. Januar 1872 das metrische System für ganz Deutschland für verbindlich erklärt. Obwohl die Zeitungen wochenlang vorher dem Publikum zu erläutern versuchen, wieviele Liter der alten Metze entsprechen oder wieviel Zoll dem neuen Zentimeter, ist die Verwirrung anfangs groß:

Die neue Maß- und Gewichtsordnung wurde mit aller Energie auf den Märkten von der Polizei aufrechterhalten, aber wie sehr anfangs Gewissenlosigkeit und Unverstand das neue Maß und Gewicht zur Beeinträchtigung des Publikums, namentlich des ärmeren Teils desselben, benutzen ließ, erhellt aus folgenden Aufzeichnungen: »Der Schwindel mit dem neuen Maß und Gewicht wird zum Schaden, besonders der ärmeren Klasse, recht schamlos betrieben. Das kleine Publikum ist daran gewöhnt, ein »Viert« Koks, Kohlen, Kartoffeln etc. zu kaufen. 50 Liter ist ein Scheffel, wir haben aber nur Maßgrößen, die durch 10 teilbar sind, der Händler gibt daher für ein »Viert« stets 10 Liter statt 12 1/2 und schädigt die armen Leute um 2 1/2 Liter. Es wird ferner fortgesetzt 1/2 Metze Kartoffeln, Zwiebeln, Äpfel etc. gefordert. Der Händler gibt nun 2 und 1 = 3 Liter und beschädigt das Publikum jedesmal um 1/2 Viertelmetze. – Man fordere daher nicht mehr nach alten Maßen, sondern nur nach neuen.«

Berlin und seine Entwicklung, 6/1872

Als Adolf Wermuth, später Oberbürgermeister von Berlin, 1883 als junger Beamter ins Reichsamt des Innern eintritt, zuständig für »die Staatsangehörigkeit, die Maße und Gewichte, die Viehseuchen und die Insekten«, hat sich zwar einiges, aber keineswegs schon Grundlegendes geändert:

Mir wurde die Aufgabe, das Reichsgesetz vom 11. Juli 1884 zu verfassen und durchzubringen, das erbarmungslos mit den letzten Resten alter Bezeichnungen aufräumte und zur höheren Ehre des Hekto- und Kilogramms, des Gramms und Zentigramms unser altes braves Pfund, den Zentner und das Lot ächtete, daneben auch noch den Scheffel, den Schoppen und den Zoll dem wissenschaftlichen Moloch zum Opfer brachte. Kann man behaupten, daß wir damit siegreich geblieben sind? Noch heute ist das Pfund in aller Munde; und mit den Maßen ist es nicht anders. Wenn im Magistrat Berlin der Kauf oder Verkauf von Grundstücken behandelt wurde, rechnete fast nur unser streng korrekter Baurat Krause nach Hektaren und Quadratmetern. Wir andern klammerten uns eigensinnig an den Morgen und die Quadratrute …

Das Gesetz zur Vertreibung des Pfundes ist von Herrn v. Boetticher gegengezeichnet. Ich glaube nicht, daß wir dazu die Genehmigung Bismarcks eingeholt haben. Grundsätzlich teilte in solchen Dingen der Reichskanzler den englischen Standpunkt. Die neue Puttkamersche Orthographie vom Jahre 1880, eigentlich ein Erbstück aus Falkscher Zeit, brachte ihn höchlich auf. Er verbot ihre Anwendung den Reichsbehörden »bei steigenden Ordnungsstrafen«. So mußten wir Beamte des Reichs anders schreiben als die des führenden Bundesstaates, als die preußischen Lehrer und Schüler. Hier ging selbst gegenüber dem mächtigen Mann die Disziplin aus den Angeln. Wir schrieben ein jeder so, wie es ihm paßte, und überließen der Kanzlei, wieviel »h« und »e« in der Reinschrift einzufügen oder wegzulassen waren. In Ordnungsstrafe bin ich deswegen nicht genommen.

Sitte und Gebrauch sind dem Gesetz ebenbürtig. Das Reichsamt des Innern hat diese Erfahrung viel später noch einmal gemacht, als versucht wurde, das Osterfest auf einen bestimmten Tag zu legen, etwa den ersten Sonntag im April. Lebhaft legten dafür deutsche und fremde Erwerbskreise sich ein, und ihr Grund, der Vorteil für Verkehr und bürgerliches Leben, schien augenfällig und unanfechtbar. Wir forschten vorsichtig nach der Stimmung in den Bundesstaaten und bei den Regierungen des Auslandes. Sie war unerwartet günstig. Auch religiöse Kreise, ja der Papst, verhielten sich nicht eben ablehnend. Da plötzlich schlug gerade von Rom aus das Wetter um. Man war doch bedenklich geworden, ob es nicht an den Grundsäulen der Kirche rütteln hieße, das älteste christliche Fest nach weltlichen

Erwägungen hin und her zu schieben. Und nachdem das religiöse Gefühl einmal wach geworden war, ließ es sich auch nicht wieder beruhigen. – Die Akten betreffend Festlegung des Osterfestes sind in jenen Jahren um mehrere Zentimeter dicker geworden. Weiterer Erfolg blieb aus.

Adolf Wermuth, Ein Beamtenleben

Wesentlich schwieriger noch als die Herstellung eines einheitlichen Maß- und Gewichtssystems gestaltet sich die Schaffung der Währungseinheit und die Ausarbeitung einer einheitlichen Münzgesetzgebung, die die sieben verschiedenen Währungen und die 33 Notenbanken auf deutschem Territorium ablösen sollen. Nach langen Debatten über Gold- oder Silberwährung, zentrales oder dezentrales Münzprägerecht nimmt der Reichstag im November 1871 ein Münzgesetz an (»dem nur ein Prinz, ein Fürst und ein Graf entgegenwaren«): »Es wird eine Reichsgoldmünze ausgeprägt, von welcher aus einem Pfunde feinen Goldes 139 1/2 Stück ausgebracht werden. Der zehnte Teil dieser Goldmünze wird Mark genannt und in 10 Groschen, der Groschen in 10 Pfennige eingeteilt … Alle Zahlungen, welche gesetzlich in Silbermünzen, der Talerwährung, der südlichen Währung, der lübischen oder der hamburgischen Courant-Währung oder in bremischen Talern Taler Gold zu leisten sind und geleistet werden dürfen, können in Reichsgoldmünzen bezahlt werden. Dabei wird das Zehnmarkstück zum Wert von 3 1/3 Talern oder 5 Gulden 50 Kronen süddeutsche Währung, etc umgerechnet.« (National-Zeitung, 7. November 1871)

Bis zur Mitte des Jahrzehnts existieren alte und neue Währungen und Münzen gleichberechtigt nebeneinander. Dann hat der Taler endgültig ausgedient:

Mit dem letzten Glockenschlage des zu Ende gehenden Jahres ist auch ein teurer Toter, der allen lieb und wert gewesen, zu Grabe geläutet. Jedenfalls nicht ohne Sang und Klang, denn es ist ein klingender Toter, der sich zu seinen Vätern versammelt hat in des Jahres Scheidestunde. Noch lange wird er fortleben im Munde und im Gedächtnis des Volkes, wenn sein Name auch offiziell in die Rumpelkammer historischer Erinnerungen geworfen ist. Stand er doch obenan im Herzen, im Kopfe vieler Tausende, heftete sich doch an seinen Erwerb, an seinen Besitz jahraus jahrein das Streben von Millionen. Der *Taler* ist heute nicht mehr. Er ist nur noch ein Name, aber kein Ding mehr. Das Ding, das wir so lange einheitlich so nannten, ist plötzlich zu einer Dreieinigkeit geworden. »Drei Mark« heißt es von heute an, und im weiten Deutschen Reiche gibt es von heute ab nur eine Rechnungsart, nur ein Münzzeichen. Der Taler ist tot, es lebe die Mark! Wir glauben, im allgemeinen wird man sich an dem Namen nicht sonderlich stoßen, man wird der neuen Form des Mammons die alte, unverbrüchlich treue Zuneigung bewahren. Aber eine gewisse Geringschätzung kann man gegenüber dem neuen Ding von Mark doch nicht verhehlen. Der alte biedere Taler ist ein etwas vierschrötiger, aber doch ein vollwertiger Geselle, der wußte, daß er etwas wert war, der auf seiner historischen Entwickelung fußte. Die neue Mark ist ein winziger, etwas windiger Geselle, der nichts Rechts ist, der gar zu rasch durch die Finger gleitet; nicht umsonst hat unser alter Taler dem männlichen Geschlecht angehört, die neue windige Münzsorte hat sich zu dem zarteren, leichten Genus bekannt. Der alte Taler war eine Münze von Volkes Gnaden; seit im Jahre 1519 die Grafen von Schlick in Joachimsthal in Böhmen die ersten »Joachimsthaler« geprägt hatten, hat er sich seinen Weg zu bahnen gewußt, rings im deutschen Lande und weit nach Norden, nach Dänemark und bis nach Norwegen und Schweden. Die »Mark« ist ein Parvenü von eines Parlamentsbeschlusses Gnaden, ein Neuling, von dem man vor Jahren noch keine Ahnung hatte. Doch – die Welt liebt das Neue, und wir sind, wie gesagt, überzeugt, daß man auch gegen die »Mark« im allgemeinen ebensowenig Abneigung fühlen wird, als man gegen den Taler bisher gefühlt hat. Aber feierlichen Abschied wollen wir von dem treuen Gefährten nehmen, der von heut an auf den Aussterbe-Etat gesetzt wird, der in nicht allzuferner Zeit dem Münz- und Kuriositätensammler verfallen ist.

Berliner Börsen-Courier, 1. Januar 1875, Morgenausgabe

Mit dem Gründerkrach und der ihm nachfolgenden krisenhaften Erschütterung der Gesellschaft stirbt der bis dahin weitverbreitete Glaube an die fortwährenden Segnungen des freien Marktes, an die harmonische Übereinstimmung der Interessen aller. Zu groß ist der Kreis derjenigen, die sich den Auf- und Abschwüngen der Wirtschaft, den Krisen und Katastrophen hilflos ausgeliefert fühlen: Lohnarbeiter und Gesellen, Handelsgehilfen, kleine Beamte und Angestellte. Die schlimmste Folge der langandauernden Krise ist für Tausende Berliner die Arbeitslosigkeit. Mangelnde Aufträge und der Druck auf die Kosten führen in fast allen Bereichen der Industrie und des Handels zu massiven Entlassungen: Borsig, bei dem im Januar 1874 bereits 2 893 Menschen Arbeit hatten, beschäftigt im Herbst 1878 nur noch 1 173, ein halbes Jahr später rund 600; die Maschinenbaubetriebe von Schwartzkopff und Wöhlert reduzieren ihre Belegschaften im gleichen Zeitraum auf ein Drittel. In der gesamten Berliner Maschinenbauindustrie, die 1873 rund 35 000 Arbeiter beschäftigt hatte, arbeiten 1877 nur noch 16 000.

Auch Spezialbetriebe wie Siemens & Halske müssen Entlassungen vornehmen. Am 3. Oktober 1879 schreibt Werner Siemens an seinen Bruder Karl in London:

Wir haben durch die neuen Lampen und Kohlen in der Tat einen gewaltigen Fortschritt gemacht. Alle Installationen, die unsere Agenten machen, fallen jetzt ohne weiteres gut aus, und wir hören nichts wieder von der Sache, als um Kohlen zu liefern. Leider wird nur zu wenig bestellt. Es sieht sehr traurig bei uns mit Arbeit aus. Wir haben über die Hälfte der Arbeiter entlassen müssen, obschon wir die Lichtmaschinen wieder selber machen ... Die Eisenbahnen bestellen nichts, weil Bismarck sie fressen will, und die Staatsbahnen müssen à tout prix sparen wegen Eisenbahnpolitik! Daher der Arbeitsmangel, der noch ein Jahr andauern kann.
Werner Siemens. Ein Lebensbild nebst einer Auswahl seiner Briefe/2

Kaum ein Wirtschaftszweig, in dem nicht das Gespenst der Arbeitslosigkeit umgeht:

Die Not der Berliner Stuhlarbeiter, Weber etc. gibt dem sprichwörtlich gewordenen Elend der schlesischen, sächsischen und böhmischen Weber durchaus nichts nach. Von den früher hier beschäftigten 3 000 bis 4 000 Arbeitern sind jetzt zwei Drittel vollständig arbeitslos, während die übrigen für ein Minimum von Lohn arbeiten. Bei ausreichender Arbeit und vielem Geschick ist der Verdienst derselben bei mindestens zwölfstündiger täglicher Arbeitszeit nicht höher als 12 bis 15 Mark pro Woche zu veranschlagen, während minder Geschickte nicht mehr als 8 bis 9 Mark zu verdienen imstande sind. Zu alledem kommen noch die vielfachen Zeitversäumnisse bei Ablieferung der fertigen Arbeit, wo die Leute oft halbe Tage warten müssen, und die selbstverständlich von dem kargen Verdienst in Abrechnung zu bringen sind. Die Hoffnung auf Verbesserung dieser gedrückten Lage steht in sehr weiter Ferne, denn die in voriger Saison noch gangbaren Artikel wurden durch die Methode vieler unserer Fabrikanten, teilweise Baumwolle statt Wolle zu verwenden und dann die Waren für rein wollene auf den Markt zu bringen, fast ganz von auswärtigen, solideren Fabrikstädten verdrängt ... Die Arbeitsvermittlungslokale geben einen traurigen Beweis dafür. Hunderte von Arbeitern, welche noch in der glücklichen Lage sind, das nötige Geld zu einem Glas Bier zu besitzen, warten hier mit Spannung auf eine etwaige Arbeitsnachfrage, und tritt dieselbe ein, so sucht einer den andern an Schnelligkeit zu überbieten, um der erste am Platz zu sein. Kurz, tritt hier nicht bald eine Wendung zum Bes-

seren ein, so steht zu befürchten, daß der ganze einst so blühende Industriezweig und mit ihm Tausende von Arbeitern zugrunde geht.
Volks-Zeitung, 12. April 1877

1878/79 schätzt man – eine offizielle Arbeitslosenstatistik gibt es noch nicht –, daß in Berlin 25 bis 28 Prozent der Arbeiter im Bereich der Industrie und des produzierenden Handwerks ohne Beschäftigung sind.

Wer heute die Oranienburger und Rosenthaler Vorstadt durchwandert und bei den Maschinenbauern, den Bautischlern, den Maurern und Zimmerleuten einkehrt, der erhält ein ergreifendes, in die Seele schneidendes Bild der Not und des Elends, und es ist völlig barbarisch, wenn Gutgesinnte und zu allen möglichen Kompromissen geneigte Blätter den Notschrei der Arbeiterbevölkerung dadurch zu ersticken suchen, daß sie vorgeben, es sei bei uns alles in schönster Ordnung. Es ist nicht wahr, wenn behauptet wird, es könne jeder, der Arbeit suche, dieselbe auch finden. Und wir geben solchen Blättern zu bedenken, daß noch nie ein Übel aus der Welt geschafft wurde, daß man sein Vorhandensein leugnete, im Gegenteil, man vergrößert es einfach und führt eine ernstliche Gefahr für die Gesellschaft und den Staat herbei.

Heute sind in Berlin Tausende von Menschen dicht bei der Grenze angelangt, wo der Hoffnungsschimmer erlischt.
Volks-Zeitung, 1. März 1877, Beiblatt

Die Stadtverordnetenversammlung wird in mehreren Petitionen aufgefordert, »durch schleunige Inangriffnahme größerer Bauten zur Linderung der großen Not in der arbeitenden Bevölkerung beizutragen«. An Vorschlägen für sinnvolle Notstandsarbeiten fehlt es nicht: Die längst fällige Sanierung baufälliger Brücken könnte in Angriff genommen, der miserable Straßenzustand verbessert oder der Bau des neuen Reichstagsgebäudes begonnen werden. Die Stadtverordnetenversammlung aber beschließt, »über diese Petitionen, da ungeeignet und zwecklos, zur Tagesordnung überzugehen« (Volks-Zeitung, 15. März 1877).

So wächst die Not. Wer keine Ersparnisse hat, für den ist der soziale Abstieg programmiert – rasch und erbarmungslos in einer Zeit, die keine geregelte Arbeitslosenunterstützung kennt. Auch im äußeren Bild der Stadt spiegelt sich die zunehmende Verelendung: leerstehende Läden, unvermietbar gewordene Wohnungen. »Der Umzug des diesmaligen Wohnungswechsels«, schreibt die »Volks-Zeitung« am 30. März 1877, »ist ein ganz riesiger zu nennen, an der Peripherie wechseln in ganzen Straßenzügen 7/8 der Insassen ihre Behausung, aber auch im

Christian Wilhelm Allers, Schuster-Portier. Studie aus dem 1889 erschienenen Zyklus »Spreeathener«.

Innern der Stadt gibt es viele sonst bevorzugte Strecken, wo in den öden Fensterhöhlen das Grauen wohnt.«

Wer keine bezahlbare Wohnung, keine erschwingliche Schlafstelle mehr findet, der muß beim Asylverein oder im Städtischen Asyl um Obdach bitten – wahrhaft keine behagliche und auch keine dauerhafte Bleibe: 161 450 sind es im Jahr 1874, 1877 sind es bereits 183 500 und 1880 gar 246 470 – das sind 22 Prozent der Berliner Bevölkerung. Auch die Zahl derjenigen, die, meist wegen Obdachlosigkeit und Bettelei, in »Polizeigewahrsam« gebracht werden, steigt sprunghaft: waren es 1874 noch 2 100 Personen, so registriert die Berliner Statistik 1877 zwanzigmal soviel, nämlich 39 435.

Bis hinein in die Kreise des Handwerkerstands reicht die Verelendung und die Vernichtung von Existenzen. Das Schicksal der Berliner Tischlerfamilie Damaschke ist kein Einzelfall:

Am häufigsten und zuletzt wohl ausschließlich wurden in unserer Werkstatt sogenannte Sofatische hergestellt. Das kostbarste an ihnen war ihre dünne Mahagonischicht. Es war jedesmal eine große Aufgabe, diese teure Holzschicht so aufzulegen, daß keinerlei Unebenheiten entstanden. Vater war darin wohl übergenau. Von Kennern wurden seine Tische besonders geschätzt. Aber die Kenner bilden immer die Minderheit. Nach dem siegreichen Krieg von 1870/71 kamen die Neureichen jener Zeit auf, und Dessin, an den er die meisten Tische lieferte, sagte immer häufiger: »Sie müssen billiger arbeiten, Meister! Die Leute, die Tische kaufen, haben wirklich kein Urteil über die Akkuratesse, die Sie darauf verwenden – billig, billig!« Und dann kam der Jammer, daß die Möbelfabriken die gelieferten Tische nicht gleich bezahlten, sondern auf Lager nahmen, während Vater den Gesellen jeden Sonnabend den Lohn auszahlen mußte. Wie oft ist da Mutter gegangen, Freitag oder Sonnabend, und hat Wertgegenstände versetzen müssen, nur damit am Sonnabend der Lohn zur rechten Zeit vorhanden war …

Unsere wirtschaftliche Lage zu jener Zeit kann ich rückblickend nicht übersehen. Ich weiß nur, daß wir ein Haus in der Bellermannstraße besaßen. Das ist eine Straße im Norden Berlins, die erst in neuester Zeit durch die sogenannte Millionenbrücke* dem Verkehr erschlossen worden ist. Wir machten öfter Sonntagsspaziergänge nach diesem Hause. Die Gegend war in jener Zeit fast noch ganz ländlich. Oft überlegten die Eltern, ob sie nicht in dieses ihr Haus ziehen wollten; aber die Entfernung zu den großen Möbelhandlungen blieb immer ein Hinderungsgrund …

* Brücke über die Ringbahngleise nahe dem Bahnhof Gesundbrunnen zwischen Bellermann- und Swinemünder Straße, die bei der Erbauung hohe Kosten verursachte

Dieses Haus wollten oder mußten meine Eltern verkaufen, und Mutter hat oft erzählt, wie sie einmal gerade noch 5 Silbergroschen gehabt habe und geschwankt, ob sie dafür Brot kaufen oder noch eine Anzeige im Intelligenzkontor in der Kurstraße aufgeben wolle. Sie wählte das letztere. Diese Anzeige hatte Erfolg. Meine Eltern verkauften das Haus – um zu hören, daß es der Käufer 6 Wochen später mit einem unverdienten Wertzuwachs von 5 000 Talern, das sind 15 000 Mark, weiterverkauft habe. 5 000 Taler – das war eine große Summe! Wer die zusammensparen wollte, einen Taler zu dem andern, der mußte viel arbeiten und viel entbehren. Vater und Mutter taten es, und es waren wohl glückliche Stunden, wenn Vater rechnete, daß er vielleicht 94 oder 95 Taler zusammen habe, und Mutter dann von dem so kargen Wirtschaftsgelde heimlich so viel erspart hatte, daß für 100 Taler irgendein mündelsicheres Papier gekauft werden konnte! …

Im Herbst 1876 gab Vater die Werkstätte auf. Wieder ein kleiner Handwerksmeister, der in dem großen Wirtschaftskampfe erlag! Was er in alter Treue und Sorgfalt schuf, edle Qualitätsarbeit, fand ihren Lohn nicht mehr. Nun wohnte im Hause ein merkwürdiges Tischlerehepaar namens Pilentz. Der Meister hatte schon vor längerer Zeit seine Werkstatt aufgegeben und arbeitete allein, indem er in Privathaushaltungen bessere Möbel aufpolierte, erneuerte oder besondere Stücke anfertigte. Er lebte von dieser Arbeit, die ihn von Gehilfen unabhängig machte, scheinbar ganz gut. Jetzt erbte er in einer schlesischen Kleinstadt ein Haus und ein Geschäft und siedelte dorthin über. Er machte meinem Vater den Vorschlag, in seine Kundschaft einzutreten. Das war der letzte Anstoß, Werkstatt und Wohnung in der Rosenthaler Straße aufzugeben.

Adolf Damaschke, Aus meinem Leben/1

Wer das Glück hat, in diesen Jahren noch in Lohn und Brot zu stehen, muß in der Regel erhebliche Einkommensverluste hinnehmen. Die in der Zeit der Prosperität nach der Reichsgründung von den Arbeitern erkämpften Lohnverbesserungen gehen fast überall wieder verloren. Zwischen 1874 und 1879 sinkt das durchschnittliche Niveau der Wochenlöhne in Berlin um etwa zwanzig Prozent. Zwar können die Berliner auch wieder billiger einkaufen, nachdem die Preise während des Gründerbooms sprunghaft in die Höhe geschnellt waren (Max Wirth nennt in seiner »Geschichte der Handelskrisen« Berlin 1872/73 die teuerste Stadt der Welt). Aber die Ersparnis spürt der einzelne sehr unterschiedlich. So sinken die Preise für Lebensmittel nur um 2,8 Prozent, während sich die Mietpreise sogar um 11,3 Prozent erhöhen.

Am 21. März 1877 entlädt sich die seit langem aufs äußerste gespannte Atmosphäre in handgreiflichen Auseinandersetzungen. Die »Volks-Zeitung« berichtet über den »Krawall auf dem Alexanderplatz«:

Es waren 17 oberschlesische Arbeiter mit für die Erdarbeiten der Pferdebahnstrecke Alexanderplatz-Neues Königstor engagiert worden. Bekanntlich beanspruchen diese Arbeiter wesentlich billigere Löhne als ihre hiesigen Kameraden. Gegen 12 Uhr mittags forderten nun Gruppen von Arbeitern, die gegenwärtig keine Arbeit finden, die Polen auf, die Arbeit niederzulegen und aus Berlin zu gehen, »da sie hier nichts zu suchen hätten und hier keine Steuern und Abgaben zahlen«. Diese Forderung wurde allerdings in sehr energischer Weise durch Schläge und Püffe unterstützt. Gegen 1 Uhr rotteten sich so starke Gruppen von Arbeitern auf dem Alexanderplatz und in den benachbarten Straßen (Neue Königstraße, Prenzlauer Straße, Landsberger Straße) zusammen, und es wurden so erregte Diskussionen in diesen Gruppen geführt, daß der Vorstand des Polizeireviers sich genötigt sah, nach dem Zentralbüro am Molkenmarkt um Hilfsmannschaften zu telegraphieren. In den Gruppen der Unzufriedenen benahm man sich drohend und verhöhnend gegen die Polizei. Als die zur Verstärkung herbeigerufenen Schutzleute zu Fuß und Pferde erschienen, versuchte man zuerst, die Massen zum Fortgehen zu bewegen, was jedoch nur zum Teil gelang. Es fanden mehrere Verhaftungen der Hauptwortführer statt. Trotzdem waren gegen 3 Uhr die Ansammlungen wieder so starke, daß die reitende Schutzmannschaft mit blanker Waffe den Platz säubern mußte, wobei zwei Personen von den Hufen der Schutzmannspferde ziemlich stark verletzt wurden und ins Hospital geschafft werden mußten. Trotzdem fanden andauernd Ansammlungen statt, und nur vorrübergehend herrschte Ruhe.
Volks-Zeitung, 21. März 1877, Beiblatt

Auch in den nächsten Tagen gibt es, wie die Zeitungen melden, »Arbeiteranhäufungen« auf dem Alexanderplatz, »die jedoch nirgends einen bedrohlichen Charakter annahmen« (Volks-Zeitung, 22. März 1877). Trotzdem werden erneut Verhaftungen vorgenommen, »Schutzleute zu Fuß und zu Pferde mit blankgezogener Waffe« säubern den Platz von den vorwiegend aus Neugierde herbeigeströmten Menschen. Einer der »Exzedenten« stirbt an der ihm von einem Polizeileutnant mit scharfer Klinge verursachten Kopfwunde.

Der Polizei und den Stadtvätern kommt die Demonstration der Arbeitslosen auf dem Alexanderplatz höchst ungelegen. Eigentlich war der 22. März – der 80. Geburtstag des Kaisers – als Glücks- und Jubeltag geplant, und Berlin hatte wieder einmal sein verordnetes Fest-

kleid angezogen: vom Flaggen- und Blumenschmuck bis zur abendlichen Illumination fehlte es an nichts. Vor allem nicht an hochdekorierten Persönlichkeiten:

Der gestrige Tag hat uns bewiesen, daß wir gar keine Vorstellung hatten, wie reich Preußen an Uniformen und Orden ist. Die kühnste Phantasie eines Theaterschneiders vermöchte es nicht, die Mannigfaltigkeit der Farbenzusammenstellung zu ersinnen, und in den Vogelhandlungen sollen verbürgten Gerüchten zufolge einige Kakadus aus purem Neid über diese Buntheit vom Stengel gefallen sein. Was den Ordensreichtum angeht, der sich gestern in allen Knopflöchern und auf allen patriotischen Brüsten entfaltete, so hat uns derselbe bewiesen, daß der Überfluß an Ehre bei uns fast so groß ist wie der Mangel an Geld. Besteuerten wir die Orden, so könnten wir die Kommunallasten aufheben oder die Kosten für die Kanalisationsarbeiten bestreiten. Viele Leute mußten ihre Orden an der Waschleine aufhängen, um sie tragen zu können; wohin das Auge schweifte, fiel es auf Orden und Medaillen. Erst spät am Abend will der Schutzmann X. einem Mann begegnet sein, dessen Knopfloch noch frei war. Wir glauben ihm einfach nicht …

Am Abend, da Berlin im Glanz von Millionen Flammen erstrahlte, wälzte sich eine unaufhaltsame Menschenflut die Linden hinab und umwobte das lorbeerumkränzte Reiterdenkmal des großen Friedrichs und das Schloß seines Nachfolgers, der die deutsche Kaiserkrone erlangte … In den ärmeren Stadtvierteln setzten die Verehrer des Kaisers Blumen hinter die hell erleuchteten Fenster, im Geheimratsviertel wich die Natur der Kunst, und dort stellte man kostbare Vasen, Statuetten, Bilder und ganze Marmorgruppen von hohem Kunstwert an die breiten Fenster und ließ den Lichterglanz darauf fallen.

Volks-Zeitung, 24. März 1877, Beiblatt

Schon zwei Wochen nach den Jubelfeiern stehen die Demonstranten vom Alexanderplatz vor Gericht. 17 Angeklagte werden wegen »Zusammenrottung« und »Landfriedensbruch« zu Gefängnisstrafen von vier Wochen bis neun Monaten verurteilt. »Ein Verteidiger stand keinem der Angeklagten zur Seite« (Volks-Zeitung, 4. April 1877).

Mit der Vertiefung der sozialen Gegensätze in den siebziger Jahren wächst in breiten Bevölkerungskreisen die Unzufriedenheit mit der Art und Weise, wie die langersehnte deutsche Einheit ihre politische und wirtschaftliche Ausgestaltung findet. Sozialistische, christlich-soziale, konservative Programme in vielerlei Schattierungen bis hin zur partikularistisch-antipreußisch orientierten Politik des katholischen Zentrums, Schutzzoll oder Freihandel werden als Versuche zur Lösung der drückenden Probleme angeboten. In der Wilhelmstraße, in den regierungsoffiziellen oder regierungsnahen Zeitungen empfindet man solche Diskussionen keineswegs als hilfreich, und mit der Abstempelung unbequemer Kritiker als »Reichsfeinde« ist man schnell bei der Hand:

Nicht nur das Zentrum wird der Feindschaft gegen das Reich geziehen, sondern auch beliebig andere Gegner der Reichsleitung werden mit diesem Titel beehrt, Altkonservative, Sozialdemokraten, radikale Fortschrittsmänner, Vertreter der Provinz Posen polnischer Abstammung und Abgeordnete von Elsaß-Lothringen werden im Schmelztiegel der Gutgesinntheit mit diesem Stempel versehen. Im Munde dieser sogenannten Reichsfreunde gehört die Titulatur »Reichsfeind« so ganz und gar zu den legalsten Bezeichnungen, daß es gar nicht Wunder nehmen könnte, wenn ein wirklicher auswärtiger Feind auf diese, ganze Provinzen umschlingende Reichsfeindlichkeit hin seine politischen und kriegerischen Kombinationen baut … Freilich ist diese Sorte von moralischen Verbrechen nicht neu. Seitdem wir in Preußen ein öffentliches parlamentarisches Leben besitzen, also seit drei Jahrzehnten, ist immer der Gegner des jeweiligen Regierungssystems als der Feind des Staates bezeichnet und betrachtet worden. Wenn man die Reihe dieser »Staatsfeinde« vor dem Gedächtnis vorbeimarschieren läßt, bekommt man eine wirklich prachtvolle Auswahl von Namen, die diesen Stempel zeitweise zu tragen hatten … Mit der Entstehung des Deutschen Reichs wurde der Titel Staatsfeindschaft zur »Reichsfeindschaft« erhoben, und er trifft nun auf einmal alle, die nicht vor Bewunderung der Reichszustände vergehen wollen.
Volks-Zeitung, 18. Januar 1877

Reichsfeind Nr. 1 ist seit ihrem antiannexionstischen Kurs im Deutsch-Französischen Krieg, seit den großen Lohn- und Streikbewegungen zu Beginn der siebziger Jahre die Sozialdemokratie – in Berlin ein Häuflein von wenigen hundert eingeschriebenen Mitgliedern, zudem noch erbittert zerstritten in »Eisenacher« und »Lassalleaner«. Aber ihr Einfluß wächst in dem Maße, in dem der Wirtschaftsliberalismus durch die krisenhaften Erschütterungen der gesamten Gesellschaft an Popularität verliert. Im Januar 1874 wird der in der Bekämpfung von Sozialdemokraten erfahrene und bewährte Staatsanwalt Hermann Tessendorf von Magdeburg ans Berliner Stadtgericht versetzt. Tessendorf geht nach seiner Amtsübernahme unverzüglich ans Werk: Unter den fadenscheinigsten Vorwänden werden Hausdurchsuchungen vorgenommen, Versammlungen verboten, Funktionäre der Arbeiterparteien und der Gewerkvereine verhaftet und zu hohen Gefängnisstrafen verurteilt:

wegen Schmähung von Staatseinrichtungen, Widerstands gegen die Staatsgewalt, Gefährdung des öffentlichen Friedens, Majestäts- und Bismarck-Beleidigungen, die ein Heer von Spitzeln und Denunzianten hinterbringt:

Tessendorf entsprach in vollem Maße den Erwartungen, die seine Vorgesetzten und speziell Bismarck auf ihn gesetzt hatten. Die Zahl der Verurteilungen, die in den nächsten Jahren in Berlin auf seinen Antrag durch die berüchtigte Siebente Deputation vorkamen, ist Legion, und die Urteile wurden immer härter und grausamer ...

Im Jahre 1874 wurde von der erwähnten Deputation Most in Berlin wegen einer Rede über die Pariser Kommune mit 1 1/2 Jahren Gefängnis bedacht. Der Schriftsetzer Genosse Heinsch, einer der besten Organisatoren Berlins, wurde wegen Abdrucks eines Gedichts zu einem Jahre Gefängnis verurteilt. A. Kapell vom Allgemeinen Deutschen Arbeiterverein erhielt 9 Monate, die das Kammergericht auf 3 Monate reduzierte, Frohme erhielt ebenfalls 9 Monate, die das Kammergericht auf 6 herabsetzte. Eine ganze Reihe anderer Parteigenossen wurde mit gleich hohen und zum Teil noch höheren Strafen belegt, und in fast allen diesen Prozessen handelte es sich um Nichtigkeiten, die vor einem anderen Gericht mit wenigen Wochen Gefängnis oder einer Geldstrafe bedacht worden wären ...

Am 12. Juni 1877 stand endlich auch ich vor der berüchtigten Siebenten Deputation des Stadtgerichts in Berlin als Angeklagter. Tessendorf hatte in meiner Broschüre nicht weniger als drei Bismarckbeleidigungen entdeckt ...

Tessendorf als öffentlicher Ankläger machte sich sein Amt sehr leicht, er kannte ja genügend die Siebente Deputation. Nonchalant, als pflege er eine private Unterhaltung, stand er vor dem Gerichtshof, die eine Hand in der Tasche einer hellgestreiften Sommerhose – die heute übliche Amtskleidung wurde erst später eingeführt –, angetan mit einem schäbigen schwarzen Frack, und beantragte nach einer kaum 5 Minuten langen Rede 9 Monate wegen Beleidigung des Reichskanzlers.

Darauf trat ich am 23. November meine Haft in Plötzensee an.

August Bebel, Aus neinem Leben

Sehr bald wird Tessendorf und seinen Auftraggebern klar, daß mit der Verfolgung einzelner Personen – und seien es noch so viele – der Einfluß der »Reichsfeinde« nicht zu stoppen ist. Tessendorf hatte schon im Herbst 1873 dem Innenminister das Verbot des Allgemeinen Deutschen Arbeitervereins vorgeschlagen. Aber der Berliner Polizeipräsident von Madai ist zu diesem Zeitpunkt noch nicht davon überzeugt,

Paul Lothar Müller, Blick auf die Fischerkästen am Mühlendamm, 1887

daß mit einem Verbot »die brennende soziale Frage gelöst« oder aus der Welt geschafft werden könnte, »und namentlich scheint mir der gegenwärtige Moment keineswegs geeignet zu sein, die soziale Frage auf diese Weise zu einer brennenden, akuten zu machen« (Hans Fricke, Bismarcks Prätorianer). Wenige Monate später gibt er seinen Widerstand auf:

Unterm 25. Juni 1874 wurde der Allgemeine Deutsche Arbeiterverein zu Berlin für geschlossen erklärt und gegen Hasenclever Voruntersuchung wegen Verletzung der Vorschriften des Vereinsgesetzes eingeleitet. Aber nicht genug damit, erfolgten auch alsbald Schließungen einer Reihe von Gewerkschaften (Maurer, Schuhmacher, Zimmerer und so weiter), und etwas später ward die Berliner Mitgliedschaft der Eisenacher Partei gleichfalls für einen Verein erklärt und wegen Verbindung mit anderen »Vereinen« geschlossen. Ebenso der Arbeiterfrauen- und -mädchenverein. Alles natürlich zunächst »vorläufig«. Aber durchgängig bestätigten die Gerichte die Schließungen und verurteilten die Vorstände der betreffenden Organisationen wegen Vergehens gegen das Vereinsgesetz zu Gefängnis …

Inzwischen hatten im Herbst 1874 Verhandlungen zur Vereinigung der beiden streitenden sozialistischen Parteien ihren Anfang genommen und bald so starken Anklang gefunden, daß ihr schließlicher Erfolg nicht mehr in Frage gestellt werden konnte. Es wäre zuviel gesagt, daß das Verdienst dafür ausschließlich Herrn Tessendorf gebührte, auch eine Reihe anderer Faktoren wirkten mit großer Kraft zugunsten der Vereinigung ... Aber Ehre, dem Ehre gebührt. Schwerlich wäre sie ohne das System Tessendorf so schnell gekommen und so glatt vonstatten gegangen, wie es nun geschah. Und die erste Einigungsdemonstration vollzog sich in Berlin, wo Herr Tessendorf das Zepter schwang.

Nachdem im »Neuen Sozial-Demokrat« vom 11. Dezember 1874 Hasenclever an der Spitze des Blattes von den eröffneten Einigungsverhandlungen Kenntnis gegeben hatte, fand aus Anlaß einer Vorbesprechung, an der außer den beiderseitigen Abgeordneten von Berliner Lassalleanern Ecks und Fritzsche, von den Berliner Eisenachern Bernstein und Heinsch teilgenommen hatten, im Saal des Handwerkervereins die erste gemeinsame Volksversammlung in Berlin statt. Der Andrang zu ihr war ein ungeheurer. Von Anfang an wurden die Tische entfernt, bald hieß es aber auch »Stühle hinaus!«, und über die Köpfe der dichtgedrängt oder vielmehr gepreßt stehenden Masse wanderten die Stühle aus dem Saal hinaus – ein eigenartig berührender Anblick. Die sieben auf freiem Fuß befindlichen sozialistischen Abgeordneten – Geib, Liebknecht, Motteler, Vahlteich von den Eisenachern, Hasenclever, Hasselmann, Reimer von den Lassalleanern – sprachen, alle mit stürmischem Beifall begrüßt ... Es war überraschend, wie schnell gerade in der Stadt, wo die bittersten Fraktionskämpfe stattgefunden hatten, der Einigungsgedanke in die Herzen eingezogen war. Die Einigungsresolution wurde nach beendigter Debatte einstimmig angenommen und beschlossen, den inhaftierten Abgeordneten Bebel und Most ins Gefängnis Nachricht von dem Beschluß zu geben.

Damit endete diese bemerkenswerte Manifestation, deren überwältigendem Eindruck sich kein Teilnehmer entziehen konnte.

Eduard Bernstein, Die Geschichte der Berliner Arbeiterbewegung/1

Auf dem Gothaer Kongreß vom Mai 1875 wird die Vereinigung der beiden sozialdemokratischen Parteien, Eisenacher und Lassalleaner, auf Reichsebene vollzogen. In der Hauptstadt konstituiert sich als Lokalorganisation der neuen Partei der Sozialistische Arbeiterwahlverein Berlin: 850 eingeschriebene Mitglieder zählt er im August, zwei Monate später über 1 000, darunter 163 Tischler, 105 Maurer, je 71 Zigarrenmacher und Schneider und 70 Fabrik- und Handarbeiter, wie in den Akten des Berliner Polizeipräsidiums akribisch festgehalten wird. Wahrhaft keine Massenpartei, aber: »Die Partei ist sehr rührig«, konstatiert man mißmutig am Molkenmarkt, und so folgen neue Schikanen, neue Hausdurchsuchungen, neue Verurteilungen.

Ein halbes Jahr später, am 10. Januar 1877, sind Reichstagswahlen. Als das Resultat feststeht, ist die Überraschung groß: 31 522 Berliner haben ihre Stimme den Sozialdemokraten gegeben, das waren fast vierzig Prozent aller abgegebenen Stimmen!

Der Tempel des Merkurs in der Burgstraße bot das dort in letzter Zeit selten gesehene Bild großer Erregung dar ... Der Ausfall der Wahlen in Berlin war das Thema, um welches sich alle Diskussionen drehten. Die Herren von der haute finance, die zum großen Teile alle ihre Kräfte einsetzten, der Nationalliberalen Partei hier zum Siege zu verhelfen und die bewährten alten Vertreter Berlins zum Falle zu bringen, sind von einem panischen Schrecken über das Resultat der Wahl ergriffen. Es macht sie weidlich schwitzen, daß die teilungslustige Sozialdemokratie die Herrschaft über Berlin erlangt hat, und mit Bangen sehen sie der Zukunft entgegen. Es gewährte ihnen noch eine gewisse Beruhigung, daß die Preise für Petroleum heute nicht gestiegen sind.
Volks-Zeitung, 12. Januar 1877, Beiblatt

Und der »Berliner Börsen-Courier« kommentiert:

Es läßt sich heute nicht mehr verheimlichen und nicht mehr umschreiben – ein starker Prozentsatz der Bevölkerung des Deutschen Reiches huldigt sozialistischen Ideen, lebt und webt in den Utopien der Sozialdemokratie. Wer gestern die Vereinigung der Sozialdemokraten da draußen, wo es zum Monument des Kreuzberges hinaufgeht, einige Aufgebote der Sozialistenbataillone am Abend der Wahl auf »Tivoli« gesehen hat, der konnte immerhin einen kleinen Vorgeschmack von ihrer Bedeutung und von ihrer Stärke erhalten. Es waren nach polizeilicher Schätzung nicht weniger als 22 000 Mann dort versammelt, 22 000 Mann, die stundenlang geduldig auf die Mitteilung der Ergebnisse des Wahlkampfes harrten und die dann mit einem wahren Fanatismus, mit Hurrarufen und mit dem Gesang der Arbeitermarseillaise die Resultate der Wahlen, die ihnen den Sieg verkündeten, begrüßten. Bis spät in die Nacht hat man in den umliegenden Straßen, hat man in den benachbarten Gegenden genug verspürt von der Lebenskraft der Sozialdemokratie. Beinahe bis zum frühen Morgen zogen Scharen und Trupps, meist 15 bis 20 Mann zählend, heimwärts, ihrem Triumphgefühl meist durch Absingung des sozialistischen Kampfliedes, eben jener Arbeitermarseillaise, Luft machend. Nirgends ist es übrigens zu der leisesten Unordnung oder selbst nur zu einer Karambolage zwischen den heimwärts kehrenden Sozialisten und den behäbigen Wächtern der öffentlichen Sicherheit gekommen.

Berliner Börsen-Courier, 12. Januar 1877

Schon wenige Tage nach dem überraschenden Wahlergebnis finden die Wächter der öffentlichen Sicherheit zu ihrer gewohnten Aktivität zurück: Am 27. Januar 1877 verfügt das Berliner Stadtgericht die Schließung der Sozialistischen Arbeiterpartei Deutschlands für den Geltungsbereich des preußischen Vereinsgesetzes und spricht zugleich das gerichtliche Verbot über ihre Berliner Lokalorganisation aus.

Es gab auch andere, subtilere Versuche als die der preußischen Polizei, den wachsenden Einfluß der Sozialdemokratie auf die hauptstädtische Arbeiterschaft einzudämmen. Da ist der mit glänzendem Rednertalent ausgestattete Pfarrer Adolf Stöcker, der seit der zweiten Hälfte der siebziger Jahre von der Kanzel herab und auf politischen Versammlungen gegen die Sozialdemokratie zu Felde zieht und mit einer demagogischen Mischung aus christlich-sozialen Verheißungen und antisemitischer Agitation um Anhänger wirbt. 1874 wird Stöcker, Divisionsprediger in Metz, auf Empfehlung des Kaisers als Hof- und Domprediger nach Berlin geholt:

Berlin fand ich in den Händen des kirchenfeindlichen Fortschritts und der gottfeindlichen Sozialdemokratie; das Judentum herrschte in beiden Parteien. Die Reichshauptstadt war in Gefahr, entchristlicht und entdeutscht zu werden. Als öffentliche Macht war das Christentum tot; ebenso die Königstreue und Vaterlandsliebe. Eine christliche oder konservative Volksversammlung war damals undenkbar. Es schien, als wäre der große Krieg geführt, damit das Judentum Herr von Berlin sei. – Auch die kirchlichen Verhältnisse spotteten jeder Beschreibung. Ein gottloser Freisinn war am Ruder; es kam vor, daß in den Bezirksvereinen jüdische Faiseurs* bestimmten, wer als Geistlicher gewählt werden solle. Der bei dem Zivilstande hervortretende Bankerott des Kirchenwesens war schlimmer als in den Tagen der französischen Revolution. Im letzten Vierteljahr des Jahres 1874 blieben über 80 % der Ehen ungetraut, über 40 % der Kinder ungetauft. Annähernd hat dieser Zustand die siebziger Jahre hindurch gedauert. Es war wie vor dem Weltuntergang; die Ungerechtigkeit hatte überhand genommen, die Liebe war erkaltet.

Adolf Stöcker, Dreizehn Jahre Hofprediger

* Unternehmer

Um diesem beklagenswerten Zustand abzuhelfen, engagiert sich Stöcker in der religiösen Hilfstätigkeit der Berliner Stadtmission, agitiert in Volksversammlungen für eine christlich fundierte konservative Monarchie und gründet 1878 eine »Christlich-Soziale Arbeiterpartei«, die alle Notleidenden unter der Parole »Christentum – Königtum – Vaterland« zusammenführen soll. In der Berliner Arbeiterschaft finden Stöckers Reden jedoch keinen Beifall. Mit 1 421 Stimmen landet seine Christlich-Soziale Arbeiterpartei bei den Reichstagswahlen im Juli 1878 im politischen Abseits.

Enttäuscht wendet sich Stöcker fortan vor allem an klein- und mittelbürgerliche Schichten – die Bezeichnung »Arbeiter«-Partei wird 1881 fallengelassen –, bei denen er mit seinem »Die Juden sind an allem schuld« offene Ohren zu finden hofft. Stöcker wird zum prominentesten, oft genug skandalumwitterten Vertreter der sogenannten Berliner Bewegung, die in den achtziger Jahren politische Gruppierungen verschiedener politischer Couleur unter dem Banner des militanten Antisemitismus vereint.

Es war wie eine Sturzwelle judenfeindlicher Reaktion. Eine ganze Presse, die ihr Ausdruck gab, schoß ins Leben. Antisemitische Flugschriften und Schimpfblätter wider alles, was jüdisch oder jüdischer Sympathien verdächtig war, wurden in Massen verbreitet; sie predigten gesellschaftliche und geschäftliche Ächtung der Juden, und diese Ächtung wurde noch verschiedentlich in verletzendster Form in die Tat umgesetzt. Der Kampf für und wider den Antisemitismus gab für das äußere Leben Berlins dem Jahre 1881 und auch noch den Jahren 1882 und 1883 die Signatur …

Mit Rüpelszenen, wie sie Berlin zuvor nicht gekannt, wurde … in der Silvesternacht 1880/81 das neue Jahr eingeläutet. Organisierte Banden zogen in der Friedrichstadt vor die besuchteren Cafés, brüllten, nachdem allerhand Schimpfreden gehalten worden, taktmäßig immer wieder »Juden raus!«, verwehrten Juden oder jüdisch aussehenden Leuten den Eintritt und provozierten auf diese Weise Prügelszenen, Zertrümmerung von Fensterscheiben und ähnliche Wüstheiten mehr. Alles natürlich unter der Phrase der Verteidigung des deutschen Idealismus gegen jüdischen Materialismus und des Schutzes der ehrlichen deutschen Arbeit gegen jüdische Ausbeutung.

Eduard Bernstein, Die Geschichte der Berliner Arbeiterbewegung/2

Viele, die in der schweren Wirtschaftskrise nicht nach den wirklichen Ursachen der Probleme, sondern nach Sündenböcken für ihr Schicksal suchen, glauben sie in der »Judenherrschaft des Liberalismus«, in der »verjudeteten Macht des Kapitals«, im »Abfall vom Christentum«

und der »Herrschaft der Lüge und des Mammons« gefunden zu haben. Handwerker und kleine Ladenbesitzer, die die Mechanismen der modernen kapitalistischen Entwicklung nicht durchschauen, sind schnell geneigt, die Schuld für ihr wirtschaftliches Dilemma, ihr soziales Absinken in der Gesellschaft mit der »Unmoral« des jüdischen Konkurrenten zu erklären.

Es kam dazu, daß in der Zeit des großen Krachs, der ersten schweren Wirtschaftskrise, die das eben erst sich kapitalisierende Deutschland 1873 traf, eine ganze Anzahl von Juden »aufgefallen« waren, als erfolgreiche Gründer, als Bankerotteure, deren Sturz viel Unheil anrichtete (Strousberg), aber auch als Ankläger der ganzen Bewegung (in die ja auch Menschen aus den allerersten Kreisen des Adels schwer verwickelt waren): Eduard Lasker an der Spitze. Das historische Handwerk und der historische Mittelstand fingen an zu leiden, zum Teil wirklich durch die übermächtige Konkurrenz des Großkapitals der Fabriken und der Kaufhäuser, aus denen bald die Warenhäuser wurden, zum größeren Teil aber durch ihre innere maßlose Konkurrenz, durch die im Verhältnis zur Bevölkerung allzu stark wachsende eigene Anzahl; aber sie sahen nur das erste und wandten sich natürlich gegen die schwächste Stelle des feindlichen Aufmarschs: gegen die jüdischen Kapitalisten. Sie durfte man ruhig angreifen, ohne den »Staat« gegen sich aufzubringen, dessen Hilfe man flehentlich anrief. Und, nach dem alten Grundsatz, demzufolge der Dieb selbst das »Haltet den Dieb« schreit, schlossen sich die christlichen Kapitalisten mehr und mehr der volkstümlichen Bewegung an: sie hatten die Hoffnung gratis, die starke Konkurrenz loszuwerden oder wenigstens durch Herüberziehung der Käufer zu schwächen.
Franz Oppenheimer, Erlebtes, Erstrebtes, Erreichtes

Bis hinein ins Bildungsbürgertum, bei Lehrern, an Universitäten, im Kulturleben schlägt der Antisemitismus Wurzeln. »Gefahr für die deutsche Kultur« sehen Akademiker in der zunehmenden Zahl jüdischer Schriftsteller, Künstler, Verleger, vor allem im Einfluß der »verjudeten« Presse, die versuche, »die Marktschreierei der Geschäftswelt in die Literatur, das Kauderwelsch der Börse in das Heiligtum unserer Sprache einzuführen« (Treitschke, Noch einige Bemerkungen zur Judenfrage).

Unbestreitbar hat das Semitentum an dem Lug und Trug, an der frechen Gier des Gründerunwesens einen großen Anteil, eine schwere Mitschuld an jenem schnöden Materialismus unserer Tage, der jede Arbeit nur noch als Geschäft betrachtet und die alte gemütliche

Arbeitsfreudigkeit unseres Volkes zu ersticken droht; in tausenden deutscher Dörfer sitzt der Jude, der seine Nachbarn wuchernd auskauft. Unter den führenden Männern der Kunst und Wissenschaft ist die Zahl der Juden nicht sehr groß; um so stärker die betriebsame Schar der semitischen Talente dritten Ranges. Und wie fest hängt dieser Literatenschwarm unter sich zusammen; wie sicher arbeitet die auf den erprobten Geschäftsgrundsatz der Gegenseitigkeit begründete Unsterblichkeitsversicherungsanstalt, also daß jeder jüdische Poetaster jenen Eintagsruhm, welchen die Zeitungen spenden, blank und bar, ohne Verzugszinsen ausgezahlt erhält.

Am gefährlichsten aber wirkt das unbillige Übergewicht des Judentums in der Tagespresse – eine verhängnisvolle Folge unserer engherzigen alten Gesetze, die den Israeliten den Zutritt zu den meisten gelehrten Berufen versagten. Zehn Jahre lang wurde die öffentliche Meinung in vielen deutschen Städten zumeist durch jüdische Federn »gemacht«; es war ein Unglück für die liberale Partei und einer der Gründe ihres Verfalls, daß gerade ihre Presse dem Judentum einen viel zu großen Spielraum gewährte … Dazu jene unglückliche vielgeschäftige Vordringlichkeit, die überall mit dabei sein muß und sich nicht scheut, sogar über die innern Angelegenheiten der christlichen Kirchen meisternd abzuurteilen. Was jüdische Journalisten in Schmähungen und Witzeleien gegen das Christentum leisten, ist schlechthin empörend, und solche Lästerungen werden unserem Volke in seiner Sprache als allerneueste Errungenschaften »deutscher« Aufklärung feilgeboten!

Überblickt man alle diese Verhältnisse – und wie vieles ließe sich noch sagen! – so erscheint die laute Agitation des Augenblicks doch nur als eine brutale und gehässige, aber natürliche Reaktion des germanischen Volksgefühls gegen ein fremdes Element, das in unserem Leben einen allzu breiten Raum eingenommen hat. Sie hat zum mindesten das unfreiwillige Verdienst, den Bann einer stillen Unwahrheit von uns genommen zu haben; es ist schon ein Gewinn, daß ein Übel, das jeder fühlte und niemand berühren wollte, jetzt offen besprochen wird. Täuschen wir uns nicht: die Bewegung ist sehr tief und stark … Bis in die Kreise der höchsten Bildung hinauf, unter Männern, die jeden Gedanken kirchlicher Unduldsamkeit oder nationalen Hochmuts mit Abscheu von sich weisen würden, ertönt es heute wie aus einem Munde: die Juden sind unser Unglück.

Heinrich von Treitschke, Unsere Aussichten

Die Artikel, die der hochangesehene Historiker Heinrich von Treitschke, seit 1874 Professor an der Berliner Universität, 1879/80 in den »Preußischen Jahrbüchern« veröffentlicht, rückt die Antisemitismusdebatte ins helle Licht der Öffentlichkeit. In Berlin, wo der wachsende Zustrom jüdischer Einwanderer deutlich spürbar ist, entflammt die Diskussion mit besonderer Heftigkeit. Um die Mitte des Jahrhunderts waren lediglich zwei bis drei Prozent der Bevölkerung Berlins Juden gewesen. 1881 stellen sie etwa 4,8 Prozent der Einwohner, immer noch ein sehr geringer Prozentsatz. Aber in manchen Bereichen, wie der Konfektionsindustrie und im Handel, im Bankwesen oder in der Presse sind sie traditionsgemäß überdurchschnittlich stark vertreten. Treitschke und seine Gesinnungsgenossen sehen darin »eine schwere Gefahr, einen hochbedeutenden Schaden des neuen deutschen Lebens«. »Die Zahl der Juden in Westeuropa ist so gering, daß sie einen fühlbaren Einfluß auf die nationale Gesittung nicht ausüben können; über unsere Ostgrenze aber drängt Jahr für Jahr aus der unerschöpflichen polnischen Wiege eine Schar strebsamer hosenverkaufender Jünglinge herein, deren Kinder und Kindeskinder dereinst Deutschlands Börsen und Zeitungen beherrschen sollen.« (Heinrich v. Treitschke, Unsere Aussichten)

Während Treitschke noch nicht so weit geht, die in der Verfassung garantierte Gleichstellung der Juden in Frage zu stellen, fordern andere schon juristische Handhaben gegen den das »gesunde deutsche Volksempfinden« überwuchernden jüdischen Einfluß. Der Berliner Lehrer Bernhard Förster initiiert, gemeinsam mit einem Leipziger Gesinnungsgenossen, eine an Bismarck gerichete »Antisemiten-Petition«. Die 1880/81 im ganzen Reich in Umlauf gesetzte Petition wird von 255 000 Deutschen unterschrieben:

Hochdurchlauchtigster Fürst, Hochgebietender Herr Reichskanzler und Ministerpräsident! In allen Gauen Deutschlands hat sich die Überzeugung durchgerungen, daß das Überwuchern des jüdischen Elementes die ernstesten Gefahren für unser Volkstum in sich birgt. Allerwärts, wo Christ und Jude in soziale Beziehungen treten, sehen wir den Juden als Herrn, die eingestammte christliche Bevölkerung aber in dienstbarer Stellung. An der schweren Arbeit der großen Masse unseres Volkes nimmt der Jude nur einen verschwindend kleinen Anteil; auf dem Acker und in der Werkstatt, in Bergwerken und auf Baugerüsten, in Sümpfen und Kanälen – allerwärts regt sich nur die schwielige Hand des Christen. Die Früchte seiner Arbeit aber erntet vor allem der Jude. Weitaus der größte Teil des Kapitals, welches die nationale Arbeit erzeugt, konzentriert sich in jüdischer Hand; gleichzeitig mit dem beweglichen Kapital aber mehrt sich der jüdische Immobiliarbesitz. Nicht nur die stolzesten Paläste unserer Großstädte gehören jüdischen Herren, deren Väter oder Großväter schachernd und hausierend die Grenzen unseres Vaterlandes überschritten haben, sondern auch der ländliche Grundbesitz, diese hoch-

Die alte Weidendammer Brücke am Bahnhof Friedrichstraße, hier eine Aufnahme aus dem Jahr 1887, war wie die meisten alten Spreebrücken dem ständig zunehmenden Verkehr nicht gewachsen. Sie wurde 1894 abgebrochen.

bedeutsame konservative Basis unseres staatlichen Gefüges, gelangt mehr und mehr in die Hände der Juden …

Es ist Gefahr im Verzuge; darum gestatten wir uns, Ew. Durchlaucht mit der ehrfurchtsvollen Bitte zu nahen: Hochdieselben mögen Ihren mächtigen Einfluß in Preußen und Deutschland dahin geltend machen: 1) daß die Einwanderung ausländischer Juden, wenn nicht gänzlich verhindert, so doch wenigstens eingeschränkt werde; 2) daß die Juden von allen obrigkeitlichen (autoritativen) Stellungen ausgeschlossen werden und daß ihre Verwendung im Justizdienst – namentlich als Einzelrichter – eine angemessene Beschränkung erfahre; 3) daß der christliche Charakter der Volksschule, auch wenn dieselbe von jüdischen Schülern besucht wird, streng gewahrt bleibe

und in derselben nur christliche Lehrer zugelassen werden, daß in allen übrigen Schulen aber jüdische Lehrer nur in besonders motivierten Ausnahmefällen zur Anstellung gelangen; 4) daß die Wiederaufnahme der amtlichen Statistik über die jüdische Bevölkerung angeordnet werde.
Beiträge zur Geschichte der antisemitischen Bewegung

Berthold Auerbach, Jude und einer der erfolgreichsten und populärsten Schriftsteller der Zeit, reagiert in einem Brief vom 11. November 1880 auf die Antisemiten-Petition:

Ich habe die ganze Nacht kaum eine Stunde geschlafen. Das gestrige Abendblatt der »National-Zeitung« enthält den Text der Petition an Bismarck gegen die Juden. Das also müssen wir noch erleben! Ich sah es kommen, ich habe mehrfach gewarnt und gemahnt. Ich wollte, als ich im Januar hierher zurückkehrte, eine große Versammlung veranstalten, zu welcher durch Karten und durch persönliche Aufforderung die angesehensten Männer aus der Wissenschaft, aus der Bürgerschaft und soweit es ging aus dem Beamtentum, eingeladen werden sollten, um die neu aufgeworfene sogenannte Judenfrage auf einmal energisch abzutun, bevor das Übel weiterfraß und bevor diese Aufwiegelungen in die niederen Kreise, in die Bierstuben hinabträufelten, von wo sie schwer mehr herauszuholen sind. Ich wurde teils ausgelacht, teils als Schwärmer und Phantast angesehen. Die einen sagten mir, das geht bald wieder vorüber, die anderen entgegneten, von unseren Rechten können sie uns nichts nehmen; die dritten behaupteten mit Lustigkeit, diese ganze Sache müsse mit Witz und Spott behandelt werden, jede andere Waffe sei zu gut und unwirksam zugleich. Ich habe endlich davon abgelassen, denn ich habe ja noch anderes zu tun; aber mitten in meine Arbeiten hinein, namentlich in die für die Volksbücher, spukte es wie ein Gespenst; da suchst du nun ethische Gedanken in die Massen hineinzubringen, da hegst du nun mit aller Emsigkeit einzelne Pflanzen, und ein Gewittersturm und Windbruch reißt ganze Wälder zusammen! Und wenn nun Bismarck auch darauf antwortet, daß er mit den Postulaten und ihren Begründungen nicht einverstanden sei – da kann selbst der Gewaltige nicht helfen; die tiefe Verhetzung, die Aufreizung zur Empörung, den scheelen Blick, der auf jeden Juden fällt, das alles kann er nicht aus den Gemütern herausreißen, und ich kenne die Welt genugsam, ich weiß, wie im Casino zu Rastatt und in der Weinstube in Bingen und im Bierkeller in München das alles mit Jubel aufgenommen wird … Ich sehe in die trübste Zukunft hinein.
Berthold Auerbach, Briefe an seinen Freund Jakob Auerbach/2

In Berlin jedoch stoßen die antisemitischen Hetzparolen auch auf nachdrücklichen Protest. Am 13. November 1880 distanziert sich die Stadtverordnetenversammlung in einem einstimmigen Beschluß von den Verleumdungen ihrer jüdischen Mitbürger. »Da lebt man wieder freudig auf, da sieht man, die Sache der Juden ist nicht ihre eigene Sache, sondern zugleich die der Freiheit und Menschlichkeit ...«, notiert Berthold Auerbach am nächsten Tag. Anfang Januar veröffentlicht Berlins Oberbürgermeister von Forckenbeck eine von sechzig Persönlichkeiten aus allen Bereichen des hauptstädtischen Lebens unterzeichnete Erklärung, in der die antisemitische Agitation scharf verurteilt wird. Am 11. Januar 1881 wird in den Reichshallen eine große Arbeiterversammmlung zum Thema »Die Stellung der Arbeiter zur Judenfrage« abgehalten, in der die Versammelten jegliche Diffamierung ihrer jüdischen Mitbürger unmißverständlich zurückweisen. Am nächsten Tag verabschiedet eine von Berliner Landtagsabgeordneten einberufene und von 2 500 Personen besuchte Kundgebung am selben Ort eine Resolution, in der »die Versammlung dem Bedauern und der Entrüstung darüber Ausdruck gibt, daß Berlin seit einiger Zeit zum Schauplatz von Versammlungen, Kundgebungen und selbst gewalttätigen Ausschreitungen gemacht wird, welche darauf ausgehen, durch Aufstachelung der verwerflichsten Leidenschaften die Mitglieder der verschiedenen Bekenntnisse mit Haß und Verachtung gegeneinander zu erfüllen, und geeignet sind, den Ruf der Reichshauptstadt und die Ehre des deutschen Namens zu beflecken. Die Wahlmänner Berlins verwahren sich und die von ihnen vertretene Bürgerschaft gegen jede Antastung der Rechtsgleichheit der religiösen Bekenntnisse. Sie sind einig in der Überzeugung, daß nur in dem friedlichen und einträchtigen Zusammenwirken aller Kräfte des nationalen Lebens, vor dem kein Unterschied des Bekenntnisses Berechtigung hat, die Wohlfahrt des Deutschen Reiches und seiner einzelnen Bürger gedeihen kann« (Eugen Richter, Im alten Reichstag/2).

An der formaljuristischen Gleichstellung der Juden wird im Kaiserreich trotz vielfältiger Versuche der fanatischen Judenhasser nichts geändert. Das Gift des Antisemitismus aber wird nicht ausgerottet, die Rufe »Juden raus!« werden nicht erstickt. 1893, als die antisemitische Agitation einen neuen Höhepunkt erreicht, ziehen sechzehn Abgeordnete der sogenannten Antisemiten-Parteien in den Reichstag ein – unbehindert von »Ausnahmegesetzen«, mit denen man kurz zuvor gegenüber dem »Reichsfeind« Sozialdemokratie noch so schnell bei der Hand war.

Berlins Aufstieg zum Wissenschaftszentrum

Niemand ahnt, was in einer Stadt wie Berlin an Wissen und Kenntnis, an Einsicht und Tüchtigkeit, an Talent und Genialität angehäuft ist. Die schöne Literatur ist im Augenblick ziemlich tot oder doch hohl. Aber in der Wissenschaft pulsiert das Leben. In keiner europäischen Stadt wird kühner, vorurteilsfreier, umfassender gedacht als in Berlin von den hellsten und sachkundigsten Köpfen. Ein guter Maßstab ist das offizielle Leben. An der Berliner Universität werden Vorlesungen gehalten, die an der Sorbonne oder am Collège de France undenkbar wären; von London wollen wir gar nicht erst reden. Und in der Schar der jungen Wissenschaftsgarde gibt es vereinzelt Männer (einer unter zehn oder zwanzig, aber doch eine ansehnliche Zahl), die an Klarheit, reinem Enthusiasmus und felsenfester Überzeugung den französischen, deutschen und englischen Philosophen des 18. Jahrhunderts nahekommen und fest entschlossen sind, deren Arbeit aufzunehmen.

Georg Brandes, Berlin als deutsche Reichshauptstadt

Den wissenschaftlichen Optimismus, den Glauben an eine »Welt großer und kühner Gedanken«, mit denen die Wissenschaft zum Fortschritt der Menschheit beitragen wird, teilt der dänische Literaturwissenschaftler Georg Brandes mit vielen seiner Zeitgenossen. Dampfmaschine und Elektrizität, Röntgenstrahlen und »Sprechmaschine«, synthetische Farbstoffe und die ersten Flugapparate, eine Fülle neuer Entdeckungen in Medizin und Technik bewegen die Gemüter. »Die Differenz zwischen jetzt und damals ist so groß«, schreibt Fontane Mitte der achtziger Jahre, »daß … ich jedesmals das Gefühl habe, ›vor fünfzig Jahren‹ auf einem anderen Planeten gelebt zu haben. Zwei ganz verschiedene Formen des Daseins! Wir sind alle für diese ganz enormen und auf allen Gebieten liegenden Fortschritte … lange nicht dankbar genug« (Fontane, Berlin vor fünfzig Jahren).

Wie kaum sonst auf einem Gebiet übernimmt Berlin in der Entwicklung von Wissenschaft und Technik die unbestrittene Führung im geeinten Deutschland. Der Ausbau des Vorsprungs gegenüber anderen traditionellen Wissenschaftszentren des Reiches und des Auslands nach 1871 ist evident. An der Universität lehren, vor allem in den Naturwissenschaften, Gelehrte von Weltruf. Sie ziehen eine wachsende Zahl von Studenten an: 1877 sind es 2 000, die sich an der traditionsreichen Universität Unter den Linden immatrikulieren, bis 1896 wächst ihre Zahl auf 5 000. Im gleichen Zeitraum verdoppelt sich die Zahl der Lehrkräfte. Die klassischen Fakultäten Theologie, Philosophie, Jurisprudenz und Medizin gliedern sich ständig neue Institute und Seminare an, um den neuen Forschungsgegenständen gerecht zu werden. Den interdisziplinären Gedankenaustausch, die Vorstellung neuer Forschungsergebnisse pflegt auch die altehrwürdige Akademie der Wissenschaften, der viele der renommiertesten Vertreter der Berliner Universität angehören:

Da saß die kleine Hörerschar am Leibniz- oder Friedrichstag in dem bescheidenen Saal der Akademie der Wissenschaften, im Halbdunkel, das die altmodischen Stehlampen des grünen ovalen Tisches hinter der Barre nur matt durchdrangen. Und kurz nach fünf öffnete sich die schmale Tür des Hintergrundes, und die Sekretare, der Astronom Arthur Auwers, der Physiologe Emil Du Bois-Reymond oder der Philologe Johannes Vahlen voran, traten die Mitglieder ein, darunter Hermann Helmholtz, Rudolf Virchow, der mich als Rektor vereidigt hatte, Theodor Mommsen, Ernst Curtius, Heinrich Sybel, Eduard Zeller, Wilhelm Dilthey, Gustav Schmoller, Karl Weinhold, Otto Hirschfeld, Adolf Harnack, Heinrich Brunner, Karl Weierstraß. Als ob kein Publikum zugegen wäre, setzten sie sich zur öffentlichen Arbeit, dem in der ersten Hörerreihe lauschenden Menzel gewiß ein Augenschmaus, wenn das Halblicht die ausdrucksvollen Köpfe seltsam traf.

Heinrich Spiero, Schicksal und Anteil

Der glanzvolle Aufstieg der Wissenschaft in Berlin ist keineswegs den äußeren Bedingungen geschuldet, die ihre Vertreter hier vorfinden. Hörsäle und Arbeitsräume der Universität Unter den Linden befinden sich bis weit in die siebziger Jahre in kümmerlicher Verfassung. Noch 1878 sind alle naturwissenschaftlichen Sammlungen in einigen wenigen Räumen des Hauptgebäudes zusammengepreßt. Die physikalischen Apparate der Universität bestehen im wesentlichen aus der Privatsammlung des großen Gelehrten Gustav Magnus, die nach dessen Tod im Jahre 1870 in die Universität gelangte. Die Berliner Physik muß sich mit den beschränkten Räumlichkeiten im Ostflügel der Universität behelfen. Erst 1878 wird der lange versprochene und von Helmholtz, dem Nachfolger von Magnus, immer wieder geforderte Institutsneubau am Reichstagsufer fertig – weithin gerühmt als schönstes und modernstes physikalisches Institut Deutschlands. Nur die Chemiker hatten auf Drängen ihres einflußreichen Direktors August Wilhelm von Hofmann bereits 1869 ein eigenes neues Gebäude erhalten, das aber den modernen Erfordernissen schon bald nicht mehr genügt:

Das nach den Anordnungen von A.W. Hofmann erbaute chemische Laboratorium in der Georgenstraße, das den Beinamen »I. Chemisches Institut der Universität« führte, zum Unterschied von dem durch Rammelsberg geplanten und später von Landolt benutzten »II. Chemischen Institut« in der Bunsenstraße, galt in bezug auf Architektur und Fassade als Sehenswürdigkeit, war aber für chemische Zwecke recht unpraktisch gebaut. Überall fehlte es an Luft und Licht, und ein großer Teil des bebauten Raumes bestand aus dunklen und unbenutzbaren Korridoren. Nur die beiden Hauptarbeitssäle im ersten Stock nach der Georgenstraße und das geräumige Privatlaboratorium konnten als normale Arbeitsräume angesehen werden. Dagegen war der große Vorlesungssaal so dunkel, daß selbst mittags von 11 bis 12 meist künstliche Beleuchtung angewandt werden mußte. Ganz ungenügend war auch die Ventilation, und meine erste Sorge war deshalb ...die Anlage einer ganzen Reihe von Kapellen ... Um ihnen genügenden Zug zu sichern, wurde eine besondere Luftzufuhr durch ein in die Wand geschlagenes Loch und einen im Innern der Säle über Manneshöhe nach aufwärts geführten Holzkanal angelegt.

Selbst die Heizung befand sich in einem traurigen Zustand; denn die dafür vorhandenen Torföfen funktionierten so schlecht, daß ein Teil der Studenten sich Privatgasöfen angeschafft hatte, die natürlich dem Institut durch den Gasverbrauch teuer zu stehen kamen.

Emil Fischer, Aus meinem Leben

1878 erhält das physiologische Institut auf Betreiben von Helmholtz und Du Bois-Reymond einen großen Neubau in der Dorotheenstraße, in dem 1883 auch das neugegründete II. Chemische Institut Unterkunft findet. Hier arbeitet der Chemiker Hans Landolt in jahrelangen Versuchsreihen an der Überprüfung des Gesetzes von der Erhaltung der Masse bei chemischen Vorgängen. Unter welchen äußeren Umständen – daran erinnert van't Hoff 1910 bei seiner Gedächtnisrede auf Landolt:

Um von dem Opfer, das bei diesen Versuchen von Landolt verlangt wurde, einen Eindruck zu bekommen, genügt es nicht, an die lange Dauer und die Genauigkeit, die von Fischer gelegentlich einmal dahin charakterisiert wurde, daß die Astronomie hier die Chemie ersetzt habe, hinzuweisen ... Dann kam neben der Geduldfrage noch allerhand, das viele schon allein vollständig abschrecken würde: das Zentrum Berlins, wo Landolts Institut lag, ruht nämlich nur, wie es für die allerfeinsten Wägungen nötig ist, zweimal in 24 Stunden genügend aus. Das eine Mal am Tage, zur Zeit des Mittagstisches, das andere Mal früh morgens oder nach Mitternacht. Gerade zu dieser Zeit eine zweistündige Wägung durchzuführen, ist nicht jedermanns Sache. Als dann wiederum die Waage der Reparatur bedarf, und nur *eine* geeignete Persönlichkeit in Berlin dieser Aufgabe gewachsen war, schraubte diese Persönlichkeit die sehr komplizierte Waage auseinander und – starb.

Physiker über Physiker/2

Die staatliche Förderung der Entwicklung von Wissenschaft und Technik hält sich in engen Grenzen. Immer wieder bedarf es des hartnäckigen Einsatzes und Drucks hochrenommierter Gelehrter, um die Herstellung wenigstens elementarer Arbeitsbedingungen zu sichern. Rauschende Gründerjahre jedenfalls haben die wissenschaftlichen Einrichtungen der Hauptstadt nach 1871 nicht erlebt. Von dem Milliardensegen profitieren sie nur in bescheidenstem Maße. Das betrifft auch die wissenschaftlichen Bibliotheken der Hauptstadt, deren provinzieller Zuschnitt im krassen Gegensatz zu den Erfordernissen einer modernen Wissensvermittlung steht. Die Universitätsbibliothek ist bis 1874 in zwei Stockwerken des Staatspensionskassengebäudes in der Taubenstraße auf das allernotdürftigste untergebracht. Dann erhält sie einen nicht eben repräsentativen Neubau in der Dorotheenstraße (der jetzigen Universitätsbibliothek gegenüber) – einer »Kattunfabrik« ähnlicher denn einer Bücherei, wie Ernst Friedel (Die Deutsche Kaiserstadt Berlin) kommentierte: »Geschmackloseres und Nüchterneres hat die Geheimebaurats-Ära allerdings nicht zu zeitigen vermocht.« Die Königliche Bibliothek (später Staatsbibliothek) muß sich mit ihren beengten Räumlichkeiten in der »Kommode« am Opernplatz bis 1914 zufriedengeben:

Für den ständig sich mehrenden Bücherschatz war der Raum in den drei Prachtsälen, die durch zwei Stockwerke gingen, längst nicht mehr zureichend. Man half dem empfindlichen Mangel durch eingelegte Zwischenwände ab, so gut es gehen mochte. Zuletzt war nur noch der Mittelsaal in seiner ursprünglichen Gestalt übriggeblieben. Hier lagen auch die großen handschriftlichen Kostbarkeiten unter Glas in Schaukästen zur Besichtigung aus. An derartigen Schätzen, besonders an Handschriften aus unserer klassischen Literaturzeit und ganz hervorragend an Handschriften unserer Musiker von Bach bis hinan zu Beethoven, war schon damals die preußische Staatsbibliothek dank der Freigebigkeit Friedrich Wilhelms IV. sehr reich und viel beneidet. Anders war es allerdings um die Benutzungsmöglichkeit der Bücher bestellt. Der Weg, um zu dem erwünschten Buche zu gelangen, war umständlich und zeitraubend. Einen Einblick in das Bücherverzeichnis selbst zu tun, war dem Laienauge unerbittlich versagt. Nur den Bevorzugtesten unter den Sterblichen war der Eintritt in den geheiligsten Raum des Katalogzimmers gestattet. Man mußte zu allerhand Listen seine Zuflucht nehmen, um zum Ziele zu gelangen. Bestellte man auf dem gewöhnlichen Wege ein Buch, dann konnte man mit ziemlicher Bestimmtheit darauf rechnen, am anderen Tage an der Buchausgabestelle die Antwort zu erhalten: verliehen oder nicht vorhanden. Es ist auch zuweilen vorgekommen, daß auf dem Bestellzettel der Vermerk zu lesen stand: »Wegen Dunkelheit nicht aufzufinden.« Da ging dann freilich manchem die Geduld aus, und man wandte sich mit einer Beschwerde an den unnahbaren obersten Leiter der Staatsbücherei, an den berühmten Geheimrat Pertz ... Aber damit war denn auch alles Erdenkliche geschehen, und der Beschwerdeführer mochte anderweitig zusehen, wie er zu seinem Rechte kam ...

In dem links vom Eingange zu ebener Erde gelegenen Lesesaale war an vier Tischen Arbeitsraum für höchstens vierzig Besucher vorhanden. Von irgendwelchen Bequemlichkeiten für die in diesem Saale Arbeitenden war keine Rede. Es gab damals weder einen gesonderten Raum für die Benutzung von Zeitschriften oder von Zeitungen noch eine Arbeitsstätte für besondere Studien in Handschriften oder in wichtigen Kartenwerken. Für alle derartigen und ähnlichen wissenschaftlichen Arbeiten mußte der kleine, schlecht erleuchtete Lesesaal ausreichen.

Isidor Kastan, Berlin wie es war

Glanzvolle Namen vereint im letzten Drittel des 19. Jahrhunderts die medizinische Wissenschaft in Berlin. Herausragende Persönlichkeit und Patriarch unter den Medizinern von Weltruf ist Rudolf Virchow, der seit 1856 an der Berliner Universität lehrt, pathologischer Anatom, Hygieniker, Anthropologe, Ethnograph, Berliner Stadtverordneter, Mitbegründer der Fortschrittspartei, für die er erst ins preußische Abgeordnetenhaus, später auch in den Reichstag gewählt wird – ein Mann von ungewöhnlicher Vielseitigkeit und Arbeitskraft. Er kümmert sich neben seiner fachwissenschaftlichen und politischen Arbeit um die Verbesserung der hygienischen Verhältnisse in Berlin, treibt ethnographische Studien im Kaukasus und beteiligt sich 1879 an den Ausgra-

bungen Schliemanns in Griechenland. »Noch im Alter von 80 Jahren pflegte er nicht allein den ganzen Tag, sondern auch die halbe Nacht der Arbeit zu widmen, besaß dafür allerdings auch das Talent, jede freie Minute, sogar in den Sitzungen oder bei Gesellschaft, zum Schlaf benutzen zu können. Er war scharf in seinem Urteil und konnte gegen Auswüchse der Medizin und Hygiene oder gegen Mißstände der Staatsverwaltung in schärfster Weise auftreten. Aber ich habe stets den Eindruck bekommen, daß er sich nur durch sachliche Gründe und durch vornehme politische, soziale oder wirtschaftliche Grundsätze führen ließ« (Emil Fischer, Aus meinem Leben).

Auch wenn Virchow mit zunehmendem Alter zum fachlichen Konservatismus neigt und neuen Entwicklungen in der Medizin, zum Beispiel der Bakteriologie, ablehnend gegenübersteht, seine Anziehungskraft als Lehrender und Ausbildender ist ungebrochen. In dem bescheidenen, 1856 errichteten Bau des Pathologischen Instituts mit seinem für die Zahl der Studenten viel zu kleinen Theatrum anatomicum offeriert der berühmte Wissenschaftler seine vielbewunderten medizinischen Demonstrationen.

Auch der Chirurg Karl Ludwig Schleich, der 1892 in Berlin als erster die Infiltrationsanästhesie als Methode der örtlichen Betäubung zeigt, ist noch durch die Schule Virchows gegangen:

Als ich mich bei von Bergmann verabschiedete, entließ er mich mit den Worten: »Nun, junger Mann, jetzt kommen Sie in die erste und hervorragendste Schule, welche die Welt hat. Benutzen Sie das, und wir sehen uns sicher wieder!« … Solch ein, in diktatorisch scharfem, baltischem Dialekt vorgetragener, tief respektvoller Hinweis auf den großen Mann, sein Weltruf und ein allgemeines Tuscheln und Zischeln von der strengen und sarkastischen Schärfe dieses Schöpfers und Begründers einer absolut neuen medizinischen Denkform ließen uns beide Novizen vom Herzen bis in die Knie erschauern, als wir in Frack und weißer Binde nebst Handschuhen und Zylinderhut vor dem hochberühmten Gelehrten standen. Bindemanns köstlicher Humor, den ich von dem Stralsunder Gymnasium her allen Lebenslagen gewachsen wußte, half auch hier über eine gewisse Peinlichkeit hinweg. Noch vor der Tür zum Allerheiligsten flüsterte er mir zu: »Ik glöw ja nich, dat son Mann n' richtigen Pommer is; is hei't äwer doch, denn nachher segg ick einfach: gudd'n Dag, min Jung! Dat ward hei likers verstahn!« Die Tür ging auf, Oberwärter Hübner, Virchows alleinherrschendes Faktotum, winkte uns »Medizinlehrlinge«, wie er alle Kandidaten nannte, hinein, und wir standen vor dem Allmächtigen, einem kleinen, gelbhäutigen, eulengesichtigen, bebrillten Manne mit dem eigentümlich stechenden und doch leicht verschleierten Auge, an dem die Armut von Wimpern auffiel.

Berliner
Illustrirte Zeitung
Erscheint jeden Sonntag.

Abonnement in Berlin: vierteljährlich 1 M. 50 Pf., monatlich 45 Pf., durch alle Zeitungs-Spediteure und die Expedition frei in's Haus.

Redaktion und Expedition: **Berlin S.W., Charlottenstraße 9.**

Abonnement Außerhalb: bei den Postanstalten für 1 M. 50 Pf. pro Quartal (Postzeitungsliste 952) sowie bei allen Buchhandlungen.
Anzeigen: 60 Pfg. die Nonpareille-Zeile.

Charakterköpfe aus dem modernen Berlin.

Professor Rudolf Virchow in seinem Arbeitszimmer in der Königlichen Charité.
Nach einer Photographie von Zander & Labisch in Berlin.

Es ist kein mit erlesenem Kunstsinn ausstaffirtes Prunkgemach, kein stimmungsvoll dekorirtes, lauschiges Boudoir, auf welches der Blick unserer Leser fällt, sondern ein schmuckloser, fast kahler, nüchterner Raum, durch dessen Fenster das Tageslicht grell und unvermittelt hineinfluthet — das richtige Arbeitsgemach eines Gelehrten. Mitten in dem baumreichen Park des Berliner Charitee-Krankenhauses liegt das Pathologische Institut, ein alterthümliches Gebäude, in dem einer unserer größten Forscher, in dem Rudolf Virchow sein Szepter führt — freilich, ein kleines Reich, in welchem dem Herrscher selbst nur ein kümmerlich eingeengtes Plätzchen übrig bleibt. Seit vielen Jahren bereits reicht das Institut nicht mehr aus für all' die Schätze, welche Virchow's emsiger Fleiß unermüdlich zusammengetragen hat. In niedrigen Bodenräumen, in dumpfen Kellerverschlägen, auf schmalen Gängen und Korridoren, überall sind die werthvollen Sammlungen aus dem Gebiete der pathologischen Anatomie und der Anthropologie neben- und übereinander aufgestapelt, und in dem zu ebener Erde gelegenen Arbeitsgemach des Gelehrten selbst herrscht ein wahres Tohuwabohu von Folianten, Manuskripten, Aktenstücken, Kisten, Spirituspräparaten, Gipsabgüssen, morschen Knochenresten, Schädeln und ganzen Skeletten. Ein eigenartiges Milieu! In seiner schier unübersehbaren Mannigfaltigkeit ein Abbild der riesigen Arbeitslast, die dieser merkwürdige Mann noch heutigen Tages, da der Schneeglanz des Alters seinen Scheitel schmückt, bewältigt. — Virchow gehört, ohne Uebertreibung, zu den meist beschäftigten Männern unserer Zeit. Als Lehrer der akademischen Jugend, die jahraus, jahrein das wacklige Auditorium im ersten Stock füllt, als Beirath technischer Deputationen, als Vorsitzender ärztlicher Vereine, als Mitglied zahlloser wissenschaftlicher Gesellschaften des In- und Auslandes, als Politiker und — last not least — als Forscher schafft und wirkt er noch heute wie in jungen Jahren, und es ist fürwahr erstaunlich, zu sehen, wie dieser äußerlich so schmächtige Körper

Die Augenlider waren papierdünn, wie pergamenten. Sehr fein geschnitten war die Nase, die den Stolz ihres Trägers in zwei sehr graziös geschweiften Nüstern, die leicht beim Sprechen wie halb hohnvoll zitterten, bekundeten. Schmale, blutlose Lippen, nicht allzu üppiger grauer Vollbart. Er zehrte gerade an einer belegten Berliner Schrippe. Neben dem Teller stand eine kleine Weiße. Das war das einzige Frühstück, welches dieser Heros des Beobachtens und Registrierens nach dem Morgenimbiß bis in die späten Nachmittagsstunden trotz Kollegabhaltens, Empfängen, Examen, Sektionsprotokollen, anthropologischen Messungen, Parlamentssitzungen und so weiter einnahm. Seine Gattin, welche in Bewegungen, Sprache, langsam und still aneinandergereihten Worten und Manieren völlig den Rhythmus des Gatten übernommen hatte und ganz im Banne seiner Bedeutung stand, hat mir später selbst erzählt, daß Virchow fast regelmäßig dazu noch bis ein Uhr nachts und länger zu Hause arbeitete und spätestens um sechs Uhr aufstünde. Trotzdem hat er während der sechs Semester, welche ich seinem Institut angehörte, außer Ferien- oder wissenschaftlichen Reisetagen nicht einmal gefehlt, was ich von meiner freilich amüsierlicheren Gehilfen- und Kandidatentätigkeit nicht behaupten kann. Genug, nun standen wir vor ihm, und als er ernst auf uns zukam, uns eine etwas kühle Hand reichte, die Brille auf die Stirnhöcker schob und uns ganz nahebei visitierte, da flüsterte Bindemann, dem sein »min Jung« doch wohl im Halse steckenblieb, scheinbar unhörbar: »So geit dat doch nich!« Sofort fragte Virchow: »Meinten die Herren etwas?« Ich tat einen Atemzug und stammelte einiges von Dank und Freude über den Eintritt in die neue Tätigkeit. Huldvolle Überweisung in die Arbeitsräume …

Seine Art zu sezieren war von höchster Meisterschaft, schon rein technisch. Ich habe ihn einmal im Frack eine Obduktion ausführen sehen. Kein Fleckchen, kein Spritzerchen auf den Manschetten. Nichts entging seinem einzigartigen Scharfblick und der Schlußkraft seiner Kombinationen. Einmal standen seine höchst gelehrten Assistenten Jürgens, der elegante und geniale Bonvivant und Ganglienforscher, Grawitz, der Prophet der schlummernden Zellen, ein Mann von wahrscheinlich einst allergrößter Bedeutung, Israel, der ehrgeizige Zynikus, und natürlich wir Duodezanatomen ratlos vor einer nach allen Regeln der Kunst obduzierten Leiche, und keiner wußte die Ursache des Todes aufzudecken. Einer von uns Zauberlehrlingen mußte den Herrn und Meister holen und siehe! Die Brille hochgeschoben, alle Organe durchschaut, ein Schnitt ins Becken, und dann sagte er lächelnd: »Meine Herren, Sie haben den Plexus vesicalis* nicht frei-

* Blasengeflecht

gelegt. Hier die Thrombose von einem kleinen Blasengeschwür und hier der kleine embolische Pfropf in der Arteria coronaria des Herzens. Genügt Ihnen das? Daran stirbt man eben!«

Karl Ludwig Schleich, Besonnte Vergangenheit

Großes Aufsehen in der Öffentlichkeit erregen damals die neuen Forschungsergebnisse auf dem Gebiet der Bakteriologie, die untrennbar mit dem Namen Robert Koch verbunden sind. Als er 1880 ins Reichsgesundheitsamt nach Berlin berufen wird, hat er sich bereits durch die Entdeckung des Milzbranderregers einen Namen gemacht. Das erste aufsehenerregende Ergebnis seiner Berliner Tätigkeit stellt Koch am 24. März 1882 in einem Vortrag unter dem schlicht wirkenden Titel »Über Tuberkulose« vor: die Entdeckung des Tuberkelbazillus. »Es war in einem kleinen Raum des Physiologischen Instituts, als Koch in schlichten und klaren Worten unter Vorlegung zahlloser Präparate und Beweisstücke die Ätiologie der Tuberkulose mit überzeugender Kraft darlegte. Jeder, der diesem Vortrag beigewohnt hatte, war ergriffen, und ich muß sagen, daß mir jener Abend stets als mein größtes wissenschaftliches Erlebnis in Erinnerung geblieben ist«, schreibt der spätere Mitarbeiter Kochs, Paul Ehrlich (Frankfurter Zeitung, 2. Juni 1910). Und Bernhard Fränkel, ebenfalls ein Augenzeuge des denkwürdigen Ereignisses, bekennt: »Ich wußte nicht, was ich mehr bewundern sollte, die neue wissenschaftliche Welt, die sich meinem Auge erschloß, oder den Mann, welcher eine der großartigsten Entdeckungen auf dem Gebiet der Medizin gemacht hatte und mit deren Veröffentlichung wartete, bis er auch den letzten Punkt auf dem i gemacht hatte, um überall durchaus schlüssige Beweise vorzulegen« (Forschen und Wirken/1).*

Es ist heute kaum vorstellbar, welches Aufsehen die Entdeckung Kochs weit über die medizinischen Fachkreise hinaus erregte, welche Hoffnungen sie bei Millionen von dieser Volksseuche Betroffener auslöste. Auch in Berlin starb damals noch jeder zehnte an Tuberkulose, es gab kaum eine Familie, vor allem in den ärmeren Bevölkerungsschichten, in denen nicht ein Mitglied, ein engerer oder weiterer Verwandter an dieser Krankheit litt. Robert Kochs Name war nun in aller Munde. »In jedem Vorstadtladen«, erzählt der Mediziner Bruno Heymann, »konnte man auf roten, bedruckten Taschentüchern neben den Bildnissen des greisen Kaisers, Bismarcks und Moltkes auch das wohlgelungene, lorbeerumrahmte Konterfei des ›Bazillenvaters‹ Koch bewundern« (Heymann, Robert Koch).

Auf einer Expedition nach Ägypten gelingt Koch schon ein Jahr später die Entdeckung auch des Cholerabazillus; Mitarbeiter des Kaiserlichen Gesundheitsamtes in Berlin vervollständigen die spektaku-

* Lehre von den Krankheitsursachen

lären Erfolge der Bakteriologie durch die Auffindung der Erreger von Typhus und Diphterie.

1885 übernimmt Robert Koch den neugegründeten Lehrstuhl für Hygiene an der Universität und die Direktion des neugeschaffenen Hygiene-Instituts in der Klosterstraße, wo er sich weiterhin auch mit Intensität der Tuberkuloseforschung und Tuberkulosebekämpfung widmet. Im April 1890 – Robert Koch steht auf der Höhe seines Ruhmes – berichtet der Forscher auf dem X. Internationalen Medizinischen Kongreß in Berlin über die Entwicklung eines Heilmittels gegen die Tuberkulose: das Tuberkulin. Selten hat ein Vortrag eine so sensationelle Wirkung gehabt wie dieser:

Ich begegnete während des Internationalen medizinischen Kongresses 1890 Robert Koch in der Karlstraße in Berlin; wir gingen eine Strecke weit zusammen, und Koch sprach sein Bedenken darüber aus, daß er bei seinem angekündigten Vortrage über Tuberkulose auch über das von ihm vor kurzem hergestellte Tuberkulin sprechen solle. Er möchte das vermeiden, da er über dessen Wert für die Bekämpfung der Tuberkulose mit sich noch nicht im reinen sei. Aber er werde von allen Seiten gedrängt, insbesondere lasse ihm der Kultusminister v. Goßler keine Ruhe. Alle Kongreßmitglieder erwarteten, so sagte ihm v. Goßler, daß er, wenn er überhaupt über Tuberkulose spreche, auch von seinen Versuchen mit dem Tuberkulin, von denen einiges bekannt geworden war, etwas mitteile. Koch sagte mir damals noch, er möchte am liebsten auf seinen Vortrag überhaupt verzichten.

Einige Tage später war die große Halle des Zirkus Busch, in welchem der Vortrag Kochs stattfand, bis auf den letzten Platz gefüllt; ich befand mich unmittelbar neben der Rednerbühne, so daß ich kein Wort des Vortrags verlor. Während der ersten Auseinandersetzungen Kochs, die sich in die Länge zogen, kam es nach und nach, obwohl sich die Zuhörer größte Zurückhaltung auferlegten, doch zu dem leisen Allgemeingeräusch, welches auf die Dauer bei einer tausendköpfigen Menge unvermeidlich ist. Da sagte nun Koch gegen Ende seines Vortrages ungefähr wörtlich: »Sie werden erwarten, meine Herren, daß ich auch Versuche mit dem Tuberkulin angestellt habe, um zu prüfen, ob man damit Heilwirkungen bei der Tuberkulose erzielen kann.« Koch hatte kaum diesen Satz beendet, so entstand in dem großen Raume eine Totenstille. Alles lauschte gespannt auf die folgenden Worte, von denen man keins verlieren mochte; es war geradezu ein dramatischer Augenblick. Koch berichtete dann ganz schlicht und kurz, daß er durch Tuberkulin bei Impftuberkulose von Meerschweinchen Besserung erzielt habe, daß er aber keineswegs ein bestimmtes Urteil über den Wert des Tuberkulins abgeben könne, sondern nur die Hoffnung aussprechen wolle, daß es sich als Heilmittel auch bei der Menschentuberkulose bewähre. Damit brach der Redner ab, und man merkte, daß viele der Anwesenden enttäuscht waren. Ich fand, daß Koch vollkommen Maß gehalten hatte.

Nun brach aber das von Koch selbst gefürchtete Verhängnis los. Von allen Seiten wurde sein Laboratorium mit Ansuchen von Ärzten um Verabfolgung von Tuberkulin überschüttet. Ich erhielt fast von allen mir bekannten Ärzten aus den Provinzen Briefe mit der Bitte, ihnen durch meine Vermittlung bei Koch Tuberkulin zu besorgen. Ich lehnte ab, weil ich wußte, daß unmöglich alle diese Wünsche befriedigt werden konnten.

Wilhelm Waldeyer-Hartz, Lebenserinnerungen

Am 2. November 1890 schreibt Anna von Helmholtz in einem Brief:

Inzwischen sind über 2 000 Ärzte hier, alle Hotels sind voll von ihnen und voller Patienten – man muß die Hospitäler schließen vor dem Andrang. Es ist ein wenig übertrieben, wie alle solche Volkserregungen, aber sehr begreiflich. Bergmann hat vierzig Telegramme an einem Tage allein aus Moskau, Fraentzel ebensoviele aus England und Schottland. Koch ist aufs Land entflohen, da er ja die Anwendung anderen überläßt und nur die Methode angegeben hat und nicht mehr weiß, wie er sich retten soll vor der Flut der Zuschriften, Ehren und Anforderungen – ein stiller, einfacher, bescheidener Mann, der kein Geld will.

Nur das Übermaß patriotischen Hochgefühls in den Zeitungen ist widerwärtig! Lister mit der Antiseptik hat mindestens der Menschheit ebensoviel geleistet, seitdem die Operierten nicht mehr sterben und man die unglaublichsten Eingriffe machen kann, ohne einen Tag Fieber – und ich habe nicht gehört, daß England damals in die Ruhmestrompete gestoßen hätte.

Anna von Helmholtz, Briefe/2

Die hochgespannten Erwartungen, die man an das Tuberkulin geknüpft hatte, erfüllen sich nicht. (Kultusminister Goßler, der offensichtlich ein Erfolgserlebnis brauchte und Koch zur vorschnellen Veröffentlichung gedrängt hatte, hält man, wohl nicht zu Unrecht, für mitschuldig an dem Debakel.) Der Kampf der Bakteriologen gegen die Infektionskrankheiten aber geht weiter. 1891 übernimmt Koch das für ihn erbaute Institut für Infektionskrankheiten, aus dem unter seiner Leitung und von einem Kreis hochbegabter Schüler und Mitarbeiter zahlreiche Forschungen und Entdeckungen kommen, die den Ruhm der Berliner medizinischen Schule in die Welt tragen.

Ihren Glanz im letzten Drittel des vergangenen Jahrhunderts verdankt die Berliner Medizin jedoch nicht nur den Erfolgen der Bakteriologie. Eine markante Gestalt in der Fakultät und im ärztlichen und gesellschaftlichen Leben Berlins war der Anatom Wilhelm Waldeyer-Hartz, der bedeutende neuroanatomische Leistungen vollbrachte und die Termini »Chromosom« und »Neuron« in die Wissenschaft einführte; als Internisten hatten sich Ernst von Leyden, seit 1876 an der Berliner Universität, und Friedrich Theodor von Frerichs profiliert, von dem Paul Ehrlich, sein Assistent, sagte: »Einen idealeren Chef als ihn konnte man sich nicht denken. Er hatte das vollste Verständnis für wissenschaftliches Empfinden und Denken und pflegte immer zu sagen: ›Die Wissenschaft ist ein Vogel, der nur im Freien singt; bei mir kann jeder arbeiten über das, wonach ihm sein Herz steht‹« (Ärzte-Memoiren aus vier Jahrhunderten). Offensichtlich eine gute Methode, wenn man sie an den Erfolgen mißt, die Paul Ehrlich als Serumforscher und Erfinder der Chemotherapie schon wenig später erringen wird! – Auf dem Gebiet der Kinderheilkunde hatten die Pädiater Eduard Henoch und Otto Heubner einen klangvollen Namen, für den 1894 das erste spezielle Ordinariat für Kinderheilkunde errichtet wird. Prominentester Vertreter unter den Chirurgen ist Bernhard von Langenbeck, der seit 1848 der chirurgischen Universitätsklinik in der Ziegelstraße vorsteht. Seine Nachfolge tritt 1882 Ernst von Bergmann an:

Wir, die Bergmann und Virchow hörten, hatten stets den Eindruck, Bergmann sei dem Klassiker namentlich auf dem Gebiete der pathologischen Anatomie der Knochen mindestens ebenbürtig, so völlig beherrschte er jedes histologische Detail. Wie im Kolleg durch den Schwung seines Vortrages, so begeisterte er im Anatomiesaal durch unermüdliche Hingabe an die Sache. Schon um sechs oder sieben Uhr früh war er in der Charité. Seine Kraft schien unerschöpflich. Sechzehn Stunden währte, so sagte der Priester an seinem Sarg, sein Normalarbeitstag; und doch hat in den Stunden der Ruhe niemals ein Leidender umsonst an ihn appelliert ... Bedenkt man, daß Bergmann trotz der Arbeitslast ein Freund der Geselligkeit war, so steht man staunend vor der Hünenhaftigkeit dieser urgesunden Natur. Von seiner Macht der Rede und seiner dabei noch in spätesten Abendstunden herzgewinnenden Frische waren wir oft Zeugen in der Medizinischen Gesellschaft, in der Ärztekammer, in den Sitzungen der Ärztlichen Rettungsgesellschaft. Er hat all seine reichen Gaben in den Dienst seines Berufes gestellt, war ein Diplomat und Weltmann; wo es galt, die Mittel für Stiftungen großen Stiles zu beschaffen, überredete er spielend große Künstler und Millionäre zu Wohltätigkeitsleistungen und wußte stets die für den Zweck geeigneten Männer zu finden. Seine größten Segenswirkungen aber hat er erzielt durch die Schulung seiner Assistenten und Hörer; denn dadurch wurde seiner Wissenschaft und Kunst die ausgedehnteste Verbreitung. Was in der Hand so geschulter Chirurgen das Messer zu leisten vermochte, weiß heutzutage ja auch der Laie aus seiner Zeitung zu gut, als daß hier der Triumphzug im einzelnen beschrieben zu werden brauchte, den die aseptischen Methoden unter Bergmanns, Billroths, Czernys, Mikuliczs, Biers und Payrs und anderer Führung angetreten haben. Keine Körperhöhle, und sei es die Hülle des Herzens oder sogar dieser tiefgelegene Born des Lebenssaftes selbst, war so verborgen, daß nicht Messer, Säge und Schere, Nadel und Unterbindungsfaden des Chirurgen zu ihnen hindurchreichte; kein Organ, sei es Magen, Darm, Niere, Milz oder Leber, an dem nicht kühnste, das Leben rettende Eingriffe gewagt werden konnten. Bergmann selbst war es, der in vorbildlicher Weise die Kapsel des geistigen Geschehens eröffnen und einer großen Zahl krankhafter Zustände am Gehirn, dieser mächtigen Seelenzentrale, chirurgisch beikommen lehrte. Bergmann und die Klinik in der engen Ziegelstraße wurden Kraftquellen, von denen aus die Chirurgie der ganzen Welt Licht und Arbeitsstoff bezog. Er hat bis zum letzten Atemzug dieses Leuchtfeuer mit eigener Hand genährt; auf höchster Warte hat er Ausschau gehalten, ob rings im Land und darüber hinaus nicht Fackeln aufleuchteten, deren Glut der von ihm gehüteten Flamme zu gewinnen sei. Freilich hat er da manchmal geirrt und einen Brand, der kläglich verlosch, für ein Himmelslicht gehalten und umgekehrt echte Leistungen erstickt. So, als er in heller Begeisterung dem Taumel der Tuberkulinimpfung zündende, leider nicht langlebige Worte lieh. Als er dann die modernen humoralpathologischen Lehren Behrings ablehnte, sagte er im Hinblick auf seine Parteinahme für das Tuberkulin wehmütig: »Sie begreifen, meine Herren: als gebranntes Kind scheue ich das Feuer!« Wohl hat er hier und da Dingen, die Zukunft in sich hatten, mit allzu hartem Hemmungsdruck das Aufkommen schwergemacht; er hat aber auch Unzählige ermutigt und ihnen Kredit verschafft.

Karl Ludwig Schleich, Besonnte Vergangenheit

Einflußreicher Chef des Physiologischen Instituts der Universität und längjähriger Sekretar der Physikalisch-mathematischen Klasse der Akademie ist Emil Du Bois-Reymond, der sich nicht nur auf seinem Spezialgebiet, den bioelektrischen Erscheinungen, einen Namen gemacht hat. In seinen Vorträgen und Schriften, die von hoher sprachlicher Eleganz geprägt sind – eine wissenschaftliche Abhandlung, sagte er einmal, müsse ein Kunstwerk sein wie eine Novelle –, leistet er Hervorragendes auch bei der Vermittlung naturwissenschaftlicher Erkenntnisse an ein interessiertes Laienpublikum:

In dem nicht allzu großen Hörsaal hielt er seine berühmt gewordenen Vorlesungen über allgemeine und spezielle Physiologie. Dem ersten allgemeinen Teile schickte er eine Einleitung voraus, in der er ein hinreißendes Bild von dem damaligen Stande der gesamten Naturwissenschaft vor seinen in begeisterter Spannung lauschenden Hörern entrollte ... Du Bois sprach fließend, frei, ohne jede niedergeschriebene Unterlage, aber sorgfältig bis ins kleinste vorbereitet. Er wählte seine Worte mit Bedacht, seine Gedanken kleidete er in kunstvolle Form. Er hatte sichtlich Freude an der schönen Rede, die ihm indessen niemals Selbstzweck war. Neben diesen seinen eigentlichen Berufsvorlesungen für Mediziner trat er durch seine Montagsvorlesungen, die er allwinterlich in dem damaligen größten Hörsaal über einige wichtigste Errungenschaften in der modernen Naturforschung zu halten pflegte, mit der gesamten Studentenschaft in unmittelbare Verbindung. Diese Montagsstunden von 6 bis 7 Uhr werden jedem in lebendigster Erinnerung geblieben sein, der ihnen beigewohnt. Der weite Raum vermochte die vielhundertköpfige Menge kaum zu fassen. Man saß zusammengepreßt auf den Bänken, man stand eingekeilt in den Gängen; bis dicht an das Katheder heran stauten sich die Hörer, so daß der Redner nur mit Mühe sich seinen Weg dorthin bahnen konnte.

Isidor Kastan, Berlin wie es war

Neben der Medizin genießen vor allem Mathematik, Chemie und Physik einen guten Ruf weit über die Grenzen der Stadt hinaus.

Mit dem Dreigestirn Karl Weierstraß, Ernst Kummer und Leopold Kronecker lehren die herausragenden deutschen Mathematiker in Berlin. Ihr Wirken trägt entscheidend dazu bei, daß Berlin in diesen Jahren zur bedeutendsten Stätte mathematischer Wissenschaft in Deutschland aufsteigt und den Ruf eines Zentrums von Weltgeltung erlangt.

Die Entwicklung der Chemie in Berlin ist eng mit dem Wirken von August Wilhelm von Hofmann verknüpft. Vor seiner Übersiedlung nach Berlin im Jahre 1865 hatte sich Hofmann bereits in England einen geachteten Namen als Lehrer und Forscher vor allem auf dem Gebiet der Teerfarbenchemie gemacht. In Berlin übernimmt er die Leitung des I. Chemischen Instituts, an dem die organische Chemie einen glänzenden Aufschwung nimmt – nicht zuletzt dank der engen Verbindung zur Berliner Chemieindustrie, die an einer Weiterentwicklung der synthetischen Farbstoffherstellung, aber auch an künstlich

Die Universität, 1871. Das Gebäude, 1748 bis 1765 als Palais für den Prinzen Heinrich erbaut, wurde 1810 der Universität zur Nutzung übergeben. Den Platz zwischen Bibliothek (»Kommode«) und Opernhaus schmückten seit 1850 die Grünanlagen von Peter Joseph Lenné.

erzeugten Arzneimitteln und anderen »nachgebauten« Naturstoffen interessiert ist. Als Hofmann 1892 stirbt, übernimmt Emil Fischer die Leitung des Instituts, auch er ein ausgewiesener Vertreter der organischen Chemie, der sich vor allem durch Forschungen auf dem Gebiet der Zuckersynthese einen Namen gemacht hat.

Die Spezialisierung der Wissenschaftler macht in dieser Zeit, da die Erkenntnisse über die Natur explosionsartig wachsen, rasche Fortschritte. Einer der letzten vom alten Typ des universell gebildeten und in viele Richtungen wirkenden Naturwissenschaftlers ist Hermann Helmholtz, der berühmte Erfinder des Augenspiegels, der nicht nur in der Physik, Physiologie und Mathematik grundlegend gewirkt, sondern auch in der Erkenntnistheorie Achtenswertes geleistet hat. 1871 wird er als Professor für Physik an die Friedrich-Wilhelm-Universität berufen.

Wenn man von Alexander von Humboldt absieht, so war er der vielseitigste Naturforscher des 19. Jahrhunderts, nicht allein in Deutschland, sondern wahrscheinlich in der Welt, und diese Vielseitigkeit hat

der Gründlichkeit seiner Forschung nicht den geringsten Abbruch getan. Dazu besaß er in hohem Maße die Gabe, naturwissenschaftliche Erkenntnis in leicht verständlicher Form und vornehmer Sprache weiteren Kreisen zugänglich zu machen, und ich kenne wenig naturwissenschaftliche Schriften, die auf mich in jüngeren Jahren so anregend gewirkt haben wie die von Helmholtz publizierten Vorträge über verschiedene Zweige der Physik, Physiologie und Mathematik. Vielleicht hat Justus Liebig durch seine populären Schriften über die Bedeutung der Chemie für den Ackerbau, die Künste und Gewerbe größeren Einfluß auf die Entwicklung des wissenschaftlichen und wirtschaftlichen Lebens in Deutschland gehabt, aber an Feinheit der Darstellung und Schönheit der Form können sie den Vorträgen von Helmholtz nach meinem Empfinden nicht gleichgestellt werden. Zu der Zeit, als ich Helmholtz kennenlernte, war er schon 72 Jahre alt und eine in jeder Beziehung abgeklärte Persönlichkeit. Es war für uns Jüngere stets ein besonderes Vergnügen, wenn er in der Fakultät oder Akademie das Wort ergriff und in ruhiger, besonnener Art seine Meinung äußerte. Ich habe wiederholt Gelegenheit gehabt, mit ihm Privatgespräche zu führen, bei denen er stets ein wohlwollendes Interesse an der Chemie kundgab. Diese persönliche und innige Berührung zwischen einzelnen Mitgliedern der Akademie vollzog sich in ungezwungener Form bei den Nachsitzungen, die in einem Kaffee stattfanden, zuerst im Hotel de Rome und später in verschiedenen anderen Kaffees Unter den Linden oder in der Potsdamer Straße. Diese Nachsitzungen waren nicht selten belehrender und vor allen Dingen unterhaltender als die amtliche Hauptsitzung.
Emil Fischer, Aus meinem Leben

Mit Hermann Helmholtz beginnt die große Zeit der Berliner Physik, die erst mit der Machtergreifung der Nationalsozialisten ihr Ende finden sollte. Seit 1875 wirkt Gustav Kirchhoff, der die thermodynamische Strahlungstheorie begründet, an dem von Helmholtz angeregten ersten Lehrstuhl für Theoretische Physik; seit 1880 arbeitet Heinrich Hertz als Assistent bei Helmholtz. Auch der junge Max Planck erhält in diesem Umfeld entscheidende Anregungen für seine persönliche und wissenschaftliche Entwicklung:

Im Frühjahr 1889, nach dem Tod von Kirchhoff, wurde ich auf Vorschlag der Berliner Philosophischen Fakultät als dessen Nachfolger zur Vertretung der theoretischen Physik an die Universität berufen, zuerst als Extraordinarius, von 1892 ab als Ordinarius. Das waren die Jahre, in denen ich wohl die stärkste Erweiterung meiner ganzen wissenschaftlichen Denkweise erfuhr. Denn nun kam ich zum erstenmal in nähere Berührung mit den Männern, welche damals die Führung in der wissenschaftlichen Forschung der Welt innehatten. Vor allem mit Helmholtz. Ich lernte ihn aber auch von seiner menschlichen Seite kennen und ebenso hoch verehren, wie ich es in wissenschaftlicher Hinsicht von jeher getan hatte. Denn in seiner ganzen Persönlichkeit, seinem unbestechlichen Urteil, seinem schlichten Wesen verkörperte sich die Würde und die Wahrhaftigkeit seiner Wissenschaft. Dazu gesellte sich eine menschliche Güte, die mir tief zu Herzen ging. Wenn er im Gespräch mich mit seinem ruhigen, eindringlich forschenden und doch im Grunde wohlwollenden Auge anschaute, dann überkam mich ein Gefühl grenzenloser kindlicher Hingabe, ich hätte ihm ohne Rückhalt alles, was mir am Herzen lag, anvertrauen können, in der gewissen Zuversicht, daß ich in ihm einen gerechten und milden Richter finden würde, und ein anerkennendes oder gar lobendes Wort aus seinem Munde konnte mich mehr beglücken als jeder äußere Erfolg.

Ein paarmal ist mir so etwas passiert. Dazu zähle ich den betonten Dank, den er mir in der Physikalischen Gesellschaft nach meiner Gedächtnisrede auf Heinrich Hertz aussprach, oder die Zustimmung zu meiner Theorie der Lösungen, die er mir kurz vor meiner Erwählung in die Preußische Akademie der Wissenschaften äußerte. Jedes dieser kleinen Erlebnisse bewahre ich in meinem Gedächtnis wie einen unverlierbaren Schatz für mein ganzes Leben.

Max Planck, Wissenschaftliche Selbstbiographie

Helmholtz, nach einem vielzitierten Wort des Malers Franz von Lenbach ein wahrer »Reichskanzler der Wissenschaft«, wird 1888 auch zum ersten Präsidenten der ein Jahr zuvor gegründeten und von ihm mit angeregten Physikalisch-Technischen Reichsanstalt (PTR) berufen. Diese Einrichtung verkörpert etwas prinzipiell Neues: die institutionelle Vereinigung von Forschung, Industrie und forschungspolitischer Funktion des Reiches (die Universitäten verbleiben auch nach 1871 in der Kompetenz der Länder). Das Tempo der Wissenschaftsentwicklung auf der einen und der zunehmende Konkurrenzdruck auf dem Markt auf der anderen Seite erfordern neue Organisationsformen für die Entwicklung und Nutzung der Naturwissenschaften. Firmeneigene Labors, wie sie einzelne Firmen notgedrungen unterhielten, und die Institute der Universität mit ihrer ungenügenden personellen und experimental-technischen Ausstattung waren in der Perspektive dieser Aufgabe nicht gewachsen. Es ist gewiß kein Zufall, daß neben Helmholtz ein Mann wie Werner von Siemens, der nicht nur erfolgreicher Unternehmer, sondern auch ein genialer Konstrukteur und bedeutender Wissenschaftler war, den Gedanken einer solchen »Reichsanstalt«

ideell und materiell gefördert hat. Frei von übermäßiger Inanspruchnahme durch Lehre oder Verwaltung – die Akademie schafft erst 1900 den Status des hauptamtlichen Mitarbeiters – können sich nun hochbegabte Wissenschaftler einer physikalischen Grundlagenforschung widmen, die von den Erforderungen der Wirtschaft zwar stimuliert, aber nicht eingegrenzt wird.

Mit der Gründung der Physikalisch-Technischen Reichsanstalt verstärkt sich nicht unwesentlich die führende Rolle, die Berlin als Wissenschaftshauptstadt spielt. Ein dichtes Netz wissenschaftlicher Einrichtungen ist hier entstanden, in denen gelehrt, geforscht oder Wissenschaft praktisch angewandt wird: neben Universität und Akademie der Wissenschaften die Landwirtschaftliche Hochschule, die Tierarzneischule und die Geologische Landesanstalt, das Naturkundemuseum, das 1890 den Neubau in der Invalidenstraße bezieht, die noch von Schinkel erbaute Sternwarte in der Lindenstraße oder, als weitere »Reichsanstalten«, die Kaiserliche Normal-Eichungs-Kommission, das Kaiserliche Gesundheitsamt und das Kaiserliche Patentamt. Im April 1879 werden Bauakademie und Gewerbeakademie zur Technischen Hochschule vereinigt, die sich rasch zu einer der angesehensten technischen Universitäten Deutschlands entwickelt.

Im November 1884 wird in Charlottenburg, unweit des Bahnhofs Tiergarten, ein Neubau für diese jüngste Berliner Hochschule seiner Bestimmung übergeben, ein imposanter Bau, der, wie die Journalisten stolz vermerken, »mit seiner Fassadenentwickelung reichlich die Hälfte des Schlosses von Versailles erreicht«:

Die feierliche Einweihung, welche am vergangenen Sonntag im Beisein des Kaisers, des Kronprinzen und des Prinzen Wilhelm im großen glasgedeckten Lichthof des Gebäudes vollzogen wurde, markiert in mehr als einer Beziehung einen Abschnitt in der Entwickelung unserer Zustände. Welch ein kräftiges Mittel, die Bewohner Berlins, die sich noch immer nicht recht darin finden können, daß sie in einer Großstadt wohnen, auf die Bewältigung großer Entfernungen einzuüben, wird nicht allein die Lage des für mehr als zweitausend Studierende eingerichteten Riesenbaues bilden! So sehr man sich sträubte, sah man sich genötigt, den Bauplatz nicht allein in weiter Entfernung vom Zentrum, sondern sogar außerhalb des Weichbildes der Stadt auf Charlottenburger Boden zu suchen. Zwar bietet die nächste Nähe absolut keine Möglichkeit, für die Studierenden Quartier zu schaffen; dafür zieht sich die Stadtbahn in geringer Entfernung vorüber und wird ein bequemes Verbindungsmittel nach allen Richtungen bieten. Mag der Bevölkerung die wachsende Großräumigkeit noch so sauer ankommen, sie wird sich an die Dezentralisation gewöhnen müssen, und im Interesse der Entwickelung der

Verkehrsmittel wäre es durchaus wünschenswert, daß der kühne Schritt, ein wichtiges Institut zum Zentrum einer schwach bevölkerten Gegend zu machen, die aber in kurzer Frist der schönste und gesundeste Stadtteil werden wird, nicht ohne Nachfolge bleibt. Daß die großen Bildungsanstalten räumlich so weit getrennt sind, ist gewiß zu bedauern, aber wie will man es möglich machen, auf die Dauer die Annehmlichkeiten einer Kleinstadt zu bewahren?
Alfred Lichtwark, Der Neubau der technischen Hochschule

Das atemberaubende Tempo der Wissenschaftsentwicklung, die Fülle neuer Erfindungen und Entdeckungen beschäftigt die Öffentlichkeit weit über die Kreise der Fachwissenschaft hinaus. Dem zunehmenden Bedürfnis nach populärer Wissensvermittlung kommt eine neue Institution entgegen, die 1888, als erste ihrer Art, in Berlin das Licht der Welt erblickt: die Urania. Initiatoren der neuen Einrichtung sind der Direktor der Berliner Sternwarte Wilhelm Foerster und der Redakteur des wissenschaftlichen Feuilletons im »Berliner Tageblatt« Wilhelm Meyer. Wichtige Mitstreiter in ideeler wie materieller Hinsicht haben sie in Berliner Unternehmern wie Werner von Siemens oder Louis Schwartzkopff. Der preußische Staat stellt im Landesausstellungspark an der Invalidenstraße in Moabit ein Baugelände zur Verfügung. Nach nur einjähriger Bauzeit wird am 1. Juli 1889 Einweihung gefeiert. Der von 143 Aktionären finanzierte Bau beherbergt die Abteilungen Physik, Mikroskopie, eine Instrumentensammlung, das »Wissenschaftliche Theater« und die astronomische Abteilung: die erste Volkssternwarte der Welt.

Die räumliche Anordnung und Unterbringung war denkbar glücklich: Im Hochparterre in der Invalidenstraße, nördlich des Ausstellungsgeländes mit dem Glaspalast, lag der große lichte Experimentiersaal, an den sich ein nettes gemütliches Theaterchen anschloß, und, wenige Schritte entfernt, die Sternwarte. Im Experimentiersaal waren die meisten der damals aktuellen Geräte aufgestellt und konnten ständig von den Besuchern benutzt werden, die durch kurzgefaßte Anweisungstafeln auch über Ursache und Wirkung informiert wurden. Da war zum Beispiel eine gigantische Influenzelektrisiermaschine, zwischen deren Elektroden Miniaturblitze übergingen, Geißler-Röhren aufleuchteten und andere Formen der Elektrizitätsanwendung sichtbar gemacht wurden, ferner große Funkeninduktoren, Elektromotoren und Generatoren, nach deren Einschaltung Glüh- und Bogenlampen aufleuchteten, sowie Apparate zur Demonstration magnetischer Felder ... Reges Interesse fand auch die Sammlung mikroskopischer Präparate, bei der in 50 Mikroskopen Bilder der Kleinwelt,

Bau- und Lebensprozesse der Gewächse usw. erschlossen wurden. Das Jahr 1892 brachte die Aufstellung von Edisons »neuem Phonographen«, der einmal sogar von Th. A. Edison persönlich vorgeführt wurde. Eine Verständigung mit dem großen Erfinder war allerdings weniger aus sprachlichen Gründen als vielmehr durch seine Schwerhörigkeit erschwert. Und im gleichen Jahr wurde auch eine Vorstellung der Königlichen Oper telephonisch übertragen.

Eingestreut in diese und andere Darbietungen war täglich ein Projektions- und Experimentalvortrag im Theater oder in einem kleineren Hörsaal, dem abends der große Vortrag im wissenschaftlichen Theater folgte, eine Veranstaltung, die allabendlich den Höhepunkt bildete. Es waren meisterhafte, gewöhnlich von M. W. Meyer verfaßte Vorträge, die durch große farbige Bühnenbilder von W. Kranz lebensnah gestaltet waren. Themen waren z.B. »Amerikafahrt 1492 und 1892«, »Die Geschichte der Urwelt«, »Das Wunderland der neuen Welt«, »Durch den Gotthard« u.a. Den Gipfel der Experimentalvorträge bildete damals »Teslas Licht der Zukunft«, in welchem die Raumbeleuchtung durch nur geringe Energie verbrauchende Glimmlampen propagiert wurde, die zum Teil bereits mit Edelgasen gefüllt waren. Den Glanzpunkt der Vorführungen bildete jedoch weniger das Aufleuchten der langen Glimmröhrchen, die von einer Anzahl von Teilnehmern aus dem Publikum in den Händen gehalten wurden, als vielmehr die große Resonanzspule (Tesla-Spule), von der, nach Inbetriebsetzung eines Induktors von gewaltigen Abmessungen, Blitze in den Raum recht geräuschvoll übergingen. Hinzu kam, daß schließlich am Ende jeder Vorführung eine Person aus dem Publikum sich in die Spule begab, deren Durchmesser etwa 1,8 Meter bei einer Höhe von rund 2,5 Meter betrug, so daß man sich trotz der sehr hohen Spannungen in ihr ungehindert aufzuhalten vermochte.
Eugen Nesper, Liebe alte »Urania«

Dank ihrer vielfältigen Attraktionen entwickelt sich die »Urania« binnen kurzem zu einer wahren Volksakademie der Naturwissenschaften. Betrug die Besucherzahl im ersten Jahr rund 98 000, so steigt sie in den nächsten sechs Jahren auf über 178 000. Schon 1896 kann die »Urania« ein zweites, mehr im Stadtzentrum gelegenes Gebäude in der Taubenstraße beziehen. In zahlreichen Städten des In- und Auslandes findet die Berliner Einrichtung Nachahmer. Der Name »Urania« wird zum Synonym für populäre Wissensvermittlung.

Nicht so aufgeschlossen für Neues zeigen sich manche Wissenschaftler und Institutionen, wenn es darum geht, weltanschauliche Konsequenzen aus neuen naturwissenschaftlichen Erkenntnissen zu ziehen. 1877 sorgt die unseriöse und verleumderische Attacke Virchows gegen

Ernst Haeckel, der sich in Deutschland für die Weiterentwicklung und Popularisierung des Darwinschen Entwicklungsgedankens engagiert, für Aufsehen. In einer Rede »Über die Freiheit der Wissenschaft im modernen Staat« auf der Naturforscherversammlung in München erklärt Virchow: »Wir können nicht lehren, wir können es nicht als eine Errungenschaft der Wissenschaft bezeichnen, daß der Mensch vom Affen oder von irgendeinem anderen Tier abstamme.« Und nicht ohne denunziatorischen Aspekt stellt er eine direkte Verbindung her zwischen der Darwinschen Entwicklungslehre und den praktischen Folgen sozialistischen Ideenguts: »Ich will hoffen, daß die Deszendenztheorie für uns nicht alle die Schrecken bringen möge, die ähnliche Theorien wirklich im Nachbarlande angerichtet haben. Immerhin hat auch diese Theorie, wenn sie konsequent durchgeführt wird, eine ungemein bedenkliche Seite, und daß der Sozialismus mit ihr Fühlung gewonnen hat, wird Ihnen hoffentlich nicht entgangen sein ... Wir müssen daher den Schullehrern sagen, lehrt das nicht« (Virchow. Werk und Wirkung). Die Polemik Virchows, der sich auch im Reichstag für die Einschränkung der Lehrfreiheit in bezug auf die Darwinsche Evolutionstheorie einsetzt, ist nicht unschuldig daran, daß aus dem ohnehin dürftigen Naturkundeunterricht der Volksschulen 1878 sicherheitshalber die Biologie gleich ganz gestrichen wird. Vier Jahre später wird auch der Biologieunterricht an den höheren Schulen abgeschafft und erst 1908 wieder eingeführt (Wissenschaft in Berlin).

Die Frage kam, ob nicht jeder Darwinianer schließlich »gar ein Sozialdemokrat« werden müsse.

Virchow warf das in seiner Münchener Rede so hin wie den gelegentlichen Einfall einer schlaflosen Nacht. Er wußte aber gut genug als alter Praktiker, wie sehr er damit ein Signal gebe: das Signal für eine ganz neue Front wenigstens dem populären Darwinismus gegenüber. Der Darwinismus staatsgefährlich, gesellschaftsgefährlich! Das wurde plötzlich Parole, und es wird immer fatal in der Geschichte der modernen Naturforschung bleiben, daß ein ernster und hochangesehener Naturforscher gerade diese Parole aussprechen mußte zu einer Stunde, da selbst die ängstlichsten theologischen Kreise außerhalb der Naturforschung sich so weit noch nicht getraut hatten.

Für mich selbst setzte es einige Zeit später wie eine Offenbarung ein: was für eine lebhafte Anteilnahme sich bei den intelligenteren Teilen der großstädtischen Arbeiterschaft für darwinistische und überhaupt naturwissenschaftliche Probleme zeigte.

Ich lernte das kennen bei Vorträgen über Entwicklungslehre, die ich Ende der achtziger Jahre in Berliner Arbeitervereinen selbst gehalten habe, vor Massen immer neuer Zuhörer und immer vor einem gleich dankbaren und aufmerksamen Publikum.

Die Aufgabe, vor solchem voraussetzugslosen Kreise das denkbar schlichteste Wort auch für schwierige Fragen und Tatsachenreihen zu finden, ist mir persönlich damals zugleich eine wichtige Schulung auf jene populäre Technik gewesen, die ich später bei meinem »Liebesleben in der Natur« und anderen Werken durchgeführt habe. Daß vor allem hier auch ästhetische Hilfsmittel heran müßten, wurde mir klar. So sind diese Vorträge bestimmend geworden für einen Teil meiner ganzen eigenen Lebensarbeit.

Dem eigentlichen politischen Wirken stets fern, verzeichne ich jene Anteilnahme selbst aber noch heute gern als eine erfreuliche Erfahrung. Sie bewies natürlich nicht, daß Darwinismus mit Sozialdemokratie oder sonst irgendeiner politischen Partei und Organisation identisch sei, aber sie war ein Beweis für das unaufhaltsam machtvolle Aufblühen eigener Geisteskeime und Geistesbedürfnisse in unserer tieferen Volksschicht in diesen Jahren.

Eine neue Schicht Menschen begann nachzudenken über die Welt, über sich selbst, über Bedingungen wie Möglichkeiten ihres Daseins.

Wilhelm Bölsche, Naturwende

Weniger spektakulär als in den Naturwissenschaften entwickelt sich das Leben an der »klassischen« Fakultät der Universität, der philosophischen. Die Zeit, da Philosophen von Weltrang wie Hegel, Fichte oder Schleiermacher die Berliner Universität zu einem wissenschaftlichen Anziehungspunkt machten, sind längst vorbei. Eine bedeutende philosophische Schule kann sich im Spannungsfeld zwischen neuen sozialen Problemen und regierungsoffiziellem Konservatismus in Berlin nicht mehr entwickeln. Neuhegelianismus, Neukantianismus und Lebensphilosophie haben an der Friedrich-Wilhelm-Universität ihre Vertreter, von denen Wilhelm Dilthey, seit 1882 in Berlin, zweifellos den größten und nachhaltigsten Einfluß ausgeübt hat.

Mit Philosophie beschäftigten wir angehenden Literarhistoriker des endenden 19. Jahrhunderts uns nicht übermäßig. Wir waren zu sehr Söhne jenes realistisch-diesseitig eingestellten Säkulums, zu sehr der damals neuen, von den exakten Wissenschaften beeinflußten Methode historischer Forschung und Darstellung verschrieben, um Zeit und Lust zum Eindringen in die Geheimgänge des menschlichen Geistes übrig zu haben. Es war eine schwere Versäumnis, die später durch mühereiches Studium ausgeglichen werden mußte – die Zeitstimmung trug die Schuld. Wir lasen wohl Schopenhauer und Nietzsche, doch hauptsächlich weil sie ausgezeichnete Schriftsteller waren. Wir lasen auch, mit Maß, Hegel, weil sich die sozialistische Lehre zum Teil auf ihn berief. Aber sonst verspürten wir wenig Neigung,

Blick über den Alexanderplatz und die Stadtbahnbrücke in die Königstraße, Foto nach 1882 ►

Bank
Wechsel
Geschäft
Wolter & Schultze
Tuch
Lager

BODEGA

begrifflichen Problemen nachzugehen, uns mit den unwägbaren Fragen der letzten Zusammenhänge einzulassen.
Max Osborn, Der bunte Spiegel

Philosophie, Staatsrecht, Jurisprudenz und große Bereiche der historischen Disziplinen sind eng an die moralische Pflicht zur Rechtfertigung und geistigen Fundierung der bestehenden gesellschaftlichen Verhältnisse geknüpft. Das fatale Wort vom »geistigen Leibregiment der Hohenzollern«, mit dem der damalige Rektor der Berliner Universität, Du Bois-Reymond, 1870 die Berliner Professorenschaft charakterisiert hatte, entsprach genau den Anforderungen, die man staatlicherseits an Forschung und Lehre und an die Erziehung der studentischen Jugend stellte.

Auch wenn es nicht laut gesagt wird, hat nach öffentlichem Verständnis der Professor die Aufgabe, zu empfehlen und zu warnen, und erst in zweiter Linie, die Wahrheit zu erforschen und zu verkünden. Dieselben Professoren der Jurisprudenz, die vor 15 Jahren in ihren Vorträgen auf der Ungerechtigkeit der Ausnahmegesetze beharrten, halten nun ganze Vorlesungen, um deren Berechtigung, ja Notwendigkeit zu beweisen. Der Philosophieprofessor, der nicht im Kielwasser seiner Kollegen segelt, bleibt Extraordinarius und wird auch mit sechzig Jahren nicht zum ordentlichen Professor befördert. Soll er doch seine Pflicht tun und Fichte beispielsweise als den großen Patrioten darstellen, aber bitte andere, weniger gern gehörte Partien von Fichtes Lehre schweigend übergehen. Auch Fichte soll zum Geheimrat unserer Tage gemacht werden; fügt man ein bißchen hinzu und streicht man ein bißchen weg, bringt man ganz gut ein solches Ergebnis zuwege. Der Professor der Nuturwissenschaften muß möglichst wie Virchow dagegen Einspruch einlegen, daß ungebildeten Menschen der Darwinismus vorgetragen wird. Ist er dagegen eifriger Darwinist, sollte er wie Professor Oscar Schmidt lange Artikel zum Beweis verfassen, daß Darwinismus und Sozialismus nichts miteinander zu tun hätten. Ein gebildeter Mensch mag ob der Stupidität einer derartigen Abhandlung erröten ... Aber besser, dumm zu erscheinen und für die Dummen zu schreiben, als unloyal und dem Haß ausgesetzt zu sein, und also hockt sich der gelehrte Professor hin und schreibt Abhandlungen, die auf die Intelligenz von Schuljungen zugeschnitten zu sein scheinen. Aber so stupide eine derartige Praxis auch ist, sie ist lehrreich als eines von vielen Symptomen für die Konvulsionen eines konsternierten Klasseninteresses.
Georg Brandes, Berlin als deutsche Reichshauptstadt

Wer, wie Theodor Mommsen, die Freiheit des Denkens und Forschens vehement verteidigt und sich keine tagespolitischen Zugeständnisse abringen läßt, muß sich harsche Kritik von allerhöchster Stelle gefallen lassen. »Ich kann nur annehmen«, verkündet Bismarck am 24. Januar 1882 im Reichstag, »daß die Vertiefung in die Zeiten, die zweitausend Jahre hinter uns liegen, diesem ausgezeichneten Gelehrten den Blick für die sonnenbeschienene Gegenwart vollständig getrübt hat« (Bismarck, Politische Reden/9).

Da ist ein Mann wie der Historiker Treitschke, dem der Blick nicht verstellt ist für die »sonnenbeschienene Gegenwart« und die ruhmreiche Vergangenheit Preußens, weitaus mehr nach dem Geschmack der Herrschenden. Treitschke, »Pastor, Lyriker und Lieutenant in einer Person«, wie ihn Mommsen charakterisiert, läßt keine Gelegenheit aus, das Lob der Hohenzollernmonarchie als einzige Grundlage deutscher Größe zu singen und Juden, Ausländer und Sozialdemokraten als »Volksverderber« und »Reichsfeinde« zu denunzieren. Der begabte Rhetoriker, 1874 als Professor für Geschichte und Politik nach Berlin berufen, 1886 zum »Historiographen des Preußischen Staates« ernannt, hat an der Alma mater Unter den Linden einen beträchtlichen Zulauf. »Die Universität hatte ihm, da für seine Vorlesungen kein Hörsaal mehr ausreichte, eine Riesenhalle im Garten gebaut, und selbst da mußten viele von uns stehen, stundenlang« (Alois Brandl, Zwischen Inn und Themse).

Zu Treitschke zu gehen war für jeden rechtsstehenden Studenten eine Selbstverständlichkeit. Der taube Mann, der mit so ungeheurer Leidenschaft seine geschichtsphilosophischen Anschauungen herauspolterte, war schon ein Kerl, der einem imponieren konnte. Trotzdem muß ich bekennen, daß ich es nicht lange bei ihm ausgehalten habe. Ich hatte nämlich gerade Ranke gelesen, der mit seiner meisterhaften Abgeklärtheit einen überwältigenden Eindruck auf mich gemacht hatte. Nun mußte ich bei Treitschke täglich Urteile hören, die mir viel weniger auf Tatsachen als auf Sympathien und Antipathien gegründet schienen. Er, der geborene Sachse, war in einem Maße Preuße geworden, das auf mich, den geborenen Preußen, abstoßend wirkte. Er kam mir vor wie die verkörperte Ungerechtigkeit. Dazu bediente er sich einer Wildheit der Sprache, die mein Sprachgefühl verletzte.
Hellmut von Gerlach, Von Rechts nach Links

Bedenklich waren nicht zuletzt seine Ausfälle gegen England. Bei der Masse der Zuhörer fand er damit stürmischen Beifall, der sich, da er nicht hörte, durch Schwenken der Taschentücher und Springen auf die Bänke und Stühle äußern mußte. Die frische Angriffslust,

das starke Temperament, die aus seinen Ausfällen sprachen, haben auf mich damals ihren Eindruck nicht verfehlt, obwohl mir diese Feindseligkeit unverständlich war. Ich wußte weder, woraus sie sich nährte, noch was sie bezweckte, und geradezu gefährlich kam es mir vor, wenn er sich einmal zu dem Satz verstieg: »Und wenn ich mir die Herrlichkeit der Royal Dragoons besehe, so weiß ich doch nicht, warum nicht ein preußisches Kürassierregiment eines Tages durch die Straßen der City reiten sollte.«
Johannes Haller, Lebenserinnerungen

Seit 1882 wirkt der Historiker, Ökonom und Staatswissenschaftler Gustav Schmoller an der Berliner Universität, Mitbegründer des Vereins für Sozialpolitik und renommierter Vertreter des sogenannenten Kathedersozialismus. Auch für ihn kreist der Fortschritt um den preußischen Staatsgedanken, aber im Gegensatz zu einem Apologeten wie Treitschke verschließt Schmoller nicht die Augen vor den sozialen Widersprüchen, von denen das Leben in Deutschland nach der Reichsgründung geprägt ist. Um der sozialdemokratischen »Agitation« und »einer uns zwar bis jetzt nur von ferne, aber doch deutlich genug drohenden sozialen Revolution« vorzubeugen, plädiert Schmoller für regulierende staatliche Eingriffe und Reformen zugunsten der sozial Schwachen.

Ludwig Curtius, der zuvor in München bei dem »Kathedersozialisten« Lujo Brentano Vorlesungen gehört hatte, erlebte den renommierten, von rechts und links gleichermaßen vehement attackierten Gelehrten in seinem Berliner Seminar:

Gustav Schmoller ... hielt strenge Zucht. Da durfte nur reden, wer etwas zu sagen hatte, und wenn er nach einem Vortrag und der darauffolgenden Diskussion das Wort nahm, horchten alle auf. Er war der größte Gegensatz zu Brentano. Dieser war ein ungeduldiger Zuhörer und konnte es kaum erwarten, eine witzige Anekdote oder eine gepfefferte Polemik an den Mann zu bringen. Schmoller, der ja auch sechs Jahre älter und schon mit seinem spitz geschnittenen Vollbart und einer Geheimratsglatze ergraut war, sprach bedächtig in seinem hochdeutsch übertünchten Schwäbisch aus Heilbronn, senkte, wenn er die Gründe für und gegen seine These vorsichtig abwog, den Kopf, schaukelte, während er sich an seinem Kathedertisch festhielt, auf seinem Stuhl hin und her und machte uns klar, daß jedes Ding seine zwei Seiten habe und daß nichts so leichtfertig sei wie radikale Theorien. Er hatte mit seinen lebhaften dunklen Augen, mit den hochgeschwungenen Brauen darüber zugleich etwas von einem Fuchs und von einem väterlichen Freund, zugleich etwas

Ludwig Knaus, Theodor Mommsen, 1881

von einem durch viel Irrtum gereiften Gelehrten und von einem im Dienst erfahrenen Staatsminister. Bei Brentano zog weniger das gelehrte als das politische Temperament an, bei Schmoller mehr das geschichtliche Gewissen als die programmatische Forderung des Tages. Für Brentano lag alles einfacher. Würden die deutschen Arbeiter die Rechte erhalten, die sich die englischen längst erobert hatten, und würde die Welt zum Freihandel zurückkehren, dann war eine glückliche Entwicklung gesichert. Schmoller kannte den preußischen Staat zu gut, um nicht auch seinen konservativen Kräften ihr Recht zuzugestehen. Vielleicht war er der pessimistisch Besorgtere, sprach das aber kaum je aus und flüchtete sich vor dem Tag, dem nun einmal nicht zu helfen war, in die Geschichte, in die Fragen des mittelalterlichen Städte-, Gewerbe- und Zunftwesens, in die des merkantilistischen Staats und damals gerade in das Zeitalter seines Lieblingshelden, Friedrich Wilhelm I. von Preußen.
Ludwig Curtius, Deutsche und antike Welt

Glanzvolle Namen hat zu jener Zeit die Berliner Altertumskunde aufzuweisen: Da ist der Sprachforscher und Begründer der wissenschaftlichen Ägyptologie Richard Lepsius, der von seinen Expeditionen ins Niltal wichtige Funde und Erkentnisse mit an die Spree bringt. Nach seinen Plänen wird hier das Ägyptische Museum erbaut. Adolf Erman, nach Lepsius' Tod 1884 Direktor des Museums, und Heinrich Brugsch-Pascha setzen die Arbeit der weltweit anerkannten Berliner Ägyptologenschule fort. Da lehren die Erforscher der griechischen und römischen Antike Johannes Vahlen und Hermann Diels. Der Archäologe und Direktor der Berliner Antikensammlung Alexander Conze gibt durch seine Ausgrabungen auf Samothrake und in Pergamon der Altertumswissenschaft wichtige Impulse; Ernst Curtius, Professor für klassische Philologie, leitet in den siebziger Jahren die Ausgrabungen in Olympia.

Heinrich Spiero, der 1893 als junger Literaturstudent nach Berlin kam, erinnert sich der Vorlesungen des berühmten Archäologen:

Ernst Curtius stand im Abend seines Lebens, und er war fast blind. Aber gerade die Art, wie der Weißhaarige die blauen Augen über uns hinweg in die Ferne richtete, während er Geschichte und Bedeutung von Olympia entrollte, zwang uns in seinen Bann. Dabei hatte er ein Elfenbeinmesser in der Hand und klopfte mit diesem ununterbrochen auf das Katheder, dessen Oberfläche unzählige kleine Löcher aufwies. Hinter ihm hing ein Plan von Olympia, und ab und zu zeigte er einen Punkt, bei dem er gerade verweilte; natürlich wies er häufig etwas Falsches, dann deutete der hinter ihm sitzende Amanuensis* leise auf die richtige Stelle, und niemand wäre es beigefallen, auch nur zu lächeln.

Heinrich Spiero, Schicksal und Anteil

Herausragende Persönlichkeit unter den Altertumswissenschaftlern der Hauptstadt ist zweifellos Theodor Mommsen, seit 1858 Professor für alte Geschichte an der Friedrich-Wilhelm-Universität und langjähriger Sekretar der Philosophisch-historischen Klasse der Akademie. Als Verfasser der »Römischen Geschichte«, von der bis 1885 vier Bände erschienen sind, ist er in Berlin populär wie kaum ein anderer Wissenschaftler: »Seine ›Römische Geschichte‹ hatte den kühnen Versuch unternommen, alte Geschichte dem Mitlebenden in verständlicher und lebensnaher Form, von seinen eigenen lebendigen Gesichtspunkten aus, darzustellen, eine im wahrsten Sinne berlinische Auffassungsmethode. Mommsens Werk brachte ein ganz neues Erleben des Altertums mit sich, gebar eine neue Renaissance, das Altertum wurde noch einmal von neuem entdeckt« (Hans Otto Modrow, Berlin 1900). Mommsen arbeitet in jenen Jahren auch an einem der bedeutendsten Quellenwerke der römischen Zeit, dem »Corpus inscriptiorum latinarum«; er engagiert sich als Rektor der Universität – »Wenn nur nicht so unendliche Visiten daran hingen! und überhaupt ein Zopf, wie man ihn sonst glaube ich nirgends mehr hat. Ich muß bei allen Durchlauchten mich in jenem Rock und Escarpins produzieren und weiß nicht, wie ich es anfangen soll, mich nicht selber auszulachen« (Brief vom 21. Oktober 1874) – und hält bis zu seinem 70. Lebensjahr Vorlesungen:

Bedeutender aber wirkte er noch durch seine »Übungen«, die er allwöchentlich in seiner Wohnung leitete. Hier wurde ein engerer Kreis von Schülern zu selbständiger wissenschaftlicher Arbeit angeleitet, und was wir da unter seiner herben, sarkastischen Kritik gelitten und gelernt haben, was wir da nicht nur an Wissen und Methodik, was wir an Charakter und an Ehrfurcht vor Wahrheit und Wahrhaftigkeit gewonnen haben, das werden wir lebende Schüler Mommsens dankbar im Herzen bewahren bis zu unserm letzten Hauche. Nach jeder Übungsstunde waren wir von Neuem erstaunt, nicht über das Wissen des Meisters – das kannten wir ja aus seinen Vorlesungen und Schriften – nein, über die Hingabe, mit der er jede Arbeit, so verfehlt sie sein mochte, durchgeprüft hatte, und über die wunderbare Gabe, jede Arbeit so anzufassen, daß sie fruchtbar wurde und zu neuen Ergebnissen führte.

Fritz Jonas, Zum achtzigsten Geburtstage Theodor Mommsen's

* Gehilfe, Assistent

Mommsen, zehn Jahre Vertreter der Nationalliberalen im preußischen Abgeordnetenhaus, scheut sich auch nicht, zu politischen Tagesfragen das Wort zu ergreifen, wenn er die demokratischen Ideale seiner Jugend in Gefahr sieht. »Und auch dafür danke ich Ihnen«, schreibt er am 23. November 1893 an seinen Schüler und Freund Fritz Jonas, »daß Sie nicht, wie so viele innerliche Plebejer, gesagt haben, wie kann der Mann, der Besseres zu tun hat, sich um Politik kümmern. Ich mag darin wohl geirrt und gefehlt haben; aber der schlimmste aller Fehler ist, wenn man den Rock des Bürgers auszieht, um den gelehrten Schlafrock nicht zu kompromittieren« (Fritz Jonas, Erinnerungen an Theodor Mommsen zu seinem hundertjährigen Geburtstage). Als an der Universität, ausgelöst durch Treitschkes antijüdische Ausfälle in den »Preußischen Jahrbüchern«, der sogenannte Berliner Antisemitismusstreit entbrennt, ergreift Mommsen vehement Partei für die Unantastbarkeit und Würde seiner jüdischen Mitbürger. Bis ins hohe Alter hinein verzeiht er Treitschke nicht, den Antisemitismus, »diese Mißgeburt des nationalen Gefühls«, durch seine Stellung und sein Ansehen »salonfähig« gemacht zu haben.

Weniger im Blickfeld einer breiteren Öffentlichkeit als die Historiker oder die Erforscher alter Kulturen stehen die Philologen der Berliner Universität. Auch von ihnen werden in dieser Zeit beachtenswerte Forschungsergebnisse vor allem auf dem Gebiet der Sprachwissenschaft vorgelegt, etwa von Albrecht Weber, Professor für altindische Sprache und Literatur, auf dem Gebiet der Sanskritforschung oder von Vratoslav Jagič, der mit seinem seit 1876 erscheinendem »Archiv für slawische Philologie« das führende internationale Organ der Slawistik entwickelt. Als glänzender Essayist macht sich der Literatur- und Kunsthistoriker Herman Grimm einen Namen, Sohn von Wilhelm Grimm und Schwiegersohn der Bettine von Arnim. Fast zehn Jahre, von 1877 bis zu seinem Tode 1886, wirkt auch der Germanist Wilhelm Scherer an der Berliner Universität, unter dessen Einfluß sich die Germanistik über das Gebiet der philologischen Textkritik hinaus mit der Entwicklung der zeitgenössischen Literatur zu beschäftigen beginnt.

»Ein frischer Luftzug fehlt« Literatur und Kunst nach der Reichsgründung

»In Deutschland kommt die schöne Literatur nicht vom Flecke, weil es absolut an Mut und Initiative fehlt«, konstatiert Georg Brandes in einem Brief vom 22. Mai 1882 aus Berlin. »Niemand wagt dem Volk schonungslose Wahrheiten zu sagen von der Bühne herab oder im Roman.« Ein frischer Luftzug, Individualität und unabhängiges Denken, das für die Entwicklung der Wissenschaften in vielen Bereichen charakteristisch ist, fehlt dem literarischen und künstlerischen Leben der Hauptstadt nach der Reichsgründung: »Elf Jahre sind nunmehr vergangen, seit aus dem Chaos des großen Krieges das neue Reich emporstieg. Wer gedenkt nicht mit Wehmut jener Tage, deren Begeisterung auf allen Gebieten das Höchste erhoffte und es wie im Sturme erreichen wollte. Auch die Literatur sollte einer neuen Blütezeit entgegengehen, nationale Ehren, nationale Dramen, nationale Theater erwartete man von einem Tage zum andern. Die Entnüchterung folgte bald …« (Heinrich und Julius Hart, Kritische Waffengänge, 2/1882)

Die neue Zeit ist, entgegen allen Erwartungen, der Literatur nicht günstig, und was an Werken der schönen Literatur den Tageserfolg überdauert, entsteht zumeist am Rande des Reiches, jedenfalls nicht in Berlin: Theodor Storms und Gottfried Kellers Novellen, Conrad Ferdinand Meyers und Wilhelm Raabes Romane, Liliencrons Gedichte. Der Ruhm des Berliners Friedrich Spielhagen, Verfasser vielgelesener und auflagenstarker Zeitromane, ist im Abklingen (immerhin gelingt ihm 1877 mit dem dreibändigen Roman »Sturmflut« eine der wenigen bemerkenswerten literarischen Verarbeitungen der Gründerzeit). Was an literarischen Produkten auf den Berliner Markt drängt, hat in der Regel weder mit Literatur noch mit einer kritischen Sicht auf die neuen Probleme einer neuen Zeit das Geringste zu tun. Der Däne Georg Brandes, aufmerksamer Beobachter der Berliner Literaturszene, hat sich 1878 das Vorweihnachtsangebot auf dem Berliner Buchmarkt angesehen:

Es ist gerade die Saison der literarischen Neuerscheinungen, und man denkt ganz bewußt: Ich will doch einmal sehen, wie sich des Volkes Dichter und Denker zu den Bewegungen der Zeit stellen. Man hat sich in den Straßen umgetan und kommt nach Haus, hat in den Fenstern kaiserliche Broschen aus Kornblumen gesehen und ein Bild der Schwimmkünstlerin Lurline mit einem Brett in der Hand, darauf »Hoch lebe der Kaiser«, und man hat die Theaterplakate gelesen: »Armin« im Opernhaus, »Die Schauspieler des Kaisers« im Schauspielhaus. Chauvinismus und Kaiserverehrung vor einem und hinter einem und in allen Richtungen. Man öffnet die Bücher. Der Inhalt? Noch mehr Chauvinismus und Kaiserverehrung und Bismarckverehrung. Allah! Wann wird das ein Ende haben?

Der alte, zuverlässig tüchtige Ästhetiker Friedrich Theodor Vischer gab einen großen schnurrigen Roman heraus: »Auch einer«, für den er sozusagen die Papiere in seinen Schubladen ausgeschüttelt hat; er endet mit Deutschlands Einheit, das letzte Wort ist »Sedan«. Julius Rodenberg schrieb einen liebenswerten, humoristischen Familienroman, »Die Grandidiers«; man blättert darin und findet eine begeisterte Schilderung von Bismarck, der dem Reichstag Frankreichs Kriegserklärung 1870 mitteilt. Und wenn die Autoren nicht vergöttern, dann verschweigen sie. Man öffnet das neue Buch Paul Heyses, »Das Ding an sich und andere Novellen«, und hat den Eindruck, der Dichter habe den Kopf in den Sand gesteckt und sich allem versperrt, was um uns herum vorgeht: lauter kleine Liebesgeschichten, deutsche und italienische, aber alle vom selben Schlage, alle 10 000 Meilen von dem Deutschland entfernt, in dem er und seine Leser leben. Es wird nicht mehr laut gedacht in Deutschland.

Georg Brandes, Berlin als deutsche Reichshauptstadt

»Triviale Hausmannskost oder süßliches Naschwerk« nennt Heinrich Hart in seinen »Literarischen Erinnerungen« das Angebot in den Buchhandlungen zwischen 1870 und 1880. »Die vornehmere Dichtung der Zeit war wie erstarrt in dem Geist, in den Formen der deutschen Klassik; von ihrer konventionellen, glatten, akademischen Art ging kein Hauch des Lebens aus.«

Die meisten Berliner betreten jedoch nie in ihrem Leben eine Buchhandlung. Sie befriedigen ihr Lesebedürfnis, so vorhanden, aus den illustrierten Familienzeitschriften oder dem Angebot der fliegenden Händler, die ihre reißerisch aufgemachte Ware in Kneipen, vor Fabriktoren und an den Wohnungstüren feilbieten:

BRUNNEN-STR. 316. **KIAUTSCHAU-THEATER.** BRUNNEN-STR. 316.

Täglich im schönen Garten: **Theater- und Specialitäten-Vorstellung.**

NEU! **PEPITA AUS MADRID.** NEU!

Musik von Maier Bär.

Im Saale: **Grosser Ball.**

Auch ein 3000 Personen fassender Garten mit schönen Lauben.

Hans Baluschek.

„Mein Härz ist wie ein Bienenhaus — — — die Mäh- nnerr sind darin die Bie—nähn — — — ."

Berlin ist seit dem ersten Tage dieses Jahres um eine Spezies ärmer; eine der typischen Persönlichkeiten wurde an demselben Tage, an welchem das geeichte Maß in allen Restaurants und Wirtsstuben eingeführt wurde, aus denselben verwiesen. Weniger allerdings aus den Restaurants, hinter deren Spiegelscheiben befrackte Kellner den Fremdling bedienen, als vielmehr aus jenen Schankstätten, in denen die Weiße noch ein beschauliches Dasein nebem dem Kartoffelsalat und dem Kuhkäse führt und wo kalte Buletten noch den Inbegriff der kulinarischen Herrlichkeit bieten. In Budiken und Schnapsläden, auf den Droschkenhalteplätzen und in Fabrikräumen, auf Hausfluren und Hintertreppen befand sich das überaus ertragsreiche Arbeitsfeld des »fliegenden Verkäufers der Schauerliteratur«. Der Kolporteur, jene durchaus existenzberechtigte Erscheinung, bleibt nach wie vor; aber er muß jetzt ein Verzeichnis seiner Verkaufsartikel mit sich führen und der Behörde jeder Zeit Einblick in seine Mappen und Taschen gestatten – und dadurch sowie durch den Ausschluß gewisser Werke vom Kolportagevertrieb ist dem »Hintertreppler« der Lebensfaden durchschnitten worden.

Daß fliegende Buchhändler sich ganz ausschließlich dem Vertrieb der Schauerromane widmeten, kam aber nur in der Hauptstadt vor, und die große Zahl der Abnehmer machte das Geschäft zu einem höchst einträglichen. Es war ein ganz eigenartiger Anblick, und die Szene hätte wohl verdient, von einem Zeichner, der sich dem Studium des Volkslebens gewidmet, aufgenommen zu werden: der Mann mit der schwarzen Mappe und dem Bilderkasten, wie er, umgeben von den Rosselenkern, den Inhalt seiner Romane und die Prachtbilder, die man gegen geringe Nachzahlung beim letzten Heft erhielt, als »von einem feinen Maler« herrührend, anpries. »Die Kinder des Gehenkten, oder: Der Fürst vom Rabenstein«, »Der Totenvogel, oder: Die Genossen des Schwarzen Bundes«, »Die schöne Bianca, oder: Die Geheimnisse des Serails« – so und ähnlich lauteten die verlockenden Titel. Wenn der harmlose Fabrikarbeiter, der biedere Droschkenkutscher, die romantische Nähmamsell und die gebildete Köchin nun gar den Prospektus durchlas, die Bilder sah und auch noch hörte, daß zum Schluß sieben Uhren von fast echtem Golde, zwölf Nähmaschinen, zwanzig halbwollene Roben und ein Dutzend Regenschirme unter den Abonnenten verlost werden sollten – das Los bekam man gratis und die »Einschreibegebühr« betrug eine Mark –, ja, wer konnte dann noch widerstehen? Allwöchentlich erschien ein Heft, und trotzdem sein Inhalt so hübsch spannend war und es bei der Lektüre einen so recht gruselte, kostete es nur dreißig Pfennige! Eine Bagatelle! Schade war's nur, daß immer gerade dann, wenn die Geschichte am spannendsten oder am gruseligsten wurde, das Heft zu Ende war. Man konnte kaum die Fortsetzung erwarten, und der »Hintertreppler«, der gewöhnlich am Sonnabend Abend kam, wenn der Arbeiter und kleine Handwerker seinen Lohn in der Tasche hatte, war der ersehnteste Mann. So las man den Roman bis zum Schluß – so kaufte man achtzig, wohl auch hundert Hefte, so zahlte der unbemittelte Arbeiter, die Nähterin oft 24 Mark für einen einzigen Roman.

Nun ist die Herrlichkeit zu Ende, und da der »Hintertreppler« von anderer Literatur nichts wissen wollte, so ist auch er auf den Aussterbeetat gesetzt. Die gefühlvollen Nähmamsells, die Köchinnen, die Kutscher und Fabrikarbeiter werden ihn schmerzlich entbehren und weidlich auf das Gesetz räsonnieren, durch welches ihnen ihre geistige Kost entzogen wird; denn in Buchhandlungen kauft man solche Werke nicht; man kauft sie lieferungsweise auf Hintertreppen, in Budiken und auf offenen Plätzen oder gar nicht.

National-Zeitung, 6. Januar 1884, Erstes Beiblatt

Wer seine Schwellenangst überwindet und das nötige Kleingeld hat, holt sich seine literarische Abendkost aus einer der zahlreichen kommerziellen Leihbibliotheken, dem Hauptumschlagplatz der Ware Buch vom Trivialroman bis zum populärwissenschaftlichen Sachbuch:

Bücher werden kaum gekauft oder richtiger: fast nur von Leihbibliotheken, die eine Rolle spielen wie in keinem anderen mir bekannten Land. In wohlhabenden Bürgerhäusern scheut man sich nicht, ein Buch nach dem anderen aus der Leihbibliothek zu verschlingen. In adligen Familien kauft man nur ausnahmsweise ein Buch. Selbst Fürstin Bismarck leiht fleißig in Nicolais großer Leihbibliothek; ja, so unglaublich es klingt: Die Kaiserin von Deutschland kauft die Bücher nie, die sie sich von ihrem Vorleser vorlesen läßt. Er leiht sie sich bei Hofe oder von seinen bürgerlichen Bekannten.

Georg Brandes, Berlin als deutsche Reichshauptstadt

Bis zu neunzig Prozent der Auflagen wandern in die Leihbibliotheken, deren Ankauf damit zum entscheidenden Faktor bei der Festsetzung von Auflagenhöhen wird. Große Leihbibliotheken, wie die von Borstell in Berlin, kaufen bis zu 1 000 Exemplaren von einem neuen Roman eines bekannten Autors. Was hier nicht abzusetzen ist, wagt kein Verleger zu drucken oder höchstens in einer Auflagenhöhe, die der Anonymität gleichkommt. Buchbesitz gehört nicht zum Statussymbol der hauptstädtischen »guten Gesellschaft«:

Das bücherkaufende Publikum ist in Deutschland fast ausschließlich in den Gelehrtenkreisen, also in armen Kreisen zu suchen. Dort kommt es vor, daß einer zehn Prozent seines ganzen jährlichen Einkommens auf Vermehrung seiner Bibliothek verwendet. Die reichen Leute aber haben wohl Geld für Pferde und Wagen, für kostbare Weine, für teuere – schön brauchen sie nicht zu sein – Tapeten und Gardinen, zur Not auch einmal für geschnitzte Möbel, die sie dann kurzweg als »antique« bezeichnen; aber wie jemand die Wand »mit Büchern tapezieren« kann, das will ihnen nicht in den Sinn. In irgend einem Schranke, der sonst auch noch alles mögliche andere verwahrt, stehen ein paar Bände der »Gartenlaube« oder der »Illustrirten Zeitung«, irgendeine billige Schillerausgabe und was sonst etwa zum notdürftigsten literarischen Komfort gehört; alle Bedürfnisse, die darüber hinausliegen, kann man ja für wenige Pfennige in der Leihbibliothek befriedigen. Und selbst Gebildetere, die noblere Passionen haben, werden noch eher auf Bilder und Antiquitäten, auf eine schöne Bibliothek aber gewiß zu allerletzt verfallen.

Gustav Wustmann, Der deutsche Buchhandel auf der Weltausstellung in Philadelphia

So nimmt es nicht wunder, daß nur wenige Autoren vom Ertrag ihrer schriftstellerischen Arbeit leben können. Die Auflagenhöhen belletristischer Werke betragen im Durchschnitt 1 000 Exemplare, oft auch weniger. Nur einige »Bestseller«-Autoren, wie Gustav Freytag, Felix Dahn oder Viktor von Scheffel mit ihren historischen Romanen, wie Paul Heyse, Auerbach und Spielhagen, oder wie Georg Ebers mit seinem die Entdeckungen der Ägyptologie vermarktenden Romanwerk können höherer Auflagen sicher sein. Wer es wagt, den ausgetretenen Pfad vorgegebener Erfolgsmuster zu verlassen, hat als Außenseiter einen schweren Stand. Als Arno Holz 1886 mit seinem »Buch der Zeit« die rebellischen »Lieder eines Modernen« veröffentlicht, erhält er ganze 25 Mark Honorar dafür. Walter Dehmel, bis 1895 als Versicherungsangestellter in Berlin tätig, muß sich seine lyrischen Versuche in den knappen bürofreien Stunden abringen. Am 3. Januar 1894 schreibt er an Johannes Schlaf:

Du Lieber! Ich wollte, ich könnte auch bald wieder in die Welt; der ich kaum ein Viertel meiner wachen Lebenszeit mir selber widmen darf. Ich versuche jetzt seit einigen Tagen so zwischen 2 und 3 Uhr morgens aufzustehen; aber vorläufig weiß ich dann noch gar nichts Rechtes mit mir anzufangen; es muß erst, scheint's, zu einer Lebensgewohnheit werden. So wird man zum Nachtvogel, um überhaupt bloß fliegen zu können.

Richard Dehmel, Ausgewählte Briefe/1

Und wenige Tage später, am 12. Januar, schreibt er in sein Tagebuch:

Ich schwankte erst; aber ich will doch Buch darüber führen, wie oft die wirklich starken Selbstmordstimmungen aus Alltagsüberdruß mir kommen. Gestern auf der Straße, als ich wieder mal zwei große Amtsarbeiten mit nach Hause schleppen mußte, stieg es mir aus der Büromappe unter meinem Arm wie ein dicker schwarzer Qualm zu Gehirn. Wenn man in solcher Stimmung grade mal allein ist und alles bei der Hand hat, dann ist das Sterben, glaub ich, leicht.
Richard Dehmel, Tagebuch

Auch Theoder Fontane muß zeit seines Lebens einen demütigenden Kampf um die Sicherung seiner materiellen Existenz führen. Voller Bitterkeit klagt er noch 1891 in einem Aufsatz über »Die gesellschaftliche Stellung der Schriftsteller«: »Die Anschauung, daß nur Examen, Zeugnis, Approbation, Amt, Titel, Orden, kurzum alles das, wohinter der Staat steht, Wert und Bedeutung geben, beherrscht die Gemüter mehr denn je, und die freien Genies, die ›Wilden‹, immer suspekt gewesen, sind es jetzt mehr denn je« (Das Magazin für Litteratur, 26. Dezember 1891). Und am 17. November 1896 schreibt er in einem Brief an Ernst Heilborn:

... wenn man so Umschau hält, kann einen der Menschheit ganzer Jammer anfassen. Ich spreche natürlich nur von Deutschland. Seit Keller und Storm tot sind, welche Dürftigkeit! Und so wenig Aussicht auf Besserwerden. Liegt es daran (Menzel hat es oft behauptet), daß der Deutsche von Natur kunstfremd ist, oder beherrscht der Borussismus alle Gemüter derartig, daß auch die Klugen und Talentvollen wie von selbst in den Strom der Staatlichkeit einmünden? Kunst ist nichts, Geheimerat ist alles. Eine Mißachtung liegt hierlandes über dem ganzen Metier, und man läßt es nur dann notdürftig gelten, wenn es sich zur Parteischuhputzerei herabwürdigt.
Theodor Fontane, Briefe/4

Eine Möglichkeit, als freier Schriftsteller überhaupt zu überleben, bietet sich am ehesten durch die Feuilletons der Zeitungen und die vor allem nach der Reichsgründung ins Kraut schießenden Familienzeitschriften und Magazine:

Die Zeitung, die ein Werk fünfzigtausenden von Lesern bietet und dabei nur ein sehr geringes Risiko hat, kann ganz andere Honorare zahlen als der Verleger ... Aber nicht nicht bloß einen materiellen

Vorteil bietet die Zeitung dem Literaten, auch der ideelle Vorteil ist offenbar auf seiner Seite. Während das Buch seine Gedanken nur langsam verbreitet, vielleicht, durch ungünstige Zufälle beeinflußt, sich gar keinen Weg zu bahnen vermag, werden sie durch die Zeitung vielen Tausenden auf einmal geboten, ja, von diesen vielen Tausenden, die das Ding lesen, weil es ihnen auf den Tisch gelegt wird, würde vielleicht nicht einer das Buch kaufen. Und nicht bloß für seine Gedanken macht die Zeitung Propaganda, auch für seinen Namen. Wer kauft das Buch eines namenlosen Menschen? Was aber in der Zeitung steht, liest man, und packt es, regt es an, berührt es sympathisch oder reizt es zum Widerspruch – man vergißt den Namen nicht mehr und liest fortan alles, was einem unter dieser »Firma« entgegentritt. Rechne ich die zwei, drei ersten Namen ab, so verdanken die Schriftsteller in Deutschland die Möglichkeit, von dem Ertrage ihrer Arbeit leben zu können, nur den Zeitungen.

Emil Peschkau, Die Zeitungen und die Literatur

Auch ein Autor wie Fontane ist darauf angewiesen, das kärgliche Familienbudget durch Vorabdrucke seiner Werke aufzubessern: in der »Vossischen Zeitung«, in der »Deutschen Rundschau«, im »Universum«, in der »Gartenlaube« oder in »Westermanns Illustrierten Deutschen Monatsheften«.

Fontane ist den Berlinern bis in die siebziger Jahre vor allem als Balladendichter, Reiseschriftsteller, Wanderer durch die Mark Brandenburg und Chronist der Kriege von 1866 und 1870/71 bekannt. An seinem ersten, dickleibigen Roman arbeitet der bald Fünfzigjährige, mit Unterbrechungen, seit 1866. Zwölf Jahre später erscheint »Vor dem Sturm. Roman aus dem Winter 1812 auf 13« im Buchhandel. Fontane schreibt am 28. Mai 1878 an Ludovica Hesekiel:

Meine Situation ist in der Tat eine kritische. In Jahren, wo die meisten Schriftsteller die Feder aus der Hand zu legen pflegen, kam ich in die Lage, sie noch einmal recht fest in die Hand nehmen zu müssen, und zwar auf einem Gebiet, auf dem ich mich bis dahin nicht versucht. Mißglückt es, so bin ich verloren. Ich habe meine Schiffe verbrannt und darf – wenn ich auch keine Siege feire – wenigstens nicht direkt unterliegen. Meine Arbeit muß zum mindesten *so* gut sein, daß ich auf sie hin einen kleinen Romanschriftsteller-Laden aufmachen und auf ein paar treue, namentlich auch zahlungsfähige Käufer rechnen kann. Gott sei Dank, soviel scheint ja erreicht zu sein. Martha schreibt mir heute von Rostock aus: »Man findet Deinen Roman nicht spannend, aber interessant«, und selbst Koenig in Leipzig ließ sich, als ich ihm den 4. Band schickte, dahin vernehmen,

»daß es, wenn alles wie der Schlußband wäre, ein ›Durchschläger‹ geworden sein würde«. Das Wort war mir neu und amüsierte mich.
Theodor Fontane, Briefe/2

Ein »Durchschläger« wird »Vor dem Sturm« nicht, ebensowenig wie die anderen großen Romane und Erzählungen Fontanes, die nun in rascher Folge erscheinen: 1880 »Grete Minde«, 1881 »Ellernklipp«, ein Jahr später »L'Adultera« und »Schach von Wuthenow«, 1885 »Unterm Birnbaum«, 1887 »Cécile«, im Jahr darauf »Irrungen Wirrungen. Eine Berliner Alltagsgeschichte«, dann zwischen 1890 und 1892 »Stine«, »Quitt« und »Frau Jenny Treibel« – eine Periode erstaunlicher Produktivität! Aber erst mit »Effi Briest«, drei Jahre vor seinem Tode, gelingt ihm mehr als nur ein literarischer Achtungserfolg: fünf Auflagen innerhalb Jahresfrist zeigen an, daß sich Fontane als Romanautor durchgesetzt hat.

Während uns heute so viel gute Kerle in der Romanschreiberei mit sechzig und siebzig Jahren hinsterben, deren Ruf auch genau auf dem Absterbetermin steht und eigentlich nur noch den Tod der Person erwartet, um ganz stockfinster auszulöschen, war der alte Fontane an der Schwelle des achtzigsten Lebensjahres glücklich auf dem Fleck, daß Zeitungen und Verleger auf ihn aufmerksam wurden als eine buchhändlerisch aufsteigende junge Kraft, mit der man noch viel Geld zu verdienen hoffte. Er wurde Mode! Fontanes Schreibweise war immer schlicht gewesen, echte Kunst ohne Bombast. Das Alter tat nun ungewollt noch etwas hinzu: es gab der Schlichte immer mehr Reife, aber auch ab und zu einen Stich bis ins Nüchterne. Das fand man jetzt »naturalistisch« im Sinne eines Modeschlagwortes, und im letzten Jahrzehnt seines Lebens ist Fontane allmählich in der Literaturschablone unter die strengen Naturalisten gerückt, also selber bei den Ibsen und Hauptmann eingereiht worden, die er als Kritiker so vorurteilslos zu würdigen verstanden hatte ...

Ein Roman etwa wie »Effi Briest« ist mir ein moderner Sozialroman im höchsten Sinne; für den richtig Sehenden schildert er vernichtend geradezu den Fluch der Philisterenge, den inneren Zusammensturz gewisser oberflächlicher Moralweisheiten, die grauenhafte Leere gewisser Gesellschaftskreise, die Armseligkeit eines Mittelchens, wie es ein Duell darstellt, gegenüber Konflikten eines Menschenlebens. Es besteht nun aber in der Tat gar kein Zweifel, daß Fontane selbst, der reflektierende, selber gewissen Gesellschafts- und Moraltendenzen huldigende Mensch, so weit durchaus nicht gehen wollte. Die Wahrhaftigkeit des Dichters, die innerliche Wahrhaftigkeit, die noch mehr ist als irgendeine naturalistische Doktrin, hat ihn einfach mitgerissen, über sich selbst intuitiv hinausgerissen.

Marie von Bunsen, Arbeitszimmer Theodor Fontanes in der Potsdamer Straße 134 c

Eigentlich nirgendwo erscheint die tiefste, heiligste Kraft des Dichters so eklatant wie vor solchem Falle. Der Dichter muß echtes Leben schaffen über den Kopf aller seiner eigenen Vorurteile hinweg. Es ist, als zeuge die Natur neu durch ihn und benutze sein Gehirn einfach als Leitungsbahn dabei, ohne sich im mindesten darum zu bekümmern, was in gewissen Schubfächern dieses Gehirns noch für subjektives Material herumliege und sich gedanklich wohl gar als die Hauptsache im gewöhnlichen Leben gebärde.

In diesem Sinne ist der alte Fontane allerdings ein Naturalist von einer Energie gewesen, wie nur wenige neben ihm sie besessen haben. Jedenfalls ist ihm aber nach dieser Seite passiert, was allemal nur mit ganz großen Dichtern in solchem Maße sich ereignen kann.
Wilhelm Bölsche, Hinter der Weltstadt

Mit kurzen Unterbrechungen, deren längste (1855 – 1859) ein dreijähriger Aufenthalt in London war, wohnte Fontane mehr als zwei Menschenalter in Berlin. Als er im Herbst 1833 zu seinem liederlichen Onkel August in die Burgstraße zog, vor sich die Spree, gegenüber das Schloß, neben sich den Großen Kurfürsten, als er gleichzeitig Klödens Gewerbeschule teils besuchte, teils schwänzte, als er nach Britz und Treptow, nach Grunewald, Jungfernheide und Tegel seine frühesten »illegitimen« Wanderungen durch die Mark unternahm oder am Schönhauser Tor beim Konditor Anthiery die zeitgenössische Literatur mit Baisers verschlang, da hatte die Residenz Friedrich Wilhelms III. 300 000 Einwohner. Als man den Dichter weit oben in den Industriebezirken des Berliner Nordens neben einen großen Baum auf einem kleinen »schmustrigen« Kirchhof zur Ruhe legte, hatte die Kaiserstadt fast zwei Millionen Einwohner … In Berlin, mit Berlin wurde Fontane Dichter, Weltbetrachter und, bei mancher altmodischer Gebarung, modern. Er ist für die Weltstadt der klassische Berliner geworden, wie Friedrich Nicolai der klassische Berliner der Zopf- und Perückenzeit war …

An der Wahl seiner Stoffe wurde damals bald Anstoß genommen; nirgend geschah das mehr als gegenüber seinem entschiedensten und entscheidendsten Werk »Irrungen Wirrungen«. 1887 brachte die »Vossische Zeitung« zur Füllung ihrer Sommerspalten diesen Roman und erregte dadurch das Entsetzen sorgsamer Familienmütter, die der guten alten Tante Voß noch vor dem Frühstück auflauerten, um vor ihr die Kinder zu beschützen. Ein Mitinhaber des alten Blattes fragte den Chefredakteur: »Wird denn die gräßliche Hurengeschichte nicht bald aufhören?« Es war nichts für die reifere Jugend; es grenzte in der freimütigen, offenherzigen Behandlung illegitimer Verhältnisse wirklich schon an den schrecklichen Zola. Es erregte sittliche Entrüstung, daß der Dichter in köstlicher Unbefangenheit hier den Verkehr der Berliner Lebewelt mit der Berliner Halbwelt schildert und mitten aus diesem gemütlichen, gemütvollen Milieu ein Herzensschicksal entwickelt, bei dem Zwang und Drang der Umstände zwar nicht die Herzen brach, aber ihnen doch einen Riß fürs Leben gab. Niemals ist von einer philisterhaften Moralisterei lautere Poesie plumper verkannt worden. Gewisse Äußerungen der Spießbürger über sein Meisterwerk drangen auch ans Ohr des Dichters. Unter dem Eindrucke dieser Erfahrungen gelangte er zu dem Satz: »Daß der sogenannte Sittlichkeitsstandpunkt ganz dämlich, ganz antiquiert und vor allem ganz lügnerisch ist, das will ich, wie Mortimer, auf die Hostie beschwören.« Der nahezu siebzigjährige Dichter mußte für den verwegenen Roman lange nach einem Obdach suchen, denn sein alter Freund, Wandergefährte und Verleger Wilhelm Hertz hatte schon »L'Adultera« abgewiesen und blieb jetzt erst recht inständigen Gegenvorstellungen seines Sohnes und Geschäftsteilhabers Hans Hertz unzugänglich. Überdies waren im Buchhandel Fontanes Werke wegen ihres schwachen Absatzes noch wenig begehrt. Als aber »Irrungen Wirrungen« endlich bei einer kleinen, jetzt längst entschwundenen Dresdner Firma erscheinen konnten, ging auch der literarischen Welt über diesen Mann das große Licht auf …

Als Fontane zwei Jahre nach »Irrungen Wirrungen« siebzig wurde, feierte ihn »tout Berlin« wie einen neu aufgegangenen Stern, wie einen Mann der Mode. Beim Festmahle saß ihm zur Seite der preußische Kultusminister v. Goßler und erinnerte an ihre alte Bekanntschaft aus bescheidener Vergangenheit; Spielhagen präsidierte der Festtafel; Ernst v. Wolzogen grüßte in prächtigen Versen namens der modernsten Dichterjugend den Siebzigjährigen als den, der das, was diese will, einfach besser mache … Das Oberhaupt einer Partei zu sein, war seinem geistigen Freischärlertum unmöglich. Am liebsten zog er sich vom literarischen Lärm in seine Dichterklause (Potsdamer Straße 134 c, drei Treppen hoch) zurück und schuf mit jugendlicher Frische Werk auf Werk. Alles, was er schuf, wurde nun, wenigstens im deutschen Norden, mit Ungeduld erwartet, mit Bewunderung gelesen. In der gesamten Weltliteratur weiß ich kein zweites Beispiel, daß ein großer Dichter erst nach dem sechzigsten Lebensjahre in die Zeit seiner Blüte und Ernte trat.

Paul Schlenther, Einleitung zu Theodor Fontane, Gesammelte Werke

Als Fontane am 20. September 1898, fast neunundsiebzigjährig, stirbt, trauert um ihn eine große bewundernde Lesergemeinde. Maximilian Harden widmet ihm in der »Zukunft« einen letzten Gruß:

Es ist noch nicht lange her, da sah ich ihn in der Dämmerung auf dem Potsdamer Platz, den man, dank der löblichen Leistung des kopflosen Magistrates, seit Wochen nur mit Lebensgefahr überschreiten kann. Der alte Herr hatte den Rockkragen bis über die Ohren gezogen, den grünkarierten Schal um den Hals geschlungen, hielt das Taschentuch vor den Mund und harrte, aufrecht und geduldig, ringsum ein undurchdringlich scheinendes Gewirr von Droschken und Pferdebahnwagen, jede Lücke durch dichte Fußgängerscharen verstopft. Fontane stand ruhig und machte keinen Versuch, sich vom Strom an die Josty-Ecke tragen zu lassen, wo Rettung winkte. Innerlich mochte er denen wohl grollen, die alte Leute zwangen, in Wind und Wetter zu warten. Wozu aber wider den Stachel löcken? Ordnung muß nun einmal sein; und der Schutzmann würde schon das Zeichen geben, wenn es für ordentliche Menschen Zeit war, sich über den Damm zu wagen. »Dulde, gedulde dich fein.« Du versäumst ja nichts. Ob du früher oder später, mit oder ohne Schnupfen nach Hause kommst: »Es kribbelt und wibbelt weiter.« Kein Fältchen des Unmutes war in dem straffen Bürokratengesicht bemerkbar; und das große blaue Auge, das echte Fritzenauge, das über dem borstigen Schnurrbart wie ein Band Goethe in einer Wachtstube wirkte, sah in gewohnter Milde auf die Wirrnis. Manches, was felsenfest schien, hat sich in Fontanes Weltanschauung gewandelt, manche Eiskruste ist von den Sinnen des 1819 Geborenen abgetaut, er hat die Vor- urteile, die einst heiligen Überzeugungen lächelnd bestattet und ist in den Jahren, die sonst zur Erstarrung, zum bewußten Verharren auf einer bestimmten Anschauungsstufe führen, ganz himmlisch, ganz höllisch radikal geworden. Mit gewissen Dingen aber ließ er nicht »Schindluder treiben«; und den Sinn für Ordnung hat der in Preußens Sandbüchse verpflanzte Sproß hugenottischer Gascogner sich immer bewahrt.

Wie es kam, daß aus dem Redakteur der »Kreuz-Zeitung« allgemach der Schöpfer der kleinen Effi Briest wurde, der Ersinner der im Kern revolutionärsten, den heikelsten Punkt der bourgeoisen Ordnung mit nie erschauter Keckheit antastenden Dichtung, und der verhätschelte Liebling der Allerjüngsten? Gute Augen lesen die Geschichte dieser lustig bergan führenden Wanderung in den Lebenserinnerungen des preußischen Lyrikers zwischen den Zeilen noch besser als im sorglos niedergeschriebenen Text.

Die Zukunft, 1. Oktober 1898

Das literarische Angebot der Berliner Bühnen unterscheidet sich in den siebziger bis weit in die achtziger Jahre nicht grundsätzlich von dem der Verlage, Leihbibliotheken und Familienjournale. »Nie war die Kunst, die man pflegte, so zwerghaft und verkümmert wie in den siebziger Jahren«, schreibt Heinrich Hart rückblickend in seinen »Literarischen Erinnerungen«.

Trotz der fünfzehn bis zwanzig Theater, die wir gegenwärtig hier besitzen, ist es in Berlin mit der Pflege der ernsthaften neueren dramatischen Literatur schlechter bestellt als in mancher anderen deutschen Stadt. Die kleinen Theater kultivieren fast ausschließlich die Posse und die Operette, und daß im Hoftheater Freytag, Hebbel, Gutzkow und Laube, von den Jüngern ganz zu schweigen, nur seltene Gäste sind, ist bekannt genug. Nur wie zufällig erscheint das eine oder das andere Drama unserer besten Dichter auf der Szene, auf welcher der moderne Possenwitz allabendlich sein Wesen treibt, und in den meisten Fällen ist es ein Gast, dem wir für diese seltene Gabe dankbar sein müssen.
National-Zeitung, 22. Juli 1871, 1. Beiblatt

1869 hatte die sogenannte Gewerbefreiheit einschneidende Veränderungen in die Berliner Theaterlandschaft gebracht. Die Beschränkungen bei der Neugründung von Theatern und das Monopol der Hofbühne wurden beseitigt. Bis dahin hatte das Königliche Schauspielhaus das alleinige Recht gehabt, in Berlin klassische Dramen und Trauerspiele aufzuführen:

Zu lange hat das Hoftheater sein Privilegium hinsichtlich der Aufführung klassischer Dramen beibehalten, um nicht vielfach Mißstimmung zu erzeugen. Nicht nur der hohe Eintrittspreis, auch der kleine Raum des Hoftheaters schloß tatsächlich ganze Klassen der Bevölkerung von der Möglichkeit aus, ein Trauerspiel Schillers, Shakespeares auf der Bühne zu sehen. Wie liberal und entgegenkommend die Verwaltung auch in jedem einzelnen Falle verfuhr – wiederholt sind auf den zweiten Theatern klassische Dramen aufgeführt worden –, das Privilegium als solches blieb bestehen … Aber die Hoftheater verfügten nicht nur über die Dichtung der Vergangenheit, auch die der Zukunft hing von ihnen ab. Wenn die privilegierten Theater ein modernes Drama nicht aufführen wollten, so war es in vielen Städten unmöglich, in allen mit den größten Schwierigkeiten verbunden, das Werk zum Leben zu erwecken … Diesem unerträglichen Zustand hat die Theaterfreiheit ein Ende gesetzt. Neben dem Hoftheater öffnen in Berlin vier bis fünf Theater dem tragischen Dichter ihre Pforten: von dem einen zurückgewiesen, kann er bei dem anderen sein Heil versuchen. Ist es ein Wunder, wenn er das Volkstheater zu den Sternen erhebt? In allen Kreisen hat diese Mei-

nung Anhänger gefunden: Das Hoftheater hat sich überlebt, dem Volkstheater gehört die Zukunft.
Karl Frenzel, Berliner Dramaturgie/2

Die lang ersehnte Theaterfreiheit hat jedoch auch ihre Schattenseiten. Den meisten der neugebackenen Theaterdirektoren liegt weniger die Bildung des Volkes als vielmehr der eigene Geldbeutel am Herzen.

Die ersten, welche die neue Lage der Dinge für sich ausbeuteten, waren die Café-Chantants-Besitzer; Komiker und Soubrette kostümierten sich, man schritt zu theatralischen Kleinigkeiten, und der Restaurateur oder Caféhausbesitzer sah sich stolz zum Theaterimpresario avanciert. Die Kunst hatte mit diesen zu Theatern promovierten Chantants, die sich den schönen Titel Restauranttheater beilegten, nichts gemein. Das erste derselben entstand im vornehmen Westend Berlins, das sogenannte Salon Royaltheater, dessen Saal später an die Urania überging. Blüetten* wurden gegeben, selbst Opernakte aus dem »Troubadour«, dazu speiste, trank und rauchte das lärmende Publikum … Im Süden war es F. G. Großkopf in der Walhalla, der nunmehr seine goldenen Zeiten heranbrechen sah und zu den bisherigen Akrobaten und Chansonettensängerinnen auch Schauspieler engagierte, welche die Pause der Gymnastiker mit dramatischem Füllsel zu versehen hatten; auf dem Platze des alten Wallnertheaters erstand das Bundeshallentheater, in der Dresdener Straße verwandelte sich der »Alkazar« in das Louisenstädtische Theater und gab den »Freischütz«; in der Nähe war das American-Theater und im Orpheum sogar, dem Demimonde-Ballokale der Residenz, wurde das Orpheumtheater für Balletts und lebende Bilder eröffnet …

Es sollte sich erst im Laufe der Jahre erweisen, welche von diesen Bühnen berufen waren und welche nicht. In ihren Anfängen hatten die Restauranttheater nicht die mindeste Bedeutung für die Kunst. Besitzer von Vergnügungslokalen benutzten nur schlauerweise die Theaterfreiheit, um das materielle Programm ihrer Zugmittel zu erhöhen. Viele dieser Bühnen, gegen die übrigens zwecklos gezetert wurde, verschwanden von selbst nach einem kurzen, ruhmlosen Dasein, einige aber stiegen denn doch empor als recht gesunde Früchte der von gewisser Seite her vielgeschmähten Bühnenfreiheit. Zweifellos schoß mit der letzteren anfänglich viel Unkraut in die Höhe, namentlich erzeugte sie unter der Sippe der Stellenlosen und der Leichtfüße eine Art Begeisterungstaumel, daß jetzt das Eldorado

* Possen

ihrer Wünsche erfüllt sei. Das Proletariat der Bühne vermehrte sich, und die Talentlosigkeit spreizte sich als zum Bau gehörend.
Alwill Raeder, Fünfzig Jahre deutscher Bühnengeschichte

1874 ist das Friedrich-Wilhelmstädtische Theater, in dem sonst vorwiegend die Operette gepflegt wird, Schauplatz des wohl bedeutendsten Berliner Theaterereignisses der siebziger Jahre: das Meininger Hoftheater gibt sein erstes Gastspiel in der Hauptstadt. Dieses Theater, berühmt für exzellente Bühnengestaltung, echtes Ensemblespiel, hervorragende Regie und vor allem eine unverstümmelte Wiedergabe der überlieferten Texte, zeigt den Berlinern, daß Klassikeraufführungen auch ganz anders sein können als man sie in einer blutleeren Regie im Königlichen Schauspielhaus zu sehen gewohnt war. »Alle Kreise Berlins beschäftigten sich lebhaft mit dem Erfolg dieser Vorstellung, die Zeitungen brachten spaltenlange Besprechungen; Enthusiasmus und scharfe Gegnerschaft, Begeisterung und Verurteilungen brodelten mit lautem Geräusch in dem erregten Wirbel der öffentlichen Meinung auf, und die Parteileidenschaft machte sich Luft in dem Schlachtrufe: ›Hie Schauspielhaus – Hie Meininger!‹« (Ludwig Barnay, Erinnerungen)

Zu ihrer ersten Vorstellung am 1. Mai 1874 hatte die Gesellschaft Shakespeares »Julius Cäsar« gewählt … Was der Zuschauer an Dekorationen vor sich sieht, stammt nicht aus der mehr oder minder geschäftigen Phantasie eines talentvollen Malers; mit genauester Berücksichtigung archäologischer Studien sind sie entworfen. Während eines Aufenthaltes in Rom im Jahre 1869 hat der Herzog Georg II. von Meiningen mit dem Konservator der römischen Altertümer, Visconti, diesen Teil der Einrichtung »Cäsars« besprochen. Die Ansicht des römischen Forums im dritten Akte ist ganz nach Viscontis Angaben gezeichnet … Nicht weniger original und naturtreu ist die Schlußdekoration, die uns das Schlachtfeld von Philippi veranschaulicht. Und diese so eigentümlichen Dekorationen denke man sich nun mit Helden und Frauen, mit Volksmassen und Kriegern erfüllt, die von Scheitel zur Sohle einen altrömischen Eindruck machen. Nichts von jenen dürftigen Tüchern, die überall als Toga gelten, nichts von modern frisierten Frauenköpfen mit Chignons*, nichts von mittelalterlichen Spießen und Hellebarden, die für Waffen der Legionen ausgegeben werden: alles, bis auf die Leuchte im Zelte des Brutus, bis auf den Medusenkopf, der den Mantel des Cäsar trägt, hat antiken Charakter …

* Nackenzöpfe

Die Behandlung der Massen ist hier fast zur Vollendung gebracht. Wenn Casca den Streich auf Cäsar führt, stößt das um die Curia versammelte Volk einen einzigen herzerschütternden Schrei aus, eine Totenstille tritt dann ein; die Mörder, die Senatoren, das Volk stehen einen Augenblick wie gebannt und erstarrt vor der Leiche des Gewaltigen, dann bricht ein Sturm aus, dessen Bewegung man gesehen, dessen Brausen man gehört haben muß, um zu empfinden, wie gewaltig, wie hoch und wie tief die Wirkung dramatischer Kunst zu gehen vermag. In der Szene auf dem Forum folgen, sich einander überbietend, die großartigsten und überraschendsten Momente: wie Antonius auf die Schultern der Menge gehoben wird und so, inmitten der wildesten Bewegung, das Testament Cäsars vorliest; wie die Wütenden die Bahre mit dem Leichnam ergreifen, wie andere mit Fackeln herbeistürmen; wie endlich Cinna, der Poet, im wildesten Getümmel getötet wird. Man glaubt, den Anfängen einer Revolution beizuwohnen.
Karl Frenzel, Berliner Dramaturgie/2

Die sich daranschließende Aufführung des »Eingebildeten Kranken« von Molière hat, wenn es für den Unbefangenen noch eines Beweises dafür bedürfte, den Einwand widerlegt, daß einzig die Ausstattung den Erfolg der Meininger mache. Hier war nichts von Ausstattung: ein geschlossenes Zimmer mit einer Art Alkoven, in dem Argans Bett steht; ein Tisch mit Medizinflaschen, ein paar Sessel. Und in diesem Raum führten unsere Gäste mit einer Wahrheit, Lustigkeit, Frische und Laune Molières Komödie auf, daß innerhalb dieser fünfviertel Stunden das Publikum auch nicht minutenlang aus dem fröhlichsten Gelächter kam. Der Zauber dieser Darstellungen liegt in ihrer harmonischen Ausbildung, darin, daß sie dem Geiste der Dichtung Körper und Farbe leihen. So bringen sie im »Julius Cäsar« für jeden, der historischen Sinn besitzt, das revolutionäre Element; in »Was ihr wollt« das Mondscheinduftige, Musikalische und Tolle; in der »Bluthochzeit« das düster Phantastische, wüst Sinnliche und Melodramatische der Dichtung zum Ausdruck; so geben sie der Verspottung der Ärzte, dem burlesken und innerlich doch so tragischen Spiel mit der Krankheit und dem Tode in Molières Komödie eine ganz unvergleichliche Verkörperung. Von all ihren Darstellungen ist diese die vollendetste ... das Publikum kam aus dem Beifall nicht heraus, es empfand eben, daß in diesen Spielern etwas von Molières Geist stecke, daß, wenn man klassische Werke aufführen will, man sie so aufführen muß – vorausgesetzt, daß man ein teilnahmsvolles, angeregtes, hingerissenes Publikum haben will. Nein, nicht der Schneider oder der Dekorationsmaler, nicht das vielberufene Kostümbuch unseres gelehrten Professors Weiß – daß sie Shakespeare und Molière zu spielen verstehen, daß sie uns das Schauspiel des Dichters voll, rund und ganz geben, das ist das Geheimnis der Meininger.

Karl Frenzel, Berliner Dramaturgie/2

So wenig wie im literarischen Leben oder in der Welt des Theaters gelingt es der neuen Reichshauptstadt anfangs, in der bildenden Kunst eine anregende, zukunftsweisende und maßstabsetzende Rolle zu übernehmen. Bis weit in die achtziger Jahre hinein dominieren im Kunstleben Berlins die schablonenhafte Historienmalerei, die detaillierte, mit anekdotischen und moralischen Zutaten gewürzte Nacherzählung hohenzollernscher Heldentaten, eine handwerklich solide Porträtkunst, die das Repräsentationsbedürfnis der Berliner guten Gesellschaft auf sinnfällige Weise befriedigt, Genre- und Landschaftsbilder einer vordergründig realistischen Schule, »deren abstraktes Schönheitsideal sich von jeder Korrektur durch die Wirklichkeit« längst »unabhängig gemacht hat« (Otto von Leixner, Die moderne Kunst/1).

Nach dem Deutsch-Französischen Krieg, als ein sich bereicherndes Bürgertum den Ton anzugeben begann und Berlin, trotz München und Düsseldorf, auch Reichshauptstadt der Kunst werden wollte, war das öffentliche Kunstleben in Deutschland äußerlich eigentlich in Ordnung. Die Akademien hatten Autorität, ihre Künstler stimmten in die Forderungen des Publikums ein, in den akademischen Ausstellungen wie in denen der Kunsthändler wurde fleißig gekauft, der Sammler, dieses Kind der kapitalistischen Gesellschaft, gewann eine Mission, die wohlhabenden Bürger ließen sich porträtieren, hängten Bilder in ihre Gesellschaftsräume, stellten dort Plastiken auf und erzogen sich zu einer bescheidenen Kennerschaft. Auch an Staatsaufträgen fehlte es nicht, und die Namen führender Künstler waren in aller Munde. Die Zeit hätte sich dem siebzehnten Jahrhundert in Holland vergleichen lassen, wenn eines nicht alles als trügerisch erwiesen hätte: die Akademie wußte längst nicht mehr, was Kunst ist, die Talente waren mittleren Ranges, die Publikumskunst gefiel sich im Banalen, Imitativen und süßlich Epigonischen. Beliebt war die gemalte oder modellierte Anekdote, war die Wahrheit der Photographie und die Ideologie von Menschen, die in Selbsttäuschungen lebten. Alles zielte auf leichte Unterhaltung, die Kunst nannte sich selbst eine Kunst für alle und paßte sich den Instinkten von Emporkömmlingen an. Künstler, die sich solcherart betätigten, hatten Erfolg, kamen zu Ämtern, Würden, Titeln und erlangten eine kurzlebige Popularität.

Mit diesem Zustand waren fast alle zufrieden, wie denn Zufriedenheit überhaupt das Lebensziel war.
Karl Scheffler, Die fetten und die mageren Jahre

Rund vierhundert Mitglieder zählt die größte Künstlervereinigung der Hauptstadt, der 1841 gegründete »Verein Berliner Künstler«. Unter Leitung seines Vorsitzenden, des Tiermalers Carl Steffeck, kümmert er sich um die beruflichen Interessen seiner Mitglieder, die Förderung des geselligen Verkehrs und die Veranstaltung von Ausstellungen, die in dem 1869 neu bezogenen Domizil in der Kommandantenstraße, später im Architektenhaus in der Wilhelmstraße stattfinden. Die übergroße Mehrheit der Künstler, die in der Gründerzeit in Berlin Rang und Namen haben, ist heute nur noch den Fachleuten geläufig: Carl Becker oder Gustav Spangenberg, die repräsentativen Vertreter der Historienmalerei, Gustav Richter, der bevorzugte Porträtmaler der gehobenen Berliner Gesellschaftskreise, der Genremaler Ludwig Knaus, der Tiermaler Paul Meyerheim.

Beherrschende Figur des offiziellen Berliner Kunstlebens ist Anton von Werner, der sich seit seinem Velarium »Kampf und Sieg« für die Via triumphalis beim Berliner Truppeneinzug 1871 der besonderen Gunst des Hofes erfreut. Mit zahlreichen Porträtstudien preußischer Heerführer wie auch mit dem Fries am Sockel der Siegessäule – »in großem Maßstabe ausgeführt, aber nicht in großem Geiste erfunden«, wie Adolf Rosenberg (»Die Berliner Malerschule«) anmerkte –, erfüllte er seither alle Erwartungen an eine von der Reichsidee hohenzollernscher Prägung inspirierten Kunst. 1875 wird Anton von Werner Direktor der mit der Königlichen Akademie der Künste verbundenen Hochschule und 1887 auch Vorsitzender des Vereins Berliner Künstler. Seine Machtfülle, seine diktatorische Amtsführung, sein Einfluß bei Hofe verhindern für lange Zeit die Entwicklung einer auf Eigenständigkeit und künstlerische Originalität gegründeten Berliner Kunstszene.

Werners bekanntestes, später in allen Schulbüchern abgebildetes Werk ist das Kolossalgemälder »Kaiserproklamation in Versailles«, das die deutschen Fürsten bei ihm als Geschenk zum 80. Geburtstag des Kaisers bestellt haben. Wohl auf keinem deutschen Historienbild gab es bis dahin eine solche Ansammlung preußisch-akkurat gemalter Waffen, blitzender Helme, blanker Schaftstiefel und ordensgeschmückter Offiziersuniformen. In der Kunstausstellung der Akademie von 1877 können die Berliner das Prachtstück erstmals bewundern:

Bis jetzt ist die Wahrheit über dieses Bild nur geflüstert, aber nicht laut ausgesprochen worden. Patriotische Gefühle, die Art der Entstehung und der schöne Zweck – alle diese Momente haben von

Anfang an das Urteil des Publikums und der Kritik beeinflußt und gefälscht. Die Kritik sollte absolut von keinem patriotischen und Gefühlsstandpunkt aus ihr Urteil abgeben, wie es hier geschehen ist. A. von Werner ist einer der gediegensten Künstler Berlins, sein Kunstwissen ein großes; er beherrscht die Zeichnung mit seltener Energie; seine Maltechnik ist tüchtig und gewissenhaft. Trotz allem und allem aber ist die »Kaiserproklamation« kein Kunstwerk im strengen Sinne, sondern ein Repräsentationsbild, dem es vor allem an jener Weihe und mitreißenden Kraft fehlt, die einer Darstellung solcher Momente die Volkstümlichkeit sichert. Das Publikum hat – das ist die wahre Stimmung – absolut nicht gewußt, wie es sich diesem Bilde gegenüber stellen solle; ergriffen, mitgerissen war es gar nicht, im Gegenteil, es gab viele, die durch den rein militärischen Charakter des Bildes abgestoßen oder doch unsympathisch berührt wurden. Aber niemand wagte es, diese Meinung auszusprechen; man schwieg, aus Furcht, mißdeutet zu werden. Das Bild interessiert nicht aus künstlerischen Gründen. Die Leute freuen sich teils über die Hunderte von Porträts, teils über die Gewissenhaftigkeit, mit welcher jede Kleinigkeit bis zum unbedeutendsten Knöpfchen gemacht ist.
Otto von Leixner, Die moderne Kunst/1

Die Ausstellungen der Akademie, später Große Berliner Kunstausstellung genannt, haben eine lange Tradition: 1786 begründet, finden sie anfangs alle zwei Jahre, seit 1876 in der Regel jährlich statt. Sie sind nicht nur das zentrale Ereignis im offiziellen Kunstleben der Hauptstadt, sondern auch ein wichtiger Markt für den Kauf und Verkauf der Ware Kunst.

Der Zeichner Gustav Heil, Mitarbeiter des satirischen Journals »Berliner Wespen«, besuchte die Ausstellung 1872:

Wenn die Störche und andere lose Vögel Berlin und seinen zweimeiligen Pestkreis verlassen haben, um in südlichen, geruchloseren Gegenden etwas nach Luft zu schnappen, wenn der Sprengwagen seine letzten asthmatischen Wasserstrahlen mit den ersten der herbstlichen Regenschauer mischt, wenn der Gründer aus dem ihm so nötigen Bade mit gereinigtem Gewissen und vermindertem Fettgehalt zurückkehrt an die heimatliche Börse, dann pflegt wohl der kundige Thebaner, wenn er auf seinem Wege zum Schluß der Krollschen Oper die Linden passiert, mit anderen Augen als sonst nach der Akademieuhr emporzublicken; schneller beflügelt der Puls des Wanderers seine Schritte, denn am Sonntag, dem 1. September, werden nach zweijähriger Verschlossenheit die Pforten dieses Janustempels wieder aufgetan, um Fürsten und Völkern zu verkünden, daß der friedliche Kampf um den Lorbeer in seinen Hallen begonnen hat.

Schon seit Monden ist die akademische Scheuerfrau beschäftigt, die Arena zu fegen und die morsche Diele zu bleichen, die größten Fenster mit den kleinsten Scheiben werden geputzt, damit der herbstliche Sonnenstrahl nicht behindert werde, die gerechten und ungerechten Kunstwerke zu bescheinen. Mächtige Rollwagen löschen Tag und Nacht ihre wertvolle Ladung. Während oben in jugendlicher Muskelkraft die Hängekommission aus all der Farbenpracht die schönsten Teppichmuster zusammenstellt, werden unten in jenen kühlen Räumen, wo die Freude flieht, die wenigen hineinfallenden Strahlen des Tageslichtes auf die zahllosen plastischen Werke unparteiisch verteilt, vom Transport abgefallene Nasen und Arme angegipst und von kundigen Tapezierhänden den Postamenten grüne kattunene Beinkleider angemessen. Der Uhrsaal, dieser altersgraue Rest der Steinzeit, die glücklichste Lösung des Problems, einen großen Saal mit drei kolossalen Fenstern so finster herzustellen, daß das Tageslicht nur von unten her durch Ritzen der Dielen dringen kann, dieser Uhrsaal hat außerdem noch Oberlicht erhalten, was man von dem geehrten Senat nicht sagen kann. Die beiden seit bald 100 Jahren Sturm und Regen Trotz bietenden Papptäfelchen an der Pforte zum Allerheiligsten sind frisch überklebt aufgehängt und belehren in Lapidarschrift …, daß wochentags von 10 – 5 und sonntags von 11 – 4 Uhr Kunst verzapft wird.

Herbei also, ihr Bankdirektoren und Verwaltungsräte, ihr Gründer und Gegründete, und tut Geld in euren Beutel. Die große Kunstmarkthalle ist geöffnet, die Zufuhren waren stark, und wenn auch, wie überall, hin und wieder die Qualität zu wünschen läßt, so wird es andererseits die Masse bringen. Nichts eignet sich in jetziger Zeit besser zur Kapitalsanlage als Kunstwerke; die Quadratrute Knaus, Menzel oder Meyerheim stellt sich immer noch billiger als eine dito in der Spreegasse oder andern Villenbauterrains.

Also nochmals: tut Geld in euern Beutel! In einer Zeit, wo jeder zeichnet, sollte sich auch jeder was malen lassen … Bitte hereinzuspazieren!

Gustav Heil, Zehn Jahre Berliner Kunstgeschichte

Das jährlich von großem Presseaufwand begleitete Ausstellungsereignis kann nicht darüber hinwegtäuschen, daß in Berlin Kunstflaute herrscht. »Man hat geglaubt«, schreibt der konservative Kunstkritiker Adolf Rosenberg 1881 enttäuscht, »daß mit der Erhebung Berlins zur Hauptstadt des Deutschen Reiches diese Ausstellungen immer mehr zum Mittelpunkte des gesamten deutschen Kunstschaffens werden wür-

den. In Wahrheit aber sind sie es von Jahr zu Jahr weniger geworden« (Zeitschrift für bildende Kunst, 24. November 1881). Zwar gelingt es nach längerem Hin und Her, die völlig unzureichenden Ausstellungsräumlichkeiten im Akademiegebäude Unter den Linden gegen einen provisorischen Neubau auf der Museumsinsel (von den Berlinern respektlos »der Schuppen« genannt), später durch den sogenannten Glaspalast auf dem Landesausstellungsgelände am Lehrter Bahnhof zu ersetzen – an der trostlosen Monotonie der Akademie-Ausstellungen mit ihrer fatalen Mischung aus Publikumsgefälligkeit und ideologischer Repräsentanz ändert das nichts. Die neue Kunst wird auch in Berlin von anderen Zentren ihren Ausgangspunkt nehmen.

1892 hat Alfred Lichtwark noch einmal die große »Akademische« besucht:

Die Ausstellung ist diesmal sehr trist und infolgedessen wenig besucht. Aufseher und Katalogverkäuferinnen sehen aus, als wäre das Ganze für sie veranstaltet. Sie unterhalten sich über drei Säle hinweg und singen die goldene Abendsonne zweistimmig. Begegnen sich zwei Besucher – pas impossible –, so zuckt ihre Hand nach dem Hut, wie man in der Wüste Sahara mit jedem Landsmann fraternisieren würde. Aber trotzdem hat mir die Ausstellung im innersten Herzen nicht mißfallen. Sie hat etwas Beruhigendes, denn man sagt sich bei gutem Gewissen, 80 % gehen einen nichts an.

Alfred Lichtwark, Briefe an die Kunstkommission/1

Eine Gestalt ganz außerhalb des offiziellen Kunstbetriebs – und doch nicht am Rande stehend – das ist Adolph Menzel in dieser Zeit, bei Hofe hoch geehrt als Schöpfer der Friedrichsbilder, anerkannt als moralische und künstlerische Instanz auch von jenen, deren auf Kunstfortschritt drängende Schaffensprinzipien bei Menzel auf Unverständnis und Ablehnung stoßen. »Von 9 bis 9 ein Einsiedler in seinem Atelier, und dann erst, wenn andre zu Bette gehn, geht er mit seinem Ordensband zu Hof oder mit seinem Klapphut zu Huth. Er war zeitlebens ein Meister in der Kunst der Concentration und hat deshalb eine Kunst-Carrière gemacht, ohne je ein Carrièremacher gewesen zu sein«, schreibt Fontane über ihn in einem Brief an Friedlaender vom 21. Dezember 1884, und an anderer Stelle bekennt sich Fontane ausdrücklich zu Menzel als seinem »Meister und Vorbild«.

Menzel hat, wie die meisten Berliner, in seiner Stadt sehr viele, in unterschiedlichen Gegenden gelegene Quartiere gehabt: Er wohnt nacheinander in der Zimmerstraße, Anhalter Straße, Schöneberger Straße, Ritterstraße, Marienstraße, Luisen- und Potsdamer Straße, zuletzt, bis zu seinem Tode, am Tiergarten, in der Sigismundstraße:

»Menzels Atelier in der Sigismundstraße 3, vier Treppen, im dem er über ein Vierteljahrhundert gearbeitet, war ein nüchterner, großer Arbeitsraum, in dem die reinigende und ordnende Hand einer guten Hausfrau durchaus fehlte …«

Menzels Atelier in der Sigismundstraße 3, vier Treppen, in dem er über ein Vierteljahrhundert gearbeitet, hatte nichts von dem, was man von der Werkstatt eines großen Künstlers erwartet. Keine Gobelins, keine alten Waffen und Antiquitäten oder sonstige reizvolle und malerische Scharteken. Es war ein rot gestrichener, nüchterner, großer Arbeitsraum, in dem die reinigende und ordnende Hand einer guten Hausfrau durchaus fehlte. Menzel selbst war mit seiner Kunst und seiner Toilette penibel ordentlich, aber er konnte nichts wegwerfen, und so häuften sich in seinem Atelier die unglaublichsten Dinge an. Als Ehrenbürger von Berlin und seiner Vaterstadt Breslau wurden ihm ganze Ladungen von Schriftstücken und Drucksachen zugesandt, die, zu Säulen getürmt, eine Bronzebüste unsres Kaisers umstauten. Die eine Querwand nahm das unvollendete Bild ein, das Friedrich den Großen vor der Schlacht bei Leuthen darstellt … Die andern Wände boten nur Haken- und Nagellöcher, an denen Arbeiten gehangen hatten, die ihm von Kunsthändlern entrissen worden. Als einmal ein Photograph kam, um eine Aufnahme des Ateliers zu fertigen, sagte er diesem: »Was wollen Sie denn hier photographieren? Es sieht doch so aus, als wenn der Exekutor alles weggenommen hätte.« Als nun der Photograph auf eine interessante und malerisch unordentliche andre Ecke des Ateliers hinwies, sagte der Meister: »Nein, diese lasse ich nicht photographieren, denn ich habe noch ein Blatt vor: der Tod, der mein Atelier ausfegt, und wenn ich alles dies da photographiert sehe, ist mir die Lust zu meiner Arbeit vergangen.«

Die Schattenwand war dicht mit einer Fülle von Gipsabgüssen behangen: Totenmasken, Arme, Beine und Torso, Tierschädel und anatomische Körperteile. Nach diesen Gegenständen hat er eine große Studie bei Lampenlicht gemalt, die er für seine beste Arbeit hielt. Diese Tafel, Eigentum der Pinakothek, malte er zu dem Zwecke des Exerzitiums der Technik zur Zeit, als er sein Eisenwalzwerk schuf ... Die Decke seiner Werkstatt hatte einige bedenkliche Lücken, durch die bei starken Regengüssen feine Strahlen herabtropften. Einen Schmutz verursachenden Maurer wollte er nicht kommen lassen, und so standen zum Auffangen des Regenwassers immer einige merkwürdige Geräte bereit, welche an die betreffenden Stellen postiert wurden. Wenn er Pakete im Atelier öffnete, so wurden die Bindfaden und Schnüre sorgfältig abgenommen und über einen aus der Wand hervorspringenden Gasarm gehängt. Ein großer eiserner Ofen durchwärmte wohl frühmorgens das Atelier, seine Bedienung wurde aber gewöhnlich vergessen, und es war daher beim Hereinbrechen der Dunkelheit oft recht bitter kalt. Trotzdem arbeitete er, bis er nicht die Hand vor Augen sehen konnte. Aber er verschmähte jeden dienenden Geist, wie alles, was ihm den Aufenthalt im Atelier hätte angenehm machen können.

Menzels Werkstatt zu besichtigen, ist zu allen Zeiten für Neugierige sehr schwierig gewesen, und diese Schwierigkeit hatte sich in letzter Zeit bis zur Unmöglichkeit gesteigert. Mancher Besucher wurde mit den Worten empfangen: »Hier ist nichts zu sehen; ich bin keine Menagerie.« Auch Minister und Prinzen und Prinzessinnen fanden keine Gnade ...

Das Betreten seines Ateliers war ziemlich umständlich. Hatte man frühmorgens die vier Treppen des Hinterhauses erstiegen, so glaubte man zunächst, bei einem Asyl für Obdachlose angekommen zu sein; denn auf den oberen Treppenstufen lagerten immer einige jammervolle Gestalten, welche warteten, bis Menzel kam, um unter diesen Modellen eins auszuwählen. Und er wählte auch nur eins, um erst mal, ebenso wie ein andrer Mensch seine Morgenzigarre raucht, eine schöne Zeichnung zu machen. Dann erst begann er seine Tagesarbeit.

Die Namen und Adressen von den Modellen schrieb er sich niemals auf; er meinte, wenn man sie danach fragte, begännen sie mit der Erzählung ihrer Lebens- und Leidensgeschichten, und das liefe immer auf eine kleine Stiftung hinaus.
Paul Meyerheim, Adolf von Menzel

Max Liebermann erzählt über seine Begegnungen mit Menzel:

Im Jahre 1872 hatte Menzel mein erstes Bild, »Die Gänserupferinnen«, bei dem Kunsthändler Lepke gesehen, und er ließ mich auffordern, wenn ich, der damals auf der Kunstschule in Weimar war, wieder nach Berlin käme, ihn zu besuchen. Ohne seine Aufforderung hätte ich es nie gewagt, denn ihn in seinem Atelier aufzusuchen wurde für eine Tollkühnheit, etwa wie das Eindringen in den Löwenkäfig, angesehen. Er empfing mich mit den Worten: »Ihr Talent haben Sie vom lieben Gott, ich schätze am Künstler nur den Fleiß«, welche Äußerung ich mehr für die väterliche Ermahnung des Meisters dem Anfänger gegenüber hielt. Aber später in der Akademie, in Jurysitzungen, bei Prämiierungen und dergleichen konnte ich bemerken, daß er nur nach dem aufgewandten Fleiß die Arbeit beurteilte. Aber nicht nur die Bilder der andern, sondern auch seine eigenen … Er wollte alles sich zu verdanken haben: das Kunstwerk sollte nicht unter seiner Hand entstehen, sondern seine Hände sollten es im eigentlichen Sinne des Wortes machen …

Man muß schon bis zu Rembrandt zurückgehen, um einen ihm ebenbürtigen Meister in Beherrschung der künstlerischen Mittel zum Vergleich zu finden. Trotz der minutiösesten Ausführung bleibt sein Vortrag stets breit und frei, trotz seines fabelhaften Fleißes lassen seine Werke nie den Schweiß, den sie gekostet, oder das Öl der Studierlampe spüren. Er herrscht frei als unumschränkter Gebieter über seine, wenn auch etwas kleinbürgerliche Welt, aus der er stammt, denn man darf nicht vergessen, daß Menzel, der Autodidakt, sich aus kleinsten Anfängen hat emporringen müssen … Konzessionen hat er nie gemacht, weder als Künstler noch als Mensch. Ich übergehe als bekannt die vielen Anekdoten, die über seine »Aufrichtigkeit«, wenn man es nicht Grobheit nennen will, im Umlauf sind, und ich will nur eines Vorfalls erwähnen, der nur mir bekannt sein dürfte, um zu zeigen, daß er selbst einem Bismarck gegenüber seine Unabhängigkeit zu wahren verstand.

Menzel hatte mir, der ich von der französischen Regierung zum Juror in der Aufnahmekommission für die Pariser Weltausstellung von 1889 ernannt war, 16 oder 18 seiner Werke anvertraut, als plötzlich kurz vor der Eröffnung der Ausstellung ein Erlaß Bismarcks erschien, der allen Künstlern, die preußische Beamte waren, die Beteiligung an ihr untersagte. Und alle die damaligen Berühmtheiten, von Achenbach, von Reinhold Begas bis zu den kleineren Sternen hinab, beeilten sich, ihre Werke zurückzuziehen. Bis auf Menzel, bei dem ein Ministerialdirektor erschien, um ihm auseinanderzusetzen, daß es sich für ihn, als den Kanzler des Ordens Pour le mérite, nicht zieme, in Paris sich an der Ausstellung zur Jahrhundertfeier der Französischen Revolution zu beteiligen. Darauf Menzel: »Ich bin jetzt 73 Jahre alt, ich habe immer gewußt, was sich für mich schickt, und ich werde es weiter wissen.« Sprach's und stellte ruhig aus.

Max Liebermann, Einleitung zu: Adoph Menzel. Fünfzig Zeichnungen

Menzel hat sich in den letzten drei Jahrzehnten seines Schaffens von den historischen Themen, die ihn berühmt gemacht hatten, fast völlig abgewandt. Er entnimmt die Anregungen für seine Gemälde und Zeichnungen vorwiegend dem Leben der Gegenwart, dem er mit seiner stets wachen Neugier auf die Spur zu kommen sucht: In dieser Zeit entstehen seine Bilder von Pariser und Berliner Straßen, von Werkstätten und menschenerfüllten Restaurants, von Hofbällen und Kurpromenaden; aus dieser Zeit stammen sein großartiges »Eisenwalzwerk« und die »Maurer auf dem Neubau«. 1878 malt er sein fast karikaturistisch-respektlos anmutendes »Ballsouper«, in dem er vom Glanz eines Hofballs gerade jenen Moment auswählt, in dem alle Regeln des Zeremoniells für einen Augenblick außer Kraft gesetzt scheinen – der Sturm auf die Büfetts:

Die Hoffestlichkeiten waren sein besonderes Jagdrevier. Da wurden oft die Rückseiten des Programms oder die Menus mit unzähligen gezeichneten Notizen bedeckt. Als er sein berühmtes Ballsouper malte, war ich mit ihm in das Palais Wilhelms des Ersten geladen. Sobald die Schlacht um das Büfett begann, war ihm klar, daß seine natürliche Größe nicht genügte, um den Studienplatz zu überblicken. Er bat mich, als deckende Kulisse zu dienen, und stieg auf einen Stuhl neben einem Pfeilerspiegel. Schließlich stieg er auch, unbekümmert um die etwas staunende Hofgesellschaft, auf den Marmortisch vor dem Spiegel, um das Ganze einen Augenblick noch besser überschauen zu können. Der König hatte ihn stillächelnd wohl bemerkt und ließ ihn ruhig gewähren.

Bei all diesen Gesellschaftsbildern hat er es stets verschmäht, Porträts aus den Hofkreisen anzubringen, und als er einmal darauf aufmerksam gemacht wurde, daß es doch interessant sein müßte, berühmte Schönheiten und bedeutende Leute auf seinen Hofbildern wiederzuerkennen, meinte er, daß er dies deshalb nicht tue, weil das

Publikum die Bilder dann immer mit andern Interessen ansehen würde als mit rein malerischen.
Paul Meyerheim, Adolf von Menzel

Am 20. März 1882 schreibt der Däne Georg Brandes in einem seiner regelmäßigen Berichte aus der deutschen Reichshauptstadt:

Es könnte den Anschein haben, als verstehe man in Berlin die Kunst als ebenso zähmend und disziplinierend wie die Königsmacht selbst. Auf dem Platz zwischen Schloß und Museum sieht man lauter Pferdebändigergruppen um sich versammelt. Auf dem Museumsdach nicht weniger als vier Bändiger, die sich in luftiger Höhe mit gewaltigen Rossen abmühen. Und vor dem Schloß die beiden Kolossalgruppen, die seinerzeit Zar Nikolaus Friedrich Wilhelm IV. schenkte und denen der Berliner Witz die Namen »Der gehinderte Fortschritt« und »Der geförderte Rückschritt« gab. Es ist ein Zufall, der wie Absicht aussieht. Veredlung wurde im neuen Deutschland beinahe einsbedeutend mit Disziplin.

Doch wie dem auch sei: Dem Alten Museum wird der Fremde häufig seinen Antrittsbesuch abstatten, und manch einer sagt sich, beim Verlassen dieser Stadt werde er dem Museum und seiner Umgebung auch seinen Abschiedsgruß entbieten. Denn es ist die behaglichste und lehrreichste Stelle der ganzen Stadt. Und vielleicht nirgendwo empfindet man stärker als hier, wie Berlin wächst. In rasender Eile nimmt dieses Museum zu, während die der anderen deutschen Städte (wie in Dresden, München, Kassel) notgedrungen auf der Stelle treten ...
Georg Brandes, Berlin als deutsche Reichshauptstadt

In der Tat: auf keinem anderen Gebiet der Kultur setzt sich Berlin so rasch und so überzeugend an die Spitze der Entwicklung in Deutschland wie auf dem des Museumswesens. Ein verfünffachter Etat ermöglicht den vom Kaiserhaus unmittelbar geförderten und kontrollierten Berliner Museen nach der Reichsgründung eine Fülle wertvoller Neuerwerbungen. Nach den sensationellen Ausgrabungserfolgen Humanns auf der Akropolis zu Pergamon kommen ganze Schiffsladungen mit wertvollen Fragmenten nach Berlin und werden hier unter sachkundiger Leitung wieder zusammengefügt. Die Schliemannsche Sammlung Trojanischer Altertümer wird 1881 im neuerbauten Kunstgewerbemuseum, später im Völkerkundemuseum ausgestellt. Die ägyptische Abteilung, im Neuen Museum untergebracht, erhält durch die Expedition deutscher Archäologen ins Niltal ständig neue Schätze. Die

Münzsammlung, das Kupferstichkabinett, die ethnographischen Sammlungen erfahren bedeutende Erweiterungen. Bereits 1859 hatte der Kaufmann Wilhelm Wagener dem preußischen Staat eine Sammlung von 262 Werken deutscher und ausländischer Künstler als Grundstock für eine »Vaterländische Galerie« vermacht. 1867 beginnt man mit dem Bau eines eigenen Museums für die Sammlung, die zunächst in den Räumen der Akademie nur ein provisorisches Unterkommen gefunden hatte. Am 22. März 1876 wird die »Nationalgalerie« auf der Museumsinsel feierlich eingeweiht – aber die Kritik der Fachleute folgt auf dem Fuße:

Der Bau wurde nach einem vor nunmehr zehn Jahren ausgearbeiteten Etat begonnen und zu Ende geführt, ohne daß die inzwischen total veränderten Verhältnisse mit in Anschlag gebracht wurden. Nach dem glorreich beendigten Kriege wäre der richtige Zeitpunkt gewesen, eine nachträgliche Geldbewilligung in ausreichender Höhe von den Kammern zu fordern; man hat dies leider versäumt. Man erzählt die wunderlichsten Geschichten von der Sparsamkeit, mit der zu Werke gegangen ist. Indessen reden die Tatsachen deutlich genug, so daß wir von mündlichen Mitteilungen Abstand nehmen können. Im Treppenhause sind beispielsweise die Füllungen einer Galeriebrüstung in Marmor ausgeführt, während ein Relief, das Werk eines Künstlers, aus gemeinem Stuck geformt ist. Das Treppenhaus zeichnet sich überhaupt durch eine große Verschwendung edlen Materials aus, so daß man nicht zuviel sagt, wenn man als charakteristisch für die Bauführung der Nationalgalerie sagt: für die Werke der Künstler hat man nur Stuck oder höchstens Sandstein gehabt, während für die Steinmetzen Marmor in Hülle und Fülle vorhanden war …

Unter der doppelarmigen Freitreppe führt ein schluchtenartiger Durchgang in das erste Geschoß, während man von der Freitreppe zunächst in eine von acht freistehenden Säulen getragene Vorhalle und aus ihr in das zweite Geschoß gelangt. Wie gewöhnlich in Berlin, ist der Zweck dieser Freitreppe vollkommen illusorisch. Die aus der Vorhalle in das zweite Geschoß führende Tür ist verschlossen; der Eingang erfolgt nur durch die Schlucht in das Erdgeschoß. Mithin hat die doppelarmige Freitreppe, welche den fünften Teil des ganzen der Nationalgalerie gewidmeten Flächenraumes einnimmt, nur den Zweck, die Besichtigung des in der Vorhalle zu beiden Seiten der Tür angebrachten Reliefs zu ermöglichen. Im übrigen ist sie nichts als ein rein dekorativer Versuch, der obenein an einem völlig unpassenden Orte ausgeführt ist.

Zwischen den Kapitälen der Halbsäulen sind Schilde angebracht, welche in Goldschrift die Namen, das Geburts- und das Todesjahr

Ludwig Rohbock, Die Nationalgalerie, 1876. Der Künstler ist bei der Gestaltung seines Bildes der Entwicklung ein wenig vorausgeeilt: Das Reiterstandbild Friedrich Wilhelms IV. von Calandrelli auf der Freitreppe wurde erst 1886 aufgestellt.

der hervorragendsten deutschen Künstler tragen. Über die mehr oder minder unglückliche Wahl dieser Namen wollen wir mit dem Baumeister nicht rechten. Nach den bisher gemachten Erfahrungen ist mit den Berliner Architekten eine Verständigung über kunstgeschichtliche Fragen in den meisten Fällen nicht herbeizuführen. Ebenso ließe sich über manche Jahreszahl streiten. Jeder Kunstgelehrte weiß, daß auf diesem Gebiete noch manches im Argen liegt. Indessen steht so viel wenigstens fest, daß Dürer im Jahre 1528 gestorben ist, während an dem »der deutschen Kunst« geweihten Gebäude sehr erbaulich 1526 als sein Todesjahr zu lesen ist …

Nachdem die Nationalgalerie sowohl in einigen Organen der Tagespresse als auch in den gebildeten Kreisen Berlins entschiedene Mißbillgung erfahren hat, ist gegen die »Kunstkritiker«, welche sich vermessen haben, frei von der Leber weg zu reden, von gewisser Seite die bekannte Redensart gebraucht worden, es sei leichter, ein Gebäude herunterzureißen als aufzubauen … Schwerlich wäre übrigens etwas erzielt worden, wenn man über die Nationalgalerie den Mantel der christlichen Liebe gedeckt hätte. Es gilt hier das alte Wort: »Wenn die Menschen schweigen, werden die Steine reden.«

Adolf Rosenberg, Die Berliner Nationalgalerie

Erster Direktor der Nationalgalerie wird Max Jordan, der mit Sachverstand und Geschick die Sammlung um wertvolle Stücke zeitgenössischer Kunst bereichert – auch wenn sich Kollisionen mit der kaiserlichen Obrigkeit dabei nicht immer vermeiden lassen.

1872 beginnen zwei Männer ihre Arbeit auf »musealem« Boden, deren Wirken untrennbar mit dem Aufstieg der Berliner Museen zu einer Sammlung von Weltrang verbunden ist: Richard Schöne und Wilhelm von Bode; dieser als Assistent bei der Skulpturensammlung und der Gemäldegalerie, jener als Museumsreferent im preußischen Kultusministerium. Sechs Jahre später wird Schöne zum Generaldirektor der Königlichen Museen in Berlin berufen. Bode, der später sein Nachfolger werden wird, übernimmt 1890 die Leitung der Gemäldegalerie.

Adolf Erman, Direktor des Ägyptischen Museums, erinnert sich an die Veränderungen, die mit Schönes Leitung auf der Museumsinsel vor sich gehen:

Die Museen, in die ich 1884 als Direktor eintrat, waren nicht mehr das alte Institut aus den Zeiten von Usedom und Dielitz, wo die einzelnen Abteilungen von ihren Oberdienern in Ordnung gehalten wurden und wo alles selbstzufrieden auf seinen Lorbeeren schlummerte.

Damals hatte es eigentlich nur zwei Sammlungen gegeben, die ernstlich nach Vermehrung strebten, das Münzkabinett, wo Friedlaender wirkte, und die Ethnologische Sammlung, wo Adolf Bastian ruhelos waltete. Jetzt war Richard Schöne Generaldirektor geworden, ein junger Hallenser Professor, der Archäologe war und Philologe und der zudem vorher als Schüler des alten Preller sich zum Maler ausgebildet hatte. Diesen Mann von reichster Bildung hatte Gustav Freytag dem Kronprinzen empfohlen, und so war er als Referent für die Kunst in das Ministerium Falck berufen worden. Nun trat er an die Stelle von Usedom und unterstützt vom Kronprinzen, als dem Protektor der Museen, ging er daran, den Bann zu brechen, der auf ihnen lag. Zunächst wurden ihre Fonds beträchtlich erhöht. Dann gab er ihnen ein neues Statut, das ihre einzelnen Abteilungen zu selbständigen Sammlungen machte. Fortan war es nicht mehr der Generaldirektor, der über die Ankäufe entschied, sondern jeder Direktor hatte seinen eigenen Fonds, über den er frei verfügte; nur an die Zustimmung einer Kommission von Sachverständigen war er noch gebunden. Vor allem aber gelang es Schöne, an die Stelle der alten Beamten allmählich neue zu berufen, solche, die von dem gleichen Eifer beseelt waren wie er selbst. Nun traten Männer wie Bode, Conze und Lippmann, um nur diese zu nennen, an die Spitze der Sammlungen, in denen sie dann so Großes leisten sollten. Es waren sehr verschiedene Naturen, die sich Schöne so als Mitarbeiter berief, leidenschaftliche Sammler standen neben ernsten Gelehrten, aber alle waren gute Kenner ihres Faches, und alle waren einig in dem Wunsche, die Museen vorwärts zu bringen.

Auch darin zeigte sich der gute Geist, der mit Schöne in die Museen einzog, daß ein jeder von ihnen sich der Erfolge des anderen freute. Was waren das für Tage, wenn sich die Nachricht verbreitete, dieser oder jener Abteilung sei wieder ein großer Wurf gelungen. Dann sammelte sich alles bei dem glücklichen Genossen, wo man in einem verschwiegenen Nebenraum das neue Wunder zu sehen bekam, das aller Konkurrenz zum Trotze doch nach Berlin gekommen war …

Und damit habe ich schon jenen Punkt berührt, der für uns alle die ständige Sorge war, die Beschaffung von Geld. Gewiß waren unsere Fonds gegenüber der früheren Zeit sehr vermehrt worden. Aber noch viel mehr waren doch die Ansprüche gewachsen, die die neue Zeit an unsere Museen stellte. Überall kamen jetzt Stücke auf den Markt, die wir nicht durchlassen durften, wenn anders wir unsere Pflicht erfüllen wollten. Da hieß es denn für uns, das Stück zunächst einmal festzuhalten. »Das darf nicht wieder heraus aus dem Museum«, war unsere Redensart, und das war, wenn es sich um kein allzu großes Objekt handelte, zunächst ja auch nicht schwer zu machen, hatten wir doch gute Freunde, die uns den nötigen Betrag vorschossen. Dann kam freilich die zweite Sorge, wir mußten den Vorschuß zurückzahlen, und so langmütig unsere Freunde auch waren, allzu sehr durften wir ihre Geduld doch nicht auf die Probe stellen, denn schon morgen konnten wir sie aufs neue nötig haben. Da hofften wir dann zunächst auf den Reservefonds der Museen, und wenn aus dem nichts mehr zu holen war, und auch nichts aus dem des nächsten Jahres, so konnte uns vielleicht noch der Allerhöchste Dispositionsfonds helfen; freilich mußte es sich für den schon um etwas Besonderes handeln, um etwas, was man eventuell auch dem Kaiser vorführen konnte. War auch dieser Weg nicht gangbar, so mußten wir einen andern wandeln, wir mußten uns das Stück von einem Gönner schenken lassen. An solchen Gönnern fehlte es den Museen ja nicht, aber leider hatten viele von ihnen dabei besondere Hintergedanken; sie hofften auf Orden oder Titel, und es lag dann Schöne ob, diese Hoffnungen mit Hilfe des Ministers zu erfüllen.

Adolf Erman, Mein Werden und mein Wirken

Auf dem Weg zur Musikmetropole

Rascher als andere Künste entwickelt sich nach 1871 das musikalische Leben Berlins. Oper, Konzert, erstklassige Chöre bieten dem Interessierten eine breite Palette musikalischer Genüsse. Berühmte Virtuosen wie Pablo de Sarasate, Eugen d'Albert, Saint-Saëns oder die Geiger Wieniawski gastieren in Berlin vor einem sachverständigen und begeisterten Publikum; die Pianistin Clara Schumann hat in Berlin eine treue musikalische Gemeinde. Anton Rubinstein präsentiert 1885 an sieben Abenden rund 180 Werke der Klavierliteratur. »Was die ersten Monate des diesjährigen Winters an Konzerten gebracht haben und was voraussichtlich die nächsten des künftigen Jahres bringen werden, das übersteigt ganz entschieden alles bisher in Berlin musikalisch ›Dagewesene‹. Es finden in diesem Winter allein 60 verschiedene Abonnementkonzerte statt«, schreibt der Musikreferent der »Gegenwart« am 22. November 1884. Und der Kunstkritiker Alfred Lichtwark bemerkt schon ein Jahr zuvor mit einem Anflug von Neid: »Es sind nicht mehr Malerei, Plastik und Architektur, die uns ins Innerste treffen, nicht Maler und Bildhauer sprechen zum Herzen des ganzen Volkes. Die Musik ist die Kunst unserer Zeit geworden« (Die Gegenwart, 17. November 1883).

Trotz des großen Konzertangebots ist der Saal der Singakademie im Kastanienwäldchen lange Zeit der einzige Raum in Berlin, der für größere musikalische Aufführungen geeignet ist:

Hier spielte sich bis tief in die siebziger Jahre das höhere Musikleben Berlins einzig und allein ab. Hier leitete der feinfühlige, hochgebildete Grell die großen Oratorienaufführungen, denen man wie einer gottesdienstlichen Handlung mit einer wahrhaften Andacht beiwohnte. Der alte Herr war in seinen künstlerischen Anschauungen eigentlich der orchestralen Musik abhold ... Für Grell war der reine Vokalgesang die vollendetste musikalische Ausdrucksform. Er selbst hat auch mit Vorliebe diese Kompositionsweise gepflegt. Er hat herrliche Werke lediglich für die menschliche Stimme und ohne jede instrumentale Zutat geschrieben. Am bewundernswertesten erscheint

Grells Kunst in seiner sechzehnstimmigen Messe, die unter seiner Leitung von dem Chor der Singakademie mit einer staunenerregenden Genauigkeit zu Gehör gebracht wurde. Das war ein ordentliches Fest für die musikalischen Kreise Berlins; ein erlesener Genuß, dem man sich mit ganzer Seele hingab ... Zu jener Zeit hielt die Sing-akademie auch noch an einem anderen Brauch fest: für die Einzelgesänge die erforderlichen künstlerischen Kräfte aus den Reihen ihrer Mitglieder zu stellen. Noch heute dürfte unter den wenigen Überlebenden sich die Erinnerung an die herrliche Stimme und die vollendeten Gesangsleistungen der Frau Adler, einer Dame aus der Berliner Gesellschaft, frisch erhalten haben. Die Singakademie bildete den Stolz der musikalischen Kreise der Hauptstadt; ihr als singendes Mitglied angehören zu dürfen, rechnete man sich zur Ehre an.

Verwaltete Grell und seine Singakademie die unermeßliche künstlerische Hinterlassenschaft einer großen Vergangenheit mit der peinlichsten Sorgfalt, ja mit einer Art religiöser Ehrerbietung, mit einer gewissen weihevollen Andacht, so kündigte sich in Julius Stern und seinem Gesangverein die neue Zeit an. Dieser ausgezeichnete Chorleiter nahm es mit der Pflege der Meisterwerke unserer Heroen nicht minder ernst als der Leiter der Singakademie, aber er vernachlässigte darüber auch nicht die Werke der neueren Meister. Den Aufführungen des Sternschen Gesangvereins in dem Saale der Singakademie brachte die musikalische Jugend vorwiegend ihre Teilnahme entgegen. Die Singakademie konnte auf eine ruhm-reiche künstlerische Vergangenheit zurückblicken; der Sternsche Gesangverein hielt den Blick auf die Gegenwart gerichtet. Er mußte durch jede neue Aufführung erst gewissermaßen sein Daseinsrecht immer von neuem beweisen. Dieser Umstand verlieh seinen Darbietungen eine gewisse innere Lebendigkeit, während die Singakademie im Gefühle eines sicheren Besitzes ruhig verharren durfte.

Isidor Kastan, Berlin wie es war

1882 verzeichnet das Berliner Musikleben ein Ereignis von langanhaltender Nachwirkung: Das Pianist und Dirigent Hans von Bülow gastiert in der Singakademie und versetzt die Berliner Musikenthusiasten mit seiner Interpretation Beethovenscher Sinfonien in höchstes Erstaunen. Mit ihm ist Johannes Brahms gekommen, und beide geben ein denkwürdiges Doppelkonzert: am ersten Abend dirigiert Bülow, und Brahms spielt sein D-Dur-Klavierkonzert, am nächsten Tag leitet Brahms das Orchester, und Bülow spielt das d-Moll-Konzert.

Es geschah ein Unerhörtes, noch nie Dagewesenes, das alle, die mit dem Berliner Musikleben in Berührung standen, in die höchste Erregung versetzte. Hans von Bülow kam mit der Meininger Kapelle nach Berlin und trug dem Publikum der Reichshauptstadt klassische und moderne Werke auf seine Art vor. Die Meininger Kapelle hatte ihre Mängel. Sie bestand aus nur verhältnismäßig wenigen Musikern, darunter vielen Kräften zweiten Ranges, und verfügte nicht über die guten, vollklingenden Instrumente, wie zum Beispiel die Königliche Kapelle sie immer hatte und noch heute besitzt. Infolgedessen hatte die Meininger Künstlervereinigung zunächst ein klangliches Hindernis bei den Hörern zu überwinden. Aber nun kam das andere, das Tieferliegende, Geistige. Und da erfuhr man plötzlich, teils mit Bewunderung, teils mit Schrecken, daß in den Darbietungen unserer Berliner Orchester bisher ein heilloser Schlendrian geherrscht hatte. Die Beethovenschen Sinfonien, die man längst zu kennen glaubte, wirkten wie neue Werke, man stand vor Offenbarungen, die man nicht für möglich gehalten hätte, man erlebte musikalische Ereignisse, die alles in den Schatten stellten, was bisher auf dem Gebiete ernster Musik dagewesen war. Natürlich erhoben sich auch viele Stimmen gegen Bülow, teils aus Überzeugung, teils auch, wie das ja immer ist, aus Neid und aus Angst, daß die jahrzehntelang gehüteten eigenen Interessen geschädigt werden könnten. Es entbrannte ein Kampf, der vielleicht nicht viel hinter jenem zurückstand, der sich einst um den Wert oder Unwert der Wagnerschen Tondichtungen erhoben hatte … Aber auch seitens des Königlichen Opernhauses wurde mit Protesten und Herabsetzungen Hans von Bülows nicht gespart.
Siegfried Ochs, Geschehenes, Gesehenes

Zu einem Kristallisationspunkt musikalischen Lebens entwickelt sich die 1869 unter Obhut der Akademie der Künste gegründete Hochschule für Musik. Bis dahin hatte es in Berlin keine staatliche oder städtische Einrichtung zur Ausbildung von Berufsmusikern gegeben. Erster Direktor der Hochschule wird der berühmte Geiger Joseph Joachim, der dieses Amt bis 1907 innehat. Von 1872 an tritt die Hochschule auch mit einem eigenen Orchester an die Öffentlichkeit.

Joachim entfaltete sofort nach seinem Einzuge in Berlin eine weit ausgreifende Tätigkeit als Lehrer, als Leiter der neuen staatlichen Hochschule für Musik, als ausübender Künstler und schließlich, aber nicht an unterster Stelle, als Begründer eines Streichquartetts, dessen Ruhm sehr bald durch alle Lande erschallen sollte … Von nun an gehörten die allwinterlich sich einstellenden Kammermusikaufführungen unter Joachims Leitung zu dem eisernen Bestande im öffentlichen Kunstleben Berlins. Der Saal der Singakademie vermochte die Zahl der zu diesen Quartettabenden sich drängenden Zuhörer kaum mehr zu fassen. Die erlesenste Gesellschaft fand sich hier zusammen. Die berühmtesten Künstler, die erlauchtesten Gelehrten, Helmholtz, Adolph Menzel, Reinhold Begas, Paul Meyerheim, höchste Staatsbeamte, der ruhmgekrönte Helmuth von Moltke, die angesehensten Vertreter der Bürgerschaft, von den Berufsgenossen Joachims nicht zu reden, gaben sich hier ein Stelldichein …

Joachims Künstlerruhm, seine liebenswerte Persönlichkeit zog ganze Scharen aus England, besonders aber aus Amerika hierher, die ihre musikalische Ausbildung hier vollenden wollten. Man wallfahrte förmlich nach Berlin zu Joachim, beinahe wie nach Weimar zu Franz Liszt. Mit dem Unterschiede freilich, daß an der Ilm alles einen mehr genialischen Anstrich annahm, während an der Spree es mehr zuging »wie's Brauch der Schul«. Doch sei dem, wie ihm wolle: Joseph Joachim wurde zum Ausgangspunkt für alle ernster gerichteten musikalischen Bestrebungen in Berlin.

Isidor Kastan, Berlin wie es war

Es ist nicht die uns allen innewohnende Neigung, die Dinge aus früherer Zeit höher einzuschätzen, als sie es verdienen, wenn ich sage, daß das Joachim-Quartett nicht wieder erreicht worden ist. Manche Stücke und viele Einzelheiten aus solchen sind mir so genau in der Erinnerung geblieben, daß ich noch ganz gut vergleichen kann, wie sie damals gespielt wurden und heute gespielt werden. Die großen Quartette von Beethoven, so das in cis-Moll, das Opus 127 in Es-Dur oder gar das mit dem »schwer gefaßten Entschluß«, von unzähligen anderen Meisterwerken abgesehen, sind uns durch diese Konzerte so nahegebracht worden, daß sie die ihnen von Hause aus anhaftende Sprödigkeit völlig verloren haben. Das Publikum der Quartettabende setzte sich aus der besten Gesellschaft Berlins zusammen. Die Leute, die um der Sensation willen Konzerte besuchen, fehlten beinahe gänzlich, denn wenn auch dieser oder jener unter ihnen es einmal versucht hatte, einem solchen Konzert beizuwohnen, dann hatte er meist für sein Leben genug davon und hütete sich, noch einmal dahin zu gehen, wo er so gelangweilt worden war. Der Saal war bis auf den letzten Platz gefüllt von Menschen, die, wenn sie einander auch nicht persönlich kannten, doch einer zum anderen und einer mit dem anderen fühlten und um die gemeinsam ein Band der Begeisterung geschlungen war. Das Joachim-Quartett bedeutet unter allen Umständen den Höhepunkt dessen, was Berlin zu jener Zeit und was es an Kammermusik überhaupt je gehabt hat.

Siegfried Ochs, Geschehenes, Gesehenes

Musik gehört in Berlin zu den populären Genüssen. Waren die Veranstaltungen in der Singakademie ihrer hohen Preise und ihrer exklusiven Programme wegen mehr auf ein ausgewähltes Publikum zugeschnitten, so konnte man im Konzerthaus am Dönhoffplatz, wo der ehemalige Militärkapellmeister Benjamin Bilse mit seinem Orchester aufspielte, die Werke der Klassiker schon für fünf Silbergroschen, im Abonnement für vier, in hoher technischer Vollendung und in aufgelockerter Atmosphäre genießen:

Ein Abend bei Bilse war für den musikliebenden Berliner der siebziger und achtziger Jahre des vorigen Jahrhunderts der Inbegriff einer langen Reihe von zu erwartenden Genüssen, wechselvollen Überraschungen und – des voraussichtlich sich wieder bewährenden Kokettierens mit dem eigenen lieben Ich. Der Gedanke an Bilse wurde gleichsam zum Monopol aller heiratsfähigen Töchter und Versorgungstanten aus gut bürgerlicher Familie; in ihm konzentrierte sich das gesellschaftlich-musikalische Leben der Wintersaison, durch ihn öffnete sich eine glänzende Perspektive von Kerzenglanz, rosigen Frauengesichtern, wohl frisierten Männerköpfen, berauschenden Tonwellen und – neuen Bekanntschaften ... Wie auf einer Reise jeder Ort für uns eine andere Physiognomie bekommt, je nach der Beschaffenheit seiner Bewohner, so hatten auch die Konzertabende bei Bilse ihr verschiedenes Gepräge, je nach den einzelnen Tagen der Woche.

Der Sonntag gehörte »tout Berlin« – hauptsächlich denen, die in der Woche nicht Zeit fanden, musikalischen Genüssen zu frönen, aber doch am Montag Morgen einer höflichen Nachfrage nach dem »verbrachten Sonntag« mit der stolzbewußten, ein gewisses Kunstinteresse voraussetzenden Antwort: »Bei Bilse!« begegnen wollten. Mittwoch und Sonnabend boten keine außergewöhnliche Physiognomie. Dienstag und Freitag versammelten hauptsächlich die fashionable Welt, deren Interesse an der Exklusivität dasjenige an guter Musik bei weitem überwog; ebenso gaben sich die Fremden an diesen Tagen hauptsächlich ihr Rendezvous. Der Montag duldete die Vermischung aller Elemente, um die Woche mit Frieden einzuleiten, und war gewöhnlich ein langweiliger Tag, soweit der Schluß dazu aus den noch von den vergnüglichen Anstrengungen am Sonntag müden Gesichtern herzuleiten ist. Nur der Donnerstag hatte vom kulturhistorischen Standpunkt aus die Berechtigung, der leichtbeschwingten Feder des Feuilletonisten Stoff zu harmlosen Betrachtungen zu geben.

Was wäre die Leipziger Straße ohne den Ruhm ihres Konzerthauses, was wäre das Konzerthaus ohne Bilse, und was wären die Bilseabende ohne ihren berühmten Donnerstag gewesen! ...

Der Donnerstagabend im Berliner Konzerthaus war ein sogenannter »leichter« Abend. Lanner und Strauß, die Walzerkönige, nebst etlichen minder Bekannten leichtfertiger Unterhaltungsmusik beherrschten das Reich der Töne und ließen das Programm mit munter blickenden Augen betrachten.

Gott Amor ist ein leichter Patron ... Wo er sein Wesen treiben will, muß Heiterkeit und Frohsinn herrschen, und die Herzen werden bekanntlich niemals rebellischer als beim Klange einer munteren Tanzweise. Das wußte der lose Bursche damals nur zu genau, und deshalb, so erzählte die Fama, schloß er eines Tages einen Vertrag mit Meister Bilse und bat um gewisse Rechte. Der stets höfliche Musikdirektor, der die Freundschaft mit dem einflußreichen größeren Knaben nicht verderben wollte, gab bereitwillig nach, und so entstand das lustige Donnerstagsprogramm und brachte den Familienabend mit sich samt Strickzeug und Häkelarbeit, mit Müttern und wohlerzogenen Töchtern dran.

Dann, an diesem vielgelobten, vielgepriesenen und vielverspöttelten Abend, wenn nach dem Takte der »schönen blauen Donau« sich unter den Tischen hunderte von kleinen Füßchen verstohlen in Bewegung setzten, wenn durch den belebenden Rhythmus der Musik die Gefühlestimmung eine animierte wurde, die Laune eine lockere, herausfordernde, dann fanden sich die Blicke gleichgesinnter, liebebedürftiger Seelen und suchten einen Herzensbund anzubahnen, wenn auch vorläufig auf dem Wege süßer Ahnung. Erst senkte man verschämt den Blick, dann lächelte man leise und in gewissen Perioden. Das war der erste Donnerstag des Bewußtwerdens gewisser heiliger Gefühle. Man verließ an diesem Abend das Konzerthaus mit der Sehnsucht, am nächsten Donnerstag das Vergnügen des Wiedersehens zu genießen. Am dritten Donnerstag ließ man es für gut befinden, die Plätze in unmittelbarer Nähe zu wählen; der vierte gestattete bereits eine höfliche Begrüßung, und am fünften fand in der Regel eine direkte Annäherung statt, meistens mit fein diplomatischen Manipulationen von seiten erfahrener Mütter eingeleitet ...

Max Kretzer, Wilder Champagner

Bei Bilse kam jeder auf seine Kosten. Auch der junge Gerhart Hauptmann war oft und gern Gast im Konzerthaus am Dönhoffplatz:

Wir besuchten die Bilse-Konzerte. Dort saßen die Männer hinter Bierseideln, die Frauen hinter Strickstrumpf und Kaffeetasse, Mütter brachten die Kinder mit. Aber Bilse, ehemals Militärkapellmeister, hatte ein von ihm gut geschultes Orchester in der Hand. Es hatte im Reich den besten Namen. Die Banalität hörte auf, sobald der

Meister den Taktstock erhob, um das Mittelstandspublikum des geräumigen Vergnügungsetablissements mit großer Musik zu speisen. Während die Klänge rauschten, wurde der Wirtschaftsbetrieb nicht abgestellt, nur daß die Kellner, wenn sie Bier oder Speisen brachten, auf leisen Sohlen einherschritten und sich mit den Gästen nur pantomimisch verständigten.

Es lagerte sich gleichsam eine zuckende Sinaiwolke über die Banalitätsschicht des Mittelstands, und da wir die Konzerte nie versäumten, die in kurzen Abständen stattfanden, machten wir hier einen unvergeßlichen musikalischen Kursus durch, der einen großen Gewinn für uns alle brachte.

Durch den befrackten, ordensbesternten Militärkapellmeister, der sogar den Bogenstrich seiner Geiger exakt und einheitlich regelte, haben wir Haydn, Mozart, Gluck, Beethoven, Schubert, Weber, Wagner und Brahms kennengelernt. Und manche der Sinfonien, Ouvertüren und sonstigen Musikstücke konnten wir wieder und wieder genießen, bis sie uns vertraut waren.

Gerhart Hauptmann, Das Abenteuer meiner Jugend

1882 überwirft sich Bilse mit seinen Musikern, und das Orchester droht auseinanderzufallen. Da greift der im Berliner Musikleben sehr aktive Konzertagent Hermann Wolff ein.

Schon lange, eigentlich seit Jahrzehnten, war die Klage darüber allgemein gewesen, daß in den Konzerten des Königlichen Orchesters neue Werke fast gar nicht oder daß doch nur solche aufgeführt wurden, die der alten Richtung angehörten, und die klassischen Tondichtungen dort eine mehr als fragwürdige Wiedergabe erfuhren. Jedermann sprach darüber, jedermann beklagte diese Zustände, aber Hermann Wolff war der einzige, der den Augenblick erkannte, in dem eine Änderung herbeigeführt werden konnte. In wenigen Tagen brachte er eine Anzahl Personen zusammen, die einen Betrag zeichneten, der zunächst zur Erhaltung des bereits in der Auflösung begriffenen Bilseschen Orchesters bestimmt war. Zugleich bemühte er sich, für die nun vorerst in ihrem Bestehen gesicherte Orchestervereinigung einen Wirkungskreis zu finden. Auch das gelang, indem Wolff die Besitzer der Philharmonie davon zu überzeugen wußte, daß sie das Orchester an sich fesseln und ihm die regelmäßige Veranstaltung von Konzerten ermöglichen sollten. So einfach, wie ich es hier erzähle, ging freilich nicht alles seinen Weg. Das neue, nunmehr das Philharmonische genannte Orchester hatte schwere Kämpfe zu bestehen, und es drohte ihm noch manches Mal ein jähes Ende, bis es endlich in ein ruhiges Fahrwasser gelangte. Die Eifersüchteleien zwischen den in den ersten Jahren seines Bestehens tätigen Dirigenten, Klindworth, Joachim und Franz Wüllner, blieben nicht ohne schädlichen Einfluß auf die Programme und deren Ausführung. Daß das Orchester jene Zeiten siegreich überwunden hat, ist der glänzendste Beweis für seine Tüchtigkeit und den vorzüglichen Geist, der ihm damals eigen war.

Siegfried Ochs, Geschehenes, Gesehenes

1887 gelingt es Hermann Wolff, einen Musiker als ständigen Dirigenten der Philharmonie zu gewinnen, der dieses Orchester in kurzer Zeit zu Weltruhm führt: Hans von Bülow, in Berlin durch seine erfolgreichen Gastspiele als Pianist und Dirigent der Meininger Hofkapelle längst kein Unbekannter mehr. Fünf Jahre lang prägt Bülow als Leiter der Philharmonie das Berliner Musikleben. Neben volkstümlichen Konzerten veranstaltet das Orchester im Winter zehn große Sinfoniekonzerte, denen jeweils eine öffentliche Generalprobe vorangeht. »Wenn es erlaubt ist, aus dem sich immer mehr steigerndem Konzertbesuch einen Rückschluß auf das Musikverständnis des Publikums zu machen, so ist Berlin heute eine sehr musikalische Stadt ... Bülow, der ›Volkskapellmeister‹, wie er sich selbst scherzhaft genannt hat, ist heute der populärste Mann unserer Konzertsäle«, notiert der Musikkritiker der »Freien Bühne« am 12. März 1890.

Hans von Bülow wurde für die Berliner ein Führer und Erzieher zur Musik, wie sie ihn bis auf Nikisch und Bruno Walter nicht wieder gefunden haben. Die Eindringlichkeit der Interpretation, diese bewußte Hinlenkung der Uneingeweihten in das heilige Geheimnis künstlerischer Genußfähigkeit und Erhebung, wie Bülow sie zu geben wußte, war völlig unerhört. Die Erwartungen, mit denen man ihn empfing, wurden weit übertroffen. Der kleine, geistvolle, zappelige Mann mit dem dünnen, graziös beweglichen Figürchen, den listig funkelnden Augen hinter dem Zwicker und dem drolligen Akzent des Schneider-Spitzbärtchens, das den scharfen, fast zuckenden Wendungen des prachtvoll geformten Kopfes folgte – dies Nervenbündel riß das Publikum zu einer Begeisterung hin, daß die Leute am liebsten das Podium gestürmt und die zarten, von bläulichem Geäder durchzogenen Hände geküßt hätten, die solche Wunder des Spieles aus dem Orchester hervorgezaubert hatten. Bülow war es, der seinen Hörern die ewige Gültigkeit der Beethoven-Symphonien aus modernem Geist neu erschloß. Der das Verständnis für Brahms erst eigentlich in weiteren Schichten weckte. Bisher erschien uns die Klangwelt dieses Meisters »schwer« gefügt, das melodische und instrumentale Gespinst seiner aus Urquellen geschöpften Tonmalerei undurchsichtig; es war, als wolle sein Gefühlsausdruck unserem besten Willen entgleiten. Plötzlich fiel es uns wie eine Binde von den Augen, ein ganz neuer Aspekt öffnete sich unseren Herzen. Hans von Bülow war es auch, der zuerst Richard Strauss aufzuführen wagte (in der Berliner Philharmonie erlebte durch ihn »Tod und Verklärung« seine Premiere). Er besaß die Kühnheit, gelegentlich ans Ende eines höchst gravitätisch-klassischen Programms einen – Walzer von Johann Strauß zu setzen, den er zu den glücklichsten Erfindern und Kompositionstechnikern zählte. Nicht zu reden von dem, was Bülow für Berlioz, Dvořák, Tschaikowski, für das Andenken seiner Nebenmänner Liszt und Wagner tat ... Überall bewährte er sich als hervorragender Pädagoge ...

Er stand mit dem Publikum auf dem Fuß einer nicht alltäglichen Vertrautheit. So kam es oft vor, daß er an bestimmten Stellen, die er selbst besonders ins Herz geschlossen hatte, gleichsam zu dirigieren aufhörte, den Taktstock aufs Pult legte, sich mit gekreuzten Armen umdrehte und das Publikum ansah, als wolle er sprechen: »Nun, was sagen Sie dazu, meine Herrschaften, daß jemand so etwas ersinnen und niederschreiben konnte – daß es ein Orchester gibt, das dies so vollkommen herauszubringen versteht?« Das Orchester, das ihn vergötterte, und aus dem er sich ein unvergleichliches Instrument geschaffen hatte, kannte solche Paroxysmen schon, es spielte dann ohne Leitung besonders exakt und schön. Nach etwa einer Minute wandte sich Bülow wieder zurück, ergriff den Stab, und war natürlich sofort im richtigen Gang. Denn auf dem erwähnten Pult lag fast nie – höchstens einmal bei einer Neuaufführung – ein Notenblatt.

Max Osborn, Der bunte Spiegel

Anfang April 1892 verläßt der bereits schwerkranke Bülow Berlin. Als die Berliner ihn zum Abschied mit endlosen Ovationen feiern, tritt er noch einmal auf die Bühne und verabschiedet sich – eine Reaktion auf die jüngste Schmährede Wilhelms II. gegen Sozialisten, Intellektuelle und die moderne Kunst – mit folgenden Worten: »Seine Majestät haben in diesen Tagen geruht zu sagen, daß es für die Nörgler das beste wäre, den deutschen Staub von ihren Pantoffeln zu schütteln, um sich den elenden und jammervollen Zuständen des Vaterlandes auf das schnellste zu entziehen. Ich tue es hiermit und verabschiede mich von Ihnen.« Dann staubt er sich mit einem seidenen Tuch die Lackschuhe ab und verläßt das Podium.

Weniger glanzvoll als das Konzertwesen präsentiert sich die Königliche Oper im letzten Drittel des 19. Jahrhunderts. Unter Leitung ihres Intendanten Botho von Hülsen, seit 1851 im Amt, ist der Spielplan in Zopf und Konvention erstarrt (zwischen 1850 und 1918 bringt die

Mit der Berufung Bülows zum Leiter der Philharmonischen Konzerte erwarb sich Berlin endgültig den Rang einer »Hauptstadt der Musik«. Marta Dehrmann, Hans von Bülow dirigiert ein Konzert, um 1890

Oper Unter den Linden ganze drei Uraufführungen zustande). Rücksichten auf den Hof ersticken jeden Versuch eines musikalischen Neuansatzes. Es mangelt an fähigen Dirigenten ebenso wie an echtem Ensemblespiel: »Zirkus Hülsen« hat Bülow in einem bitterbösen Wort das Haus Unter den Linder einmal genannt. Und Anton Rubinstein, der berühmte Pianist, der immer wieder zu Gastspielen in Berlin weilt, urteilte: »Das ist kein Kunstinstitut, das ist eine Kaserne.« Auch als 1886 Bolko von Hochberg die Leitung übernimmt, vertreibt kein frischer Luftzug die verstaubten Praktiken der Königlichen Oper.

Hans von Bülow hatte im Opernhaus eine Aufführung des Meyerbeerschen »Propheten« unter Leitung von Radecke gehört und war im höchsten Grade empört über die, wie er sich zu mir ausdrückte, Königlich Preußische staatlich konzessionierte Lodderei. Jeder, der Bülow genauer kannte, weiß, daß derartige Empfindungen sich bei ihm allmählich steigerten, bis es zu einem Ausbruch kam. Und so geschah es auch hier. Als er kurz darauf in der Philharmonie ein

Konzert dirigierte, ließ er den Krönungsmarsch aus dem »Propheten« spielen und sagte vorher zum Publikum in seiner impulsiven Art: »Meine Herrschaften, wir werden Ihnen jetzt das Stück so vortragen, wie es vom Komponisten geschrieben ist, nicht wie im Zirkus Hülsen.« Das Publikum jubelte, was aber nicht viel bedeutet, denn dergleichen geschieht überall, wo etwas Witziges in der Öffentlichkeit gesagt wird, es braucht darum noch lange nicht berechtigt zu sein. Natürlich war Bülows Ansprache am nächsten Tag in allen Zeitungen wiedergegeben und erregte aufs neue die Gemüter der musikalischen Kreise für oder gegen ihn. Nun, wenige Tage darauf fand die Erstaufführung der Oper »Merlin« von Philippe Rüfer im Königlichen Opernhaus statt. Hans von Bülow, der sich für alles Neue interessierte, wollte in Begleitung von Hermann Wolff die Oper hören. Aber als er den Garderobenraum des Opernhauses betrat, wurde ihm von einem der dort eigens unterwiesenen und zur sicheren Feststellung mit Bülows Bild versehenen Diener mitgeteilt, daß er auf der Stelle das Haus zu verlassen habe; der Generalintendant Graf Hochberg hatte das angeordnet ... Am nächsten Morgen stand die Geschichte von der Ausweisung aus dem Opernhaus in allen Blättern ...

Tags darauf hatte er einen Klavierabend in der Singakademie. Man munkelte vorher, daß feindselig gesinnte Leute eine Demonstration hervorrufen würden, und infolgedessen hatte sich eine Anzahl seiner Bewunderer vorgenommen, jegliche gegnerische Kundgebung zu unterdrücken. Aber es kam gar nicht dazu. Nach der Pause, die den ersten Teil des Konzertes von dem zweiten trennte, betrat Bülow das Podium, setzte sich unauffällig ans Klavier und spielte, während das Publikum sich noch laut unterhielt, die Takte aus Mozarts »Figaro«: »Will der Herr Graf ein Tänzlein wagen, mag er's nur sagen, ich spiele ihm auf.« ... Tags darauf wurde die Sache durch die Zeitungen bekannt und verfehlte nicht, ungeheure Heiterkeit und den größten Beifall in weiten Kreisen zu erwecken.

Siegfried Ochs, Geschehenes, Gesehenes

Die Anziehungskraft der Berliner Oper geht von ihren Stars aus. Sänger wie Albert Niemann, der berühmte Wagnerinterpret, wie Franz Betz, Lilli Lehmann, Mathilde Mallinger oder Pauline Lucca genießen Weltruf.

Unter den Berliner Sängerinnen meiner Jugendjahre war die Lucca zweifellos die bedeutendste. Während die etwa gleichaltrige Patti ihre Triumphe mehr in der westlichen Welt feierte, war Pauline Lucca in Berlin berühmt geworden. Die einundzwanzigjährige Künstlerin war im Jahre 1860 in die Hauptstadt gekommen und hatte dort als Zerline, als Cherubin, als Margarethe und später auch als Afrikanerin Triumphe gefeiert. Daß sie einmal auf der Kurpromenade in Karlsbad zusammen mit Bismarck fotografiert worden war, hatte kein geringes Aufsehen erregt. Die Welt war damals auf diesem Gebiet noch sehr bescheiden. Ich selbst lernte die Lucca als Künstlerin eigentlich erst im Jahre 1880 kennen, das heißt zur Zeit ihrer siegreichen Rückkehr nach Berlin, das sie bald nach dem Kriege vorübergehend verlassen hatte. Damals machte ich auch ihre persönliche Bekanntschaft. Sie war im Leben nicht weniger reizend als auf der Bühne. Selten ist eine Künstlerin in Berlin so angehimmelt worden wie die Lucca, und selten ist es mit so gutem Rechte geschehen.

Die Lucca war als Schauspielerin ebenso bemerkenswert wie als Sängerin. Besonders als Margarethe in Gounods »Faust« war sie ein erklärter Liebling der Berliner Opernbesucher. Ich habe Bekannte gehabt, die sich bemühten, keine Aufführung dieser Oper zu versäumen. Wenn die Lucca im dritten Akt in die Arme des schönen Sängers Woworsky sank, der den Faust spielte, hatte die Rührung keine Grenzen. Woworski war der Schwarm aller jungen Mädchen in Berlin. Er hatte die Tochter eines Inhabers der angesehenen industriellen Firma Heckmann geheiratet, eine Eheschließung, die damals als ganz ungewöhnlich auffiel. Aber der Glanz seiner bemerkenswerten Stimme verblich, sobald die Lucca zu singen begann. Der Wohllaut ihres Organs ist wohl kaum übertroffen worden.

Carl Fürstenberg. Die Lebensgeschichte eines deutschen Bankiers

Alfred Hoche, der 1882 als Medizinstudent nach Berlin kommt, hat die Stars der Lindenoper aus der Statistenperspektive erlebt:

Die Oper stand im Zeichen Albert Niemanns, des Tannhäusers in der ausgepfiffenen Pariser Aufführung unter Wagners Leitung. Niemann war wohl, wie auch aus seinem Briefwechsel mit Wagner hervorgeht, kein bequemer Sänger; auf dem Theaterzettel stand er immer »a.G.«; man konnte ihn nur im Gastverhältnis, das ihm alle Freiheit ließ, halten; es war das in Anbetracht der straffen preußischen Organisation dort ein seltenes Zugeständnis. Seine Stimme zeigte nur noch zeitweise den alten Glanz, aber er faszinierte immer wieder durch die Genialität seiner Gestaltung der Rolle; er ist auf Jahrzehnte hin der einzige singende Schauspieler geblieben, der imstande war, mir den echten dramatischen Schauer über den Rücken rieseln zu lassen ... Niemann war mein erster Tannhäuser, Siegmund, Tristan, Lohengrin; ich habe diese Rollen viele Jahre lang von anderen nicht mehr sehen mögen, und wenn ein Tannhäuser gut war, spielte er

Niemann. Heute würde es fremdartig wirken, wenn Lohengrin mit wehendem blondem Vollbart aufträte; Niemann weigerte sich mit Erfolg, sich seine männliche Zierde abnehmen zu lassen. Er war ein Hüne von Wuchs mit einem für die Bühne vorbestimmten Kopfe; ich glaube nicht, blaue Riesenaugen, die so funkeln konnten, je wieder gesehen zu haben. Ich war ihm oft ganz nahe; denn ich bin neben ihm aufgetreten; eine ganze Reihe von Opern habe ich zuerst als Statist von der Bühne aus erlebt. Einmal bin ich sogar einer persönlichen Anschnauze Niemanns gewürdigt worden: der Schwan erschien, herangekurbelt von einem Arbeiter, der unter ihm auf einer Matratze lag; Lohengrin stieg aus; wir tauschten, unpassenderweise, Bemerkungen aus über die Matratze, und unmittelbar, ehe der Sänger anhub: »Nun sei bedankt ...«, hatte ich ein »Halt's Maul, Kerl!« am Kopfe. Im Porzellanladen von Krüger in der Alexanderstraße schrieb man sich, sobald der Spielplan erschienen war, für Abende der kommenden Woche ein; an Sold gab es 40 Pfennige; man verzichtete auf die Auszahlung zugunsten des Statistenchefs, der als Gegenleistung duldete, daß man sich in den Kulissen herumdrückte, auch wenn man nicht »beschäftigt« war.

Der Ankleideraum für uns 20 bis 50 Männerchen war gemeinsam, hoch oben unterm Dach, heiß und staubig; die alten Trikots waren fettig und schmierig, aber es galt der Kunst; den Befehl, die Unterkleider abzulegen, überhörten wir – auch à conto der 40 Pfennige. Vor der Tür stand ein Mann mit einer Zigarrenkiste voll rötlicher Schminke; mit einer Hasenpfote fuhr er jedem zweimal durchs Gesicht, und so trug man seine roten Backen vergnügt zur Bühne. Von der heutigen Gestalt der Szene war noch keine Rede; es gab fast nur Hintergrund und Kulissen. Die Beleuchtung erfolgte durch Gaslampen der Rampe, von denen man aber immerhin so geblendet wurde, daß der Zuschauerraum wie eine große schwarze Höhle wirkte, in der man mattweiße Kreise als Gesichter vermuten konnte. Fand unser Auftreten den verdienten Beifall, wurde die Höhle plötzlich heller von dem Weiß der zweitausend Hände, die sich zum Klatschen erhoben. Im ganzen war man als Statist dahinten in dem etwas mitleidslosen Klima nicht sehr beliebt, auch wenn man sich korrekter benahm als mein Freund Paul Lueg, der sich in der Oper »Aida« vergriff und die Primadonna Frau Sachse-Hofmeister in den Arm kniff statt einer Choristin; es war entschuldbar, denn sie waren alle braun angestrichen, aber sein künstlerisches Wirken nahm doch ein jähes Ende.

Alfred Hoche, Jahresringe

Der Blick auf das Musikleben Berlins im letzten Drittel des verflossenen Jahrhunderts wäre nicht vollständig, würde man nicht des Friedrich-Wilhelmstädtischen Theaters gedenken, dessen Geschichte untrennbar mit der Blütezeit der Operette in Berlin verbunden ist.

Seinen ersten Höhepunkt erlebte das Operettenfieber bereits in den sechziger Jahren, als Jacques Offenbach mit seinen zündenden Melodien in Berlin heimisch wurde. »Orpheus in der Unterwelt«, »Pariser Leben«, »Die schöne Helena«, »Ritter Blaubart« hießen die Schlager der Saison, die man gesehen haben mußte, wollte man mitreden in Berlin. Als das Offenbach-Fieber etwas abklingt, feiert die Wiener Operette in Berlin Triumphe: Franz von Suppé, Karl Millöcker, Johann Strauß füllen die Kassen des Friedrich-Wilhelmstädtischen Theaters in der Schumannstraße. Die »seriöse« Musikkritik allerdings reagiert oft genug mit Skepsis auf die neuesten Erzeugnisse dieses lockeren Genres:

Das Friedrich-Wilhelmstädtische Theater gab am 8. zum ersten Male »Die Fledermaus«, komische Operette mit Tanz in 3 Akten ... Der Erfolg war ein sehr günstiger. Das Libretto, sieht man von der Frivolität der Situationen und des Dialogs (und es gibt darin mehr als statthaft sein sollte) ab, so darf man es komisch und unterhaltend nennen. Für Pensionate möchte es schwerlich zu empfehlen sein. Die Straußsche Musik zeigt zwei hervortretende Elemente, ein gutes und ein schlimmes. Das gute Element besteht in der Benutzung der steirischen Weisen. Wer war je in Österreich und wurde nicht angeheimelt durch die gemütvollen Ländler? Strauß versteht es unendlich geschickt, diese steirischen Motive durch pikante harmonische Behandlung unwiderstehlich reizend zu machen. Das schlimme Element ist das entschieden Anti-Vokale des Komponisten. So gewandt und sauber sein Orchester klingt, ebenso spröde und uninteressant sind bei ihm die Singstimmen; die vielen Sprünge in Dezimen und noch weiteren Intervallen machen gesungen stets den Eindruck des Gewaltsamen und Burlesken. Nach diesen Andeutungen ist der Charakter der Straußschen Musik zu ermessen. Das den 1. Akt schließende Trio und das große Finale des 2. Aktes – in beiden Stücken herrscht der Ländler und der Walzer – machten Furore, und von Herzen stimmte ich in das stürmische Dakapo ein. Das zweite Finale namentlich gehört zu dem Besten und Liebenswürdigsten, das ich in Operetten je gehört ...

Ensembles, Szenerie, Chöre und Orchester befriedigten durchaus; das Ballet könnte ohne Bedauern fortbleiben. Jedenfalls wird die »Fledermaus« dem Erfolge nach zu schließen, eine Reihe von Wiederholungen vor sich haben.

Neue Berliner Musikzeitung, 16. Juli 1874

Neues Friedrich-Wilhelmstädtisches Theater.

DIRECTION: JULIUS FRITZSCHE.

Mittwoch, den 3. October 1883,

Eröffnungs-Vorstellung

unter **persönlicher Leitung des Componisten** mit durchaus neuer Ausstattung:

Zum 1. Male:

Eine Nacht in Venedig.

Operette in 3 Akten mit freier Benutzung einer französ. Grundidee von F. ZELL u. RICH. GENÉE.
Musik von JOHANN STRAUSS. — In Scene gesetzt von Julius Fritzsche.

Personen:

Guido, Herzog von Urbino		*Hr. Steiner.*
Bartolomeo Delaqua	Senatoren von Venedig	*Hr. Binder.*
Stefano Barbaruccio	Senatoren von Venedig	*Hr. Broda.*
Giorgio Festaccio	Senatoren von Venedig	*Hr. Hambrock.*
Barbara, Delaqua's	Frau	*Frl. Heussner.*
Agricola, Barbaruccio's	Frau	*Frl. E. Schmidt.*
Constantia, Festaccio's	Frau	*Frl. Weitzenböck.*
Anina, Fischerstochter, Barbara's Milchschwester		*Frl. Kollin.*
Caramello, des Herzogs Leibbarbier		*Hr. Szika.*
Pappacoda, Maccaronikoch		*Hr. Wellhof.*
Ciboletta, Köchin im Dienste Delaqua's		*Frl. Grünfeld.*
Enrico Piselli, Seeoffizier im Dienste d. Republik Venedig, Delaqua's Neffe		*Hr. Meyerer.*
Centurio	Vertraute d. Herzogs	*Frl. Kraus*
Balbi	Vertraute d. Herzogs	*Frl. Pallas.*
Corti	Pagen	*Frl. Mielentz.*
Franchi	Pagen	*Frl. Valerius II.*
Lamberti	Pagen	*Frl. Karnuss.*
Antonio	Pagen	*Frl. Richter.*
Nothburga	Senatorsfrauen	*Frl. Kamke.*
Macedonia	Senatorsfrauen	*Frl. Fleury.*
Theodolinda	Senatorsfrauen	*Frl. Hermann.*
Cantiliano	Senatorsfrauen	*Frl. Voss.*
Hersilia	Senatorsfrauen	*Frl. Blanke.*
Petronella	Senatorsfrauen	*Frl. Dörfert.*
Anetta	Senatorsfrauen	*Frl. Lindström.*
Liberata	Senatorsfrauen	*Frl. Wilhelm.*

Erste	Maske	*Frl. Koch.*
Zweite	Maske	*Frl. Rinka.*
Ernesto	Fischerjungen	*Frl. Piesnack.*
Philippo	Fischerjungen	*Frl. A. Hoffmann.*
Peppo	Fischerjungen	*Frl. E. Hoffmann.*
Nicolo	Fischerjungen	*Frl. Holzheuer.*
Diego	Fischerjungen	*Frl. Lenz.*
Eusebio	Fischerjungen	*Frl. Fabricius.*
Antonio	Fischerjungen	*Frl. Lindner.*
Fresco	Fischerjungen	*Frl. Gorssler.*
Guido	Fischerjungen	*Frl. Volkmann.*
Federico	Fischerjungen	*Frl. Ziemann.*
Leonetto	Fischerjungen	*Frl. Navratka.*
Tofano	Fischerjungen	*Frl. Holtz.*
Ein alter Fischer		*Hr. Bähr.*
Ein Weib aus dem Volke		*Frl. Michaelis.*
Ein Fischer		*Hr. Römer.*
Ein Fischweib		*Frl. Laubstein.*
Ein Blumenmädchen		*Frl. Töpfer.*
Ein Obstverkäufer		*Hr Treplin.*
Ein Wasserträger		*Hr. Bredow.*
Ein Bohnenhändler		*Hr. Steinberger.*
Eine Topfenhändlerin		*Frl. Schlösser.*
Peppino, ein Junge		*Kl. Engler.*

Cavaliere, Gäste, Musikanten, Diener des Herzogs, Senatoren, Masken, Gondoliere, Matrosen, Fischer, Mädchen und Frauen aus dem Volke.

Ort: Venedig. Zeit: Mitte des 18. Jahrhunderts.

Die neuen Decorationen: a) **Die Lagune,** b) **Prachtsaal im Palazzo Urbino,** c) **Der Marcusplatz** gemalt von den Hoftheatermalern BRIOSCHI, BURGHARDT und KAUTSKY. Die neuen Costüme nach den Zeichnungen des Historienmalers GAUL vom Obergarderobier Herrn BERNHARD.

Sämmtliche ermäßigten u. freien Entrées, mit Ausnahme derjenigen f. die Herren Vertreter der Presse persönlich, sind aufgehoben.

Textbücher sind an der Kasse zu haben.

PREISE DER PLÄTZE:

Fremdenloge	Mk. 6,—	*Parquet*	Mk. 3,—	*2. Rang-Sperrsitz*	Mk. 1,50
1. Rang-Loge	„ 5,—	*2. Parquet*	„ 2,—	*2. Rang*	„ 1,—
Parquet-Loge u. Tribüne	„ 4,50	*1. Rang-Balkon*	„ 3,—	*Gallerie*	„ 0,75
Parquet-Fauteuil	„ 4,—	*1. Rang*	„ 2,—		

Der Vorverkauf von Billets findet an der Theaterkasse von 9—1 Uhr, gegen ein Aufgeld von 50 Pf., statt. Billetverkauf durch den „Invalidendank," im Bureau desselben, Markgrafenstrasse 51 a. (Telephon-Auschluss unter **1010**).

Donnerstag, den 4. October zum **2.** Male unter persönlicher Leitung des Componisten:

Eine Nacht in Venedig.

Operette in 3 Acten von F. Zell und Genée. Musik von Johann Strauss.

Kassenöffnung 6 Uhr. *Ende gegen 10 Uhr.* *Anfang der Vorstellung 7 Uhr.*

In der Tat: es gibt »eine Reihe von Wiederholungen«. Die »Fledermaus« wird zum Hit der Saison. Bereits 1876 kann Johann Strauß unter dem Jubel der Berliner die 200. Aufführung seiner berühmten Operette dirigieren.

1883 gerät das Friedrich-Wilhelmstädtische Theater in eine komplizierte Situation: der Pachtvertrag für das Haus in der Schumannstraße ist abgelaufen – L'Arronge, der Besitzer, eröffnet im gleichen Jahr dort sein »Deutsches Theater« –, und das erfolgreiche Ensemble muß sich nach einer neuen Bleibe umsehen. Direktor Fritzsche erwirbt das schon zum Abriß bestimmte, als »Pleitebude« übel beleumdete Woltersdorff-Theater in der Chausseestraße und läßt es mit hohem Kostenaufwand zum Neuen Friedrich-Wilhelmstädtischen Theater umbauen. Am 3. Oktober 1883 ist Eröffnung. Johann Strauß steht persönlich am Dirigentenpult, um die Premiere seiner neuen Operette »Eine Nacht in Venedig« zu dirigieren:

Der Komponist … wurde bei seinem Erscheinen am Dirigentenpult mit den herzlichsten Zurufen begrüßt, und jede schmeichlerische Melodie des ersten Aktes wurde mit lautem Beifall anerkannt. Aber der Text der Operette, ein italienischer Salat von Torheit und Langeweile, schmälerte von Szene zu Szene immer mehr die Empfänglichkeit für die lustige Sprache des Orchesters – und als im letzten Akt die Albernheit sich selbst überschlug, als uns die Entstehung eines Rinderbratens aus einer Stiefelsohle mitgeteilt und zur schmelzenden Melodie eines Gesangswalzers die immer wiederholte Versicherung abgegeben wurde: »Nachts sind die Katzen ja grau, nachts tönt es zärtlich miau« – da protestierten die Hörer mit peinlicher Lebhaftigkeit.

Berliner Tageblatt, 4. Oktober 1883

Nicht nur das »Berliner Tageblatt«, auch die übrigen Blätter der Hauptstadt halten mit herber Kritik nicht zurück: »Wenn die Wirkung des Werkes zum Schlusse nicht hielt, was der musikalisch frische und anmutige erste Akt verhieß, so ist dies wesentlich die Schuld eines in seiner Abgeschmacktheit gar nicht mehr zu charakterisierenden Textbuches«, schreibt der Rezensent der »National-Zeitung« einen Tag nach der Uraufführung; und auch die »Neue Berliner Musikzeitung« kritisiert am 11. Oktober 1883 das »an Handlung überaus magere Stück, welchem die unglaublich albernen Textworte und die Laszivitäten schlecht zu Gesicht stehen … Ob die Operette viele Wiederholungen erlebt? Wir wollen es der Direktion wünschen. Ein Operettenpublikum ist gar wunderbar genügsam und sein Geschmack ist nicht zu wählerisch.«

Aber diesmal ist sich das Publikum mit der Kritik einig. »Eine Nacht in Venedig« – die erste und einzige Uraufführung einer Strauß-Operette außerhalb von Wien – wird zum Fiasko: nach drei Vorstellungen verschwindet die Operette vorerst vom Spielplan des Neuen Friedrich-Wilhelmstädtischen Theaters, und Strauß sieht sich genötigt, Teile des Textes zu streichen oder umschreiben zu lassen.

Der Siegeszug der Operette aber wird mit dem Debakel der »Nacht in Venedig« nicht gebremst. »Gasparone« und »Der Bettelstudent« von Millöcker, »Fatinitza« und »Boccaccio« von Franz von Suppé oder die neue Strauß-Operette »Der Zigeunerbaron« – »alles in der glänzenden Besetzung von Leuten, die nicht nur Zirkusspäße machen, sondern wirklich singen und darstellen konnten« (Siegfried Ochs) – sorgen dafür, daß der Glanz des Neuen Friedrich-Wilhelmstädtischen nicht verblaßt.

Vom Hofball bis zur Hasenheide – Freizeitvergnügen und geselliges Leben in Berlin

Der Besuch eines Konzerts, einer Theater- oder Operettenaufführung gehörte für die meisten Berliner keineswegs zu den Selbstverständlichkeiten. Mehr als ein- oder zweimal im Jahr leistete man sich ein derartiges Vergnügen auch in Kreisen des Bürgertums nicht:

Bis in den Anfang der siebziger Jahre war Berlin, wenn man es sagen darf, eine »häusliche« Stadt. Das abgeschlossene Familienleben war vorherrschend und vollzog sich vielfach noch in gemessenen, beinahe patriarchalischen Formen. Der Verkehrston zwischen Eltern und Kindern, besonders zwischen Vater und Sohn, blieb bei aller Herzlichkeit auf den der unbedingten Ehrerbietung abgestimmt ... Der Familienzusammenhang war ein ausgesprochen starker. Die Wohnungseinrichtung äußerst einfach, ebenso wie die Wirtschaft. Das Mahagonimöbel mit rotem oder grünem Plüsch überzogen, der geblümte Teppich unter dem Tisch, ein orientalischer Teppich war damals in Berlin nicht aufzutreiben, die Bilder der Eltern und nächsten Verwandten über der Sofawand, die außerdem noch ein kleiner länglichrunder Spiegel zierte, eine drei-, höchstens fünfarmige Gaskrone mit mattgeschliffenen Glaskugeln, ein Bücherschrank mit den Werken der »Klassiker«, dem Brockhausschen Konversationslexikon, Beckers oder Schlossers Weltgeschichte – das machte so ungefähr das Durchschnittswohnzimmer einer damaligen Berliner Mittelstandsfamilie aus. In der »guten« Stube hingen einige Lithographien, wenn's hoch kam einige Kupferstiche an den Wänden, in reicheren Häusern auch wohl in Öl gemalte Bildnisse des Hausherrn, der Gattin, zuweilen auch die der Eltern. Ein sonstiges Ölgemälde als rein künstlerischer Wandschmuck war in dem damaligen Berlin eine sehr große Seltenheit. Als in einem der reichsten und gebildetsten Bürgerhäuser das berühmte Knaussche Bild »Die Taufe« um den für die Verhältnisse jener Zeit ganz gewaltigen Preis von zehntausend Talern angekauft wurde, da gab es ein Aufsehen in der Stadt. In den Zeitungen wurde das Ereignis verkündet, der erwachende Berliner Kunstsinn in hohen Tönen gepriesen. Wochenlang bildete dieser Bilderkauf

Das Tempelhofer Feld, bis zum Anfang des 20. Jahrhunderts noch weitgehend unbebaut, war Exerzierplatz der Berliner Garnison. An Sonntagen diente es den erholungssuchenden Berlinern als Picknickplatz, Sportvereinen als Übungsgelände, den ersten Flugbesessenen als Startbahn. Carl Koch, Sonntagnachmittag auf dem Tempelhofer Feld, um 1890

das öffentliche Gespräch. In der »guten« Stube stand dann noch das unvermeidliche Pianino oder der Bechstein-Flügel; an der Fensterwand hatte der »Trumeau« seinen herkömmlichen Platz, die Fenster selbst zeigten Tüllgardinen und »Lambrequins«* – der höchste Stolz der braven Berliner Mittelstandsfrau aus jener Zeit. Ein runder Blumentisch vollendete dann die gleißende Pracht dieses geheiligten Raumes, der sich nur öffnete, sobald »Besuch« kam oder Gäste erwartet wurden, dessen Plüschmöbel im Sommer durch Kattunüberzüge geschützt wurden und der zur Winterszeit nur am Gesellschaftsabende nicht ungeheizt blieb. Eine Wohnung mit einer Badeeinrichtung gehörte zu den Sehenswürdigkeiten. Selbst das Palais des Königs Unter den Linden entbehrte eines Badezimmers, so daß der hohe Herr genötigt war, sein Bad aus dem gegenüberliegenden »Hotel de Rome« sich in das Palais schaffen zu lassen.

Das Mittagessen war einfach. Der Hausherr trank dabei ein Glas Lagerbier, meistens jedoch eine »Weiße«. Zum Abendbrot gab es kalte Küche. Des Sonntags kam der übliche Kalbsbraten auf den Tisch; da fehlte auch in den wohlhabenderen Familien die Flasche Rotspon nicht, der doch nur für die Eltern, die erwachsenen Kinder

* gezackte Fenstervorhänge

und die Gäste bestimmt war. Bei ganz besonders festlichen Anlässen, bei Verlobungen, bei Kindtaufsschmäusen, am Neujahrstag wurde in den reichen Häusern Sekt herumgereicht oder Rheinwein, von dem auch die Kleinen nippen durften. Nach Tisch wurde eine »echte« angesteckt, eine »Upman«. Die Herren setzten sich dann nach dem vollendeten leckeren Mahle an den Kartentisch, um ihren Rubber, Whist oder L'hombre zu spielen. Dabei ging es ganz gemessen und schweigsam her. Das geräuschvolle Skatdreschen mit den dabei unvermeidlichen epikritischen und häufig langwierigen, hitzigen Nachbemerkungen über begangene unverzeihliche Sünden gegen den Geist und die Gesetze des Spieles, dieses eigentlich jede Geselligkeit tötende Skatspiel war damals noch keine allgemeine Sitte oder – Unsitte geworden. Die Damen hielten währenddessen ihre Unterhaltungen unter sich. Am Spiele selbst sich zu beteiligen galt in damaligen guten Bürgerkreisen für ebenso unweiblich wie in die Bierkneipen zu gehen.

Isidor Kastan, Berlin wie es war

Bei einem Vergnügen allerdings sind auch Frau und Kinder stets dabei: beim obligaten Ausflug »ins Jrüne«, den sich keine Berliner Familie, ob arm, ob reich, in den Sommermonaten entgehen läßt.

Bis in die Mitte der achtziger Jahre ist ein Ausflug etwa nach Treptow zu »Zenner« oder ins »Eierhäuschen«, ein Besuch von »Hankels Ablage« am Zeuthener See, ein Spaziergang vor dem Schönhauser Tor auf dem Pfefferberg oder gar bis Pankow ein aufwendiges Unternehmen, »über das womöglich tags zuvor schon ganz ordentlich Rats gepflogen wurde«.

Da verabredeten sich die befreundeten Familien untereinander, ein gemeinsamer Wagen, ein sogenannter Kremser, wurde gemietet, es wurden reichliche Eßvorräte mitgenommen, und dann wurde entweder schon vormittags zu dem Landausfluge nach Pankow angetreten, um den Sonntag in der herrlichen Landluft zu verbringen, oder man trat in der glühenden Nachmittagshitze die Spazierfahrt nach dem baumreichen Vororte an, um sich an dem Kaffee bei Linde und an den von Hause mitgebrachten unheimlichen Kuchenmassen gütlich zu tun. Das war aber, wie gesagt, eine rechtschaffene Landpartie, deren Herrlichkeiten man zuweilen bis zu einer etwas bittersäuerlichen Neige auskosten mußte. Von solch einem Sonntagsgenuß in Pankow mußte man eine ganze Weile hinterher noch zehren. Denn solch ein kleinbürgerlich-gesellschaftliches Ereignis wiederholte sich etwa zweimal während des Sommers. Man bedenke also, was das bedeutete!

Wohlhabende Bürgerfamilien wanderten mit Kind und Kegel in die Vororte Niederschönhausen, Pankow, Gesundbrunnen, um dort in einfachster Ländlichkeit ihren Sommeraufenthalt zu nehmen. Das notwendigste Haus- und Wirtschaftsgerät, Bettzeug wurde hinausgeschickt. Nicht anders war es bei den Friedrichs- und Dorotheenstädtern der Fall, die sich nach Charlottenburg in die Sommerfrische begaben.
Isidor Kastan, Berlin wie es war

»Auf Sommerwohnung ziehen« war im alten Berlin ungefähr mit demselben Begriff verbunden, als wenn der moderne Kilometerfresser die übliche Fahrt nach der Schweiz macht, nur mit dem Unterschied, daß die Vorbereitung zur Reise nach Finkenkrug, Pankow, Treptow oder Schöneberg erheblich mehr Zeit in Anspruch nahm als ein »Ausflug« nach dem Rigi. Die Redensart: »Sie wollen diesmal nach Pankow? Sagen Sie bloß, wie kommen Sie da raus!« war keine außergewöhnliche. Ich habe es selbst erlebt, daß die Einmietung eines jungen, schmalbrüstigen Mannes im Alten Eierhäuschen an der Oberspree mit sehr erregten Familiendebatten verbunden war. Konnte man diesen Unmündigen wirklich allein so weit reisen lassen? Französisch-Buchholz und Schulzendorf lagen schon im Ausland. Ein derartiger Luftwechsel, besonders »mit Familie«, glich immer einem kleinen Umzug. »So ville Betten gibt's ja jar nich«, witzelten die Straßenjungen, wenn sie eine derartige »Maikäferfuhre« durch die Straßen taumeln sahen. Die eigenen Betten waren die Hauptsache.

Die Sehnsucht des Berliners, ins Grüne zu kommen, durchzieht fast seine ganze Lokalpoesie. »Holdes Grün, wie lieb ich dich / Holdes Grün, vergiß mein nicht«, heißt's in einem alten Liede vom Friedrichshain, das ich schon vor vierzig Jahren von allen Harfenjulen und Jammerholzwimmern (Gitarrespielern) auf den Höfen singen hörte. Die Redensart: »Er schläft bei Mutter Jrün« kann nur von einem Berliner erfunden sein.
Max Kretzer, Wilder Champagner

Der übrige Teil der Bevölkerung Berlins, der nichts besitzt, was einem eigenen Grundstück ähnlich sieht, ist in bezug auf Gartenvergnügen, wenn er sich nicht mit einem Spaziergang begnügen will, auf den Biergarten oder die Gartenrestauration angewiesen. Was für schöne Gärten solcher Art besaß das alte Berlin – nicht das alte, sondern das Berlin, wie es noch vor fünfundzwanzig Jahren war! Sie sind verschwunden wie die großen schönen Gärtnereien, die einst innerhalb der Stadt vorhanden waren, in den siebziger Jahren aber allmählich zu Straßenterrain ausgeschlachtet wurden …

Darum fehlt es aber Berlin doch nicht an Biergärten. Lieber Himmel, eine Gartenwirtschaft ist ja so leicht hergestellt. Wo vordem nichts war als Sand und Schutt, stehen auf einmal vierundzwanzig bis fünfundzwanzig Bäume, die zusammen bisweilen über hundert Blätter haben. Zu den Bäumen kommen einige Laternenpfähle, die sich von ersteren dadurch unterscheiden, daß sie gar keine Blätter entwickeln. Aus dem Boden wachsen grüne Stühle und Tische. Die letzteren entwickeln eine Art Blüte, indem sie sich mit rotgemusterten Tüchern bedecken. Dann schießen unter den Bäumen Kellner empor, welche Servietten unter dem Arm haben und trinkgeldsehnsüchtig um sich blicken. In ihren Händen entfalten sich bei zunehmender Wärme Speisekarten, deren verlockendsten Teil grüner Aal mit Gurkensalat und neuer Hering mit neuen Kartoffeln bildet. Dann fehlt nur noch, daß das Publikum in den neu eröffneten Biergarten einströmt; und ist das Wetter nicht gar zu ungünstig, so strömt es ein. Der Berliner ist sehr anspruchslos in manchen Dingen; ihm gilt schon als Garten, wofür man anderweit nur die Bezeichnung Wüstenei gebrauchen würde. Wenn er nur an einem Ort sitzt, wo es stark zieht, sagt er schon: Wie wohl ist einem im Freien! Fällt ihm eine Raupe ins Bier, nachdem sie das letzte oder vorletzte Blatt des Baumes, unter dem er sitzt, abgefressen hat, so macht er die Bemerkung: Nun wird es aber mit Macht Frühling! Ist der Kalbsbraten der Art, daß man ihn schon aus einiger Entfernung wahrnimmt, so ruft der Berliner vergnügt: Kinder, jetzt ist es Sommer! …

Mehr als diese Gartenschenken innerhalb der Stadt bieten die großen Vergnügungsgärten, die an der Grenze des Weichbildes und in den Vororten gelegen sind, wie die Gartenlokale in der Hasenheide, in Moabit, in Schöneberg und anderwärts. Hier ist das wahre Gartenvergnügen zu Hause, wozu vor allen Dingen Musik gehört. Für diese ist gesorgt durch eine konzertierende Kapelle, aber auch sonst fehlt es nicht an Dingen zur Ergetzung des Publikums. Da gibt es zum Klang einer Drehorgel unablässig sich drehende Karussels, das Entzücken der Kinder und der Dienstmädchen. Fünf Pfennige kostet die Fahrt oder der Ritt … Da sind Schießstände, bei denen allerhand Gegenstände und Figuren die Ziele bilden … Noch mehr Anziehungskraft üben auf manchen die Würfelbuden aus. Wer mit drei Knöcheln über zwölf Augen wirft, hat gewonnen. Aber die Aufregung und das Werfen selbst sind doch die Hauptsache dabei. Besser ist es schon, nicht zu gewinnen, denn wer gewonnen hat, sieht sich nun vor die schwierige Aufgabe gestellt, sich unter vielen gleich begehrenswerten und gleich überflüssigen Gegenständen aus Glas oder Porzellan etwas auszuwählen. Was er nun auch

Des Berliner Volkes wahrer Himmel – ein Biergarten ►

wählen mag, immer ist er nachher unzufrieden mit seiner Wahl und sagt zu sich: Ich hätte mir etwas anderes aussuchen sollen. Andere reden dann auch drein und schüren die Unzufriedenheit, und so kann durch ein Glück im Spiel die gute Stimmung für den ganzen Abend in Gefahr geraten …

In allen diesen großen Gartenlokalen verkehren fliegende Handelsleute, die zum Teil auch die Biergärten im Innern der Stadt besuchen: Kinder mit Blumensträußchen, Bretzel- und Zimmetblätterfrauen, Männer mit billigen Kalendern, Notizbüchern, Portemonnaies und anderm der Art. Zwischen den Tischen durch schlüpft ein Silhouetteur, schneidet meuchlerisch hier und dort ein Gesicht und bietet es dem Besitzer desselben für fünfzig Pfennige zum Kauf an …

Kurz, jedes dieser großen Gartenlokale ist ein kleiner Jahrmarkt und ein wahrer Himmel des Volkes. Und das Volk bleibt nicht aus. Hier sitzt Tisch an Tisch der Berliner Bürger mit Kind und Kegel, »schnappt Luft« und »amüsiert« sich. Hier erscheint am Sonntag in zahllosen Exemplaren die Minna oder Rieke mit ihrem Soldaten. Sie sitzen nebeneinander und sagen nichts, sind aber innerlich vergnügt, *er* besonders über die gute Verpflegung, deren Kosten *sie* bestreitet.

Einfacherer Art sind die Lokale, in denen »Familien Kaffee kochen können«. Sie waren früher häufiger als jetzt, da der Kaffee vielfach vom Bier verdrängt worden ist, verschwunden sind sie aber noch nicht. Natürlich herrscht in ihnen die durch die Kaffeekanne zusammengehaltene Familie vor.

Wer den Berliner bei seinem Gartenvergnügen sieht, muß einen guten Eindruck von ihm erhalten. So voll auch an den Sonntagen die großen Lokale sind, fast niemals kommt es doch zu Störungen der Ruhe und Ordnung … Ja, es ist ein gutherziges und genügsames Volk, das die Reichshauptstadt bewohnt, trotz aller Sozialdemokraten.

Johannes Trojan, Gartenvergnügen

Mit dem Ausbau des Stadt- und Vorortverkehrs in den achtziger Jahren steckt man seine Ziele schon etwas weiter: Grunewald und der Wannsee, die Jungfernheide, Saatwinkel oder Valentinswerder erfreuen sich als Ausflugsorte zunehmender Beliebtheit. Anziehungspunkte für einen Spaziergang im Grünen sind auch die an der Peripherie der Stadt gelegenen städtischen Parks: der Friedrichshain im Osten, im Norden der Humboldthain, der 1875 fertiggestellt wird; zwischen 1876 und 1887 entsteht im Osten nach den Plänen des Gartenbaudirektors und Lennéschülers Gustav Meyer die schöne Anlage des Treptower Parks. Und dann ist da natürlich immer noch der »königliche« Park, der Tiergarten, mit seinen alten, schattenspendenden Bäumen, breiten

Max Liebermann, Spielende Kinder im Park, 1890

Alleen und verwunschenen Plätzen, den Reitwegen und malerischen Seen, den Spazierpfaden und Gartenanlagen und natürlich dem »Corso« der vornehmen Welt.

Der Charme des von Peter Joseph Lenné in den dreißiger und vierziger Jahren gestalteten Parks hatte allerdings beträchtlich gelitten. Die Grünanlagen waren zu Beginn der Kaiserzeit verwahrlost, das Wasser des Schiffahrtskanal verpestete mit seinem Schmutz und Kloakenabgängen die Wasserläufe des Tiergartens. Die Klagen der erholungssuchenden Berliner werden immer lauter.

Am 24. Mai 1872 schreibt Anna von Helmholtz:

Es ist gegenwärtig nicht heiter, die reizenden Folgen der Wasserverhältnisse unseres Eldorados, des Tiergartens, kennenzulernen. Von dem Geruch der Verschönerungsgewässer und von der Farbe dieser Flüssigkeit macht sich niemand einen Begriff, der es nicht gesehen und nicht gerochen hat. Der Magistrat wird so lange über diese Verhältnisse nachdenken, bis eine neue Pestilenz über die Stadt hereinbricht. Es ist eine Schmach, den Menschen solche Steuern abzufordern und für die allerersten Bedürfnisse absolut gar nicht zu sorgen und auch noch zu verhindern, daß Aktiengesellschaften diese Dinge in die Hand nehmen. Sie sind noch zu eng in ihren Begriffen – und »Kaiserdorf« ist just der richtige Ausdruck für hiesige Munizipalverhältnisse.

Anna von Helmholtz, Briefe/1

Alles Bestreben der Verwaltung war ausschließlich auf den möglichst unversehrt zu erhaltenden Baumbestand gerichtet. Alles übrige war im äußersten Maße vernachlässigt. Die großen, den Wald durchschneidenden Wege befanden sich in dem denkbar elendesten Zustande. Die Beleuchtung bestand in spärlichen Öllampen, die an Holzpfählen steckten. Die kleinen Rinnsale und Tümpel wurden nur selten gereinigt. Da sie ein kaum nennenswertes Gefälle hatten, trugen sie weniger zur Verschönerung der Anlage als zur Belästigung der Geruchsnerven der Spaziergänger bei. Die Senkstoffe moderten auf dem Grunde dieser Gewässer und wurden zu übelriechenden Gasen, die an die Oberfläche stiegen, wo sie durch die Verbindung mit der Luft unter leichten Lichterscheinungen zerplatzten. An warmen Sommerabenden konnten die Berliner die Gasexplosionen im Tiergarten sehr häufig beobachten und bestaunen.

Im Gegensatze zu dem jetzigen Überreichtum von meistens sehr fragwürdigen Erzeugnissen der bildenden Kunst war der damalige Tiergarten bitterarm an bildnerischem Schmuck. Am Eingang der Lennéstraße stand die grauangestrichene Zinkgußnachbildung der Diana aus dem Louvre, am Goldfischteich prangte die aus dem gleichen kostbaren Material hergestellte Nachbildung der knidischen Venus, dann fristete noch irgendwo ein lyraspielender Apollo aus Sandstein ein wenig beachtetes Dasein … Erst um die Mitte der siebziger Jahre trat auch hier, wie überall sonst in den äußeren und inneren Verhältnissen der Stadt, ein durchgreifender Wandel ein. Die Bewässerungsanlagen wurden verbessert, die großen, durchführenden Wege wurden endlich mit einer leidlich anständigen Pflasterung versehen, die alten, elenden Brückenstege durch geschmackvolle, zum Teil recht zierliche ersetzt; die jämmerliche Ölbeleuchtung wich einer erträglicheren. An den großen Wegen spendeten bereits Gasflammen ihr trübes, rötliches Licht. Das bedeutete damals einen großen Fortschritt, für den sich die Berliner Bevölkerung sehr dankbar erwies. Einen wirklich künstlerischen Schmuck erhielt jedoch um die gleiche Zeit unser Tiergarten durch die prachtvolle Löwengruppe, ein Meisterwerk des Bildhauers Wolff, in den weitesten Kreisen unter dem Namen der »Tier-Wolff« bekannt. Die Wirkung dieses in echtem Material, in Bronze, hergestellten Kunstwerkes war eine

ganz außerordentliche. Zu Tausenden und aber Tausenden strömte die Bevölkerung hinaus, um das neue im Tiergarten aufgestellte Wunder zu besehen und zu bestaunen. Die Wolffsche Löwengrupe bildete eine geraume Zeit das allgemeine Tagesgespräch. War es doch das erste und lange noch das einzige öffentliche Kunstwerk Berlins, das, lediglich einem rein künstlerischen Antriebe entsprungen, gar keinem anderen Zweck diente als eben dem, durch seine ergreifende Schönheit zu wirken.
Isidor Kastan, Berlin wie es war

In den achtziger Jahren taucht im Tiergarten neben Equipagen, Reitern und Fußgängern zunehmend eine neue Spezies von erholungsuchenden Berlinern auf: der Radfahrer.

Es war zu Anfang der siebziger Jahre, als die ersten Velozipede zu uns kamen. Im Vergleich mit dem Rover* von heute waren es grobe, ungefüge Dinger, welche die englische Bezeichnung »Boneshakers« (Knochenschüttler) vollauf verdienten, aber trotzdem bemühte man sich, da die Nützlichkeit des Velozipeds auch bei seinen ungeschlachten Vorläufern mit Händen zu greifen war, die Maschinen für die Zwecke des Verkehrs dienstbar zu machen, und der Wunsch war der Vater des Gedankens, wenn die Witzblätter aus jener Zeit »Zukunftsbilder« zeichneten, auf welchen Briefträger, Soldaten, Kaminkehrer, Ärzte, Dienstmänner und Bäckerjungen als Radfahrer abgebildet waren ...

Der deutsche Radfahrsport hat seinen Aufschwung dem niedrigen Zweirad zu verdanken. Denn so lange die riesigen, gefährlichen Hochräder der Werkstatt letzter Schluß in der Fahrradfabrikation waren, konnte das Radfahren nicht populär werden, während es sich wie mit einem Schlage die Welt eroberte, als der bequeme, ungefährliche, für Alt und Jung, Mann und Frau gleich bequeme Rover zur Einführung kam, und die Erfindung der Pneumatikreifen vollendete den Sieg.
Moritz Friedlaender, Der Sport im neuen Deutschen Reich

Anfangs blicken nicht wenige mit Skepsis auf den rasch zunehmenden Fahrradverkehr. Die einen tadeln »den unschönen Eindruck, den die eigentümliche Bewegung des Fahrers hervorruft«, die anderen beziehen sich auf die immer häufiger auftauchenden »Nachrichten von plötzlichen Todesfällen oder langwierigem Siechtum, deren Zusam-

* Niederrad

menhang mit der zunehmenden Verbreitung des Radsports nicht geleugnet werden kann« (Wilhelm Heinrich, Warnungen und Ratschläge für Radfahrer). Berlins Polizei, besorgt wie sonst nie um die Sicherheit der Bürger, sperrt die meisten Straßen der Innenstadt für den Radfahrverkehr: »Wer in Unkenntnis der Verordnungen eine für Fahrräder nicht erlaubte Straße befährt oder kreuzt, muß mit Geldstrafen bis zu 30 Mark, im Unvermögensfalle mit entsprechender Haftstrafe rechnen« (Polizeiverordnung von 1893).

Besonders schwer haben es radfahrende Frauen, sich gegen Vorurteile und Verdächtigungen zu behaupten:

In Berlin dürften meine Freundin Frl. Clara Beyer und ich die ersten Damen gewesen sein, die sich dem entsetzten Volke auf dem Rade zeigten, und zwar auf Dreirad. Das war 1890. Wir ließen uns zunächst die Räder nach auswärts bringen und radelten auf stillen Waldchausseen, von den vereinzelten Passanten teils mit tugendhaftem Entsetzen, teils mit Hohngelächter und Bemerkungen unzweideutigster Art begrüßt. Dann wagten wir es, in frühester Morgendämmerung die Stadt zu durchfahren, und endlich wurde auch eines schönen Nachmittags vom Blücherplatz aus gestartet. Sofort sammelten sich hunderte von Menschen, eine Herde von Straßenjungen schickte sich zum Mitrennen an, Bemerkungen liebenswürdigster Art fielen in Haufen, kurz, die Sache war das reinste Spießrutenlaufen, so daß man sich immer wieder fragte, ob das Radfahren denn wirklich alle die Scheußlichkeiten aufwöge, denen man ausgesetzt war … Ich habe eine Zeitlang die gehörten Redeblüten gesammelt … Neben ganz unflätigen Schimpfworten waren es meist praktische Ratschläge, wie wir wirtschaftlich unsere Zeit an Stelle des Radfahrens besser anwenden sollten … Alles Verweisen auf Reiterinnen, Schlittschuhläuferinnen half nichts, Radfahren war und blieb »unweiblich«. Einen vernünftigen Grund, warum, konnte natürlich niemand angeben.
A. Rother, Das Damenfahren

Im Winter 1896 habe ich mit dem Radfahren begonnen, das war damals ein kühner Schritt. Die gutgepflasterte, aber noch unbebaute Knesebeckstraße war der beliebteste Unterrichtsplatz; dort bin ich, dort sind viele Berliner zum ersten Male rechts und links abgefallen, bis wir die Sache herausbekamen. Berlin war hierin rückständig, von Damen der Gesellschaft haben die Botschafterin von Keudell und ich meines Wissens als erste sich öffentlich draußen auf dem Rad gezeigt. Anfänglich aber nur um acht Uhr morgens im Tiergarten, denn noch konnte man von Fußgängern und Reitern schnöde Bemerkungen hören.

»Die Gesellschaft schöner Frauen, ein Schinkenbrötchen, ein Glas Portwein und ein Germania-Fahrrad! Was braucht man mehr, um glücklich zu sein!«

Bald aber wurde mit Begeisterung geradelt, das Radeln stand in jenen ersten Jahren im Mittelpunkt unserer Interessen, und das Rad mußte auf Reisen mitgenommen werden. In Berlin erhob sich jedoch ein Entrüstungsschrei über die Gefährdung des Fußgängerverkehrs. Wildenbruch und andere erließen scharfe Proteste – jeder Straßenübergang sei eine ernste Lebensbedrohung geworden! ...

Zu jener Zeit war mir ja schon einige Freiheit zuteil geworden, für die damalige Jugend unserer Kreise hat das Radeln jedoch geradezu schrankenniederwerfend gewirkt. Mehrere Mütter lernten zwar gleichzeitig mit ihren Töchtern, vielen fehlte jedoch der Schneid, und die jungen Mädchen flitzten mit Brüdern, Vettern, auch mit ihren Tanzfreunden allein ins Weite hinaus.

Wir Damen machten unsere erste Bekanntschaft mit dem Strafgesetz, denn natürlich haben wir recht häufig strengstens untersagte Pfade benutzt. Eine Landstraße in der Havelgegend war frisch aufgeschüttet worden, so radelte ich auf dem Fußweg, einige Radler begegneten mir, riefen: »Der Landgendarm kommt!« Ich lächelte überlegen, denn dies war ein bekannter Witz; es machte Spaß zu sehen, wie auf diesen Schreckschuß hin Damen in panischer Ängstlichkeit einlenkten. Dieses Mal kam er aber wirklich. Ich wurde aufgeschrieben, vernahm, daß mir das Strafmandat zugestellt würde,

und wir plauderten gemütlich. Als er sich zur Weiterfahrt anschickte, meinte ich: »Nicht wahr, Herr Wachtmeister, Sie werden sich doch nicht umsehen?« Die Straße ist hier wirklich zu schlecht!» Die Behörde machte eine sowohl leise mißbilligende als beruhigende Geste, und ich radelte auf dem Fußweg weiter.
Marie von Bunsen, Die Welt, in der ich lebte

Der Siegeszug des Fahrrades ist weder durch Polizeiverbote noch durch die Einsprüche ängstlicher Zeitgenossen aufzuhalten. 1896 sind in Berlin bereits 100 000 Fahrräder registriert.

Die Welt steht im Zeichen des Zweirads! Es ist ein Massenwahnsinn ohnegleichen über die Menschen gekommen.

Man hat gewiß im Laufe der Jahrhunderte schon die herrlichsten Dinge an epidemischer Unvernunft erlebt: die Völkerwanderungen, die Kreuzzüge, die Inquisition und die Hexenprozesse, die Goldmacherei, die Allongeperücken ..., die Amateurphotographie, die Schinkenärmel, den Spiritismus, die Holzbrandmalerei, das Briefmarkensammeln ..., aber so allgemein hat doch noch keine um sich gegriffen wie das Radeln.

Frägt man heute einen Menschen – Mann oder Weib – zwischen 10 und 95 Jahren, ob er Zweirad fahre, so bekommt man zur Antwort: »Natürlich!« Nicht einmal »Ja!« – sondern »Natürlich!« Es gibt aber schon Leute, welche diese Frage ebenso übelnehmen würden wie die, ob sie lesen könnten, oder ob sie in dem Besitze der bürgerlichen Ehrenrechte seien ... Heute sind die Leute, die nicht auf dem Zweirad fahren, schon schneller gezählt als die, welche radeln. Die Sache wird vorläufig überhaupt nur dadurch einen Stillstand erfahren, daß die Händler keine Maschinen mehr zu verkaufen haben. Es kann einem heute schon passieren, daß er vor den Fahrradhändler mit dem Wunsche tritt: »Ich möchte ein Zweirad haben«, und daß ihm dieser schnöde zur Antwort gibt: »Ja, das glaub ich – ich auch!«
Jugend, 27. Juni 1896

1881 richtet der clevere Geschäftsmann Thomas Walker, Vertreter einer englischen Fahrradfirma, mit dem »Berliner Bicycle-Club« das erste Radrennen in Berlin aus. Spezielle Bahnen gibt es noch nicht, so starten die Fahrer am 7. August auf den Parkwegen der »Flora« in Charlottenburg. Gefahren wird noch fast ausschließlich auf Hochrädern. Sieger beim »Großen Deutschen Clubfahren« über 8 045 Meter wird, vor einer großen interessierten Zuschauermenge, der Veranstalter selbst in zwanzig Minuten und vierzig Sekunden.

Die Werbeveranstaltung hat sich gelohnt. Walker betreibt nun zielstrebig den Bau von Radrennbahnen und im November 1884 kann der neu geschaffene »Verein für Velociped-Wettfahren in Berlin« an der Brückenallee die erste Radrennbahn der Hauptstadt in Besitz nehmen.

Alle neuen Bahnen wurden in Ellipsenform angelegt, und zwar wurde die Fahrfläche nach der Art der Kunststraßen ausgebaut; die Kurven waren höchstens einen halben Meter überhöht, was bei der damaligen Geschwindigkeit der Fahrer genügte. Die Oberfläche wurde natürlich bei jedem Regen aufgeweicht und war deshalb selbst einige Tage nach einem Regenguß noch unbrauchbar. Wehe, wenn während eines Rennens plötzlich ein Gewitterregen herniederging; alsdann schnitten die schmalen Reifen sofort tief ein, und Rad und Fahrer verwandelten sich im Handumdrehen in einen Schmutzklumpen …

Die meisten Fahrer rannten auf allen Maschinengattungen und über alle Distanzen; es erregte durchaus kein Aufsehen, einen Fahrer zum Beispiel am gleichen Tage 2 000 Meter auf dem Dreirade, 3 000 Meter auf dem Sicherheitsrade und 10 000 Meter auf dem Hochrade bestreiten zu sehen; ja schließlich nahm derselbe wohl auch noch an einem Dreirad-Tandemfahren teil …

Walker legte sich voll und ganz für die Herrenfahrer-Qualifikation ins Zeug; einen hierauf bezüglichen Artikel schloß er mit den bezeichnenden Worten: »Ein Glück ist es wenigstens, daß die Anschaffung eines Fahrrades nicht jedem Unbemittelten freisteht, sonst wären die Tage des Radfahrens als Sport gezählt!« Damals kostete allerdings ein einfaches Hochrad 300 Mark, und Abzahlungen kannte man noch nicht.

Robert Höfer, Zwanzig Jahre deutscher Rad-Rennsport

Nachdem 1886 durch die Stiftung des »Kaiserpreises« auch die allerhöchsten Kreise Interesse an der neuen Sportart bekundet hatten, geht es mit der Popularität der Radrennen in Berlin noch rascher voran. 1889 startet die erste Fernfahrt Berlin-Hamburg: der Sieger, noch auf einem Hochrad, benötigt für die Distanz, fast 23 Stunden. 1891 wird die neue Radrennbahn in Halensee eingeweiht, auf der zwei Jahre später auch die Damen ihr erstes offizielles Rennen bestreiten. Im selben Jahr endet auf dem Tempelhofer Feld die erste Radfernfahrt Wien-Berlin, die als Konkurrenz zu einem Offiziers-Distanzritt Berlin-Wien ausgetragen wird. Riesenjubel begrüßt den Sieger mit seinem Fahrrad in Berlin: er hatte für die Strecke vierzig Stunden weniger benötigt als der schnellste Offizier auf seinem Pferde.

Während die Matadore des Radrennsports in Berlin immer mit einem großen und begeisterten Publikum rechnen können – es gibt Ende der neunziger Jahre schon vier Wettkampfbahnen – ziehen die meisten der anderen Sportarten nur einen kleinen Kreis von Enthusiasten an.

In der vornehmen Gesellschaft konzentriert sich das Interesse am Sport auf die Pferderennen. In Hoppegarten, dem Austragungsort der Flachrennen, geben die Mitglieder des hochfeudalen Unionklubs aus der Schadowstraße den Ton an. Trabrennbahnen gibt es in Weißensee, Hindernisrennen werden in Karlshorst und Westend gelaufen, wo die Militärs das Feld beherrschen:

Der grüne Rasen der Hindernisbahn zum Beispiel draußen auf den Höhen von Westend, ist an sonnigen Herbsttagen eine Art großer Salon im Freien – ein tout Berlin und tout Potsdam mit eleganten Frauen, jeder dritte Herr in Uniform, junge Swells in hechtgrauen Zylindern und einem merkwürdigen, damals üblichen zimtbraunen Gehrock. Dazwischen die sonngebräunten Gesichter Ostelbiens. Die vollzähligen Offizierkorps aus den »umliegenden Dörfern« – schar-

Ernst Hosang, Training hinter Windschirmen auf der Radrennbahn in Halensee.

◀ *Kein Sport stand so hoch in der Gunst des Publikums wie die »Velociped-Wettfahrten«. Anfangs trainierte man auf Parkwegen, 1884 wurde an der Brückenallee die erste Radrennbahn eingeweiht. Ernst Hosang, Hochradrennen 1881 in der »Flora« zu Charlottenburg.*

lachrote Ziethenhusaren aus Rathenow und purpurne Blücherhusaren aus Stolpe, mit blauem Kragen des dunklen Überrocks die Brandenburger Nikolaus-Kürassiere, mit rotem die Pasewalker Panzerreiter der Königin, das berühmte Hohenfriedberger-Regiment Ansbach-Bayreuth, die Hannoverschen Königs-Ulanen, die Halberstädter Seydlitz-Kürassiere, die Todesreiter von Mars-la-Tour, bei deren schwefelgelbem Kragen und Mützenrand unwillkürlich vor jedem immer wieder im Geist mächtig, mit buschigen Augenbrauen und feuchten Riesenaugen die Reckengestalt des Eisernen Kanzlers ... auftaucht. Dann und vor allem die Gardekavallerie: die Gardes du Corps und Gardekürassiere, die roten, goldverschnürten Leib-Gardehusaren, die 1. und 2. Garde-Dragoner und 1., 2. und 3. Garde-Ulanen, alles nun schon verschollene Regimenter – ein sporenklirrender Gothaer Almanach. Der Stolz jedes Regiments, hier draußen auf der Rennbahn, seine siegreichen Herrenreiter, viele von diesen Grafen und Edeln auch beim kleinen Mann auf den billigen Plätzen in hohem Maße volkstümlich. »Feste, Kramsta!« umdröhnt das damalige geflügelte Wort der Masse beim Endspurt den Rittmeister von den Gardekürassieren. Andächtige Bewegung über dem grünen

Rasen, wenn »Wellgunde«, die jahrelang unbesiegte »Wunderstute« des Rittmeisters von Sydow, steifbeinig zum Start stelzt und von ihm ab in gleichmäßigem mühelosen Galopp, wie eine gutgeheizte Dampfmaschine, den andern Gäulen einfach davonläuft. Schließlich wird das große Tier doch geschlagen und scheidet für immer von der Bahn. Stumm nehmen die Herren umher die Hüte zum Abschied ab.

Rudolph Stratz, Reisen und Reifen

Ziemlich rasch entwickelt sich bei Berlins wasserreicher Umgebung der Ruder- und Segelsport. 1876 wird der erste Berliner Ruderverein gegründet, dessen Mitglieder von Stralau aus Entdeckungsfahrten in die Umgebung Berlins veranstalten. 1880 wird die erste Ruderregatta in Grünau ausgetragen. Ein Jahr später bilden sich die ersten Arbeiterrudervereine. Einen ausgesprochen feudalen Anstrich hat dagegen noch der Segelsport. In dem 1881 gegründeten Verein Seglerhaus am Wannsee trifft sich die Creme der Gesellschaft. 1896 ist die Zahl der Vereine schon auf vierzehn gestiegen, gegen dreißig Regatten werden jährlich veranstaltet.

Die Lust und Freude am Wassersport ist in Berlin erst ziemlich spät erwacht, aber die deutsche Kaiserresidenz hat das Versäumte schnell nachgeholt, und mit besonderer Hingebung verfolgt deren Bevölkerung die Fortschritte jenes Sports, denn es ist eine eigentümliche Beobachtung, daß der echte Berliner einen unwiderstehlichen Hang zum Wasser (aber nicht zum Trinken desselben!) hat und sich stolz fühlt wie der Kapitän eines Ozeandampfers, wenn er in einer kleinen Nußschale auf seinem heimatlichen Strom dahinschwimmt. Die Ruder- und Segelregatten, in höherem Grade die ersteren, haben schnell große Volkstümlichkeit erlangt, und wenn ein derartiger Wettkampf bei Grünau oder auf der weiten Fläche des Müggelsees an einem schönen Frühlings- oder Herbstsonntage stattfindet, dann strömen viele Tausende hinaus, um zu erfahren, wer Sieger bleibt, und um daneben auch etwas Natur und viel Bier zu kneipen!

Paul Lindenberg, Berlin in Wort und Bild

Die Leichtathletik steckt noch ganz in den Kinderschuhen. Es gibt noch keine Sportplätze und keine Aschenbahnen, wie sie in England und in den USA seit langem üblich sind. Man läuft auf dem Zement der Radrennbahnen oder auf Wiesen und Straßen, immer unter dem Verdacht der hohen Behörden, die »öffentliche Ordnung« zu stören, oder unter den mißtrauischen Blicken der Wächter von Moral und Sitte, wenn die Läufer allzuviel nackte Waden zeigen.

Der Begriff Leichtathletik war noch unbekannt. Wenn einmal vom Laufen gesprochen wurde, so tauchte auch gleich der Name Fritz Käpernick auf, jenes Läufers, dem man sagenhafte Leistungen nachsagte und der im Februar 1884, 27 Jahre alt, gestorben war. »Der rennt ja wie Fritze Käpernick«, pflegte der Berliner zu sagen, wenn er damals einen der jungen Berliner Sportsleute auf dem Tempelhofer Feld trainieren sah, »der wird sich noch die Schwindsucht an den Hals laufen ...«

Immerhin, der junge Sport machte Fortschritte. Im Jahre 1890 veranstaltete der englische »Berlin Cricket-Club« auf einem Gelände in der Martin-Luther-Straße das erste große leichtathletische Sportfest, und am 14. August 1892 folgte auf der alten Halenseer Radrennbahn ein zweites Fest, an dem sogar englische Läufer teilnahmen, die natürlich mühelos die ersten Meisterschaften von Deutschland gewannen ...; im Rahmen der Berliner Gewerbeausstellung von 1896 fanden große leichtathletische Wettkämpfe statt, die ein Zeichen dafür waren, daß dieser Sport sich nunmehr durchzusetzen begann.

Kurt Doerry, Leichtathletik

»Der Berliner amüsiert sich gern und leicht, nur darf das Vergnügen nicht teuer sein«, schreibt Max Ring 1884 (»Die deutsche Kaiserstadt Berlin«). Neben Konzert und Theater, Ausflügen und Sportveranstaltungen hält Berlin für den Erholung und Entspannung suchenden Hauptstädter für wenig Geld noch so manches bereit, wovon der Besucher aus der Provinz nur zu träumen wagt. Da ist der Zirkus Renz, der mit seinen weltberühmten Dressurreitern und brillant ausgestatteten Pantomimen die Zuschauer anzieht; da lockt »Krolls Etablissement« am Rande des Tiergartens, wo man im Sommer für eine Mark eine gute Oper oder ein Konzert im Freien bei einem Glase Bier oder Himbeerlimonade genießen kann – und alles zusammen bei »feenhafter Beleuchtung«; da zieht Castans Panoptikum in der Friedrich-, Ecke Behrenstraße jung und alt in seinen Bann:

Es scheint mir hoffnungslos, dem heutigen Geschlecht die Gemütswirkung klarzumachen, die damals von einem Panoptikum ausging. Hier war wirklich »alles zu sehen«, wie bei Borchardt »alles zu haben«. Wachsfiguren gaben den Grundbestand ab: historische Gestalten, berühmte Zeitgenossen, komische Leute in komischen Situationen. Die »Schreckenskammer«, wie es sich geziemte, kostete »extra« Eintrittsgeld. Ein Spiegellabyrinth, eine frei in der Luft schwebende Jungfrau (Magneta) und anderes vermehrten den unbeschreiblichen Zauber. Allerdings bot die Konkurrenz in der »Passage« noch mehr: da traten exotische Völkerschaften auf, wie die Mädchen von Daho-

Eine Attraktion in der »Passage«: das 1883 eröffnete Kaiser-Panorama. Durch einen Knopfdruck konnten sich die Berliner über Expeditionen in fremde Länder, Staatsbesuche, Krönungsfeierlichkeiten, Naturkatastrophen oder die jüngsten Sportereignisse ins stereoskopische Bild setzen.

mey. Es hat mir eine Befriedigung bereitet, später im »Stechlin« festzustellen, daß auch Theodor Fontane sie gesehen hat. In anderen Räumen des lädenreichen Durchganges gastierte gelegentlich ein Flohzirkus; vor allem aber war da das Kaiserpanorama, der bescheidene Vorläufer des glänzenden Filmwesens, dessen erste mangelhafte Versuche ich um 1897 im Apollotheater gesehen habe. Im Kaiserpanorama saßen die Betrachter farbiger Landschaftsbilder auf Stühlen um einen großen polygonen Kasten herum, und jeder blickte durch sein Guckloch ins Innere. Alle zwei Minuten machte es »kling«, und ein neues Bild rückte vom Nachbarn heran.

Eduard Spranger, Berliner Geist

Wer einen richtigen »Rummel« liebt – und das tun viele Berliner –, der zieht am Sonntag mit Kind und Kegel in die Hasenheide vor dem Halleschen Tor. Da locken Verkaufsbuden, Schießstände und Militärkonzert. Da steht auf dem Bretterpodium vor der grellbemalten Schaubude der »Rekommandeur« und preist mit lautstarker Stimme das »Nochniedagewesene« seiner Vorführung: »Immer herrein, meine Herrschaften, noch ist es Zeit, noch hat die Vorstellung nicht begonnen. Kinder und die Herren vom Militär ohne Charge zahlen auf allen Plätzen die Hälfte.«

Da gab es die vierhundert Pfund schwere, aber erst neunzehn Jahre alte Riesendame aus Marseille, das sie nie gesehen hatte; da wurde die Dame ohne Unterleib gezeigt, die, als einmal blinder Feuerlärm entstand, zuerst draußen war. Da wälzte sich, den »Fischleib« dicht mit Seetang bedeckt, das »Meerweib« in einem halb mit Süßwasser gefüllten Glaskasten und plinkerte unaufhörlich mit den Augen, um seine Lichtscheu anzudeuten. Es gab echte Feuerfresser aus dem Berliner Vogtland, die, wenn sie gereizt wurden, echt berlinisch schimpften. Auch die »wirklich echte Zulukafferfamilie« wurde in der Hasenheide zuerst eingeführt, die einzige, die die »grausamen Engländer« übriggelassen hätten, wie der Ausrufer immer aufs neue versicherte ... Dazu kamen die Schießstände, die Würfelbuden, wo man eine ganze Wirtschaft gewinnen konnte, wenn man Ausdauer hatte. Vor irgendeinem Baum war ein Wahrsageapparat aufgestellt, in dessen Glaszylinder die beiden Teufel Mimifax und Pipifax unaufhörlich auf und nieder gingen, um das Geheimnisvolle des Verfahrens anzudeuten. Für einen Groschen konnte ein Soldat die Photographie seiner »Zukünftigen« ziehen, die gewöhnlich einen Marktkorb trug; umgekehrt die Küchenfee ihren Zukünftigen, der gewöhnlich ein Grenadier war. Unaufhörlich schrie der Rekommandeur, unaufhörlich knallten die Büchsen, unaufhörlich schlug der Kraftmesser auf, und unaufhörlich flossen die verschiedenen Melodien der Karusselleierkasten durcheinander, durchschmettert von der Blechmusik in den Gärten und durchzittert von den Klängen der Ziehharmonika, die unter den Kiefern der Heide dem lustigen Volk zum Tanz aufspielte. Und dazwischen ertönten im Chorus die Rufe der Händler und Händlerinnen, die ihre Würste, Brezeln und Apfelsinen an den Mann zu bringen versuchten ...

Als dann Anfang der achtziger Jahre in der »Neuen Welt« ein Vergnügungslokal großen Stils erstand, bekam die Hasenheide ein völlig anderes Ansehen. Die »Neue Welt» wurde im Sommer der Sammelplatz der Berliner Lebewelt, die besonders an den Donnerstagen, wo man gegen erhöhtes Entree ein Brillantfeuerwerk ersten Ranges bewundern konnte, in Scharen herbeiströmte. Hier sah ich die Sensationsnummer: die Gymnastikerin, die in schwindelnder Höhe am Trapez des davonziehenden Luftballons ihre halsbrecherischen Künste ausübte, so daß das Publikum bei diesem schaurigen Anblick so lange den Atem anhiet, bis die Waghalsige endlich in der Gondel geborgen war. Hier sah ich auch öfters Theodor Fontane, wie er, den unvermeidlichen karierten Plaid (die alten Berliner nannten ihn Schaltuch) über die Schulter, den weichen Hut auf dem Charakterkopf, die Hände auf den Wanderstock gestützt, seine Studien an Menschen und Dingen machte. An einem schönen Julitage 1886 besuchte ich mit Gerhart Hauptmann, der damals noch »Jägerianer«

war, die Hasenheide. In einer Leinwandbude ließen wir uns photographieren, »auf Blech«, und dedizierten uns gegenseitig die »herrlichen« Aufnahmen, die in einem schönen Papierrahmen steckten. Hauptmann machte dem Photographen sehr zu schaffen, denn er wollte durchaus nicht die konventionelle Haltung annehmen, und so wurde ein interessantes Genrebild daraus: eine sitzende, tiefgebückte Figur, die aus den gefalteten Händen das Taschentuch herunterhängen läßt, was der fliegende »Lichtbildner« beinahe wie Hohn auffaßte.

Max Kretzer, Wilder Champagner

Wer's etwas vornehmer liebt, besucht ein »Spezialitätentheater«, eine Mischung aus Varieté, Zirkus und Restaurationsbetrieb. Spezialitätentheater gibt es in Berlin in allen Größenordnungen: vom sommerlichen Gartentheater bis zum vornehmen Wintergarten: die 1872/73 erbauten Reichshallen am Dönhoffplatz etwa oder das American-Theater in der Dresdener Straße, in denen »Gymnastiker, französische Tänzer, englische und amerikanische Clowns, Trapezkünstler, Tiroler- und Chansonettensänger, Taucher, Preisschützen, Athleten und selbst abgerichtete, gelehrte Ochsen mit vielem Beifall auftreten« (Max Ring, Die deutsche Kaiserstadt Berlin/2).

Der Wintergarten ist Berlins größtes und berühmtestes Varieté. Es hat seinen Platz im Central-Hotel am Bahnhof Friedrichstraße:

Das Central-Hotel war mit dem damals denkbar möglichsten Luxus ausgestattet. Die größte Sensation des Hauses aber – und eine Sensation für ganz Berlin – bildete der 2 500 Quadratmeter große Wintergarten, der das Hotel von der Dorotheenstraße bis zur Georgenstraße durchquerte. Ein gewaltiges Glasdach überwölbte den riesigen Komplex. Springbrunnen, Lianen, Palmen, Boskette und riesige Blumenarrangements riefen den Eindruck eines tropischen Gartens hervor, der den Vorzug hatte, von der Witterung unabbängig zu sein, und der auch nachts dem Publikum offenstand, da riesige Lampen für strahlende Helle sorgten.

Da die Hoteldirektion im Wintergarten oft Basare, Wohltätigkeitsabende, Redouten und Ausstellungen veranstaltete, bei denen Musik- und Gesangsvorträge abwechselten, und da bei diesen Gelegenheiten der Garten immer wegen Überfüllung geschlossen werden mußte, kam im Jahre 1886 der aus Wien stammende Julius Baron auf die Idee, den Wintergarten zu pachten und ihn nach Wiener Muster als Varieté umzugestalten ... Als das Unternehmen glückte ..., verpflichtete die Direktion, die den Wintergarten unter der Direktion Dorn und Baron dreizehn Jahre lang leitete, jede Nummer, die in der inter-

Hans Baluschek, Vergnügungspark Alte Hasenheide, 1895

nationalen Varietéwelt und Artistenschaft Klang und Ansehen hatte. Es gab keinen Star, welcher Art er auch war, der nicht im Wintergarten einmal aufgetreten ist, und immer war es der Wintergarten, der die Attraktionen in Berlin einführte und durchsetzte, ehe er sie an die anderen hiesigen Varietés weitergab.
40 Jahre Wintergarten

Der erste Welterfolg des Wintergartens sind die fünf Barrisons, amerikanische Tanzsängerinnen, Urbild aller späteren Girltruppen und schon zu Lebzeiten vielfach nachgeahmt und parodiert:

Die Barrisons sind fünf splitterdürre Engländerinnen, die in kurzen Höschen auf der Bühne des Wintergartens herumtanzen und dazu mit schrillen Stimmen unmelodische Lieder singen. Ihre langen blonden Perücken und ihre bemalten Puppengesichter sind aber in die Mode gekommen. Herr Adolf Ernst, der Introdukteur von »Charleys Tante«, gibt auf seiner Tingel-Tangel-Bühne augenblicklich ein neues englisches Stück, in dem sämtliche weibliche Darstellerinnen in den Masken der Barrisons auftreten. So etwas zieht. Noch mehr zieht aber die neue Cancantänzerin, die der findige Theaterleiter für dies Stück direkt aus dem Lande Albion, wo man quirlige Beine zu schätzen

weiß, bezogen hat. Miß Rose Batchelor heißt sie und ist häßlich und mager. Sie tanzt auch nicht, sondern strampelt mit Armen und Beinen wie eine Wahnsinnige in der Luft herum – da sie aber vor dem Prinzen und der Prinzessin von Wales in London ebenso gestrampelt hat und diese hohen Herrschaften selbigem Strampeln allerhöchste Anerkennung gezollt haben, so ist der Berliner ganz entzückt und klatscht dem Unding von Tänzerin allabendlich enthusiastisch Beifall.
Fedor von Zobeltitz, Chronik der Gesellschaft/1

Die Friedrichstraße zwischen Oranienburger Tor und Leipziger Straße beginnt in diesen Jahren ihre Entwicklung zur berühmtesten Amüsiermeile Berlins. Hier reiht sich Restaurant an Restaurant: Tanzlokale, intime Weinstuben, amerikanische Bars, Bierpaläste und Wiener Cafés – für jeden Geldbeutel und für jeden Geschmack findet sich das Passende.

Früher herrschte unumschränkt die Konditorei. Mehrere derselben haben eine Rolle gespielt, waren Vereinigungsraum der Schriftsteller, Künstler, Schauspieler und zuweilen auch der Politiker. Längst ist ihre Glanzzeit vorüber; eine der berühmten nach der andern ist eingegangen, und nur Kranzler an der Ecke der Linden- und Friedrich-

Varietés und Revuetheater begründeten den Ruf der Friedrichstraße als Amüsiermeile von Rang. Im südlichen Teil der Friedrichstraße machte das Apollotheater mit seinen Revuen von sich reden.

◀ *Das 1880 am Bahnhof Friedrichstraße eröffnete Central-Hotel gestaltete 1886 seinen Wintergarten zum Varieté um, dem später weltberühmten »Wintergarten«.*

straße und Josty am Potsdamer Platz halten sich noch. Heute hat jede Vorstadt ihr Wiener Café, und in einigen Hauptstraßen gibt es deren mehrere, meist mit größeren Geldmitteln ausgestattet, mit riesigen Billardsälen, Spiel- und Lesezimmern, die letzteren mit oft mehreren Hunderten von Zeitungen aus allen Ländern versehen. In dieser Hinsicht schlagen sie die Cafés aller mir bekannten Großstädte; besonders reich ist das Café Bauer, Unter den Linden, das meistbesuchte Berlins, hervorragend auch durch seinen Bilderschmuck.

Diese Anstalten sind bei dem Umschwung unserer Stadt zur Weltstadt in gewissem Sinne eine Notwendigkeit geworden. Für die vielen Fremden wie für die Einheimischen, die Zeitungen lesen wollen, waren große Räume nötig, die von keiner Konditorei geboten wurden. Das sich entwickelnde Nachtleben ist teilweise durch sie hervorgerufen, und sie werden von ihm erhalten. Es gibt jetzt kaum eine Gesellschaft mehr, nach der die Herren nicht, und wäre es noch so spät, in einem Café endeten. Während der Faschingszeit vornehmlich strömen oft ganze Scharen von Herren und Frauen in Balltracht gegen 3 oder 4 Uhr morgens in die Cafés; die anständigen Frauen meist aus Neugierde, die weniger anständigen aus anderen Gründen. Noch vor zwanzig Jahren wäre es beleidigend gewesen, einer Frau aus besseren Ständen vorzuschlagen, daß sie nach einem Balle in

Das Café Bauer Unter den Linden, hier nach einer Zeichnung von Georg Theuerkauf aus dem Jahr 1878, war berühmt wegen seiner Wiener Spezialitäten und seines großen Zeitungsangebots.

der Festtracht noch in eine solche Wirtschaft gehen solle – heute sind wir freier geworden und sehen nichts darin.
Otto von Leixner, Soziale Briefe aus Berlin

Rund um das Oranienburger Tor, in der Friedrich-, Elsässer, Linien- und Oranienburger Straße. ist das Zentrum des eigentlichen Nachtlebens von Berlin. Hier versprechen Bier- und Weinlokale »Bedienung von zarter Hand«. Hierher vor allem strebt der Besucher aus der Provinz, wenn er im »Sündenbabel« Berlin etwas »erleben« will:

An Stelle der Bordelle trat in der Hauptstadt etwas anderes, minder Auffälliges, gewiß weniger Unästhetisches, aber darum nicht minder Gefährliches: öffentliche Vergnügungsstätten, Ballhäuser, Tanzlokale, die der Massenkuppelei dienten. Krolls Etablissement stand Jahrzehnte hindurch solchen Bedürfnissen offen; in der Gründerzeit florierte das »Orpheum«. Es gab solche Vergnügungsstätten in allen erdenklichen gesellschaftlichen Abstufungen, bis hinab zu den Verbrecherkellern. Die Tanzlokale der studentischen Jugend aber und der jungen Kaufmannschaft wurden nicht gar selten Schauplatz eines Herzensromans …
Ernst Heilborn, Zwischen zwei Revolutionen/2

Die nördliche Friedrichstraße
zwischen Johannis- und Oranienburger Straße.
Albert Schwartz, um 1885

29. Mai 1889 ... Ich gehe ins Café Bauer und von dort ins »Elysium«, wo die Kellnerinnen, einige hübsche Mädchen darunter, die Aufgabe haben, ihre Gäste zu unterhalten. Jede hat eine Reihe von sechs Tischen, der Tisch zu sechs Plätzen, macht sechsundreißig Gäste oder zweiundsiebzig Hände, von denen sie sich ihre vier Gliedmaßen und speziell die von der Natur zum Geschlechtsgenuß, zum Gebären und Ernähren bestimmten Teile ihres Körpers von früh bis spät bereitwillig befühlen und drücken lassen müssen. Falls ein Gast nicht von selber damit beginnt, haben sie die Pflicht, ihn auf die ihm zustehenden Freiheiten aufmerksam zu machen, indem sie sich an seine Seite setzen, ein Gespräch einleiten und dasselbe so lange unterhalten, bis der Betreffende warm geworden. Es ist das zweifelsohne eine der gründlichsten Ausnutzungen, wie sie mit einem für einen bestimmten Zweck in Dienst genommenen Mittel überhaupt statthaben kann, indem diese Mädchen zur nämlichen Zeit aktiv sowohl wie passiv Geld einbringen ... Sie fördern das Geschäft durch die ihrem Körper innewohnende Kraft und zugleich durch die äußere seiner Gestaltung ...

Ich gehe ins Café National und setze mich an den Mitteltisch, um das Lokal überblicken zu können. Es sind zum großen Teil die nämlichen Gesichter wie das vorige Mal. Mir gegenüber sitzt ein schneeweißer alter Herr mit weißem, zugespitztem Vollbart, der die Hände gefaltet vor sich auf der Marmorplatte hält und sein beinahe seelenvolles Auge unruhig umherschweifen läßt. In seinen Mienen liegt der sehnlichste Wunsch ausgeprägt, sich nichts entgehen zu lassen. Er mustert jede Neueintretende von oben bis unten und von unten bis oben. Für kurze Zeit bleibt dann sein Blick an diesem oder jenem Körperteil der Betreffenden haften. In einer Fensternische sitzen zwei Gymnasiasten mit fieberhaft starren, weit aufgerissenen Augen und gefurchter Stirn. Sie wechseln, solange ich dort bin, keine Silbe untereinander ... Beim Verlassen des Cafés ruft mir ein Mädchen nach, sie habe meinen Sonnenschirm auf der Pariser Weltausstellung gesehen. Ich gehe ins Café Preinitz, wo ich nichts als Ausschuß finde, nicht ein einziges annehmbares Gesicht ... Die meisten der Mädchen haben die Cognacflasche vor sich stehen.

Frank Wedekind, Die Tagebücher

Wer in Berlin zur Gesellschaft gehört, zur »guten« Gesellschaft selbstverständlich, sucht seine Zerstreuungen anderswo: in auserlesenen Weinrestaurants, bei den Bällen und Empfängen, die reihum während der Wintersaison von den angesehensten Familien der Stadt gegeben werden, und wo jeder jeden kennt, bei den alljährlichen Schloßbällen oder beim Ordensfest, wo die frischgekürten Ritter des Schwarzen oder Roten Adlerordens, die neuen Träger der Kronenorden, Johanniterorden, Hohenzollernmedaillen etc. etc. Gelegenheit haben, sich im Schatten der Crème de la crème des Hohenzollernreiches zu bewegen.

Mit dem gesellschaftlichen Glanz so alter Kaiserstädte wie Paris oder Wien allerdings kann Berlin noch nicht konkurrieren – so jedenfalls sieht es der Offizier und spätere Schriftsteller Rudolph Stratz, als er Ende der achtziger Jahre nach Berlin kommt:

Eigentlich ist Berlin noch mordslangweilig. Ein öffentliches Gesellschaftsbild gibt es nur auf der Rennbahn, draußen auf dem grünen Rasen von Hoppegarten, und »über die Hürden«, in Westend, hinter dem Spandauer Bock. Sonst kann der Berliner nur noch auf dem Tempelhofer Feld die große Mai- und die Herbstparade der Garden bestaunen und zu Kaisers Geburtstag die fremden Botschafter in sechsspännigen altmodischen Glaskarossen mit gepuderten Lakaien nach dem Schlosse rollen oder die sämtlichen kommandierenden Generale der Armee mit flatternden Helmbüschen zum Kriegsherrn schreiten sehen. Es gibt noch nicht die Luxushotels und das bunte Treiben in ihren ebenerdigen Räumen. Es gibt überhaupt noch keine großen eleganten Restaurants. In ein paar der aus der Erde wachsenden Münchener Bräus, die die Berliner Weißbierstuben verdrängen, dürfen – so im Hofbräu in der Französischen Straße, im Hinterraum des Pschorr in der Nähe – Offiziere in Uniform und infolgedessen auch sonst Herren der Gesellschaft, die auf sich halten, nicht verkehren – wie Offiziere ja auch nicht Omnibus und höchst ungern Pferdebahn fahren und im Theater in Uniform nur im ersten Rang sitzen dürfen.

Damen sind in der scheußlichen, rauchverpesteten Stickluft dieser vollgestopften Bräus, die mir zeitlebens ein Greuel waren, unmöglich. Wollen sie einmal mit ihren Männern, Vätern, Brüdern oder Freunden ausgehen, dann ahnt man noch nichts von Five-o'clock-Teas, Dielen und Tanzbars. Es bieten sich abends nur die alten, vornehmen, kleinen Weinstuben. Die berühmtesten Hiller und Dressel Unter den Linden.

Dort allein trifft man sich eigentlich, wenn man zur »Gesellschaft« gehört. Dort speist man. Dort sieht man Menschen. Und darunter, des Abends, besonders im Winter, wenn die Feldarbeit draußen ruht, überall wettergebräunte, manchmal gewollt ländlich, manchmal gesucht elegant gekleidete, jüngere und ältere Herren von großer Entschiedenheit des Auftretens. Sie kennen sich alle untereinander. Es kommt ihnen auf das Geld meist nicht an. Einer Pulle Rotspohn gehen sie grundsätzlich nicht aus dem Wege. Sie sind ein Gegenstand der Ehrfurcht für Wirt und Kellner. Sie erzählen sich mit lauter Stimme Jagd- und Pferdehistorien, leiser – unter sich – Herrenwitze, ganz leise das Neueste von S.M. oder S.D. – d.i. Seine Durchlaucht Fürst Bismarck –, von großer Politik und hohen Personalveränderungen in Heer und Staat. Sie lassen meistens in ihrer Haltung den früheren Offizier, gewöhnlich den Kavalleristen, erkennen. Sie gehen ins Schloß zur Audienz, sie bringen ihre flüggen Töchter auf den Hofball und speisen mit ihren uniformierten Söhnen im Garde-Kasino.

Rudolph Stratz, Schwert und Feder

Berlin, das noch eine kleine Stadt ist, mit nur einem einzigen Zentrum und einer regelmäßig funktionierenden Gesellschaft, hat jeden Winter vier feste Bälle: den Subskriptionsball oder Opernball, bei dem der Hof erscheint; den Kavaliersball in den Sälen des Kaiserhofs ..., wo sich zweimal im Jahr die »exklusivsten Kreise der Hauptstadt, die Herren und Damen des Hochadels« treffen; den Presseball im Wintergarten des Central-Hotels und den Ball der Schauspieler.

Der Opernball ist kein Maskenball, sondern ein bürgerlicher Galaball. Er wird unter Vorsitz des Kaisers und des Hofes gegen 10 Mark Eintritt der Öffentlichkeit gegeben. Er findet immer im Februar statt, ein paar Tage früher oder später, je nach dem Gesundheitszustand des Kaisers. Könnte der Herrscher einmal tatsächlich nicht kommen,

Adolph Menzel, Das Ballsouper, 1878

so fiele das Publikum, das bis zum letzten Augenblick die Hoffnung nicht aufgibt – und dieses Publikum zählt eine Menge Provinzler, die extra zu dieser Gelegenheit nach Berlin gekommen sind, weil es die einzige ist, wo man den Kaiser aus der Nähe sehen kann – den allerdüstersten Ahnungen anheim.

Aber der alter Herrscher ist viel zu sehr von seiner Rolle durchdrungen; seine Vorstellung über Parade, Tradition, Disziplin sind viel zu tief in seinem Gehirn verankert – und andere sind kaum mehr darin enthalten –, als daß er diese im ganzen Jahr einmalige Gelegenheit versäumte, dem nicht offiziellen Publikum zu zeigen, wie er sich noch immer gerade hält und aufrecht geht, und müßte er sich über die Anordnungen seines Arztes, des Dr. Lauer, hinwegsetzen.

Das Publikum auf diesem Opernball ist seltsam zusammengesetzt. Einerseits kommen die Aristokratie und das Heer ohne Zögern, weil ja der Hof erscheint, sei es auch nur – das gilt für die Aristokratie –, um die Logen und Ränge zu besetzen, das umherwandelnde Publikum zu betrachten, ohne sich selbst darunterzumischen, und kurze Zeit nach dem Hof wieder zu gehen, oder – das gilt für das Heer – eine Gruppe für sich zu bilden. Andererseits ist das wandelnde und tanzende bürgerliche Publikum sehr gemischt: man stößt auf Schauspieler kleiner Theater und eine Menge niedriger Beamter. So kommt es, daß es bei einem ganzen Teil der guten Berliner Gesellschaft, der weder zum Adel noch zum Heer gehört, vorwiegend die reiche und die gebildete Schicht, als vulgär gilt, den Fuß in diesen Opernball zu setzen …

Wie bei jeder ähnlichen Gelegenheit in diesem guten Berlin, wo es immer nach dem kleinen Belagerungszustand riecht, ist der ganze Platz rings um die Oper an diesem Abend von berittener Polizei gründlich leergefegt worden, und wie bei allen solchen Anlässen stehen auch jetzt auf den Gehsteigen die armen Leute Spalier, fahle Gesichter, blondes, strähniges Haar, und schauen in ehrfürchtiger Bewunderung, und es käme keinem von ihnen in den Sinn, sich die geringste Bemerkung, den kleinsten frechen Witz zu leisten …

Sobald der Hof den Ball eröffnet hat, stürmt der vierte Teil des Publikums, alle diejenigen, die sich vorgenommen haben, bis in den frühen Morgen durchzutanzen – nur in Berlin und in Wien wird so getanzt – ins Foyer, wo ein Buffet und Tische aufgestellt sind. Sie sind im Augenblick besetzt. Man soupiert nicht eigentlich, sondern läßt sich nur Austern, Hummer, ein Beefsteak und Champagner bringen, was sehr berlinerisch ist …

Am nächsten Tag liefern die Zeitungen Abklatsch und bringen die eleganten Klischees, mit französischen Ausdrücken durchsetzt, mit provinzieller Insistenz in Neuauflage. Und so wird morgen auch ganz Deutschland erfahren, daß der Kaiser noch einmal den Opernball eröffnet hat, daß sein Aussehen gut war, daß er mit größter Lebhaftigkeit geplaudert hat etc. Für ganz Deutschland ist dies das Vorzeichen, daß die Existenzverlängerung um ein weiteres Jahr gesichert ist. Der Kaiser hat den Opernball eröffnet: also wird er die große Frühjahrsparade abhalten, im Sommer seine Begegnungen haben und im Herbst die Manöver abhalten können.

Jules Laforgue, Berlin. Der Hof und die Stadt

Auch die Hausbälle, die die ersten Familien der Stadt für Mitglieder der Hofgesellschaft, der Diplomatie, des Offizierskorps, der Hochfinanz und des höheren Beamtentums geben, unterliegen strengen gesellschaftlichen Spielregeln – für junge Mädchen trotzdem eine alljährlich wieder heißersehnte Unterbrechung der Einförmigkeit des alltäglichen Lebens. »Mir war ein Ball das allerschönste«, schreibt Marie von Bunsen in ihren Erinnerungen, »ich tanzte leidenschaftlich gern«:

Ein damaliger Hausball verlief in folgender Weise: der Vortänzer, ein dem Hause nahestehender Herr, wurde einige Zeit vorher zu Tisch eingeladen, mit ihm durchsprach man die Liste der Tanzenden, fehlten noch einige Herren – an ihnen war kein Mangel! – legte er Tanzlustigen nahe, am nächsten Sonntag Besuch zu machen. Die Tanzfolge, der Kotillon wurden entworfen, am nächsten Tag bestellte man die zusammengefalteten Tanzprogramme, Bleistifte, an der Seite angebracht, auf der einen Hälfte die Tänze, auf der anderen die Namen, auch die Kotillonzutaten, die Schleifen, die Blumen ... Zum Ball erschien man recht pünktlich: um 8 oder 8 1/2 Uhr. Wir jungen Mädchen legten Wert darauf, mindestens vor dem ersten Walzer, womöglich schon in der vorhergehenden Woche sämtliche Tänze vergeben zu haben. Wollte ein Herr noch einen, wurde er mit einem »eingeschobenen« vertröstet. So standen auf der Rückseite meiner Karten oft über ein halbes Dutzend Namen aufgezeichnet, während doch höchstens zwei Tänze »eingeschoben« wurden. Das machte sich aber gut. Pünktlich eine halbe Stunde nach der vermerkten Zeit erklang der erste Walzer, der Vortänzer eröffnete mit der Tochter des Hauses den Ball. Der erste Walzer, das Souper mit anschließendem Tanz und der Kotillon waren – in dieser Reihenfolge sich steigernd – die drei »wichtigen Tänze«. Wurde man von einem Tänzer zu einem oder gar mehreren dieser gebeten, war das bedeutungsvoll; gab man sie ihm, hatte man ihn ermutigt ...

Entweder wurde ein warmes Souper den an langen Tischen Sitzenden durch herrschaftliche, mit von Bekannten entliehenen Dienern und auch Lohndienern gereicht (Serviermädchen hätten damals spießbürgerlich gewirkt); dies fanden die tanzenden Herren ausruhender und bequemer, oder – dies war üblicher und eleganter – diese versorgten vom kalten Büfett aus ihre mit ihnen an kleinen Tischen sitzenden Damen, und diese Art wurde von uns bevorzugt. In einigen guten Häusern gab es nur Rot- und Weißwein, meistenteils, auch bei uns, gab es aber Champagner. Nach dem Abendessen verschwanden die ohnehin spärlich vertretenen Ballväter, und nur die Ballmütter blieben bis zum Schluß. Tanzende Mütter traf man nur in den flottesten Häusern, in den andern wurden höchstens mal die jüngeren zu einem Stehtanz aufgefordert. In unsern Kreisen waren aber Mütter notwendig, nur im Fall der Erkrankung einer Mutter nahm die einer Freundin ein junges Mädchen unter ihren Schutz. Obwohl meine Schwestern und ich gewiß unabhängig veranlagt waren, paßte es uns keineswegs, oft mit einer Vizemutter auszugehen. Die Mutter gehörte dazu, mußte bis zuletzt ausharren. Fast alle Mütter langweilten sich unsäglich, hatten sich untereinander ausgesprochen und kämpften, stoisch die Fassung bewahrend, mit dem Schlaf. Sie dauerten uns etwas, aber allzu hoch haben wir ihnen das Opfer

Adolph Menzel, Cercle am Hof Kaiser Wilhelms I., 1879

nicht angerechnet, wir waren bereit, in zwanzig Jahren die gleiche Mutterpflicht zu erfüllen …

Man redet heute über die nie dagewesene Schamlosigkeit moderner Ballkleider. Genau so wurde damals gezetert, genau so ging der große Vischer gegen die »lüsterne Preisgabe weiblicher Reize« vor und versuchte, natürlich erfolglos, Schmetterlinge mit Dreschflegeln zu erschlagen. Freilich durfte man nur in einem »Kostüm«, etwa als Bäuerin oder Blumenelfe verkleidet, den Wadenansatz zeigen, die heutige Bein- und Achselentblößung wäre undenkbar gewesen. Dafür wurde aber der Busen bewußter entblößt und zur Schau getragen. Gewiß nicht so hüllenlos wie Königin Luise, wie die großen Damen jener Vergangenheit, das hätten in meiner Zeit nur Kokotten getan, es wurde jedoch Hübsches, Nacktes, Anreizendes der Busengegend freigebiger als heute offenbart.

Selbstverständlich wurden von jedem Tänzer und jeder Tänzerin Handschuhe getragen, mit bloßen, heiß und feucht werdenden Händen sich anzufassen wäre unsäglich plebejisch gewesen ...

Tänzer eines normalen, richtigen Balles war uns der Leutnant, und zwar der Gardeleutnant ... Die Regimentswichtigkeit der Berliner Gesellschaft hat ihr den Stempel aufgedrückt (natürlich gab es in den reichen bürgerlichen Kreisen maßgebendere, glänzendere »Berliner Gesellschaft«, von der wußte man wenig und diese noch weniger von uns). Außenstehende hielten den Berliner Hof und alle irgendwie mit ihm in Verbindung stehenden Kreise für exklusiv aristokratisch, sie hielten Stammbaum und Namen für ausschlaggebend. Bekanntlich war das in Wien, zu einem gewissen Grad auch in München der Fall, nicht jedoch in Berlin. Auch das neueste Adelsprädikat genügte, nur die kleinen drei Buchstaben v, o, n wurden abverlangt. Bedeutungsvoll wirkte jedoch das Regiment, nicht nur auf den Betreffenden, sondern auch auf das Ansehen des Hauses, in dem vorwiegend ein Regiment verkehrte. Sagte man von einer Familie: »Dort wimmelt es von Zweiten Gardedragonern«, war das sehr gut, hieß es »von Gardedukorps«, war das blendend. Jede Tochter reichsunmittelbarer Häuser tanzte bei Hof lieber mit einem neugeadelten Herrn von Kramsta von den Gardekürassieren als mit einem Grafen Schwerin vom dritten Garderegiment zu Fuß.

Marie von Bunsen, Die Welt, in der ich lebte

Das singuläre Prestige des Offiziers, die Dominanz des Militärischen prägt das Leben Berlins in fast allen gesellschaftlichen Bereichen. Ausländische Besucher der Hauptstadt registrieren es mit Verwunderung schon im äußeren Bild der Stadt.

Der österreichische Journalist Daniel Spitzer im August 1880:

Von Dresden setzte ich meine Bildungsreise über Jüterbog nach Berlin fort. Ich blieb aber in Berlin gerade lange genug, um mich von dem Respekt, den einem die riesige Entwicklung dieser Großstadt einflößt, wieder ein bißchen zu erholen. Aus dem Spree-Athen ist ein Spree-Karthago geworden. Handel und Krieg geben der Stadt und dem Verkehr ihr großartiges Gepräge, man begegnet immer wieder kolossalen Fabriken und Monumentalbauten zu militärischen Zwecken, großen Kasernen und ausgedehnten Lagerplätzen für Waren; neben der Borussia, die alle Hände voll zu tun hat, um Handel, Schiffahrt, Viehzucht und Industrie zu segnen, ist keine Göttin so vielbeschäftigt wie die Victoria, die fortwährend Lorbeerkränze anbietet, und Kaserne und Börse sind hier so verquickt, daß der große Bismarck eine Kürassieruniform trägt und sich dabei, um seine Rolle

in der orientalischen Frage zu bezeichnen, einen »ehrlichen Makler« nannte. Auch dem Künstler, der das Denkmal vor dem Brandenburger Tor zur Erinnerung an die Kriege von 1864 bis 1870 erbaut hat, durch die Staat und Stadt mit so beispielloser Raschheit groß und mächtig geworden sind, scheinen dabei die großen Rauchfänge der Fabrikstadt vorgeschwebt zu haben, denn die Säule sieht aus wie ein allegorischer Siegesschlot, aus dem statt des Dampfes eine vergoldete Borussia aufsteigt. Man findet wohl in keiner anderen Großstadt so viele Straßen und Plätze, die nach Schlachten und Feldherren benannt sind, wie in Berlin. Ja sogar jeder einzelnen Waffengattung ist irgendeine Straße oder ein Platz gewidmet, und so gibt es beispielsweise eine Füsilier-, eine Schützen-, eine Dragoner und eine Ulanenstraße sowie einen Gendarmenmarkt und einen Kaiser-Franz-Grenadier-Platz, überdies aber noch eine Landwehr-, eine Invaliden- und eine Veteranenstraße. Auch die zahlreichen Standbilder von Generalen erregen anfangs das Staunen des Zivilisten. Eines Morgens, da ich mit der Pferdebahn nach Charlottenburg fuhr, erzählte mir ein mitteilsamer Schuster, der neben mir saß, in leicht faßlicher Weise den ganzen deutsch-französischen Krieg, und da ich darauf die Vorzüge der preußischen Soldaten rühmte, erwiderte er mit einigem Stolze: »Ja, ja, sie haben die besten Stiebeln.«
Daniel Spitzer, Reisebriefe eines Wiener Spaziergängers/2

Der russische Schriftsteller Saltykow-Schtschedrin:

Berlin als Hauptstadt des Königreichs Preußen war allen verständlich gewesen. Es hatte, bescheiden an der Spitze eines bescheidenen Staates stehend und fast genau in seiner Mitte gelegen, ein sehr bequemes Verwaltungszentrum abgegeben. Ein wenig langweilig, gleichsam an Kopfweh leidend, lockte es nur sehr wenige Ausländer an, und wenn es dennoch mit allen Kräften danach trachtete, den anderen Hauptstädten zu gleichen, wenigstens hinsichtlich der Monumente und Paläste, so geschah das sehr pro domo, damit die treuen Untertanen der preußischen Krone Veranlassung hätten, stolz darauf zu sein, daß ihre Könige sich Monumente nicht zu versagen brauchten …

Militärische Neigungen hat es auch damals schon in Berlin gegeben, doch erschienen sie so harmlos, daß sie niemandem Mißtrauen oder Besorgnisse einflößten, obwohl im Zeichen dieser Harmlosigkeit die Bismarcks und Moltkes heranwuchsen …

Heute ist Berlin von allen diesen sympathischen Eigenschaften nur die eine, am wenigsten sympathische, geblieben, der Kopfschmerz nämlich, der auch heute noch als bleierner Kopfschmerz über der Stadt hängt. Alles übrige hat sich grundlegend gewandelt. Die Schüchternheit ist dem Eigendünkel gewichen, die politische Nachgiebigkeit dem durch nichts gerechtfertigten Anspruch auf Weltherrschaft, die Bescheidenheit dem ungeschickten Bestreben, die Ausländer durch die kleinbürgerliche Pracht der neuen Stadtteile und gewisse zweitrangige Ausschweifungen zu bestechen, deren häßlicher Zynismus vergebens danach trachtet, den schönen und eleganten Pariser Zynismus in den Schatten zu stellen. Schon wenn der Ausländer sich Berlin nähert, fühlt er sich von Langeweile, Offiziersdünkel und einer Kollektion unsauberer Rocksäume aus dem Orpheum angeweht ... Das bedrückendste Element des Berliner Straßenlebens ist jedoch das Militär. Im Vergleich zu Petersburg ist Berlins Garnison nicht sehr zahlreich, wie dem aber auch sei – ob nun der Wuchs der preußischen Offiziere kräftiger oder ihre Brust umfangreicher ist –, jedenfalls wird es regelrecht eng in der Straße, wenn ein preußischer Offizier vorbeikommt. Angezogen ist er wie ein Kauz: er trägt eine Uniform, die an Militärröcke und -mützen der vierziger Jahre erinnert; die Brust wölbt sich wie ein Segel, die Schnurrbartenden sind zu einem Ringel zusammengedreht. Rotwangig, knusprig, zufrieden kommt er daher, als hätte er eben erst sein Gehalt empfangen, was ihn im übrigen nicht hindert, den lieben Nächsten streng und kurz zu behandeln.

Michail Saltykow-Sschtschedrin, Reise nach Paris

Der französische Schriftsteller Jules Laforgue:

Die Kulminationsstunde in Berlin ist um 12 Uhr mittag, nämlich die Stunde, zu der die Garde zur Ablösung der Wachen mit Musik voran am Kaiserpalais vorbeimarschiert. Die Querflöten spielen die eintönigen schrillen Weisen, die die Berliner Gassenjungen pfeifen, wenn sie herumstreunen. Kurz vor dem Schloß verstummen die Querflöten auf ein Zeichen des Standartenträgers, und die Musik setzt ein. Die Standarte, die der Musik vorausgetragen wird, ist ziemlich seltsam: man stelle sich einen silbernen Stern vor, darüber einen Adler mit ausgebreiteten Schwingen; über dem Adler einen Chinesenhut mit Glöckchen und auf ihm auffliegend einen Halbmond, von dessen Spitze zwei Roßhaarschweife herabhängen, der eine weiß, der andere rot. Jetzt sind sie am Schloß. Die Soldaten marschieren nun im Stechschritt, das heißt, sie schlagen wie wild mit der Sohle auf, und dabei schauen alle mit gereckten Hälsen unverrückt auf das Fenster an der Ecke des Palais, das »historische Fenster«. Der Kaiser zeigt sich an diesem Fenster in weißer Weste, Uniformrock mit roten Aufschlägen, den Pour le mérite am Hals, das 70er Kreuz auf der Brust. Er lächelt, die Menge schwenkt hunderte von Hüten,

Julius Jacob/Wilhelm Herwarth, Aufzug der Wache Unter den Linden, 1888

manchmal ruft sie ihm zu. Die Kulminationsstunde, die militärische, ist vorbei …

Die Königswache ist wahrlich das Zentrum von Berlin, sowohl moralisch und symbolisch wie auch topographisch. Sie liegt auf halber Höhe Unter den Linden, zwischen der Universität und dem Zeughaus (Museum) gegenüber den beiden Palais und der Oper; eine Art römisches castrum, ein niedriger Tempel mit Dreiecksgiebel, Relief und einer Vorhalle auf sechs Säulen. Das Ganze von einem Gitter eingeschlossen. Vorn, zwischen Gitter und Vorhalle, sind vierzig Pikette in zwei Reihen aufgestellt, jedes mit einem Gewehrständer versehen. Die Pikette bezeichnen jedem Soldaten seinen Platz, wodurch das Antreten sehr rasch vonstatten geht. Hinzuzufügen ist, daß diese Pikette, so klein und unscheinbar sie sein mögen, in den preußischen Farben angestrichen sind, wie die Schilderhäuschen etc. ... Eine Schildwache steht neben dem Gitter. Sie geht nicht auf und ab, sie muß ständig nach links und nach rechts in die Allee Ausschau halten. Sobald ein Hofwagen erscheint (meist ein einfaches Coupé, aber der Kutscher ist an den Schulterschnüren und an der silbernen Hutschnur von weitem erkennbar) und der Kutscher seine Peitsche so hält, daß es bedeutet: der Wagen ist nicht leer, dreht sich die Schildwache nach der Vorhalle um, legt die Hände als Trichter an den Mund und brüllt: »Raus!« (Abkürzung von heraus)

Sofort stürzt die Garde (Infanteristen) heraus und über die Stufen herunter; im Handumdrehen sind sie in zwei Reihen angetreten, die Waffe im Arm, der Tambour hat seine Trommel am Gürtel festgemacht und hält die Trommelschlägel gezückt, am Ende steht der Offizier, bereit, mit dem Degen zu salutieren.

Ein Wagen fährt vorbei. »Raus!« Die Garde präsentiert das Gewehr, der Offizier salutiert, der Tambour trommelt ein Ehren-Ram-tam-tam. Im Wagen sitzen zwei Gouvernanten, auf ihren Knien zwei königliche Säuglinge. Nur für die kaiserliche Familie wird die Trommel geschlagen, für einen General kommt die Garde nur zur Hälfte heraus ...

Links von der Wache ist ein Platz mit ein paar mächtigen Bäumen und zwei ungeheuerlichen Kanonen, die man uns 1814 abgenommen hat. Dort kommen an bestimmten Tagen, einmal die Woche, glaube ich, die Offiziere zusammen, um das Losungswort entgegenzunehmen. Das Schauspiel, von einem ersten Stock aus gesehen, ist herrlich, vor allem wenn der Tag des Losungsworts auf einen Sonntag oder einen Feiertag fällt und das Heer in Paradeuniform ist. Die Polizeiwachtmeister stellen sich im Kreis auf, dahinter die Ordonnanzen, die ihre Offiziere begleitet haben: an ihren Helmspitzen sind schwarz-weiß-rote Pferdeschwänze befestigt und hängen herab. Die niederen Offiziere haben die gleichen Pferdeschwänze wie die einfachen Soldaten. Die höheren Offiziere befestigen an ihrer Helmspitze einen Busch langwallender weißer oder schwarzer Federn. Die Offiziere kommen an. Der reiche Offizier steigt aus seinem herrschaftlichen Wagen, der arme Offizier bezahlt seine Droschke. Sie treten in den Kreis. Nun bietet sich ein einzigartiges Schauspiel dar, ein farbig und funkelnd wogendes Parterre, das sich in ein und demselben Rhythmus bewegt, im militärischen Gruß: das ist ein einziges Oberkörperbeugen, zackiges Handheben, Handsenken, uneingerechnet die drei Schritt nach vorn vor dem Gruß. Offiziere aller Waffengattungen und jeder Couleur sind da. Derjenige, der alles beherrscht

Beilage zu No. 159 des Berliner Börsen-Courier.

IV. Jahrgang. No. 13. Berlin, den 28. März 1889.

LUSTIGE BLÄTTER

Verlag: Dr. Otto Eysler. Redaction: Paul von Schönthan. Alexander Moszkowski.

Erscheinen jeden Donnerstag.

Abonnements werden zu 1 Mk. 50 Pf. pro Quartal bei allen Buchhandlungen und Postanstalten (Ztg.-Nr. 3623) angenommen, sowie direct bei der Expedition der „Lustigen Blätter", Berlin SW., Charlottenstraße 11. — Insertionspreis 75 Pf. pr. Nonpareille-Zeile.

Inseraten-Annahme durch Haasenstein & Vogler, Berlin SW. und deren sämmtliche Zweiggeschäfte.

Unser Ministerium in Uniform

(bis auf Einen.)

Ronde-Offizier Fürst Bismarck: Donnerwetter, — wie kommt denn der Civilist da hinein?!

und unwiderstehlich die Blicke auf sich zieht, ist der Gardeoffizier, ein ganz in Weiß gekleideter Riese, auf dem Kopf einen hellen Metallhelm und auf dem Helm den silbernen Adler mit ausgebreiteten Schwingen. Die Menge wird nicht müde, ihn zu bestaunen und auf ihn stolz zu sein, obwohl die meisten das Nutzlose und Eitle daran empfinden.

Jules Laforgue, Berlin. Der Hof und die Stadt

Die alten Beschuldigungen gegen den deutschen Offiziersstand wegen junkerhaften Hochmuts und Brutalität gegen die Bürger sind wohl nicht mehr stichhaltig; aber trotzdem haben seine Tugenden – wie seine Fehler – bewirkt, daß er eine besondere und die absolut höchste Kaste der deutschen Gesellschaft bildet.

Man sieht es auf den ersten Blick; man sieht es schon, wenn ein Regiment durch die Straßen marschiert. Nie geht es aus dem Weg; nie macht es sich dünner; alles muß ausweichen und anhalten, selbst auf den verkehrsreichsten Straßen. Ja, selbst breite Zwischenräume zwischen den Reihen, wenn zum Beispiel eine Batterie vorbeizieht, darf niemand zum Überqueren der Straße benutzen.

Ist schon der Soldat als Soldat privilegiert, ist es der Offizier um so mehr. Seine Stellung öffnet ihm alle Türen und verleiht ihm auch gegen andere als seine Untergebenen eine Autorität, die ihm stillschweigend eingeräumt wird. Ist der Zutritt zu einer abgesperrten Straße jedem anderen, der keinen Passierschein besitzt, verwehrt, wie jüngst bei der Vermählung der Prinzessin – einen Offizier wird die Polizei nie zurückweisen. Er ist stillschweigend von der Regel ausgenommen …

Vom Kaiser, dem »Obersten Kriegsherrn«, bis zum untersten souveränen oder nichtsouveränen deutschen Fürsten, zeigen sich die fürstlichen Personen nur in Uniform. Sie sind haufenweise Feldmarschälle oder Generale, Oberste, Majore, Hauptleute oder Leutnants, aber Offiziere sind sie alle und setzen ihre Ehre darein.

Ich glaube, so wie die deutsche Monarchie beschaffen ist, wird sie von diesem Geist zusammengehalten und muß davon zusammengehalten werden. Der alte Kaiser ist konsequent; seit eh und je betrachtete er sich als Militärkaiser. Ich habe von seiner Antwort berichtet, als man ihn um seine Zustimmung für ein Denkmal der Brüder Humboldt vor der Universität ersuchte: »Aber nicht so groß wie meine Generale« (Blücher, Yorck usw.), sagte er da. Ebensowenig konnte es im Vorjahr der Kaiser mit seiner Stellung vereinbaren, der Enthüllung des Goethe-Denkmals offiziell beizuwohnen, eines Mannes also, der nicht einmal General gewesen war … Wenn man hört, daß sich Kaiser Wilhelm bei der Enthüllung des Goethe-Denkmals zurückhielt, bei der des Wrangel-Denkmals aber einfand – Wrangel, dieser alte gestiefelte Kater, der immer mit Bonbons in den Taschen herumlief und die Berliner Straßenjugend hinter sich her zog, und der nur merkwürdig war mit seinen neunzig Jahren und seinem unglaublich naiven und ungrammatikalischen Deutsch –, dann ist das allgemeinmenschlich gesehen schockierend, vom Standpunkt der deutschen Militärmonarchie ist es logisch.

Georg Brandes, Berlin als deutsche Reichshauptstadt

Je größer im Laufe der Jahre die Armee wurde, je sicherer jeder einzelne ihr schließlich angehören mußte, je deutlicher begann auch das bürgerliche Leben einen militärischen Zug anzunehmen. Nicht zu seinem Vorteil. Im Staate stand das Militär an erster Stelle. Seine Bedürfnisse wurden in erster Linie berücksichtigt und überreich befriedigt. In der Gesellschaft fiel dem Offizier eine bevorzugte Rolle zu. Vom Zivilbeamten wurde die Qualifikation zum Reserveoffizier als selbstverständlich gefordert. Diese Anschauungen blieben nicht ohne Resonanz in Kreisen, deren Ehrgeiz auf den Zusammenhang mit der guten Gesellschaft hinarbeitete. Die Eigenschaft des Reserveoffiziers schien wichtiger als die des Berufes. Wer besinnt sich nicht mit Vergnügen auf die Visitenkarten, die den Titel des Reserveleutnants in großen, den des Ingenieurs, Kaufmanns, Bürobeamten aber in ganz kleinen Buchstaben zu Gesicht brachten. Darüber ging das ohnehin schwache Selbstgefühl des deutschen Bürgers noch mehr in die Brüche, wurde doch auch ein System daraus gemacht, unabhängige Männer, die aus irgendeinem Grunde der Regierung unbequem geworden waren, dadurch zu maßregeln, daß man ihre Angehörigen, Söhne oder Brüder, in ihrer Eigenschaft als Reserveoffiziere schikanierte. Wie niemand fanatischer ist als der Konvertit, so niemand schneidiger als der Leutnant, der es nur im Nebenberufe war. Sie nahmen das schnarrende Genäsel in ihr bürgerliches Leben hinüber, und da diese Klasse hauptsächlich in Preußen daheim war, so brachten sie es durch den Ton ihrer anmaßenden brüsken Schneidigkeit fertig, die Norddeutschen im Süden des Reichen so von ganzem Herzen unbeliebt zu machen. Durch die Spielerei mit militärischen Formen versuchen sie im Rahmen ihrer kleinen Kaste eine höhere Stellung einzunehmen, denn die allgemeine Demokratisierung des bürgerlichen Lebens, deren unaufhaltsame Zunahme jeder kommende Tag aufs neue bestätigt, kränkt ihre Eitelkeit. So dringen die Schattenseiten des militärischen Charakters in bürgerliche Kreise, die Streberei macht sich breit. Ohne die Beflissenheit des Reserveoffiziertums, das den Hurra-Patriotismus der Kaiser-Geburtstagsfeiern aus der Kaserne mit Eifer in den bürgerlichen Alltag verpflanzte, wäre der Servilismus und Byzantinismus der Ära Wilhelms II. nicht möglich gewesen.

Max von Boehn, Die Mode

Berlin unterm Sozialistengesetz

Am Nachmittag des 11. Mai 1878 kommt der 81jährige Kaiser Wilhelm I., wie üblich in einer offenen zweispännigen Kutsche fahrend, von einer Ausfahrt in den Tiergarten zurück. Plötzlich, auf der Höhe des Hauses Unter den Linden 7, springt ein Mann hinter einem Planwagen hervor und gibt, während die Kalesche des Kaisers vorüberfährt, drei Schüsse aus einem Revolver ab. Niemand wird verletzt. Nach seiner Verhaftung gibt der 21jährige arbeitslose Klempnergeselle Max Hödel an, er habe nicht den Kaiser, sondern sich selbst in Gegenwart des Kaisers töten wollen. Die Polizeibeamten finden in Hödels Wohnung mehrere sozialdemokratische und christlich-soziale Flugblätter und eine Mitgliedskarte der christlich-sozialen Partei des Hofpredigers Stöcker. Aus der sozialdemokratischen Partei war der politisch wirre, physisch und psychisch kranke Mann wegen Betrügereien mehrere Wochen zuvor ausgeschlossen worden.

Die Sozialdemokratie hat mit dem Attentat, wenn es denn wirklich eines war, nicht das geringste zu tun. Trotzdem werden die Schüsse von regierungsoffizieller Seite sofort zu einem politischen, von sozialdemokratischen Ideen inspirierten Attentat hochstilisiert. Noch am Abend desselben Tages telegraphiert Bismarck aus Friedrichsruh an seinen Staatssekretär Bernhard von Bülow: »Sollte man nicht von dem Attentat Anlaß zu sofortiger Vorlage gegen Sozialisten oder deren Presse nehmen?« Bereits am 24. Mai wird der vom Kanzler in Auftrag gegebene Entwurf eines Ausnahmegesetzes dem Reichstag zur Beratung vorgelegt. Er findet jedoch nicht die Billigung der Reichstagsmehrheit: zu groß erscheint vielen die Gefahr, daß das Gesetz mit seiner rigorosen Einschränkung des Vereins-, Versammlungs- und Presserechts als Waffe nicht nur gegen die Sozialdemokraten, sondern auch gegen Bismarcks Gegner im Lager der Nationalliberalen, der Fortschrittspartei und des Zentrums genutzt werden könnte. Die Gefahr für die Sozialdemokratie scheint vorüber zu sein.

Die Reichstagssession war zu Ende. Bevor ich abreiste, kamen Liebknecht und ich noch mit einigen Demokraten zusammen, die man als spezielle Anhänger von Johann Jacoby als »Jacobyten« bezeichnete. Unter ihnen befanden sich der geistvolle Journalist Guido Weiß, ein Typ des achtundvierziger Demokraten mit langem weißem Bart, sowie Paul Singer, der damals noch nicht direkt zur Partei gehörte.

»Attentate wirken oft ansteckend«, sagte Guido Weiß, »ich bin gespannt, ob da nicht etwas nachkommt. Man hat die Empfindung, als liege etwas Unheimliches in der Luft.«

Diese Empfindung hatten wir merkwürdigerweise alle. Sie kam daher, daß jedermann wußte, daß Bismarck auf eine bessere Gelegenheit lauerte. Und sie kam.

Wilhelm Blos, Denkwürdigkeiten eines Sozialdemokraten/1

Eine Woche später, am 2. Juni 1878, fallen erneut Schüsse Unter den Linden. Diesmal wird der Kaiser schwer verletzt.

Georg Brandes schildert die Stimmung in Berlin am Abend des Attentats:

Dieses Attentat ist mit dem vorigen nicht zu vergleichen. Diesmal gehört der Mann der höheren Gesellschaftsklasse an, es ist ein wissenschaftlich gebildeter Mensch, der die Bluttat verübte, er ergriff Maßnahmen, um zu treffen, was er im Visier hatte; er schoß aufgestützt, mit einem Gewehr von guter Konstruktion; er feuerte zwei Schuß aus seinem Doppelstutzen und traf mit beiden; er schoß mit Schrot, um sicher zu gehen, sein Ziel nicht zu verfehlen.

In einer derartigen Erregung habe ich Berlins Straßen noch nicht erlebt. Die Linden waren noch abends um elf Uhr voller Menschen, die die letzten Extrablätter lasen, sich, obwohl einander völlig fremd, gegenseitig ausforschten und in dichten Scharen gegenüber dem Hause Nr. 18 versammelten, wo sie zur zweiten Etage hinaufstarrten und sich fragten, aus welchem Fenster der Schuß wohl gefallen sein mochte. »Aus dem Fenster über dem Tor«, wurden wir von einem hochaufgeschossenen Burschen belehrt, der das Extrablatt verkaufte. »Verschwinden Sie«, sagte der anwesende gutmütige, aber erregte Polizist, »und hören Sie auf, dem verehrten Publikum einen Bären aufzubinden. Sie wissen überhaupt nichts und schwindeln schon den ganzen Tag hier herum.« Der Kerl schlich sich von dannen, und das angegebene Fenster war tatsächlich nicht das richtige gewesen. – Ich ging weiter zur Ecke Charlottenstraße; ab da war die ganze Südseite der Linden für Wagen und Fußgänger gesperrt; die Mittelallee war noch ein Stück frei bis in die Umgebung des Schlosses. Dort wurde man wieder von Polizei angehalten; der gesamte Opernplatz

war abgesperrt und lag öde und verlassen da; nur hier und dort standen einige Polizeikompanien bereit. Andere bildeten einen ungeheuren Ring, in dessen Mitte, einsam und still wie ein Todkranker, das Schloß lag, mit einem befremdlichen, melancholischen, hospitalartigen Äußeren, mit Ausnahme der Vorhalle ohne Licht in den Fenstern und entgegen der Gewohnheit mit heruntergelassenen Vorhängen. Noch bis Mitternacht starrten wohl an die tausend Menschen wie geschlagen von scheuer Verwirrung zum Schloß hinauf. Ich ging zurück und sah die Polizei vergebliche Anstrengungen unternehmen, das Publikum zum Verlassen des Tatorts zu bewegen.
Georg Brandes, Berlin als deutsche Reichshauptstadt

Auch dieses Attentat hat mit der Sozialdemokratie nicht das geringste zu tun. Der Täter, ein Dr. Karl Nobiling, hatte der Partei nicht einmal, wie Hödel, vorübergehend angehört. Aber Bismarck, die allgemeine Empörung über die Bluttat ausnutzend, sieht nun die Chance, seine politischen Pläne – Ausschaltung der Sozialdemokratie und Schwächung des linksliberalen, am Freihandel festhaltenden Flügels des Bürgertums – in die Tat umzusetzen. Auf direkte Weisung des Kanzlers veröffentlicht das Wolffsche Telegraphenbüro noch in der Nacht vom 2. zum 3. Juni eine offizielle Depesche, die in allen Zeitungen abgedruckt wird: »Bei der späteren gerichtlichen Vernehmung hat der Attentäter Nobiling bekannt, daß er sozialdemokratischen Tendenzen huldige, daß er wiederholt hier sozialdemokratischen Versammlungen beigewohnt und daß er schon seit acht Tagen die Absicht gehabt habe, Seine Majestät den Kaiser zu erschießen, weil er es für das Staatswohl ersprießlich gehalten habe, das Staatsoberhaupt zu beseitigen« (Eduard Bernstein, Die Geschichte der Berliner Arbeiter-Bewegung/1). Das ist, wie später auch nachgewiesen wird, eine glatte Fälschung. Der mit schweren Kopfverletzungen, die er sich nach dem Attentat selbst beigebracht hatte, im Krankenhaus liegende Nobiling ist überhaupt nicht vernehmungsfähig. Aber was tut's. Die politische Stimmung, die antisozialistische Hysterie, läßt sich so trefflich anheizen. Am 11. Juni beschließt der Bundesrat auf Drängen Bismarcks die Auflösung des Reichstags, der dem »Eisernen Kanzler« noch keine ausreichenden Garantien für die Durchsetzung seines innen- und wirtschaftspolitischen Kurswechsels zu bieten scheint, und setzt für den 30. Juli Neuwahlen an. In den wenigen Wochen zwischen dem Nobiling-Attentat und den Reichstagswahlen wird gegen die Sozialdemokratie ein in diesem Ausmaß in Deutschland bis dahin noch nie praktizierter Feldzug des Terrors und der schamlosesten Hetze in Gang gesetzt. Mit den blühendsten Phantasiegebilden versucht die Presse dem Kleinbürger Angst und Schrecken vor der Partei der »Kaisermörder« einzujagen.

Das alte Polizeipräsidium am Molkenmarkt: Die Zentrale der politischen Polizei, um 1880

Eine Flut von Anklagen und Haussuchungen, Versammlungsverboten und Zeitungsbeschlagnahmungen bricht über die Sozialdemokratie herein: Spitzel und Denunzianten, deren Weizen büht wie noch nie, verschaffen der Polizei die nötigen Vorwände. Der sozialdemokratische »Vorwärts« richtet eine ständige Rubrik ein, »Vom Kriegsschauplatz«, in der er die Praxis des weißen Terrors anprangert. Georg Brandes schreibt in seinem Bericht vom 2. Juli 1878:

Man kann sich kaum ein widerlicheres Schauspiel vorstellen als das, was gegenwärtig in Deutschland aufgeführt wird. In den Polizeiwachen des Landes regnet es Anzeigen, teils persönlich von offenen, teils anonym von heimlichen Gegnern. Die heutige Meldung der »Vossischen Zeitung«: Wegen Majestätsbeleidigung wurden in der zweiten Junihälfte 500 bis 600 Jahre Gefängnis verhängt.

Täglich erfährt man von Hausdurchsuchungen, Festnahmen und Urteilssprüchen, die betrüben muß, wer Deutschland eine weitere Entwicklung in jene Richtung wünschte, die das neue Reich bei seiner Gründung eingeschlagen hatte. Fünf Jahre Gefängnis für ein im Halbrausch ausgestoßenes Schimpfwort gegen den Kaiser sind nichts Ungewöhnliches; ein bis zwei Jahre für ähnliche leichtsinnige Ausrutscher von Angehörigen der Arbeiterklasse werden dutzendweise verfügt ... In einem meiner Wohnung gegenüberliegenden Ausstel-

lungslokal wurde eine einfache Frau, die Aufsicht über eine Industrieschau führte, angezeigt, arretiert und zu vier Jahren Gefängnis verurteilt, weil sie bei einem während der Ausstellung ausgebrachten Hoch auf den Kaiser gelacht und irgend etwas Antikaiserliches zwischen den Zähnen gemurmelt hatte. Das harte Urteil wurde mit ihrem Geschlecht begründet und damit, daß der Verbreitung geistiger Unart bei den Frauen vorsorglich Schranken gesetzt werden sollten. Zu Dutzenden wurden Schuljungen eingesperrt, weil sie sich (in Pausen und auf Spaziergängen) Klassenkameraden gegenüber als »Sozialdemokraten aus Überzeugung« bezeichnet hatten. Die Überzeugung von Schuljungen! Wahrlich ein würdiger Gegenstand für richterliche Aufmerksamkeit und gewiß ein Gegenstand, der mit einigen Monaten oder Jahren Gefängnis bestens korrigiert wird.
Georg Brandes, Berlin als deutsche Reichshauptstadt

Es war eine schmachvolle Zeit. Niemand war seiner Haut sicher, der erste beste Lump konnte über einen den Ruin herbeiführen. Es ist schwer zu entscheiden, wer dabei die schäbigste Rolle gespielt hat: das Denunziantengesindel oder die Richter, die solche Erkenntnisse fällten. Man muß nicht glauben, daß die Vertreter der Themis sich der juristischen Ungeheuerlichkeiten nicht bewußt gewesen wären, die sie begingen. Etliche Jahre später hob einer dieser Richter selbst im Gespräch das Mißverhältnis zwischen einem von ihm gefällten Erkenntnis und der zugrunde liegenden Handlung hervor, und als er daraufhin gefragt wurde, wie er denn aber ein solches Urteil habe fällen können, gab er achselzuckend zur Antwort: »Ja, bedenken Sie doch die Zeit!« Das chaktererisiert in der Tat jene Tage. »Bedenken Sie doch die Zeit!« Weil ein Malkontenter ein Attentat auf den Kaiser begangen hatte, mußten unzählige Attentate auf das Recht verübt werden.
Eduard Bernstein, Die Geschichte der Berliner Arbeiter-Bewegung/1

Der Wahlkampf, der in den Monaten Juni und Juli tobt, wird unter die Losung gestellt: »Fort mit der Sozialdemokratie aus dem Reichstag!« Während Bismarck auf dem zur gleichen Zeit in der deutschen Hauptstadt tagenden Berliner Kongreß als »ehrlicher Makler« bei der Beseitigung europäischer Konfliktherde diplomatische Lorbeeren erntet, wird die Sozialdemokratie in der Stadt von der Polizei in skrupelloser Weise an der Wahrnehmung ihrer politischen Rechte gehindert: Saalschließungen, Versammlungsverbote, Beschlagnahme von Flugblättern und Zeitungen, Verhaftungen und Prozesse sind an der Tagesordnung. Das massive Vorgehen gegen alle sozialistischen, aber auch gegen die sich Bismarcks innen- und wirtschaftspolitischem Kurs widersetzenden liberalen Kräfte (Die »Kreuz-Zeitung« am 30. Juli 1878: »Der Sozialismus ist die konsequente Fortbildung des Liberalismus ... Wer also den Sozialismus bekämpfen will, muß bei dem Liberalismus den Anfang machen.«) bleibt nicht ohne Wirkung. Wer will sich schon mit »Königsmördern« in eine Reihe stellen lassen! Um beim Wahlergebnis ganz sicher zu gehen, verhängt die preußische Regierung eine Urlaubssperre, damit »alle Beamten, ohne Ausnahme«, an der Wahl teilnehmen können; selbst der Termin der Schulferien wird verändert und so gelegt, daß die Lehrer schon vor dem Wahltage ihre Tätigkeit wieder aufnehmen müssen. Der unter dem Eindruck der Attentate und der massiven Beeinflussung gewählte Reichstag zeigt denn auch eine wesentlich andere Zusammensetzung als vorher: die konservativen Fraktionen gehen aus der Wahl vom 30. Juli 1878 sichtlich gestärkt hervor, während Liberale und Fortschrittspartei beträchtliche Verluste hinnehmen müssen. Die Sozialdemokratie erhält nur 56 130 Stimmen weniger als bei der letzten Wahl und ist im neuen Reichstag mit neun Abgeordneten, drei weniger als vorher, vertreten – ein beachtliches Ergebnis angesichts der antisozialistischen Hysterie der »Attentatswahlen«. »In Berlin, wo der Schrecken in all seiner Weißglut brannte, waren die sozialdemokratischen Stimmen von 31 522 auf 56 147 gestiegen ... Selbst in ihrer dürrsten Form blieb die famose Wahlparole: Fort mit der Sozialdemokratie aus dem Reichstage! wenig mehr als ein frommer Wunsch« (Franz Mehring, Geschichte der deutschen Sozialdemokratie/2).

Ein moderner Staatsmann hätte es vermieden, gegen eine Bewegung von solcher Lebenskraft mit einem Ausnahmegesetze und noch dazu auf Grund einer groben Lüge vorzugehen. Aber Bismarck war ein Staatsmann der alten Schule und war an der Metternichschen Polizeiweisheit kleben geblieben. Er berief auf den 9. September 1878 den Reichstag ein und legte ihm alsbald den Entwurf eines Ausnahmegesetzes vor, betitelt: »Gesetz gegen die gemeingefährlichen Bestrebungen der Sozialdemokratie«. Nach diesem Gesetze sollten die Polizeibehörden befugt sein, Vereine und Verbindungen sowie Druckschriften, welche sozialdemokratischen, sozialistischen oder kommunistischen, auf Untergrabung der bestehenden Staats- und Gesellschaftsordnung gericheten Bestrebungen dienen, zu verbieten. Versammlungen mit gleichen Tendenzen sollten verboten oder aufgelöst werden. Das Erheben von Beiträgen für sozialdemokratische Zwecke war verboten. Verstöße gegen diese Verbote zogen schwere Geld- und Gefängnisstrafen nach sich. »Berufsmäßigen Agitatoren« oder auf Grund des Gesetzes rechtskräftig verurteilten Personen konnte die Polizei den Aufenthalt in bestimmten Bezirken versagen ...
Wilhelm Blos, Denkwürdigkeiten eines Sozialdemokraten/1

Bismarck zieht alle Register, um den noch immer von Liberalen dominierten Reichstag zur Annahme des Ermächtigungsgesetzes zu bewegen. So scheut er in einer aggressiven, von Demagogie erfüllten Reichstagsrede am 9. Oktober 1878 nicht davor zurück, auch die Schuld für die im Lande anhaltende Wirtschaftskrise der Sozialdemokratie zuzuschieben, da diese das allgemeine Vertrauen untergrabe, Investoren abschrecke und die Arbeitslosigkeit verewige:

... für den, der hier ein Kapital anlegen soll oder der einem anderen ein Kapital leihen soll, in der beunruhigten Phantasie eines auf Verlust vorbereiteten Eigentümers hat doch diese Masse, diese Organisation von 60 000 bis 100 000 Menschen den Charakter einer feindlichen Armee, die in unserer Mitte lebt und die nur noch nicht den Moment gefunden hat, wo sie über den Eigentümer, den leichtfertigen Kapitalisten, der hier etwas anlegen will, Gericht halten kann, um ihm das wohlerworbene Eigentum zu entziehen oder zu beschränken oder ihm die Verfügung darüber überhaupt zu nehmen. Also die Frage der Verbesserung unseres Verkehrswesens oder die Verbesserung der Lage der Arbeiter, will ich lieber sagen, und die Frage der Sozialisten, das sind zwei Bestrebungen, die sich gegenseitig ausschließen; so lange die sozialistischen Bestrebungen diese bedrohliche Höhe haben wie jetzt, wird aus Furcht vor der weiteren Entwickelung das Vertrauen und der Glaube im Innern nicht wiederkehren, und deshalb wird die Arbeitslosigkeit auch so lange, wie die Sozialdemokratie uns bedroht, mit geringen Ausnahmen anhalten.
Otto von Bismarck, Politische Reden/7

Am 19. Oktober kommt es nach zum Teil dramatischen Auseinandersetzungen zur Schlußabstimmung im Reichstag: von 370 anwesenden Abgeordneten stimmen 221 für, 149 gegen das Gesetz: außer den Sozialdemokraten die Fortschrittspartei und das Zentrum. Zwei Tage später tritt das Gesetz in Kraft.

Auf Antrag des nationalliberalen Abgeordneten Lasker wird seine Gültigkeit auf zweieinhalb Jahre begrenzt und muß danach vom Reichstag erneut bestätigt werden. Viermal, mit zunehmendem Unbehagen, unterziehen sich die »Ordnungsparteien« dieser »patriotischen« Pflicht, bis das Schandgesetz im Jahre 1890 endgültig, als politisches Instrument unbrauchbar geworden, zum alten Eisen geworfen wird.

Die Berliner politische Polizei – zuständig für die Durchsetzung und Kontrolle des Ausnahmegesetzes in der Hauptstadt – ist auf ihre neue Aufgabe bestens vorbereitet. Etat und Stellenplan sind beträchtlich erweitert worden, das Heer der informellen Mitarbeiter, damals sagt man »Lockspitzel«, um ein vielfaches vermehrt. Bereits im No-

vember verfügt die Berliner politische Polizei über Zuträger nicht nur in der Hauptstadt des deutschen Reiches, sondern auch in London, Paris, Budapest und Genf. Die vom Berliner Polizeipräsidium in Auftrag gegebenen regelmäßigen »Übersichten über die allgemeine Lage der sozialdemokratischen und anarchistischen Bewegung« liefert nicht nur den preußischen Beamten wichtige Informationen, sondern wird auch interessierten Dienststellen in anderen deutschen Ländern und im Ausland zur Auswertung zur Verfügung gestellt.

Aus der ersten, vom 11. Dezember 1878 datierten polizeilichen »Übersicht«:

Was die Organisation anbelangt, so werden hier täglich an den verschiedensten Orten, in Privatwohnungen, Werkstätten, auf Spaziergängen, in Schanklokalen, oft sogar in dunklen Räumen, kleine Zusammenkünfte von 6 bis 7 Personen abgehalten, bei denen Mitteilungen und Anweisungen von den bald hier bald dort erscheinenden Führern gemacht resp. erteilt werden. Auch findet neuerdings eine eifrige Beteiligung der Sozialisten an dem kommunalen Leben, in Bezirksvereinen und bei Stadtverordnetenwahlen statt, man drängt sich in Vereine und Versammlungen Andersgesinnter, errichtet Lesezirkel, Gesangsvereine, arrangiert Tanzkränzchen, alles zu dem Zweck, um unter der harmlosen Maske einer geselligen Unterhaltung ernste Beratungen über Parteiangelegenheiten pflegen zu können … Es ist klar, daß es außerordentlich schwierig sein wird, allen diesen einzelnen Momenten zu folgen und der sozialistischen Bewegung bei der musterhaften Disziplin und Opferwilligkeit ihrer Teilnehmer wirksam entgegenzutreten.

Dokumente aus geheimen Archiven/1

Am 28. November 1878 wird über Berlin, die Stadtkreise Charlottenburg und Potsdam sowie über die Kreise Teltow, Osthavelland und Niederbarnim auf Grund des Paragraphen 28 des Sozialistengesetzes der Kleine Belagerungszustand verhängt. Er ermöglicht den Polizeibehörden, alle Personen, »von denen eine gefährliche Störung der öffentlichen Ruhe und Sicherheit zu besorgen ist«, binnen weniger Stunden auszuweisen. »Es sind infolgedessen«, heißt es in der zitierten »Übersicht« – und ihr Verfasser »kann nur mit Freude die Tatsache« begrüßen –, »bereits 44 Agitatoren aus Berlin ausgewiesen worden und eine weitere Anzahl wird ihnen demnächst folgen.« Die Nationalliberalen hatten sich den Paragraphen 28 von Bismarck mit dem Versprechen abhandeln lassen, ihn nur im Falle der Gefahr eines gewaltsamen Umsturzes anzuwenden. Davon kann im November 1878 in Berlin beim besten Willen keine Rede sein. Der polizeilichen Willkür,

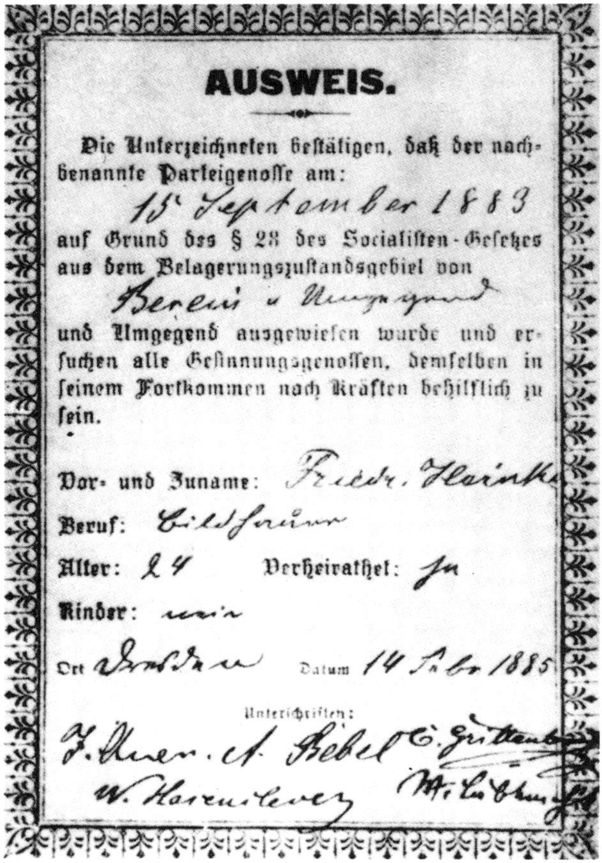

AUSWEIS.

Die Unterzeichneten bestätigen, daß der nachbenannte Parteigenosse am:
15. September 1883
auf Grund des § 28 des Socialisten-Gesetzes aus dem Belagerungszustandsgebiet von
Berlin u. Umgegend
und Umgegend ausgewiesen wurde und ersuchen alle Gesinnungsgenossen, demselben in seinem Fortkommen nach Kräften behilflich zu sein.

Vor- und Zuname: Friedr. Heinke
Beruf: Bildhauer
Alter: 24 Verheirathet: ja
Kinder: nein
Ort Dresden Datum 14 Febr 1885

Unterschriften:
J. Auer. A. Bebel G. Grillenberger
W. Hasenclever W. Liebknecht

das zeigt sich schon nach wenigen Wochen der Praxis, sind bei der Auslegung des Gesetzes Tür und Tor geöffnet.

Sämtliche Ausgewiesenen, mit einer einzigen Ausnahme, waren Familienväter. Das Manöver, dem man bis heute treu geblieben ist, die Ausweisung hauptsächlich gegen Familienväter in Anwendung zu bringen, da diese eine solche Maßregel viel schmerzlicher empfinden müssen wie ein Unverheirateter, kam schon beim ersten Falle in Anwendung. Da es der Partei, aus den geschilderten Ursachen, damals an allen Mitteln gebrach, so war die Not und das Elend unter den Ausgewiesenen ungemein groß. Dabei war nur wenigen eine dreitägige Aufenthaltsfrist festgesetzt, die meisten mußten innerhalb 48 Stunden, einige sogar innerhalb 24 Stunden die Stadt verlassen. Gesuche um Aufschub lehnte der damalige Polizeipräsi-

dent von Madai in so roher Form ab, daß die Abgewiesenen sich darüber in bitterster Weise beschwerten.
Ignaz Auer, Nach zehn Jahren

Ebenso rigoros geht die Polizei gegen unliebsame Presseerzeugnisse vor. In der Hauptstadt wird die sozialdemokratische »Berliner Freie Presse« bereits am 23. Oktober ein Opfer des Sozialistengesetzes, wobei auch lange zurückliegende Artikel zum Beweis herhalten müssen, daß »die gesamte Tendenz« der Zeitung eine »den öffentlichen Frieden, insbesondere die Eintracht der Bevölkerungsklassen gefährdende, auf den Umsturz der bestehenden Staats- und Gesellschaftsordnung gerichtete« sei.

In Berlin werden nicht nur Zeitungen und Zeitschriften verboten, sondern auch alle sozialdemokratischen Wahlvereine, die meisten der Gewerk- und Fachvereine, Hilfs- und Unterstützungskassen der Arbeiter, der Arbeitersängerbund, Frauen- und Mädchenvereine und was sonst irgend von sozialdemokratischem Gift infiziert scheint. Ein Heer von Beamten und bezahlten Spitzeln überwacht die Schanklokale und Versammlungen, kontrolliert die Bahnhöfe und geselligen Zirkel, registriert »politisch verdächtige Personen« und versucht mit allen Mitteln, Kenntnis von den Vorkommnissen innerhalb der sozialdemokratischen Partei zu erlangen. Die Zahl der Spitzelberichte steigt in Berlin von 400 im Jahr 1879 auf über 3 000 im Jahr 1881. Mit eiserner Disziplin, nie erlahmender Findigkeit, oft mit Witz und Humor versuchen die Verfolgten sich die Polizei vom Halse zu halten.

Der Schriftsteller Max Kretzer erzählt in seinen Erinnerungen vom Berliner »Mohrenklub«, der, obwohl nichts Staatsverbrecherisches in ihm passierte, sich einer ganz besonderen Aufmerksamkeit der Polizei erfreute:

Studenten, Künstler, Kaufleute und intelligente Arbeiter kamen unter harmloser Maske in einem Vereinszimmer zusammen, vergnügten sich bei Speise und Trank, besprachen Parteiinteressen, steckten sich Mosts »Freiheit« und andere verbotene Schriften zu, veranstalteten Sammlungen, verkauften Billetts zu sozialdemokratischen Festen, die irgendwo unter anderer Flagge veranstaltet wurden, und trafen zweckdienliche Verabredungen. Das geschah natürlich nach Erlaß des Sozialistengesetzes, wo über jedem »Agitator« die Ausweisung wie ein Damoklesschwert schwebte. Einen ganzen Winter hindurch tagte der Mohrenklub im ersten Stockwerk der Akademischen Bierhalle, und Theodor Müller, der biedere Wirt, der unten auf das Wohl seiner Studenten bedacht war, wußte sicher nicht, was für »gefährliche« Leute er oben beherbergte. Fanden wichtige Beratungen statt, so wurde gewöhnlich auf dem Treppenflur ein Posten ausgestellt, der Scharfblick genug hatte, um den »Geheimen« schon an dem unzertrennlichen Regenschirm zu erkennen.

Das Spitzeltum trieb damals die übelduftendsten Blüten, und ich entsinne mich noch ganz genau, was für eine Aufregung entstand, als eines Abends während eines Tanzkränzchens, das in einem bekannten Lokal in der Kommandantenstraße abgehalten wurde, das Gerücht plötzlich von Ohr zu Ohr ging, ein Geheimer habe sich eingeschlichen, obwohl man alle Teilnehmer persönlich zu kennen glaubte. Solche Nachrichten wirkten dann förmlich lähmend, denn gewöhnlich waren Vorträge zu erwarten, die, da man nur Genossen unter sich zu sehen glaubte, genug politische Anspielung enthielten, um verstanden zu werden. Das Vergnügen war natürlich gestört, denn man witterte den Spitzel unter den guten Bekannten. Tatsächlich hat sich dann auch später ein Student in bereits höheren Semestern als solches Subjekt entpuppt, und zwar ein Mensch, dem man es, weil er den Aufrichtigen mit Biedermannsmiene zu spielen verstand, am allerwenigsten zugetraut hätte.

In der Regel wurde aber dem Spioniersystem der Polizei ein Schnippchen geschlagen, besonders was die Verbreitung verbotener Schriften betraf. Als Bebels berühmtes Buch »Die Frau und der Sozialismus« ebensfalls verboten worden war, wurde es, gelbbroschürt, ohne Titelaufschrift im geheimen vertrieben. Wenn man es haben wollte, gab man sich einfach, selbst auf offener Postkarte, ein Rendezvous und bat, »die Dame im gelben Mantel« mitzubringen. Das war so unverfänglich wie möglich.

Zahlreich waren die »offenen Klubs«, die man in ganz bekannten Lokalen finden konnte, wie zum Beispiel bei Waßmann in der Leipziger Straße. An einem halben Dutzend Tischen, zerstreut im Lokal, saßen harmlose Skatspieler oder müßige Gäste, größtenteils junge Männer. Eine Tischgesellschaft nahm von der anderen keine Notiz, und der Unbeteiligte, der das Lokal betrat, hatte sicher keine Ahnung davon, daß das sozialdemokratische Genossen waren, die sich alle kannten. Wenn man sich verständigen wollte, ging man durch das Lokal, nahm sich von dem betreffenden Tisch Feuer oder traf sich an einem gewissen Ort, wo man sich ungeniert unterhalten konnte. Man wollte eben alle Ansammlungen vermeiden.

Max Kretzer, Wilder Champagner

Als eines der ganz wenigen öffentlichen Wirkungsfelder bleibt den Sozialdemokraten die Tribüne des Reichstags. Da die Wahl nicht nach Parteilisten, sondern nach dem Prinzip der Persönlichkeitswahl erfolgt, kann sozialdemokratischen Reichstagsabgeordneten auch nach Erlaß des Sozialistengesetzes das Mandat nicht entzogen werden. Aus Berlin ausgewiesene Politiker dürfen sich während der Sitzungsperioden des Parlaments in der Hauptstadt aufhalten – natürlich stets fürsorglich betreut von der politischen Polizei:

In Berlin konnten wir bald beobachten, daß wir Abgeordnete von einem Heer von Spitzeln umschwärmt waren. Es waren nicht etwa reguläre Polizisten, sondern zweifelhafte und korrumpierte Elemente, die sich für diesen traurigen Beruf anwerben ließen und dafür einen Taglohn von zwei Mark erhielten. Im Volksmund hieß man sie »Zwanzig-Groschen-Jungen«. Sie nisteten sich im Reichstagsgebäude – damals noch Leipziger Straße 4 – ein; sie schlichen auf den Korridoren und lauschten an den Türen der Fraktionszimmer. Auf den Tribünen saßen sie als Zuhörer oder »Journalisten«. Nach Schluß der Sitzungen erwartete ein Schwarm solcher Subjekte am Eingang des Reichstagsgebäudes die zu observierenden Abgeordneten und hing sich an ihre Fersen, um sie überallhin zu begleiten, auf Spaziergängen, in die Gasthäuser usw., bis die Betreffenden in ihren Wohnungen verschwanden. Verließen sie am Morgen die Wohnungen, so standen die Spitzel schon in aller Frühe vor der Haustür und verfolgten die Abgeordneten bis zum Reichstagsgebäude. So standen wir von früh morgens bis spät abends unter Polizeiaufsicht.

Die Regierung tat, als wisse sie von diesen Dingen nichts. Als der Abgeordnete Grillenberger darüber interpellierte, antwortete der Staatssekretär im Reichsamt des Innern, Herr von Boetticher, er könne darüber keine Auskunft geben; man möge ihm doch einen solchen Spitzel herbringen ... Später, als einmal die Tribünen im Reichstage – namentlich die Journalistentribüne – gerade von einem Schwarm von Spitzeln besetzt waren, die nicht draußen warten wollten, erhob sich plötzlich der Abgeordnete Liebknecht, deutete hinauf und zeigte dem Reichstag den Unfug an. Wie ein Schwarm aufgescheuchter Krähen verließen die Spitzel hastig die Tribünen, und als jemand rief: »Sie sind fort!« antwortete Liebknecht: »So haben sie immer noch mehr Schamgefühl als diejenigen, die sie hergeschickt haben!«
Wilhelm Blos, Denkwürdigkeiten eines Sozialdemokraten/2

11. Juli 1881. Berlins Bevölkerung belief sich nach der offiziellen Bekanntmachung in dieser Woche auf 1 136 378 Personen, nicht eingerechnet den Automaten King-Fu, diesen beneidenswerten Mitbürger, von dem es auf den Plakaten heißt: »King-Fu weiß alles, kann alles, errät alles, kennt alles und ist selber ein ungelöstes und unlösbares Rätsel.« Wenn man doch an seiner Stelle sein könnte! Und er leidet nicht einmal unter Staub und Hitze und Mücken!

Aber wenn ich die hohe Zahl der übrigen, weniger allmächtigen, allwissenden und rätselhaften Berliner betrachte, komme ich nicht umhin, mich allerlei Vermutungen und Träumen darüber hinzugeben. Erst einmal die Million. Sie lebt natürlich das reine Hundeleben im täglichen, steten Kampf ums Brot, sie ist die große Namenlose, die die Werte schafft und die Schlachten schlägt und sich gerade eben über einer gewissen Hungergrenze hält; die nächsten 100 000 leben ein wenig sorgloser, wenn auch im täglichen Kampf um das spärliche Auskommen, und nur die übrigbleibenden 36 378 (selbst das ist noch zu hoch gerechnet) mit 3 000 Mark und mehr im Jahr haben überhaupt Muße, von einem Aufstieg in der bestehenden Gesellschaft zu träumen, weil sie keine anderen Sorgen haben als um feinern Broterwerb und das bißchen Krankheit, Krüppligkeit, Zahnweh, Wahnsinn, Alter, Sehnsucht nach geliebten und Geplagtsein von ungeliebten Personen, was im Verein mit Abhängigkeit und Wehrpflicht des Lebens Würze ausmacht. Wir sind alle zusammen dem »kleinen Belagerungszustand« unterworfen, und wir sind alle zusammen dem Sozialistengesetz unterworfen, aber das erste stört nur die Selbstmörder, die in einsamen Winkeln mit dem Revolver in der Hand wegen unerlaubten Waffenbesitzes festgenommen werden, und das zweite betrifft ja nur die Million und stört die Bourgeoisie keineswegs und die Aristokratie noch weniger. Die Reichstagsmehrheit, die nach längerer koketter Weigerung dem Gesetz zustimmte, setzte ja liebenswürdigerweise dessen »loyale« Anwendung voraus – die loyale Anwendung eines Gesetzes, das eine unbegrenzte und nicht näher definierte Zahl von Mitbürgern außerhalb des Gesetzes stellte ... Eine elegantere Art der Strangulierung war in Wirklichkeit unmöglich. Gewöhnlich pflegt eine derartige Operation von Lärm und Skandalen begleitet zu sein ..., hier ging alles still und glatt über die Bühne. Vielleicht war es doch ein bißchen übersteigert, als kürzlich der junge Wilhelm Graf Bismarck in seiner Rede gegen die Fortschrittspartei vorbrachte, daß das Sozialistengesetz, um das man so viel Geschrei mache, als weniger bedrückend empfunden werde als das neue Hundegesetz, das (aus Anlaß der Tollwut) die Einsperrung aller Hunde verfügte. Der junge Junker dachte offenbar nur an den Verdruß, den seinen Hunden der Stubenarrest brachte und ihm selbst der Umstand, sie an der Leine ausführen zu müssen – im Vergleich zu der geringen Schererei, die ihm das Sozialistengesetz bereitete. Aber es ist charakteristisch, daß man dieser Tage fünfzig friedliche Familien aus Leipzig ausweisen konnte, die bereits größtenteils aus Berlin ausgewiesen worden waren, darunter Reichstagsangehörige, ja eine führende Kapazität des Parlaments wie Bebel, den man zudem durch die Schließung seiner großen Drechslerwerkstatt ökonomisch ver-

nichtete, ohne daß in diesem disziplinierten Land auch nur ein Hahn danach gekräht hätte.
Georg Brandes, Berlin als deutsche Reichshauptstadt

Aber Ausweisungen, Verbote, Verurteilungen – die so oft im preußischen Polizeistaat praktizierten Unterdrückungsmechanismen –, sie laufen diesmal ins Leere. Bekümmert resümiert die Berliner politische Polizei schon in ihrer dritten »Übersicht« vom 29. Dezember 1879, daß trotz Ausnahmegesetz, »welches jede offene Agitation, jede Versammlung und jede Preßtätigkeit sozialistischer Natur nach Möglichkeit verhindert«, die »sozialdemokratische Partei Deutschlands an Anhängerzahl, Energie und zuversichtlicher Hoffnung für die Zukunft noch nicht das geringste eingebüßt hat ... Dazu kommt die sehr bedenkliche Wahrnehmung, daß die noch immer andauernden Erwerbsstörungen ... die Zweifel an der Richtigkeit der heutigen Wirtschafts- und Gesellschaftsordnung und die Unzufriedenheit mit dem Bestehenden in immer weitere, sonst sehr ruhige und gemäßigte Kreise der Bevölkerung tragen« (Dokumente aus geheimen Archiven/1). Die Bismarck nahestehende Presse zieht alle Register, die Erfahrung sozialer Unsicherheit und Bedrohung, das Gefühl eines tiefen Unbehagens, das weit bis ins Bürgertum hineinreicht, mit regierungsoffiziell verordnetem Optimismus aus der Welt zu schaffen:

Ein charakteristisches Zeichen der Zeit ist der Haufen von Essays und Artikeln gegen »die Unzufriedenen« und »die Unzufriedenheit«, charakteristisch hauptsächlich, weil sie für einen Fremden aus der Luft gegriffen und gegen einen unsichtbaren Feind gerichtet zu sein scheinen, da doch die wirkliche Unzufriedenheit in Deutschland stumm ist, überhaupt nicht zu Wort kommt oder jedenfalls nur über ein paar Provinzorgane verfügt. Da wird nun ausführlich argumentiert, daß ein Volk, das nach außen und innen so großartige Taten vollbracht habe, so bedeutende Männer besitze und so gesund in seinem innersten Kern sei, zu Unmutsäußerungen keinen Grund habe und daß fernerhin der Unmut, wie Bismarck doch selber sagt, eine nationale Eigenschaft der Deutschen sei (»Ich weiß nicht, wer von uns einen zufriedenen Landsmann kennt.«). Und da werden der Nation alle Gründe vorgehalten, frohen Mutes und unbefangenen Sinnes zu sein – die Unzufriedenheit antwortet mit keinem Wort, verhält sich still, läßt sich verurteilen *in contumacian**. Vielleicht denkt sie, ihr Tag werde schon kommen, wenn sie losbricht wie eine Sturmflut.
Georg Brandes, Berlin als deutsche Reichshauptstadt

* in Abwesenheit

Eine Sturmflut ist es zwar nicht, die da losbricht – aber der Kreis der Oppositionellen, auch außerhalb der Sozialdemokratie, wächst.

Aus einem Brief des Berliner Oberbürgermeisters und nationalliberalen Reichstagspräsidenten Max von Forckenbeck vom 19. Januar 1879:

Das System Bismarck entwickelt sich mit furchtbarer Schnelligkeit so, wie ich es immer fürchtete. Allgemeine Wehrpflicht, ungemessene und überreichliche indirekte Steuern, ein disziplinierter und herabgewürdigter Reichstag und eine durch den Kampf aller materiellen Interessen verdorbene und daher ohnmächtige öffentliche Meinung … Ist nun die Nationalliberale Partei mit ihrer jetzigen Politik, mit ihrem jetzigen Programm und ihrer jetzigen Zusammensetzung ein geeignetes Instrument, um solchen Gefahren entgegenzutreten? Werden wir nicht noch von Etappe zu Etappe tiefer in den Sumpf geführt? Wird nicht reine Opposition zur Pflicht? … Ich werde unter keinen Umständen mit einem reaktionären Strome schwimmen, lieber untergehen … Am allerwenigsten habe ich Lust, einer solchen Strömung als Präsident zu dienen. Ich glaube, daß die Zeit zu fester und klarer Opposition mit vielen oder wenigen, aber gleichgesinnten, gekommen ist.

Deutscher Liberalismus im Zeitalter Bismarcks/2

Auch Theodor Mommsen macht aus seiner Unzufriedenheit mit den politischen Zuständen kein Hehl. Auf einer Wahlversammlung der Fortschrittspartei am 24. September 1881 in Charlottenburg (die Rede wird ihm eine Beleidigungsklage Bismarcks einbringen, die in zwei Revisionsprozessen bis zum Reichsgericht geht!) beklagt er den undemokratischen, staatsbürgerliche Tugenden mißachtenden Charakter des Bismarckschen Systems:

Ich habe bisher geglaubt, daß es Konservative in Deutschland gibt; ich fürchte, daß ich mich geirrt habe und daß diejenigen, welche man hierzulande Konservative nennt, nichts sind als Kornspekulanten und Branntweinbrenner …Das freudige Regen aller Kräfte zu einem Zweck unter der Leitung einer von dem hohen Geist des deutschen Volkstums und der humanen Entwicklung getragenen Dynastie, die freie Unterordnung zahlreicher und mannigfaltiger Talente unter ein seiner Stellung würdiges Fürstengeschlecht – das hat Preußen geschaffen und durch Preußen Deutschland wieder aufgebaut. Ist dem noch so und wandeln wir noch auf dieser Bahn? Wenn es im ganzen Staate nur einen Diener gibt, der selbständig wirken darf, wenn alle übrigen, von Delbrück und Falk an bis auf

Nr 52 • Seite 8 ULK 25. Dezember 1899

Im Reichspuppenladen.

Verkäuferin: Hier sind Puppen, die Ja und Nein sagen.

Kunde: Kann ich nicht brauchen; aber wenn Sie welche haben, die nur Ja sagen, dann nehme ich Ihnen vierhundert Stück ab.

den letzten selbständigen Mann, von diesem System abgewiesen werden, das nur willenlose Gesellen akzeptiert, so ist das Preußen, das wir hatten, das Deutschland, welches wir zu haben meinten, zu Ende.

Lothar Wickert, Theodor Mommsen/4

Nicht nur Mommsen empfindet bitter den Widerspruch zwischen den demokratischen Idealen, die an der Wiege des deutschen Einheitsstaates Pate gestanden hatten, und der politischen Praxis der bonapartistischen Kanzlerdiktatur. »Ständen sie heute auf, die Toten des Friedrichshains«, schreibt die »Volks-Zeitung« in ihrem Leitartikel zum Jahrestag der Revolution von 1848, »bitterste Empfindung würde sich in ihren Herzen regen, wenn sie sähen, wie wenig von dem, was sie in die Hand des Volkes legten, in dieser Hand geblieben ist« (Volks-Zeitung, 17. März 1889).

Die Machtfülle Bismarcks – er ist zugleich Reichskanzler, preußischer Ministerpräsident und seit 1880 auch preußischer Minister für Handel und Gewerbe, läßt weder objektiv noch subjektiv Raum für ein produktives Zusammenspiel von Regierung, Parteien und gewählten Volksvertretern:

Alle diese Umstände wirken zusammen, die Funktion des Reichskanzlers zur allumfassenden und dominierenden Amtsfunktion im Reiche zu machen. Der Reichskanzler hat demgemäß die Leitung aller Geschäfte des Reiches ohne Ausnahme; in seiner Hand laufen alle Fäden der Reichsregierung zusammen, alle Reichsämter stehen direkt oder indirekt unter ihm … In seiner Person findet eine Häufung der allerverschiedensten und weittragendsten Amtskompetenzen statt, und es hat dies eine so allgewaltige Amtsstellung für ihn zur Folge, wie sie wohl noch nirgends in der Welt vorgekommen sein mag … Das Reichskanzlertum ist der Gipfel des Anti-Konstitutionalismus im Reiche. Es widerspricht allen sonst gültigen Begriffen von der Teilung der Gewalten, von der ordnungsmäßigen Organisation der Behörden und von der ministeriellen Verantwortlichkeit.
Die Wage, 16. November 1877

Auch Fontane, durch vielerlei Fäden mit dem gesellschaftlichen Leben Berlins verbunden, spricht in einem Brief vom 23. April 1881 von der zunehmend kritischen Stimmung gegenüber dem »Einheitskanzler«, der zur Erreichung seiner persönlichen und politischen Ziele auch vor Diffamierungen und kleinlichen Intrigen nicht zurückschreckt:

Gegen Bismarck braut sich allmählich im Volk ein Wetter zusammen. In der Oberschicht der Gesellschaft ist es bekanntlich lange da. Nicht seine Maßregeln sind es, die ihn geradezu ruinieren, sondern seine Verdächtigungen. Er täuscht sich über das Maß seiner Popularität. Sie war einmal kolossal, aber sie ist es nicht mehr. Es fallen täglich Hunderte, mitunter Tausende ab. Vor seinem Genie hat jeder nach wie vor einen ungeheuren Respekt, auch seine Feinde, ja diese mitunter am meisten. Aber die Hochachtung vor seinem Charakter ist in einem starken Niedergehn. Was ihn einst so populär machte, war das in jedem lebende Gefühl: »Ah, ein großer Mann.« Aber von diesem Gefühl ist nicht mehr viel übrig, und die Menschen sagen: »Er ist ein großes Genie, aber ein kleiner Mann.« Dadurch, daß er seine mehr und mehr zutage tretenden kleinlichen Eigenschaften mit einer gewissen Großartigkeit in Szene setzt, werden die kleinlichen Eigenschaften noch lange nicht groß. Wenn ich einen um einen Sechser verklage und nicht eher ruhe, als bis ich ihn im Zuchthaus habe, so ist der Apparat zwar sehr groß, aber der Sechser bleibt ein Sechser.

Theodor Fontane, Briefe/3

Die Reichstagswahlen vom 27. Oktober 1881 – drei Jahre nach Erlaß des Sozialistengesetzes – erweisen mit aller Deutlichkeit, daß Bismarcks Politik, die innenpolitischen Probleme mit Hilfe von Ausnahmegesetzen und politischer Demagogie zu lösen, nicht durchgedrungen ist. In Berlin stimmen 30 000 Wähler für die sozialdemokratischen Kandidaten. 90 000 geben der zunehmend auf Oppositionskurs gehenden bürgerlichen Fortschrittspartei ihre Stimme. Das politische Sprachrohr ihres linken Flügels, die Berliner »Volks-Zeitung« unter der Redaktion von Adolph Phillips, nennt die Dinge unverhüllt beim Namen:

Die Debatten über die Resultate des Sozialistengesetzes haben zur Evidenz erwiesen, daß die Regierung nicht im entferntesten das, was sie beabsichtigte, erreicht, sondern nur jene trügerischen Erfolge erzielt hat, die ihr als unausbleiblich von allen Einsichtigen vorausgesagt sind ... Die Regierung gleicht einem Kutscher, der mit einem störrigen Pferde nicht fertig wird. Wohlmeinende raten ihm, es durch Zureden und freundliche Behandlung zu beruhigen, damit kein Unglück geschieht; der Kutscher aber peitscht darauflos, und wenn dann der Gaul durchgeht, entschuldigt er sich: Seht Ihr, ich wußte gleich, was in dem Tier steckt ...

Das Gesetz hat nur zerstörend, nicht schaffend gewirkt, und es gehört doch ein seltsamer Optimismus dazu, zu glauben, daß die Vernichtung der sozialistischen Presse und ihrer Vereine die Wirkung haben würde, ihr Wiedererstehen zu verhindern, sobald der Druck des Ausnahmegesetzes beseitigt ist. Wäre die Regierung ehrlich, so müßte sie sagen: Wir brauchen das Ausnahmegesetz auf Dezennien, auf eine ganz unabsehbare, noch nicht zu berechnende Zeit; das Ausnahmegesetz muß für diese und die nächste Generation in Permanenz erklärt werden; der deutsche Rechtsstaat ist bankerott, wir wengistens sind nicht imstande, seine Fundamente zu erhalten.

Vor einer solchen Erklärung scheut man begreiflicherweise zurück, und es werden nun die positiven Maßregeln auf sozialem Gebiet ins Treffen geführt, welche mit der Rechtlosigkeit aussöhnen sollen. Auch auf diesem Gebiete hat die Regierung den billigsten Anforderungen, den bescheidensten Erwartungen nicht zu entsprechen vermocht. Über zwei Jahre sind verflossen, ehe ein einziger Gesetzentwurf als Abschlagszahlung auf die mit so viel Pomp angekündigten Maßregeln das Licht der Welt erblickte, und das ist ein Gesetzentwurf, der in seinen Wirkungen eher geeignet sein wird, die sozialen Gegensätze zu verschärfen, als sie zu verwischen. Der kreißende Berg hat eine Maus geboren. Es ist nicht anzunehmen, daß der Unfallversicherungsentwurf, der in der Praxis auf weiter nichts als auf eine Reform des ohnehin unzulänglichen Haftpflichtgesetzes im Sinne der Arbeitgeber hinausläuft, auf freundliches Entgegenkommen bei den Arbeitern rechnen darf.

Volks-Zeitung, 3. April 1881, 1. Beiblatt

Am 17. November 1881 wird in Berlin der neugewählte Reichstag eröffnet, in dem die Oppositionsparteien wesentlich stärker vertreten sind als zuvor. Zu Beginn der neuen Session verliest Bismarck eine »kaiserliche Botschaft«: die »Heilung der sozialen Schäden«, so der Monarch, sei »nicht ausschließlich im Wege der Repression sozialdemokratischer Ausschreitungen, sondern gleichmäßig auf dem der positiven Förderung des Wohles der Arbeiter zu suchen«. Er avisiert eine Überarbeitung des Gesetzentwurfs über die Unfallversicherung, die Schaffung gewerblicher Krankenkassen und ein höheres Maß staatlicher Fürsorge für diejenigen, welche durch Alter oder Invalidität erwerbsunfähig werden. In tausenden von Anschlagzetteln wird den Berliner Arbeitern die frohe Botschaft zur Kenntnis gebracht. Bismarck, der offen ausspricht, daß es unumgänglich sei, »ein paar Tropfen sozialen Öls im Rezepte beizusetzen« (Reichstagsrede vom 12. Juni 1882), wenn man die immer selbstbewußter und durch keine Polizeigesetze einzuschüchternden Arbeiter dem Einfluß der Sozialdemokratie entziehen wolle, hatte schon am 21. Januar 1881 in einem Gespräch mit Moritz Busch die Notwendigkeit einer Sozialreform begründet:

... einmal mußte ein Anfang gemacht werden mit der Versöhnung der Arbeiter mit dem Staate. Wer eine Pension hat für sein Alter, der ist viel zufriedner und viel leichter zu behandeln, als wer darauf keine Aussicht hat. Sehen Sie den Unterschied zwischen einem Privatdiener und einem Kanzleidiener oder einem Hofbedienten an: der letztere wird sich weit mehr bieten lassen, viel mehr Anhänglichkeit an seinen Dienst haben als jener, denn er hat Pension zu erwarten ...

Derartige Pläne würden zu ihrer Ausführung große Summen erfordern, wenigstens hundert Millionen Mark, wahrscheinlich aber zweihundert. Aber auch dreihundert Millionen würden mich nicht abschrecken. Es müssen die Mittel geschafft werden, staatlich freigebig zu sein gegen die Armut. Die Zufriedenheit der besitzlosen Klassen, der Enterbten, ist auch mit einer sehr großen Summe nicht zu teuer erkauft ... wir beugen damit einer Revolution vor, die in fünfzig Jahren ausbrechen kann, aber auch schon in zehn Jahren und die, selbst wenn sie nur für ein paar Monate Erfolg hätte, ganz andre Summen verschlingen würde, direkt und indirekt durch Störung der Geschäfte, als unser Vorbeugungsmittel.

Moritz Busch, Tagebuchblätter/3

Als erstes der in langen Debatten ausgehandelten Sozialgesetze tritt am 1. Dezember 1884 das Krankenversicherungsgesetz in Kraft. Danach erhalten die Arbeiter ab dem dritten Krankheitstag für dreizehn Wochen ein Krankengeld, das der Hälfte des ortsüblichen Lohns entspricht. Bei den Orts-, Innungs- und Fabrikkassen zahlen die Unternehmer ein Drittel, die Arbeiter zwei Drittel der Versicherungsbeiträge ein. Bei den Freien Hilfskassen zahlen die Arbeiter selbst den vollen Beitrag und erhalten ein höheres Krankengeld für die Dauer eines Jahres. Wie problematisch die Durchführung des Gesetzes oft war, geht aus einer Petition hervor, mit der sich der Vorstand der Ortskrankenkasse der Berliner Maurer 1892 an den Reichstag wendet: 259 Berliner Bauunternehmer hatten sich über 30 500 Mark an Pflichtbeiträgen in die eigene Tasche gesteckt, von denen sie zwei Drittel ihren Arbeitern vom Lohn abgezogen hatten!

Wie das Krankenversicherungsgesetz – bei aller Problematik – so bringt auch das Unfallversicherungsgesetz, das der Reichstag nach drei Anläufen am 17. Juni 1884 annimmt, für den Arbeiter einen Zugewinn an sozialer Sicherheit. Der Widerstand gegen beide Gesetze seitens der Unternehmer und der hinter ihnen stehenden Parteien und Verbände ist nicht gering: »Wenn es keine Sozialdemokratie gäbe, und wenn nicht eine Menge sich vor ihr fürchteten, würden die mäßigen Fortschritte, die wir überhaupt in der Sozialreform gemacht haben, auch noch nicht existieren«, bekennt der Kanzler mit der ihm eigenen Offenheit in einer Reichstagsrede am 26. November 1884. (Otto von Bismarck, Politische Reden/10)

Die »kaiserliche Botschaft« und der Beginn einer Sozialreform, die beim Arbeiter das Bewußtsein schaffen sollen, daß der monarchisch-konservative Staat nicht nur eine repressive, sondern auch eine wohl-

BERLINER

Eine Demonstration der Macht – das neue Polizeipräsidium an der Alexander-, Ecke Grunerstraße, in den Jahren 1886 bis 1890 erbaut. Holzstich 1891

tätige Einrichtung sei, leitet die Phase der sogenannten milden Praxis des Sozialistengesetzes ein: hier und da werden Versammlungen wieder erlaubt, Arbeitervereine zugelassen und die Ausweisungen eingeschränkt. Mit dem Beginn der milden Praxis nimmt auch die gewerkschaftliche Bewegung in Berlin einen neuen Aufschwung, die durch das Sozialistengesetz niemals völlig unterdrückt werden konnte:.

Den ersten größeren Lohnkampf unter dem Gesetze führten die Berliner Tischler im Frühjahr 1880, seit dem Ende dieses Jahres waren auch einzelne Fachvereine entstanden, und noch früher, fast unmittelbar nach dem Verbot der alten Gewerkschaftsblätter, einzelne Fachblätter ... Als im März 1882 der Vergolder Ewald die Vorstände der Berliner Fachvereine zusammenberief, um eine Petition zu beraten, die der Regierung die Beschwerden und Wünsche der Arbeiter vortragen sollte, gab es solcher Vereine schon achtzehn. Aus ihnen entstand das Generalkomitee der Berliner Gewerkschaften, das eine lebhafte Agitation für den gesetzlichen Arbeiterschutz entfachte.
Franz Mehring, Geschichte der deutschen Sozialdemokratie/2

Die Zahl der Streiks, in denen es um höhere Löhne, einen festgesetzten »Normalarbeitstag« oder bessere Arbeitsbedingungen geht, steigt in der ersten Hälfte der achtziger Jahre sprunghaft an. So streiken 1884 die über 1 000 Arbeiter der Berliner Nähmaschinenfabrik Frister & Roßmann. Ein Jahr später stehen in Berlin von Juni bis August 12 000 Maurer im Streik. Aus Solidarität streiken auch die Maurer anderer Städte, so daß es den Baufirmen nicht gelingt, Streikbrecher anzuwerben. Die Unternehmer werden gezwungen, in der Mehrheit der Betriebe die zehnstündige Arbeitszeit einzuführen und den Stundenlohn um 10 Pfennig zu erhöhen. Der zunehmende Einfluß der Sozialdemokraten in den Gewerkschaften und Fachverbänden bleibt auch der Polizei nicht verborgen, wie ihre »Übersicht« vom 1. November 1884 beweist:

Gewiß geben die gegenwärtigen Verhältnisse den sozialdemokratischen Agitatoren noch nicht das Recht, die Begriffe »Arbeiter« und »Sozialdemokrat« für ganz gleichbedeutend zu erklären, wie sie es bei jeder Gelegenheit zu tun lieben, wohl aber wird die Meinung derjenigen ungefähr zutreffen, welche behaupten, daß die überwiegende Majorität der Industriearbeiter schon vollständig aus Sozialdemokraten bestehe und der Rest, vielleicht mit Ausnahme einzelner bestimmter Distrikte, von sozialdemokratischen Ideen stark infiziert sei.
Dokumente aus geheimen Archiven/1

Dieser bedrohlichen Entwicklung mag man denn doch nicht tatenlos zusehen; und so wird die »milde Praxis«, über deren Mißerfolg kein Zweifel herrschen kann, von einem neuen »harten Kurs« abgelöst. Eingeleitet wird diese letzte Phase des Sozialistengesetzes durch hektische Aktivitäten des preußischen Innenministers von Puttkamer, der hinter jedem Streik die »Hydra der Anarchie und Unordnung« zu erblicken glaubt. In einem Erlaß vom Frühjahr 1886 werden alle Polizeiorgane darauf hingewiesen, daß gegen Arbeitseinstellungen, von denen »anzunehmen ist, daß sie durch die sozialdemokratische Agitation angestiftet sind oder auch in ihrem weiteren Fortgange der Leitung derselben verfallen«, die Paragraphen des Sozialistengesetzes in voller Schärfe zur Anwendung zu bringen sind:

Am 11. April erschien Puttkamers Streikerlaß, einen Monat darauf wurde die Genehmigung öffentlicher Versammlungen in Berlin von der Erlaubnis der Polizei abhängig gemacht, noch etwas später auch der öffentliche Vertrieb von Druckschriften für Berlin und Altona verboten; in der Reichshauptstadt waren damit alle vier Vollmachten des § 28 aktiv geworden. In allen Belagerungsgebieten nahm die Ausweisungspraxis einen neuen Aufschwung …

Nichts bezeichnender für die offizielle »Sozialreform«, als daß der erste Gewaltstoß der gewerkschaftlichen Bewegung galt. An und für sich enthielt der Streikerlaß nichts Neues, er machte nur die Polizeibehörden darauf aufmerksam, daß nach der zeitweiligen Schonung der Fachvereine wieder mit ihrer Drangsalierung vorzugehen, also die Praxis wieder aufzunehmen sei, die sofort nach Erlaß des Sozialistengesetzes beobachtet worden war. Die heuchlerische Aufforderung, dabei die Koalitionsfreiheit der Arbeiter zu achten, glich wie ein Ei dem anderen den heuchlerischen Versicherungen, womit Bismarck und Eulenburg bei der Beratung des Ausnahmegesetzes jene Freiheit zu respektieren versprochen hatten. Der Streikerlaß fand sofort die rücksichtsloseste Ausführung; um die Frühjahrsbewegung der Bauhandwerker lahmzulegen, wurden die Führer der Berliner Maurer ausgewiesen; obgleich sie nie den geringsten Zusammenhang mit der politischen Arbeiterpartei gehabt hatten, wurde der Fachverein der Maurer und die Preßkommission der Bauhandwerker aufgelöst. Dasselbe Schicksal teilten die drei Arbeiterinnenvereine und sämtliche Arbeiterbezirksvereine, in deren einem der Lockspitzel Ihring-Mahlow entlarvt worden war. Im Monat Mai wurde in Berlin 47, darunter 33 gewerkschaftlichen Versammlungen die Genehmigung versagt; Maurer und Tischler konnten jahrelang keine Versammlung halten. Und wie in Berlin, so überall in den Provinzen, wo es eine gewerkschaftliche Bewegung gab.

Franz Mehring, Geschichte der deutschen Sozialdemokratie/2

Aber auch Puttkamers Streikerlaß kann die Entwicklung der Gewerkschaftsbewegung nicht entscheidend hemmen. Die Zahl der gewerkschaftlich organisierten Arbeiter steigt in der zweiten Hälfte der achtziger Jahre ständig an. Im Juni/Juli 1886 führen Berliner Töpfer einen sechswöchigen Streik um Lohnerhöhungen und den neunstündigen Arbeitstag, der trotz des Eingreifens der Polizei zum Erfolg führt. Im Mai 1889 treten 25 000 Maurer und Zimmerer in Berlin in den Streik, der zwei Monate dauert und mit einem Sieg der Arbeiter endet. Mit »Geheimbundprozessen«, Presseverboten und neuen Ausweisungen unternimmt die Berliner politische Polizei einen neuen Anlauf, mit Hilfe des Sozialistengesetzes der Sozialdemokratie Herr zu werden. Ohne Erfolg: Als im Februar 1887 Reichstagswahlen stattfinden, gehen die Sozialdemokraten mit einem Stimmenanteil von vierzig Prozent erstmals als wählerstärkste Partei der Reichshauptstadt aus dem Wahlkampf hervor. Die Zahl ihrer Wähler erhöht sich von 68 535 im Jahr 1884 auf 93 335, um mehr als ein Drittel – und das unter den Augen der fieberhaft arbeitenden politischen Polizei und einer allem Recht und Gesetz hohnsprechenden Wahlbehinderung.

Berlin – ein großer Bauplatz. Stadtentwicklung in den achtziger Jahren

Die achtziger Jahre sind nicht nur eine Zeit tiefgreifender politischer und ökonomischer Auseinandersetzungen – sie verändern auch das äußere Bild der Stadt. Der provinzielle Charakter der Kaiserstadt Berlin wird nun energisch abgestreift. »Berlin ist ein einziger Bauplatz«, klagen die Berliner, und nicht wenige von ihnen sehen mit Trauer, Wehmut und Bestürzung, wie in Jahrhunderten Gewachsenes und Gewordenes der Spitzhacke zum Opfer fällt. Bei den neuen Bauten, die allen Ansprüchen hauptstädtischer Repräsentanz gerecht werden sollen, spart man nicht mit Erkern und Türmchen, Giebeln und Säulen, Stuck und Ornamenten. Auch die profansten Geschäfts- und Bürohäuser bleiben von »Renaissance« und »Gotik« nicht verschont:

Das Signal zu den aufwandsvollen Geschäftshäusern gab, wenn ich mich recht erinnere, in Berlin das in seinen unteren Geschossen später umgebaute Haus Spinn und Sohn in der Leipziger Straße 107. Ein Stück Heidelberger Schloß sei in Berlin entstanden, hörte man immer wieder. Auch ich – damals ein junger Bauführer – stand lange davor. Viele bewunderten und lobten, ich wußte nicht, was ich dazu sagen sollte. Nur das wußte ich, daß das Heidelberger Schloß mir besser gefallen hatte. Den großen Nachteil, welchen solch ein Beispiel der weiteren architektonischen Entwicklung Berlins gebracht hatte, erkannte ich erst später. Kein Geschäftsmann wollte zurückbleiben, keiner konnte sich genugtun an auffälligem Aufwande seiner Fassaden, und keiner dachte daran, daß seine Waren die Hauptsache seien, und daß diese bei einer ruhigen und vornehm zurückhaltenden architektonischen Umrahmung viel mehr und viel schöner zur Wirkung kommen als unter dem Druck einer unruhigen und aufwandsvollen Umgebung. Da nun bei vielen Architekten dieser Bauten die Zeit und oft auch die Fähigkeit fehlten, die an Motiven überreichen Fassaden gut durchzuführen, entstanden sehr unerfreuliche Straßenbilder.

Und ebenso bei den Wohnhausbauten. Schon das willkürliche Zusammenbringen in ihrer Wirkung sich widerstrebender Öffnungen,

Unter den Linden ▶
mit der »Kranzlerecke« (rechts)
und dem Café Bauer (links), um 1890

Hôtel Behrens.
Privat Salons.
CAFE BAUER
HÔTEL BEHRENS
K 27. Berlin.

CAFE BAU

schmaler hoher Rechteckfenster und breiter, vielleicht gar korbbogenförmiger Loggien, einteiliger und mehrgeteilter Fenster, rundbogiger und flachbogiger Öffnungen genügte oftmals, um die Architektur zu einer charakterlosen zu machen. Nicht übereinstimmende Motive, verschiedene Maßstäbe und Linienführungen in den Detailbildungen, unruhige und unangenehm auffallende Einzelheiten in übergroßer Zahl, dies alles kann man in den verschiedenen Teilen der Stadt und sogar am Kurfürstendamm mit seinen teuren Wohnungen zum Überdruß erblicken.

Ludwig Hoffmann, Lebenserinnerungen eines Architekten

Eine Katastrophe erlebten wir erst, als die Nachahmung deutscher Spätrenaissancekunst über uns hereinbrach … Kaum hatte man in der Leipziger Straße mit starrer Bewunderung die ersten Renaissancemonstrositäten aus der Erde wachsen sehen, da ward auch schon die ganze Stadt vom neuen Geist befallen. Überall klopfte man die harmlosen Reliefmedaillons und Blumenornamentchen von den Fassaden und klebte bauchige Pilaster, gebrochene Giebel, Löwenköpfe und Kartuschen zwischen die öden Fensterreihen. Schnell schlug die Renaissance dann auch nach innen – es war die Zeit des neuerstandenen Kunstgewerbes –, und alsbald langte und bangte jede Berliner Hausfrau und Mutter nach einem Erker mit Butzenscheiben, einem Spinnrad und einem Paneelsofa.

Dann kam der Schlüterstil und die Schilderhebung des Barock, denn schließlich konnten Münchener Anregungen einheimische Motive und Lokalkolorit nicht ersetzen. Nachdem dann auch Rokoko und Klassizismus abgetan waren, erkannte man, daß für ein richtiges Tiergartenhaus nur eine geläuterte Gotik den wahren Geistesausdruck der Bewohner vermitteln könne, und zugleich ward dem gesteigerten Bedürfnis nach Kirchenbauten mit einer Auffrischung des romanischen Sakralstils Rechnung getragen. Für die Zukunft läßt sich durch Subtraktion ermitteln, daß Empire und Biedermeierzeit uns aufgespart sind, während der byzantinische Stil voraussichtlich das Monopol anderer Gebiete bleiben wird.

Walther Rathenau, Die schönste Stadt der Welt

Ohne Bedauern sehen die Berliner ein Charakteristikum ihrer Stadt verschwinden, das in der Vergangenheit nur allzuoft den Hohn und Spott ausländischer Besucher hervorgerufen hatte: die übelriechenden offenen Rinnsteine, die die Abwässer aus Wohnhäusern, Werkstätten und Fabriken aufnahmen, um sie dann in die Spree oder den Schiffahrtskanal zu leiten. 1873 hatte sich die Stadt nach langwierigen Ausein-

andersetzungen über die beste Methode der Kanalisation, in die sich auch der Mediziner und Stadtverordnete Virchow einschaltete, für den Bau eines unterirdischen Druckrohr-Radialsystems mit Rieselfeldern vor der Stadt entschieden. Bis Mitte der neunziger Jahre entsteht nun ein unterirdisches Netz von 600 Kilometern Tonrohrleitungen und 136 Kilometern gemauerter Kanäle, an die der größte Teil der Berliner Häuser angeschlossen werden kann.

In den Tageszeitungen, mehr noch in den Fachzeitschriften erschienen ausführliche, mit Zeichnungen versehene Darstellungen der Kanalisationseinrichtungen. Zahllose einheimische und fremde Besucher Berlins besahen und bestaunten diese zur Reinerhaltung des Stadtbodens von Berlin und zur Verbesserung seiner öffentlichen und häuslichen Gesundheitsverhältnisse bestimmten Anstalten. Das Radialsystem III, die Osdorfer Rieselfeldwirtschaft, bildete damals eine der hauptsächlichsten Sehenswürdigkeiten in und um Berlin. Wallfahrten die Bewunderer Friedrichs des Großen aus allen Ländern der Welt nach Potsdam, Sanssouci und dem Neuen Palais, so strömten die Bewunderer der Meisterschöpfungen neuzeitlicher Technik und Ingenieurkunst nach den obengenannten Stätten. Zum Ruhme der in so überraschendem Maße sich entwickelnden preußischen Landes- und deutschen Reichshauptstadt haben diese Anlagen der Schwemmkanalisation, der neuen Wasserleitungen und der mit ihnen in sinngemäßem Zusammenwirken verbündeten Rieselgüter, durch deren Erwerb allmählich Berlin in die erste Reihe der preußischen und deutschen Großgrundbesitzer rücken konnte, nicht zum wenigsten beigetragen.
Isidor Kastan, Berlin wie es war

Auch die Erhöhung der Trinkwasserqualität durch den Bau neuer Wasserwerke am Tegeler See (1877) und am Müggelsee (1893) sowie energische Anstrengungen zur Verbesserung und Reinerhaltung der Straßen tragen dazu bei, daß Berlin nun in den Ruf kommt, eine der saubersten und gesündesten Städte der Welt zu sein.

Und Berlin wird nicht nur sauberer, es wird auch heller. Die Nutzbarmachung der neuen Großmacht Elektrizität für die öffentliche Beleuchtung macht sichtbare Fortschritte. Die Passage Unter den Linden hatte schon 1879 mit einer elektrischen Lichtanlage für Aufsehen gesorgt. Im selben Jahr veranstaltet Werner Siemens einen großen Ball für 250 Gäste, von dem die halbe Stadt spricht: die Villa war aus diesem Anlaß elektrisch beleuchtet worden. »Es waren 4 Kerzen in großen Milchglocken in den 4 Saalecken auf den Wasserheizungssäulen aufgestellt. Das Licht war durchaus blendend und ganz angenehm.

Die Damen sahen prächtig aus in ihren Toiletten und Brillanten und Damenaugen glänzten auch wider Erwarten in vollem Glanze! … Das Urteil war, daß große Bälle usw. ohne elektrische Beleuchtung künftig undenkbar seien!« (Werner Siemens, Ein Lebensbild nebst einer Auswahl seiner Briefe/2) 1882, bei Inbetriebnahme der Stadtbahn, erhalten die Bahnhöfe Friedrichstraße, Alexanderplatz und Schlesischer Bahnhof elektrische Beleuchtung, und im September desselben Jahres wird in der Leipziger Straße – von der Friedrichstraße bis zum Potsdamer Tor – sowie auf dem Potsdamer Platz die erste elektrische Straßenbeleuchtung mit Bogenlampen installiert. Sie stammt von Siemens & Halske.

Während in Paris das Zentrum der Vergnügungen, der Opernplatz, als erstes elektrisch beleuchtet war, sind es hier die Stationen der Stadtbahn und die ernste, verkehrsreiche Gegend am Potsdamer Platz. Tritt man ein, wo dies Licht herrscht, ist es einem im Grunde, als träte man nicht in einen neuen Stadtteil, sondern in eine völlig neue Epoche, und steht man abends am Potsdamer Platz und läßt den Blick erst an der doppelten Lichtflut der Leipziger Straße entlanggleiten und ihn dann in die lange Potsdamer Straße fallen, die sich heute mit ihren gewöhnlichen, vor zwanzig Jahren noch so grellen Gaslaternen im Vergleich zur Leipziger wie die dunkle Hauptstraße einer Kleinstadt des letzten Jahrhunderts ausnimmt, dann ist dem Betrachter zumute, als sei er aus dunklen vergangenen und vergehenden Zeiten der Barbarei in ein neues Zeitalter eingezogen, dessen Wesen Licht ist und die Freude über das Licht.
Georg Brandes, Berlin als deutsche Reichshauptstadt

Aber nicht nur die Enthusiasten, auch die Kritiker melden sich zu Wort: das neue Licht sei viel zu hell, es wirke nachteilig auf die Augen und lasse die Gesichter kreidig erscheinen; auch sei die Elektrizität viel zu teuer und unliebsame Störungen nicht zu vermeiden: »Een richtiget Jas wird det im Leben nich!« meinen die Skeptiker unter den Berlinern.

Und Pannen und unvorhergesehene Probleme gibt es anfangs in der Tat reichlich:

Nachdem die Straßenbeleuchtung in Betrieb gesetzt war, zeigten sich erst die Mucken der Maschinen und Lampen, die bei den vorher im Versuchssaal vorgenommenen Prüfungen nicht so merklich hervorgetreten waren. Die Lampen hatten die schon früher beschriebene, bei Gleichstrom beobachtete Eigenschaft, wenn sie kurze Zeit ruhig gebrannt hatten, ohne erkennbare äußere Ursache plötzlich

zu erlöschen, um dann nach einigen Sekunden wieder von selbst zu brennen. Ein solcher Vorgang wirkte bei einer Straßenbeleuchtung besonders störend, hauptsächlich auf der Strecke zwischen der Wilhelm- und Friedrichstraße, weil die hier angeordneten Lampen in einem gemeinsamen Stromkreise lagen. Die Leute auf der Straße belustigten sich natürlich über diese unbeabsichtigten Lichteffekte. Um die Lichtschwankungen etwas abzuschwächen, stand ich jeden Abend während der Beleuchtungszeit vom Dunkelwerden bis zwölf Uhr nachts im Maschinenhause und regulierte an den Ventilen der Gasmotoren, um die Drehzahl nach Bedarf einzustellen ... Zur Sicherheit standen auf der Straße zwei städtische Laternenanzünder bereit, die, falls die elektrische Beleuchtung versagte, die Gaslaternen in Tätigkeit setzen sollten.
Hermann Meyer, Fünfzig Jahre bei Siemens

Aber die Elektrotechnik macht rasche Fortschritte. 1879 hatte Thomas Alva Edison durch die Erfindung der Kohlenfadenlampe das Glühlicht zu einem allgemein verwendbaren Beleuchtungsmittel weiterentwickelt. Drei Jahre später erwirbt Emil Rathenau die Erfindung des Amerikaners für das gesamte deutsche Reichsgebiet, und bald erstrahlen in Berlin Cafés und Schaufenster, Schauspielhaus und Reichsbank, Konzerthaus und Hotels im neuen elektrischen Glanz. Auch die Illumination am Sedanstage oder zu Kaisers Geburtstag macht mit Hilfe der Elektrizität ungleich größeren Effekt. Die Wunder der Elektrizität erscheinen den Berlinern schier unbegrenzt und die Verkörperung des Fortschritts schlechthin:

Es war unmöglich, von etwas anderem zu reden. Alle Gespräche waren mit Elektrizität geladen. Wer sich ausschließen wollte, mußte sich wie auf einem Isolierschemel vorkommen. Wenn ich mich von einem Freunde verabschiedete, um ins Theater zu gehen, rief er mir nach:

»Ich wünsche Ihnen angenehme Beleuchtung!«

Und wenn auf dem Anhalter Bahnhofe die Züge nach München zur elektrischen Ausstellung abgelassen wurden, so ging es von Mund zu Mund: »Vergnügtes Glühlicht!«

Aladins Wunderlampe stellt dies vorgeschrittene Geschlecht in die Rumpelkammer, den großen Feuerfinder Prometheus vermag es kaum noch als einen mittelmäßigen Vorläufer von Edison wohlwollend gelten zu lassen, und als jüngst ein prächtiges Herbstgewitter über die Hauptstadt niederging, erschienen uns seine wichtigtuenden Blitze und seine prahlerischen Donnerschläge nur als ein kümmerlicher Beitrag des Himmels zu der großen Elektrizitätsausstellung der Erd-

Blick in die neue Zentralmarkthalle am Alexanderplatz, 1886. Die Halle, die sowohl dem Groß- als auch dem Einzelhandel diente, war direkt mit den Gleisen der Stadtbahn verbunden.

bewohner. Ja man hat bereits angefangen, darüber nachzudenken, ob die Sonne nach dem System Edison oder nach dem System Siemens ihr tägliches Beleuchtungswerk reguliert …

Wenn man auf dem Potsdamer Platz in Berlin in die Runde blickt und sich von der Lichtfülle der elektrischen Lampen umflutet sieht, so begreift man freilich den Menschenstolz, der sich jetzt auf den Zehenspitzen emporreckt. Das ist ein elektrischer Sonnenaufgang, der nur auf den wirklichen Sonnenuntergang wartet, um seinen strahlenden Glanz zu entfalten. Da schimmert die ganze Runde in weißem Licht wie in dem keuschen Schneeglanz einer Winterlandschaft, während zugleich an den herbstlichen Akazienzweigen, welche dort über eine Gartenmauer herübernicken, jedes Blatt in einem verklärten anachronistischen Lenzgrün leuchtet, als durchströmten es noch alle frischen Säfte. Das ist das Licht der Verjüngung, das unter seinem silbernen Schleier die Erde schöner zurückgibt, als es sie gefunden hat, und es ist nur allzu verständlich, daß bei diesem Anblick so manche Hyperbeln der Bewunderung laut werden. Schon warnen uns vorsichtige Verwandte, uns nicht ohne Waffen aus den Strahlenbüscheln des Platzes in die acherontische Laternenbeleuchtung der Nebenstraßen zu wagen. Murrende Stimmen fordern bereits auf, endlich einmal dem lichtscheuen Treiben der Gasgesellschaften prüfend näherzutreten, und es ist nicht unmöglich, daß dem Direktor der städtischen Gaswerke demnächst ein entrüsteter Volkshaufe entgegenruft: »Nieder mit dem Dunkelmann!«

Phantasievolle Leute aber sehen schon die Zeit herannahen, da die letzte Gaslaterne als eine Merkwürdigkeit vergangener Jahrhunderte im Märkischen Museum gegen Eintrittsgeld gezeigt wird!

Oscar Blumenthal, Von der Bank der Spötter

Dem Ehrgeiz der Stadtväter, Berlin das Gesicht einer echten Metropole zu geben, dient auch das Bemühen, die zahlreichen Wochenmärkte aus den Straßen und Plätzen der inneren Stadt zu entfernen, die mit ihrem ständig sich wiederholenden Auf- und Abbau der Stände, den zahllosen Fuhrwerken, sich stauenden Menschenmassen, Abfällen, Schmutz und Gestank keine Zierde der Kaiserstadt darstellen. 1886 werden in der Linden-, Zimmer- und Dorotheenstraße die ersten Markthallen errichtet und die offenen Märkte dieser Gegend aufgehoben. Die vierte und größte Markthalle entsteht direkt am Bahnhof Alexanderplatz und erhält durch hydraulische Aufzüge einen direkten Anschluß an die Stadtbahn, über die die Händler mit allen Eisenbahnlinien des Kontinents verbunden sind. In der Zentralmarkthalle, größer als die berühmten Hallen in Paris, versorgen sich bald auch viele Berliner Gastwirte, Klein- und Zwischenhändler, die hier ein billiges und reichhaltiges Angebot wie sonst nirgendwo vorfinden. Während die Zentralmarkthalle die in sie gesetzten Erwartungen voll erfüllt, führen die meisten der kleineren Markthallen – zu den vier des ersten Jahres kommen bis 1892 weitere zehn hinzu – ein recht kümmerliches Dasein. Traditionen – zumal ein Berliner Wochenmarkt – lassen sich nicht so einfach aus der Welt schaffen:

Die finanzielle Entwicklung der sieben Detailmarkthallen ist seit dem Jahre 1891 … in der absteigenden Linie begriffen. Die Mindereinnahme an Standgeldern schwankt zwischen 3 000 bis 20 000 Mark. Diese Erscheinung ist bei allen sieben Hallen die gleiche. Die ersten Betriebsjahre sind die einträglichsten. Die Hallen sind am zahlreichsten besetzt. Der Konkurrenzkampf zwischen den verschiedenen Händlern der Halle endigt mit dem Unterliegen der kapitalschwachen, weniger gewandten Händler. Erster Exodus! Sehr bald entstehen in den um die Markthallen belegenen Straßen elegante Läden mit Marktwaren, die den Standinhabern, vor allem den Inhabern der Fleisch-, Butter- und Käsestände, empfindliche Konkurrenz bereiten. Zweiter Exodus! Die konkurrenzunfähig gewordenen Händler verlassen ihre

Blick von der Kurfürstenbrücke mit dem von Andreas Schlüter geschaffenen Reiterstandbild auf die im Bau befindlichen neuen Mühlendammbauten, 1892

Stände und etablieren sich auf der Straße. Ganze Straßenmärkte entstehen in den die Hallen umgebenden Straßen – so in der Krautstraße, dem Grünen Wege, der Invalidenstraße, der Ackerstraße, der Reinickendorfer Straße zum besonderen Schaden der Markthallen VIII, VI und XIV. (Vor der Markhalle VIII zählte man 133 Straßenhändler, von diesen 127 mit Wagen, in Reihen nebeneinander aufgestellt.) Dritter Exodus! Ein vollständiger Circulus vitiosus, wie man ihn sich schöner nicht ausdenken könnte. Die Markthallen werden errichtet, um die Wochenmärkte im Interesse des Straßenverkehrs von den Straßen zu entfernen. Und das Resultat ist das Entstehen neuer Straßenmärkte mit all den Nachteilen der alten und eigenen dazu!
C. Hugo, Die Deutsche Städteverwaltung

Die Probleme des Berliner Straßenverkehrs sind ein Dauerthema für die Berliner Stadtverordneten. Schon das damalige Berlin glaubt, vom Stadtverkehr überwältigt zu werden, und in der Tat – die viel zu engen

An der Fischerbrücke. Die Häuser wurden bei der Umgestaltung des Mühlendamms abgerissen. Foto von F. Albert Schwartz, 1888.

Straßen sind längst nicht mehr in der Lage, den ständig wachsenden Verkehr von Wagen, Straßenbahnen, Omnibussen, Fahrrädern aufzunehmen. Vor allem fehlt es an Durchgangsstraßen, die einen freien Verkehrsfluß garantieren könnten:

Der alte Stadtteil Berlin stand nur durch sechs Brücken mit allen sich konzentrisch um ihn lagernden Stadtteilen in Verbindung. In der Königstraße besaß er den einzigen von Südwest nach Nordost verlaufenden durchgehenden, viel zu schmalen Straßenzug, während die senkrecht zu diesem stehenden Straßenzüge sich im Nordwesten auf der Neuen Friedrichstraße, im Süden auf der Stralauer Straße totliefen. Von welcher Richtung der Durchgangsverkehr kommen mochte, überall mußte er natürlich ein mächtiges Hindernis in seinem Wege finden. Man braucht nur den Plan der Stadt zu studieren, um sich vollständig darüber klarzuwerden, daß ohne eine vollständige Umgestaltung des Stadtteils keine genügende Abhilfe geschaffen werden konnte ... Alt-Berlin, diese von der Spree und dem Königs-

graben gebildete Insel, war zum ungeheuren Verkehrshindernis geworden.
C. Hugo, Die Deutsche Städteverwaltung

Eines der größten Projekte, das zur Beseitigung dieses unerträglich gewordenen Zustandes beitragen soll, ist die Anlage eines zur Königstraße parallel laufenden Straßenzuges, der Kaiser-Wilhelm-Straße (heute Karl-Liebknecht-Straße), die 1887 vollendet wird. Aber die Entlastung, die sich die städtischen Behörden von dem neuen Straßenzug versprechen, bleibt aus, denn ein Anschluß im Norden, der den Verkehr aus dem Stadtzentrum und den westlichen Stadtteilen hätte aufnehmen und weiterleiten können, wird nicht hergestellt. »Auch hier wieder hat der Mangel an weitem Blick und an Verständnis für durchgehende Verkehrszüge« die ganze Entwicklung verpfuscht. »Die Umgestaltung kam, wenn sie überhaupt kam, stets ein oder zwei Jahrzehnte zu spät.« (C. Hugo, Die Deutsche Städteverwaltung)

Von durchgreifender Wirkung ist dagegen die aufwendige Umgestaltung des Mühlendamms, der durch die Verbreiterung der Gertraudenstraße und der Gertraudenbrücke bis zum Spittelmarkt und zur Leipziger Straße fortgeführt wird:

Besonders wichtig war die Umgestaltung des Mühlendamms. Die durch mancherlei Anbauten unansehnlich gewordenen Bogenlauben mit ihrem häßlichen Trödelkram sollten verschwinden und eine breite Brückenstraße angelegt werden, wie sie der gewaltige Verkehr vom Westen, von der Leipziger und Gertraudenstraße her zum Molkenmarkt und den von dort nach Norden und Osten führenden Straßen erforderte. Gleichzeitig beabsichtigte die Strombauverwaltung im Zusammenhang mit den Arbeiten an dem neuen Oder-Spree-Kanal, dessen Eröffnung für 1890 in Aussicht genommen war, eine durchgreifende Regulierung des Wasserstandes der Spree. Hierfür war in erster Linie die Beseitigung der Mühlen erforderlich, die seit Jahrhunderten den Hauptarm der Spree für die Schiffahrt sperrten ... Die Stadt kaufte die in Privatbesitz übergegangenen Mühlen, ebenso alle angrenzenden Grundstücke, soweit sie bei dem Umbau in Frage kamen. Der Hochwasserspiegel wurde auf der Oberspree um 1,65 Meter, auf der Unterspree um 0,9 Meter gesenkt; zwei nach einem neuen System erbaute Schleusen am Mühlendamm und auf Charlottenburger Gebiet nahe am Plötzensee geben seitdem die Möglichkeit, seine Höhe zu regeln. Die Schleusen sind so groß, daß täglich 200 Schiffe hindurchfahren können, der Brückenscheitel hat ebenso wie beim Oder-Spree-Kanal die Höhe von 3,50 Metern über dem

Hochwasserstande erhalten. Im September 1894 wurden die Schleusen dem Verkehr übergeben.
Paul Goldschmidt, Berlin in Geschichte und Gegenwart

Als dringendes Bedürfnis empfinden Einwohner und Besucher der Millionenstadt Berlin die Verbesserung der innerstädtischen Kommunikationsverhältnisse und den Ausbau des Verkehrs mit den Vororten. Anfang der siebziger Jahre hat Berlin nur eine einzige (Pferde-)Straßenbahn, die zwischen dem Kupfergraben und Charlottenburg verkehrt; vorwiegend dem Vergnügungsverkehr dienen die rund dreihundert Torwagen und Kremser. Wer es nicht allzu eilig hat, kann sich nach einer der behäbig dahinzuckelnden Droschken umsehen, Pferdedroschken versteht sich – 286 1. Klasse und 3 424 2. Klasse –, die auf dem glatten Berliner Kopfsteinpflaster so ihre Schwierigkeiten haben: »Was ist schneller als ein Gedanke? – Ein Berliner Droschkengaul. Du denkst, er fällt, und da liegt er schon.«

Allerdings waren sie billig, 60 Pfennige die einfache, 1 Mark die doppelte Fahrt. Als dann die Droschken 1. Klassse eingeführt wurden, die einfache Fahrt 1 Mark, die doppelte 1,50 Mark, lehnten die sparsamen Leute sie als zu teuer ab. Den alten Moltke konnte man häufig in einer alten Droschke sitzen sehen, während ihre Benutzung, ebenso wie die der Pferdebahn, Offizieren verboten war. Die Uniform kam dort mit dem Pöbel in zu enge Berührung.
Ludwig Herz, Spaziergänge im Damals

Den größten Teil des innerstädtischen Verkehrs hatten die Pferdeomnibusse zu bewältigen, von denen 132 auf 22 Linien verkehrten und mit denen zu fahren bei den klapprigen Wagen und dem schlechten Berliner Pflaster auch nicht gerade ein Vergnügen war.

Die Direktion der Omnibusgesellschaft scheint gegen die vielfachen Klagen des Publikums, die ab und zu durch die Presse laut werden, völlig taub zu sein. Auf dem Platz am Halleschen Tore enden zwei Linien, zwei andere gehen vorüber und wechseln hier die Pferde. Im Bezug auf letzteren Übelstand denkt offenbar die Direktion, daß nur der Teil des Publikums ihre Omnibus benutzt, welcher keine Eile hat, und daß dieser also auch noch den Pferdewechsel ertragen kann. Wenn aber an obiger Stelle immer noch die Wagen – und es sind ihrer oft sechs auf dem Platze – weit von allen Trottoirs entfernt, mitten auf dem Platze, in tiefstem Schmutze stehen, der nicht nur vom Regen, sondern meist von den Omnibuspferden hervorgebracht

wird, so ist das geradezu unerhört. Denn wenn man auch keine Eile haben darf beim Omnibusfahren, so will man doch für sein Geld wenigstens dem Schmutze entgehen.
Volks-Zeitung, 24. Oktober 1873, Beiblatt

So lebhaft wie die Klagen über das schlechte Fortkommen in der Großstadt Berlin sind auch die Unmutsäußerungen über die Untätigkeit der Polizei, die nur selten oder gar nicht in das verwirrende Durcheinander von Fuhrwerken, Droschken, Handwagen, Equipagen, Pferden und Fußgängern auf Berlins Straßen eingreift. Zwar gibt es eine sogenannte Verkehrspolizei, die 1871 aus vier Polizeioffizieren, drei Wachtmeistern und sechzehn Schutzleuten besteht, aber der Schutz der Passanten scheint ihre vornehmste Aufgabe nicht gewesen zu sein:

Die Gefahr, überfahren zu werden, ist an den Knotenpunkten unserer Straßen bei dem überaus lebhaften Wagenverkehr keine geringe mehr. So sehen wir häufig Frauen, welche Kinder an der Hand führen, unter Zittern und Zagen sich durch die schnell fahrenden Droschken und Rollwagen winden, welche über den Potsdamer Platz kommen. Fünf Straßen münden auf diesen verhältnismäßig sehr kleinen Platz aus, und das Wagengerassel ist hier ein vollkommen betäubendes. Nun haben wir heidenmäßig viel Schutzmänner, auch sehen wir dieselben, in angenehmer Unterhaltung vertieft, zuweilen bei jenem Platze auf dem Trottoir auf und ab promenieren, daß aber einer derselben sich jemals einer ängstlichen Dame oder eines Kindes angenommen und sie durch das drohende Gewirr der Wagen und Reiter geleitet hätte, wie das ihre höflicheren und menschenfreundlicheren Kollegen in London und New York wohl zu tun pflegen, davon haben wir bis heute noch nichts bemerkt.
Volks-Zeitung, 25. Juli 1873, Beiblatt

Dem Ausbau eines großzügigen Straßenbahnnetzes standen in Berlin zahlreiche Hindernisse entgegen. Seit der Erbauung der Berlin-Charlottenburger Straßenbahn im Jahre 1865 kämpft die Stadt erbittert um das Eigentumsrecht an ihren Straßen, das ihr erst 1876 vom Staat übertragen wird. Bis dahin müssen sich die städtischen Behörden bei jeder Projektierung mit dem Berliner Polizeipräsidenten, mit der Königlichen Ministerialbaukommission, mit der Königlichen Tiergartenverwaltung und mit der Regierung in Potsdam auseinandersetzen, die alle ihre Bedingungen für den Bau von Straßenbahnlinien stellen.

Nach langem Kompetenzgerangel erhält schließlich 1871 die Große Berliner Pferdeeisenbahn-Aktiengesellschaft die »Konzession zur Her-

»Tag für Tag das Bild eines Festungssturmes: nur wer die nötige Unverschämtheit hat, bekommt einen Platz.« Hermann Lüders, Sonntagnachmittag auf der Berlin-Charlottenburger Pferdebahn, 1875

stellung eines das ganze Weichbild und die nächste Umgebung Berlins umfassenden Pferdebahnnetzes«. Aber mit seiner Realisierung geht es nur langsam voran:

Trotz der anerkennenswerten Energie, welche die Große Berliner Pferdeeisenbahn-Gesellschaft bei der Herstellung ihres Bahnnetzes an den Tag legt, wird voraussichtlich doch noch Jahr und Tag vergehen, ehe die jetzt angefangene Strecke der Ringbahn vom Schönhauser Tore bis über Moabit nach Charlottenburg durchgeführt ist. Bis dahin ist die Berlin-Charlottenburger Pferdebahngesellschaft die einzige Vermittlerin des Verkehrs zwischen den beiden Städten, ohne aber den übernommenen Verpflichtungen gewachsen zu sein und ohne auch nur den geringsten Versuch zu machen, ihre Betriebsmittel den gerechten Ansprüchen des Publikums gemäß zu vervollkommnen. Wir wollen nicht von dem Sonntagsverkehr auf der gedachten Pferdebahn sprechen – es ist nun einmal das Los der vergnügungssüchtigen Berliner, daß ihnen jede Erholung im Freien zu einer Quelle unsäglicher Mühe und Anstrengung wird; allein man kann doch von einer industriellen Gesellschaft verlangen, daß sie den regelmäßig und täglich an sie herantretenden Anforderungen gerecht wird. Das tut die Charlottenburger Pferdebahngesellschaft aber in keiner Weise. Charlottenburg hat schon längst darauf verzichtet, ein Vergnügungsort zu sein, man kann dort zu zivilen Preisen weder ein trinkbares Glas Bier noch ein genießbares Butterbrot bekommen, der Verkehr zwischen hier und dort ist ein rein geschäftlicher, und doch ist die Pferdebahn nicht imstande oder nicht willens, ihn zu bewältigen. Schon vormittags beginnt der Jammer. Wer in Charlottenburg sich einen Platz sichern will, muß bis zum Bahnhof hinausgehen, weil er sonst schon am Wilhelmsplatz die Wagen oben und unten besetzt findet. In den Nachmittagsstunden gilt hier am Kupfergraben und beim Brandenburger Tore nur noch das Recht des Stärkeren, und in den späten Abendstunden ist die Erlangung eines Platzes geradezu mit Lebensgefahr verknüpft. Bis zum Charlottenburger Knie fahren die Wagen gewöhnlich leer zurück; dort werden sie von Hunderten von Leuten erwartet, welche sich mit dem Silbergroschen, den die Fahrt von da bis zum Bahnhof kostet, das Recht auf einen Platz zur Rückfahrt nach Berlin erkaufen. Der Kondukteur läßt nur einen Augenblick halten, dann jagt der Wagen weiter, unbekümmert um diejenigen, welche etwa von den Tritten herunterfallen. An jeder Weiche, an jeder Haltestelle wiederholt sich das Schauspiel; Greise, Weiber, Kinder klammern sich an den hinteren Perron, versuchen aufzuspringen, werden zurückgeschleudert und fallen in den Schmutz. Trotzdem sind die Wagen bei ihrer Ankunft auf dem Bahnhof vollständig gefüllt, was freilich nicht hindert, daß noch 15 bis 20 Personen hineindrängen. Der letzte Transportwagen geht Schlag 10 Uhr vom Charlottenburger Bahnhofe ab und bietet Tag für Tag das Bild eines Festungssturmes: nur wer die nötige Unverschämtheit hat, bekommt einen Platz … An einem Abend dieser Woche führte ein zu 52 Personen berechneter Wagen nicht weniger als 93 Fahrgäste!

Volks-Zeitung, 6. September 1873, Beiblatt

Gegen Ende des Jahrzehnts haben sich die Straßenbahnlinien schon bedeutend erweitert: gegenüber 12 Kilometern im Jahre 1873 betreiben »Große Berliner« und »Berlin-Charlottenburger Pferde-Eisenbahn« 1880 zusammen nun schon ein 130 Kilometer langes Schienennetz, das sich bis 1890 noch einmal knapp verdoppelt.

Unmittelbar nach der Potsdamer Straße bekam auch die Leipziger Straße endlich die Straßenbahn. Es hatte lange gedauert, bis man sich dazu entschloß, in dieser belebten Straße eine Pferdebahn anzulegen. (Wer damals behauptet hätte, in der engen Königstraße wäre eine Straßenbahn möglich, wäre als dalldorfreif* betrachtet worden.) Die Ladeninhaber in der Leipziger Straße wollten aber auch die Pferdebahn gar nicht haben. Sie kalkulierten folgendermaßen: Jetzt geht das Publikum durch die Leipziger Straße, sieht sich die Schaufenster an, geht in die Läden und kauft. Geht aber erst die Straßenbahn durch, dann fährt das Publikum mit Windesgeschwindigkeit durch die Straße und denkt nicht ans Kaufen. Die Berliner hatten von Anfang an der Straßenbahn viel Opposition gemacht. Ich habe selbst in der Direktion der Großen Berliner Pferdebahn-Gesellschaft die Aktenstücke gelesen, betreffend die Erbauung der ersten Straßenbahn in der Schönhauser Allee. In diesen Akten befindet sich heute noch ein geharnischter Protest der Hausbesitzer jener Gegend, welche die Straßenbahngesellschaft verantwortlich machten für die Entwertung ihrer Häuser, da durch das Geräusch, welches die Straßenbahn verursachte, die Mieter zum Ausziehen veranlaßt werden würden.

Oskar Klaußmann, Berlin im Jahre 1880

Auch wenn die Klagen über die Berliner Straßenbahn nie abreißen – den besonderen Zorn der Berliner erregt zum Beispiel die Verdoppelung der Fahrpreise an Sonn- und Feiertagen –, für die raschere Verbindung zwischen den gewaltig sich ausdehnenden Stadtteilen untereinander und mit dem Stadtzentrum hat der Ausbau der Straßenbahn in den siebziger und achtziger Jahren Entscheidendes geleistet. Wie deutlich auch viele Zeitgenossen die Verbesserung empfanden, spricht aus einem Brief Fontanes vom 2. Juni 1881:

Berlin selbst hat sich ganz außerordentlich verändert und ist jetzt eine schöne und vornehme Stadt. Wir verdanken das allem möglichen, aber doch weitaus am meisten dem Asphalt und den Pferdebahnen. Nicht nur ist der Verkehr in einem ganz unglaublichen Grade gewachsen, er hat vor allem auch sein Ansehen geändert. Die Droschken sind wohl noch da, allein man bemerkt sie wenig, weil oft in einer einzigen Minute 6 oder auch wohl 10 elegante Pferdebahnwagen an einem vorüberfahren. Alles ist Leben, Frische, Wohlgekleidetheit. Ich freue mich, diese vernobelte Zeit, an die ich kaum geglaubt, noch erlebt zu haben.

Theodor Fontane, Briefe/3

* In Dalldorf, dem heutigen Wittenau, befand sich eine Irrenanstalt.

Die Pferdebahnen zeichneten sich allerdings ebenfalls nicht durch übertriebene Schnelligkeit aus, und wenn auch der Berliner Spottvers: »Ja, man fährt gemütlich auf der Pferdebahn, / Das eine Pferd, das zieht nicht, das andere, das ist lahm« gewiß nicht frei war von Übertreibung – die Suche nach einem Ersatz für den 1- oder 2-PS-Antrieb lag in der Luft. Bereits 1879, auf der Gewerbeausstellung in Moabit, hatte Siemens ja eine elektrisch betriebene Versuchsbahn vorgestellt. Entwicklungsarbeiten in dieser Richtung waren bei Siemens weitergegangen, und 1881 kann die erste dem öffentlichen Verkehr dienende elektrische Bahn in Lichterfelde in Betrieb genommen werden.

Am 13. Juni berichtet Werner Siemens seinem Bruder Wilhelm in London:

Gestern ist unsere elektrische Bahn in Lichterfelde mit großem Glanze eröffnet. Vorher war schon der Eisenbahnminister mit seinen Räten, Stephan mit dito da. Die ersteren waren sehr überrascht und erstaunt, als sie einen gewöhnlichen Eisenbahnwaggon sahen anstatt der erwarteten Wägelchen und kleinen Lokomotivchen, und noch mehr, als der Wagen sich sofort mit ca. 30 km Geschwindigkeit in Bewegung setzte und auch bei der Steigung 1:100 nicht viel an Geschwindigkeit verlor. Maybach erklärte selbst, daß er jetzt an den Ernst und die große Zukunft der elektrischen Lokomotiven glaube! Gestern waren 60 bis 70 Koryphäen aller Zweige da, und es wurde viel getoastet und phantasiert! Die ganze Gesellschaft wurde in Abteilungen von 20 Mann wiederholt hin und zurück (5 km) in 7 bis 8 Minuten gefahren. Die Sache wird jetzt viel Spektakel machen und muß ernsthaft geschäftlich in die Hand genommen werden. Es ist nun auch die Anlage mit Leitung auf Stangen zwischen Charlottenburg und dem Spandauer Bock gesichert, und ich denke, in 2 Monaten wird die Strecke im Betriebe sein. Es werden 3 gewöhnliche Pferdebahnwagen mit elektrischen Maschinen versehen und durch eine Stangenleitung neben dem bestehenden Geleise den Wagen der Strom zugeführt. Besonders interessant ist dabei noch, daß ca. 1 km Steigung 1:28 dabei ist, nämlich auf den Spandauer Berg (Westend) hinauf. Geht das, wie ich sicher erwarte, gut, so steht ganz unmittelbar eine große Anwendung bevor, da allen Pferdebahnen ihre Pferde sehr zur Last sind!

Werner Siemens. Ein Lebensbild, nebst einer Auswahl seiner Briefe/2

Die zweite elektrische Bahn, von der Station Westend der Charlottenburger Pferde-Eisenbahn nach dem Spandauer Bock, wird zwar gebaut und auch betrieben, aber das Problem der Stromzuführung auf öffentlichen Straßen gibt noch manche Probleme auf. Schon bei der

Friedrich Wittig, Die elektrische Bahn von Westend nach dem »Spandauer Bock«, 1882

Lichterfelder Bahn war »die Sache«, wie Siemens-Mitarbeiter Hermann Meyer sich erinnert, »etwas kritisch. Mancher Gaul, der es zufällig fertigbrachte, beim Überschreiten der Strecke beide Schienen gleichzeitig zu berühren, wurde elektrisiert. Einer von den dort verkehrenden Fuhrwerksbesitzern, der scheinbar ein besonders empfindliches Pferd hatte, verlangte Schadenersatz, weil der Gaul nach einem von den Schienen erhaltenen Schlage nicht mehr zu bewegen war, über das Schienengleis zu gehen, weshalb er gezwungen sei, dem Vieh jedesmal vor dem Überschreiten die Augen zu verbinden« (Hermann Meyer, Fünfzig Jahre bei Siemens). So kommt die Elektrifizierung der Pferdebahnstrecken bald wieder ins Stocken:

Während elektrische Hochbahnen in Amerika, elektrische Tunnelbahnen in London, elektrische Straßenbahnen mit unterirdischer Leitung in Pest in bestem Betriebe sind, hat sich Berlin, die Geburtsstätte der elektrischen Bahnen, und mit ihm das ganze Deutsche Reich noch nicht über die ersten Versuchsbahnen der Firma Siemens & Halske bei Lichterfelde und Frankfurt a.M. hinaufgeschwungen! Es wirken hier die echt deutsche Bedenklichkeit der Behörden gegen die Einführung von einschneidenden Neuerungen und der Mangel an Unternehmungsgeist seitens des Publikums zusammen. Während es für den Amerikaner Ehrensache ist, immer an der Spitze des Fortschrittes zu bleiben, wartet der Deutsche lieber ab, bis der Nachbar die Neuerung angewendet hat und sicher kein Risiko damit verbunden ist! Leider geht mit dem Abwarten aber häufig auch die

günstige Gelegenheit vorüber! In schnell heranwachsenden Städten sollten die der künftigen Entwickelung entsprechenden Kommunikationseinrichtungen schon frühzeitig vorgesehen werden, damit sie gleichmäßig und systematisch mit dem eintretenden Bedürfnis vorschreiten können! Es ist zu wünschen, daß dies für Berlin nicht schon zu spät geworden ist!
Bericht über den Handel und die Industrie von Berlin im Jahre 1890

Erst Mitte der neunziger Jahre, als der Pferdebahnbetrieb den gestiegenen Anforderungen in keiner Weise mehr gewachsen ist, werden erneute Versuche angestellt, 1898 wird schließlich die Umstellung des gesamten Bahnnetzes auf elektrischen Betrieb beschlossen:

Als Betriebssystem wurde die oberirdische Stromzuführung gewählt; auf Verlangen des Magistrats wurde jedoch die Gesellschaft trotz ihrer gegen dieses System hinsichtlich der Betriebszuverlässigkeit geäußerten Bedenken verpflichtet, auf bestimmten, beziehungsweise noch zu bestimmenden Strecken Akkumulatorenbetrieb einzuführen. Der Vertrag selbst verlangte dies für neun Strecken von ca. 20 Kilometer Gesamtlänge und gerade für die verkehrsreichsten im Innern der Stadt, wie Leipziger Straße, Potsdamer Straße, Potsdamer Platz, Lützowstraße, Königgrätzer Straße, Sommerstraße, Reichstagsufer, Reichstagsplatz und so weiter. Mit dieser Bestimmung, die von ästhetischen Rücksichten auf die architektonische Schönheit des Straßenbildes diktiert war, hatte der Magistrat keine glückliche Hand gehabt. Das System versagte im Winter 1899/1900 gelegentlich heftiger Schneefälle bei andauernder Kälte vollkommen. Die Batterien der Akkumulatorenwagen wurden auf den Oberstromstrecken mit der Energie geladen, mit der sie dann auf den Strecken ohne Fahrdraht weiterlaufen sollten, die Ladestrecken aber waren zu kurz, die Energie daher zu gering, besonders wenn, wie bei Schnee, zur Fortbewegung mehr als die normale Energie gebraucht wurde. Es entstanden fortdauernd auf diesen verkehrsreichsten Strecken Betriebsstörungen, die sich naturgemäß in verstärktem Maße auf das gesamte Verkehrsnetz übertrugen. Die Verkehrsnot in Berlin stieg aufs äußerste, und das Publikum als der leidtragende Teil war in dieser kritischen Zeit auf die Straßenbahn recht schlecht zu sprechen.
Eduard Buchmann, Die Entwickelung der Großen Berliner Straßenbahn

Die entscheidende Verbesserung der Berliner Verkehrsverhältnisse aber bringt erst die »Stadtbahn«. 1871 bereits hatte man mit dem Bau einer im weiten Bogen um die Stadt führenden Ringbahn begonnen, die anfangs nur dem Güter-, später in zunehmendem Maße auch dem Personenverkehr diente und die acht radial einmündenden Fernbahnen miteinander verbinden sollte. 1877 wird mit der Inbetriebnahme der westlichen Hälfte der Ring geschlossen. Eine durchgehende Ost-West-Verbindung aber fehlt noch immer. Die in Berlin abgehenden beziehungsweise einmündenden Fernbahnen haben jede ihren eigenen, am Rande des dichtbesiedelten Stadtgebietes gelegenen Kopfbahnhof. So gibt es im Osten den Frankfurter, den Schlesischen und den Ostbahnhof, im Südosten den Görlitzer, im Süden den Anhalter und den Potsdamer Bahnhof und im Norden den Lehrter, den Hamburger und den Stettiner Bahnhof. Seit 1871 existieren Vorstellungen und Pläne, die einzelnen Bahnhöfe mittels einer Bahn quer durch die Stadt miteinander zu verbinden. 1875 wird mit dem Bau der Berliner Stadteisenbahn begonnen, einer viergleisigen Hochbahn nur für den Personenverkehr, die anfangs von privaten Unternehmungen finanziert, später vom Staat getragen wird – hatte doch die neue Bahn durch die Möglichkeit beschleunigten Truppentransports nicht zuletzt auch eine eminente strategische Bedeutung.

Zunächst geriet der ganze hauptstädtische Grundstücksmarkt in eine bis dahin ungeahnte Erregung. Enteignungen mußten überall an den Straßenzügen durchgekämpft werden, an denen die zu erbauende Stadtbahn ihren Weg nehmen sollte. Gewaltige Kapitalien mußten flüssig gemacht werden, die Pleßnersche Aktiengesellschaft wurde gegründet, um die Anlage als Privatbahn auszuführen. Die Gesellschaft war ihrer Aufgabe nicht gewachsen, sie ist darüber zugrunde gegangen. Das verkrachte Aktienunternehmen ist dann auf den preußischen Staat übergegangen, der nunmehr den Stadtbahnbau in einer Weise vollendete, daß er für alle späteren ähnlichen Unternehmungen, namentlich für Paris, vorbildlich wurde. Für die Umgestaltung des Stadtbildes, namentlich für die alte Königstadt, wurde diese Stadtbahnanlage von geradezu grundstürzender Bedeutung. Manche erinnerungsreiche Stätte hat der schonungslosen Spitzhacke weichen müssen, mancher prachtvolle schattige Garten wurde dem Untergange geweiht, Flußläufe, wie der Königsgraben, wurden zugeschüttet, die kaum neu fertiggestellte Königsbrücke mußte wieder abgetragen werden, kurz, ein Stück Alt-Berlin nach dem andern ging hier und überall, wo sich die Stadtbahn durchbohrte, unwiederbringlich verloren. Es sei hier nur an das Gropiussche Panorama in der Georgenstraße erinnert. Aber auch der Schandfleck der Königstadt, die verrufenste Gasse Berlins, die »Königsmauer«, ist durch den Stadtbahnbau vertilgt worden.
Isidor Kastan, Berlin wie es war

Bau der Stadtbahn am Bahnhof Börse. Foto von F. Albert Schwartz, um 1880

Für die »alten Berliner«, die vor zehn Jahren von Breslau nach Friedenau gezogen sind, muß ich bemerken, daß die Stadtbahn nicht immer da war, daß sie auch nicht aus der Wendenzeit stammt, sondern daß sie gerade zu dem Zeitpunkt eröffnet wurde, als ich nach Untertertia kam. Es war eine aufregende, mit manchem Herzklopfen verbundene Zeit, weil ich mich doch schon etwas klein und niedlich machen mußte, um mit einem Kinderbillett betrügerisch durchzuschlüpfen. Es war eine aufregende Zeit auch für unsere Väter, da Berlin sich das erste Wunder großstädtischer Verkehrstechnik leistete, und wenn sie am Ende des sonntäglichen Frühschoppens ihr Stammseidel bedächtig und gewichtig zuklappten, unterließen sie nie zu sagen: Kein Zweifel! Berlin wird Weltstadt!

Uns Jungen ergriffen allerdings mehr die nächsten lokalen Veränderungen. Da war einst der Königsgraben, der, wie ich für weniger alte Berliner erklären muß, gar kein Graben war, sondern vielmehr ein natürlicher Nebenarm der Spree, und sogar zur Rechten, also ganz legitim. Und da war die Königsbrücke mit ihren ergreifenden Erinnerungen; denn dort pflegten wir an schönen Sommertagen auf

Für den Bau der Stadtbahntrasse wird der Königsgraben zugeschüttet. Pfeilerbauten an der Königsbrücke am Alexanderplatz. Foto von F. Albert Schwartz, um 1880

die Sandsteinbrüstung zu klettern, um den Leuten, die unten ruderten, auf die Köpfe zu spucken. Die Erfahrenen drohten uns schon von weitem, wenn sie uns in Bereitschaftsstellung sahen; aber es half ihnen nichts, und wir pflegten zu treffen ... Da zog sich am Ufer entlang der Garten der »Gesellschaft der Freunde«, in dem uralte Kastanien und Linden es sich sauer werden ließen, jedes Frühjahr wieder um die Wette zu blühen. Aber die Blüten gingen uns nichts an, unsere Sache waren vielmehr die abgefallenen, trockenen Herbstblätter, aus denen wir schon vor den Zeiten des Tabakersatzes unsere ersten Zigaretten drehten. Laubtabak stand sogar obenan als feinster der uns erreichbaren Genüsse ... Und da war noch ein anderer Garten, der Kolonnadengarten, wenn ich mich recht erinnere genau an derselben Stelle, die heute der Bahnhof Alexanderplatz besetzt hält. Damals wohnte man überhaupt noch um den Alexanderplatz herum, das ehemalige Glacis der ehemaligen Festung Berlin, und wenn unsere Eltern sich etwas Besonderes antun wollten, so gingen sie an den ersten warmen Frühlingsabenden in den Kolonnaden, um dort zeitgemäße Spargel und Krebse zu essen. Das war die höchste ku-

Die von Gontard 1777 bis 1780 erbauten Königskolonnaden standen am Eingang der Königstraße an der Brücke über den alten Festungsgraben und bildeten mit ihren Läden und Verkaufsständen seit jeher ein Zentrum von Handel und Verkehr. Sie wurden nach dem Bau der Stadtbahn 1884 abgebrochen und 1910 im Kleistpark aufgestellt.

linarische Ausschweifung, die sich der achtbare Bürger in der Öffentlichkeit, wenigstens wenn er mit seiner Frau auftrat, erlauben durfte. Gewiß, es gab auch damals schon Austern und Kaviar, aber diese Schlemmereien gehörten zu den Heimlichkeiten, die sich nur unter Männern abspielten, in den verborgenen Hinterstuben einiger geschätzter Delikateßhandlungen der Königstraße.
Arthur Eloesser, Die Straße meiner Jugend

Die Trasse der neuen Stadtbahn, dreizehn Kilometer lang, führt auf einer »Hoch«-Ebene über Straßen, Flußarme und kreuzende Eisenbahnen, über achthundert gemauerte Viaduktbögen und aufgeschüttete Dämme, über Brücken und durch die Hinterhöfe der Häuser. Der Bahnhof Jannowitzbrücke wird im Bett der Spree errichtet, zwischen hier und dem Bahnhof Börse (heute Hackescher Markt) folgt die Streckenführung dem kurvenreichen Verlauf des zugeschütteten Königsgrabens. »Ein gewaltiges Bauwerk hat sich vor uns erhoben«, schreibt die »National-Zeitung« am 7. Februar 1882 begeistert; »seit den Mauern Babylons und dem Bau der römischen Wasserleitungen sind vielleicht nicht wieder so viel Ziegelsteine aneinandergefügt worden wie hier geschehn.« Die Viaduktbahn, »ein bewunderungswürdiges Bauwerk«, wird zu den »großartigsten Leistungen des menschlichen Geistes« gezählt (Max Ring, Die deutsche Kaiserstadt/2).

Als das 65 Millionen teure Projekt am 7. Februar 1882 dem Verkehr übergeben wird, nehmen die Berliner es eher nüchtern und gelassen in Besitz:

Die Berliner Stadtbahn ist mit dem heutigen Tage ohne jede besondere Feierlichkeit dem Betrieb übergeben worden. Die Bahnhöfe prangten zwar noch in dem reichsten Flaggen- und Girlandenschmuck, den sie gestern aus Anlaß der Kaiserfahrt angelegt hatten, im übrigen aber deutete nichts auf den Tag der Eröffnung hin. Auch der Andrang des Publikums war in den ersten Morgenstunden kein sonderlich großer. Bei Station Westend, dem westlichsten Ausgangspunkt der Bahn, hatten sich zum ersten Zug, der freilich bald nach 5 Uhr morgens den Bahnhof verließ, etwa 20 Menschen eingefunden, am Schlesischen Bahnhof, der östlichen Anfangsstation, war der Andrang zwar etwas bedeutender, doch blieb er auch hier hinter den Erwartungen, die sich an den Eröffnungstag des großartigen Werkes geknüpft hatten, weit zurück. Nur etwa 40 Studenten, die, in animiertester Stimmung, den ersten Zug bis Westend benutzten, brachten einiges Leben in die weiten Hallen der Bahnhöfe … Die Züge hatten trotz der zahlreichen Probefahrten, die der Betriebseröffnung vorangegangen waren, fast ausnahmslos Verspätungen. Der erste vom Schlesischen Bahnhof abgelassene Zug traf mit fast 25 Minuten Verspätung in Westend ein. In der Zeit zwischen 8 und 10 Uhr nahm der Stadtverkehr sicherlich etwas zu, so daß, wie im Zentralbüro ermittelt sein soll, in den ersten fünf Stunden von allen Stationen zusammen ca. 10 000 Tourbilletts verkauft sein sollen. Es bedarf wohl kaum des Zusatzes, daß unter diesen 10 000 sicherlich viele Neugierige sich befanden, die den Eröffnungstag nicht vorbeilassen wollten, ohne die Einrichtungen der Bahn in näheren Augenschein zu nehmen.
Vossische Zeitung, 7. Februar 1882

Die anfängliche Zurückhaltung der Berliner legt sich rasch. Bereits am ersten Sonntag nach der Eröffnung werden 67 000 Fahrgäste auf der neuen Stadtbahn registriert. Im ersten Jahr benutzen schon 3 1/2 Millionen Menschen das neue Verkehrsmittel, 1884/85 sind es fast 13 Millionen. »Eine Fahrt mit der Berliner Stadt- und Ringbahn zählt nun zu dem Interessantesten, was die deutsche Reichshauptstadt zu bieten hat. ›In Berlin gewesen und mit der Stadtbahn nicht gefahren sein‹ ist eine ebenso große Versündigung an den heiligen Vorschriften

Um den großen Ansturm zu bewältigen, setzte man auf der Stadtbahn anfangs auch zweistöckige Wagen der Ringbahn ein, »Japanesen« oder »Sargwagen« genannt. ▶

AUSGANG.
AUSGANG
Kein Ausgang

Richtung
Alexander Pl. Schlesische Bahn

Baedekers, als ›in Rom gewesen und den Papst nicht gesehen haben‹. Vormals lernte der Berlin besuchende Fremde nur das kleine Stück kennen, welches sich in einem engen Kreise um die ›Kranzlerecke‹ dreht, jetzt sieht er in wenigen Stunden auf einer Stadt- und Ringbahnfahrt die ganze Weltstadt, den vornehmen Westen wie das internationale Zentrum, die Industriestadt im Norden und Osten wie die ganze hübsche Umgebung Berlins« (Emil Dominik, Quer durch und ringsum Berlin).

Auch Georg Brandes schreibt in seinen regelmäßigen Berichten aus der deutschen Hauptstadt am 8. Februar 1882 über das neue technische Wunderwerk:

In diesen Tagen wurde in Berlin eine großartige architektonische Anlage und ein gewaltiges Verkehrsmittel eingeweiht, was Berlins ganzen Charakter verändert und ihm endgültig das Gepräge einer Weltstadt verleiht. Paris besitzt so etwas nicht, und so außergewöhnlich Londons Undergroundrailway auch wirkt, wenn man zu ihr hinabgestiegen: was die auffallenden Besonderheiten städtischer Physiognomie angeht, kann sie sich – unsichtbar – mit diesem kolossalen Werk nicht messen …

Der östliche Ausgangspunkt der Stadtbahn ist der eben erweiterte, ansonsten gerade ein Dutzend Jahre alte Schlesische Bahnhof, der schon vorher, 208 m lang und 37 m breit, den Eindruck von Macht hinterließ. Jetzt wirkt er noch imposanter mit seinem auf 26 Bögen ruhenden Seitentrakt. Sobald der Zug den Bahnhof verläßt, überquert er auf einer Eisenkonstruktion von 30 m Breite die Koppenstraße, dann die Andreas-, die Kraut- und Holzmarktstraße, die traurigen, schummrigen Straßen des äußersten Ostens, und hat in drei Minuten die Jannowitzbrücke erreicht, die erste Station; sie schwebt über der Spree und erlaubt einen weiten Blick über den Fluß und seine Ufer.

Nach weiteren drei Minuten hält man am Alexanderplatz, dem schönsten sämtlicher S-Bahn-Gebäude. Die große freischwebende Halle, die sich mit einer Höhe von 19 m über eine Breite von 30 m spannt, ist mit dem farbigen Stein der italienischen Renaissance erbaut. Sie ruht auf 18 Bögen, ihr palaisartiger Vorbau mit großem Vestibül auf sieben. Licht kommt von oben und durch riesige hochliegende Fenster mit Eisenrahmen, die in den Achsen der einzelnen Bögen liegen; das ganze Gebäude ist ebenso leicht und elegant wie kolossal.

Fünf Minuten später erreicht man den kleinen hübschen Bahnhof Börse, von dem aus die Strecke über beide Arme der Spree und die Museumsinsel führt. Hier hat man eine weite Aussicht über die Hauptgebäude der Stadtmitte: die trotz ihrer sinnlosen Treppe pompöse Nationalgalerie, das Neue Museum und das Schloß.

»Eine Fahrt mit der Stadtbahn zählt nun zu dem Interessantesten, was die deutsche Reichshauptstadt zu bieten hat ...« Friedrich Wittig, Sonntagnachmittag auf dem Bahnhof Friedrichstraße, 1884

Über den Kupfergraben, wo die alljährlichen Kunstausstellungen stattfinden, fährt man die Georgenstraße entlang zu dem durch seinen Umfang überwältigenden Hauptbahnhof Friedrichstraße, der, flankiert von zwei häßlichen Türmen, bis zu einer Höhe von 27 m über das Straßenpflaster sich erhebt. Seine Perronhalle überspannt volle 40 m und ist nach der des neu erbauten Anhalter Bahnhofs die breiteste in Berlin; ihre Höhe wird auf der Welt von keiner einzigen übertroffen. Beleuchtet wird sie teils von oben, teils von Rundbogenfenstern an den Seiten. Das Innere des Gebäudes zeichnet sich durch eine klare, zweckmäßige Gliederung aus; wenn man eintritt, ist man keinen Augenblick im Zweifel, welchem der diversen Billettschalter man sich zuwenden muß. Die weitläufigen, niedrigen Räume mit ihren Gewölben und mittelalterlichen Architekturformen erinnern an die Kreuzgänge in alten Klöstern. Daher ist die Wirkung um so stärker, wenn man die breite Granittreppe zur Perronhalle hochsteigt: denn ohne jede Stütze in schwindelnder Höhe schwingt sich der Glasbogen überm lichten Raum, in dem der Mensch so klitzeklein sich ausnimmt.

Von der Friedrichstraße aus überquert man die Spree auf einem gewaltigen eisernen Brückenbogen, der 50 m lang ist: der größte in Berlin und einer der größten in Deutschland. Bald erreicht man den kleinen Haltepunkt, der an das neu errichtete Prachtgebäude des Lehrter Bahnhofs angefügt wurde. Von dort entfernt sich die Stadtbahn vom alten Stadtkern und fährt den freundlichen Gegenden mit herrschaftlichen Villen und malerischen Niederungen entgegen, deren Stationen man die Namen Bellevue und Zoologischer Garten, Charlottenburg und Westend gab.

Daß nun dies gigantische Werk seinem wesentlichen Zwecke nach nur ein wunderbares Truppenbeförderungsmittel ist, gerät schnell in Vergessenheit, wenn man täglich Gelegenheit hat, es in Betrieb zu sehen: so wird es richtig als eines der unentbehrlichsten Organe der großen Stadt empfunden. Kaum da, erscheint es einem schon als Notwendigkeit und kann nicht mehr weggedacht werden.

Georg Brandes, Berlin als deutsche Reichshauptstadt

Nicht nur auf der Bahn, sondern auch unter ihr entwickelt sich bald ein lebhafter Verkehr. In den von der Eisenbahnverwaltung vermieteten Viaduktbögen siedeln sich Trinkhallen und kleine Ladengeschäfte an, Handwerker und Wärmehallen etablieren sich hier, die Bögen werden als Pferdeställe, Ateliers, Lager- und Ausstellungsräume genutzt. »Einen wirklich schönen Komplex von Räumen haben die Architekten Kayser und von Großheim aus fünf miteinander verbundenen Bögen an der Friedrichsstraße hergestellt; durch Holzbekleidung der Wände im Stile der späteren deutschen Renaissance ist der ›Franziskaner‹ zu einem der behaglichsten und besuchtesten Bierlokale der Stadt geworden« (Kunstchronik, 16. März 1882). Weniger wohl fühlen sich die Berliner, vor allem bei kühlem Wetter, im oberen Teil der neuen Bahnhöfe, in denen man, wie der Berliner Witz formuliert, »nie auf den Zug zu warten braucht, denn der herrscht immer dort«.

Ich finde den Bau der »Stadtbahnhöfe« vortrefflich, aber den Aufenthalt auf denselben abscheulich. Alles haben die Herrn Architekten berechnet, nur dies nicht, daß in diesen Bahnhallen außer Eisenteilen und Rathenower Steinen auch noch warmblütige Menschenkinder sich aufhalten sollen. Das Warten in diesen Zuglöchern ist im Frühjahr und Herbst und besonders im Winter gefährlich ... Große, aus Glas und Eisen gebaute Wartehallen mit guten Restaurants sind dringend nötig.

Emil Dominik, Quer durch und ringsum Berlin

Der Stadtbahnverkehr erfährt schon bald nach seiner Eröffnung eine Erweiterung: im Osten bis nach Stralau-Rummelsburg (heute Ostkreuz) und im Südwesten bis Grunewald, bis 1884 noch als Bahnhof Halensee und Station Hundekehle bezeichnet. Im inneren Stadtgebiet werden 1884 die Bahnhöfe Warschauer Straße, Anfang 1885 Tiergarten und 1895 Savignyplatz eröffnet. Für den Vorortverkehr, der in dieser Zeit schon bis Strausberg, Erkner, Königs Wusterhausen, Zossen, Groß-Lichterfelde, Oranienburg, Bernau und Nauen reicht, führt die Eisenbahnverwaltung 1891 neue, ermäßigte Tarife ein; seit 1893 sind Monatskarten bei der S-Bahn im Angebot. »Hier gibt es eine solche Einrichtung«, schreibt Rosa Luxemburg, die sich gerade in Berlin niedergelassen hat, in einem Brief vom 20. Mai 1898, »daß man für 3 M für den ganzen Monat ein Passepartout für die Stadtbahn löst, die überall hinfährt, und man kann meinetwegen den ganzen Tag und zu jeder beliebigen Haltestelle fahren. Alle haben hier so eine unerläßliche Fahrkarte, und auch ich habe gleich nach der Ankunft eine gekauft und hier bestimmt schon 2 M verfahren, wenn ich jedesmal bezahlt hätte.« (Rosa Luxemburg, Briefe/1)

Die Möglichkeit, schnell und billig ins Umfeld von Berlin zu kommen, trägt wesentlich dazu bei, daß die großen Berliner Industrieunternehmen ihre Werkstätten und Fabrikationsräume mehr und mehr aus dem Stadtzentrum an die Grenze des Berliner Weichbildes und darüber hinaus verlagern: Siemensstadt, Tegel, Spandau, Hennigsdorf, Wildau heißen bald die neuen Industriestandorte, die von Berlin aus rasch zu erreichen sind und wo der Grund und Boden noch relativ billig zu haben ist.

Berlins Bevölkerung war bis Ende 1888 auf gegen einundeinhalbe Million angewachsen, und in Berlin nahm in verhältnismäßig noch stärkerem Drang der »Zug nach dem Westen«, die Entwickelung der Quartiere der Reichen, zu; die große Stadt, die Berlin schon vordem gewesen war, wurde jetzt wirkliche Großstadt, Stadt des Luxus, Stadt der raffinierten Genüsse aller Art, Stadt der großartigsten Veranstaltungen. Und dies ohne darum aufzuhören, als Stadt der *Arbeit*, der großen Industrie, gleichfalls sich unausgesetzt zu recken und zu dehnen. In größerem Prozentsatz noch als die Gesamtzahl seiner Bevölkerung wuchs die Zahl seiner Angestellten und Arbeiter in Industrie und Handel. Die Berichte der Berufs- und Volkszählungen lassen dies aufs deutlichste hervortreten. Bei einer Zunahme der Gesamtbevölkerung Berlins um fünf Achtel, nämlich von 964 539 auf 1 578 516, hat zwischen der Berufszählung von 1875 und der Volkszählung von 1890 in Berlin die Zahl der Angestellten und Arbeiter in Handel und Industrie, samt den Tagelöhnern, von 244 672 auf 406 867, das heißt um zwei Drittel zugenommen. Dabei ist aber das Wachstum der Arbeitervororte Berlins nicht berücksichtigt, das meist noch ein erheblich größeres war. Gewaltig hatten sich mittlerweile die Vororte der Hauptstadt entwickelt, einer nach dem andern hatte den dörflichen Charakter vollständig abgestreift und war entweder Arbeitervorstadt oder Villenquartier oder eine Mischung von beiden geworden … In Berlin beschäftigte Arbeiter wohnten in großer Zahl in den Vororten, und viele in Berlin wohnende Arbeiter arbeiteten in Vororten, eine prinzipielle Auseinanderhaltung war da gar nicht mehr möglich. Insgesamt ist die Bevölkerung der Vororte um Berlin, die damals noch den weiteren Polizeibezirk Berlin bildeten, von 1875 bis 1890 um nahezu 160 Prozent (!) gestiegen, nämlich von 103 940 auf 268 507.

Eduard Bernstein, Die Geschichte der Berliner Arbeiterbewegung/2

Die deutsche Hauptstadt ist zu dieser Zeit von einem Kranz von dreiundzwanzig Dörfern, Städten und Gemeinden umgeben, die, obwohl alle verwaltungsmäßig nicht zu Berlin gehörig, immer mehr den Charakter von Berliner Vororten annehmen.

Viele Leute wissen beim Mieten einer Wohnung nicht, in welchem Orte diese liegt, sie erfahren es erst, wenn sie mit der Polizei, mit dem Gericht oder mit der Kirche zu tun haben, beim Zahlen der Steuern und bei den Wahlen. Die Häuser eines Platzes, einer Straße gehören bisweilen zu mehreren Gemeinden, am Nollendorfplatz zum Beispiel stoßen Berlin, Charlottenburg und Schöneberg zusammen, am Bahnhof Pankow im Norden sogar vier Gemeinden: Berlin, Pankow, Reinickenderf und Schönholz. Eine Seite der Kurfürstenstraße gehört zu Berlin, die andere zu Charlottenburg, in den Besitz der kleinen Geisbergstraße teilen sich die drei Städte Charlottenburg, Schöneberg und Wilmersdorf mit verschiedenen Methoden der Straßenreinigung und Beleuchtung. In einigen Fällen kann man die Überschreitung der Grenze an der Änderung des Straßennamens merken, so wird dieselbe Straße auf Charlottenburger Gebiet als Lutherstraße, ihre Fortsetzung auf Schöneberger Gebiet als Martin-Luther-Straße bezeichnet.

Paul Goldschmidt, Berlin in Geschichte und Gegenwart

Und das Heer der Mietskasernen wächst – im Osten, im Nordosten, im Norden der Stadt. Wie ein Polyp verschlingt es das noch unbebaute Land, planlos und gierig, wo Boden und Verkehrsverhältnisse hohen Profit versprechen; dazwischen, wo eine Bebauung (noch) nicht zu lohnen scheint, bleibt häuserlose und menschenleere Wüste:

Nirgendwo studiert sich der Übergang von Stadt und Land so gut wie da draußen, fast genau am Nordpol der Stadt, jenseits des Gesundbrunnens. Wer aus Fausts Zaubermantel jählings dort niedersänke, wüßte schwerlich: sind es Anfänge einer modernen Menschen-

Hans Baluschek, Müll-Idyll

schöpfung, was er da sieht, oder ist es ein Trümmerfeld, ein kleines Palmyra, wo die Einöde, der Staub, die Vegetation der Steppe langsam das Terrain zurückerobern, auf dem eine Kulturepoche bankrott gemacht hat. Da stehen die alten Pappeln der ehemaligen Landstraße, aber der Zitterschatten ihres Silberhaares tanzt über hartes, blaugraues Pflaster, Straßen sind da, Häuser nicht. In der Ferne wachsen ein paar herauf, große, entsetzlich nüchterne Mietskasernen der schmucklosen Art, fahl wie nackte Kalkberge, mit hundert glanzlosen Fensteraugen. Ungetüme, gegen die gehalten das prosaischste Stück der alten Feldlandschaft, der plumpe Holzkasten einer Windmühle, künstlerisches Ideal wird. Aber selbst sie sind noch ein Stück zurück, erst Kulisse, noch nicht Szene. Vorausgeeilt als weltverlorener Pionier ist vorläufig nur die Straße selbst, mathematisch abgezirkelt wie auf einer Landkarte. An einem wurmstichigen Pflock hängt ein angerostetes Metallschild: Exerzierstraße – drüben ist die Seestraße. Und diese Exerzierstraße führt geradenwegs hinein ins Feld, die Ackergrillen huschen auf die Pflasterblöcke, die Lerchen jubeln, rings vollkommene Grabesstille. Am erhöhten Straßendamm eine Hecke dick bestaubten Gestrüpps, Teufelszwirn, der hier schon wuchs, als es nur einen Rainpfad gab. In einiger Entfernung tritt eine hochgelbe Sanddüne grell vor den Horizont. Hier ist Berlin auch theoretisch zu Ende. Praktisch beginnt es eigentlich erst weit dort zurück – dort,

wo der Himmel so grau ist. Es ist der Himmel des Berliner Nordens, des Fabriknordens, am Tage eine Rauch- und nachts eine rotbraune Feuerwolke, bloß, daß diese Wolkensäulen hier kein Volk ins gelobte Land geleiten: wer hinter diesen Himmelszeichen geht, der dreht sich ewig am gleichen Fleck, mit Tausenden zugleich eingekeilt in das Räderwerk der Maschine, gepreßt, umhergewirbelt, zerfleischt … Je nachdem. In der Nacht ist es auch hier draußen am Kreuzwege ohne Häuser und Laternen trotz der fernen Nordlichtröte der Weltstadt schauerlich genug. Wer sich vom Pflaster verirrt, läuft Gefahr, in die unheimliche Schuttmoräne zu geraten, die in Gestalt eines riesigen »Müll-Rings« den ganzen gletscherkalten Leib der Bärin auf der Grenze von Häusermeer und Kornstand umgürtelt: Hügel von zerbrochenem Porzellengeschirr, verrosteten Kesseln, altem Schuhwerk, defekten Weißbierkruken – alles, was Berlin nicht mehr brauchen kann, das ganze Strandgut des Straßenozeans, dazwischen hin und wieder auch einmal gelagert eine unheimliche lebendige Gestalt, in Lumpen gehüllt, auch sie Strandgut, wie die Scherben und das alte Eisen.
Wilhelm Bölsche, Berlin nach der Windrose

Auch im Westen dehnt und streckt sich die Stadt. Getreide- und Kartoffelfelder müssen neuen Straßen, neuen Siedlungen weichen. »Wenn man einige Monate nicht in Berlin gewesen ist, glaubt man es jedesmal ganz verändert zu finden«, schreibt Alfred Lichtwark am 31. Oktober 1892. »Am auffallendsten ist die Zunahme des Personenverkehrs auf der Eisenbahn. Da ich im ›Fürstenhof‹ immer dasselbe Zimmer nach dem Potsdamer Bahnhof habe, kann ich morgens beobachten, wie die Masse der aus den Vororten Ankommenden wächst. Man glaubt in London zu sein. Vor zehn Jahren war die Bevölkerung auf große Entfernungen noch gar nicht eingeübt. Steglitz schien aus der Welt, wer es wagte, sich dort anzusiedeln, wurde von seinen Freunden aufgegeben. Heute ist man dort dem Zentrum näher als am Nollendorfplatz« (Alfred Lichtwark, Briefe/1). Lichterfelde, Grunewald oder Wannsee heißen nun die neuen Ortschaften, in die es vor allem die gutbetuchten Berliner zieht. Aber dazwischen gibt es immer noch, selbst am Kurfürstendamm, weite Strecken unbebauten Landes:

Die Grenzen des westlichen Berlins hatten sich noch nicht so weit hinausgeschoben wie heute. Die »grüne Elektrische« wagte sich nur bis an die Kurfürstenstraße, bis zum Eingang des Zoologischen Gartens, der damals noch seinen vollausgesprochenen Namen führte und sich die Beschneidung auf drei Buchstaben (Zoo) noch nicht gefallen zu lassen brauchte. Und es war wüst und leer auf dem Kurfürstendamm. An der Ecke der Fasanenstraße stand als Bollwerk gegen die Gemüse- und Obstplantagen und gegen die Terrainspekulation eine zweistöckige Villa, und dort, wo heute die Meinekestraße einschneidet, war oben der Zaun niedergerissen, hinter dem einige Jahre lang ein Hippodrom eine Art vorortliche Volksbelustigung darstellte. Überall in dieser trostlosen Einöde, die wie ein vorgeschobenes Vorwerk an der Peripherie der Stadt sich dehnte, klafften weite Strecken unbebauten Landes, hier und da stak eine Tafel zwischen weggeworfenen Konservenbüchsen und Müll: »Dieses Grundstück ist zu verkaufen.«

Noch fuhren die ahnungslosen Besitzer dieser Goldgefilde mit dem Sechseromnibus, und höchstens am Sonntag leisteten sie sich mit der Familie eine Droschke zweiter Güte.

Um den Stadtbahnhof herum streckten sich Brettergerüste in den Himmel, Rohbauten grinsten die wenigen Vorübergehenden aus ihren seelenlosen Fensteraugen an, über Geröll und Sand stolperte man, wenn man überhaupt in dieser trostlosen Gegend etwas zu tun hatte.

20 Jahre Café des Westens

Um 1890 war die Stadt im Westen am Nollendorfplatz zu Ende. Hinter diesem trostlosen Platz dehnten sich die Felder bis Wilmersdorf. Ging ich – in meiner Malerzeit – im Sommer morgens zu einer Arbeitsstelle in Friedenau über diese Felder, so saß nicht selten an einem Grabenrand ein verschlafenes Pärchen, das bis in die Nacht in Wilmersdorf getanzt und darauf im Freien geschlafen hatte. Rund angelegt lag in dieser Feldeinsamkeit nur der Prager Platz, an dem ein tollkühner Pionier eine ziegelsteinerne Villa erbaut hatte. An der Südwestseite der Tauentzienstraße befanden sich große Holzplätze, an der Ecke des Kurfürstendamms und der Kurfürstenstraße lag noch jene alte Gärtnerei, die Theodor Fontane in »Irrungen Wirrungen« beschrieben hat, und dort, wo sich jetzt die Kaiser-Wilhelm-Gedächtniskirche erhebt, wuchs eine hohe Pappel wie zur Orientierung. Vom Nollendorfplatz fuhr eine Dampfstraßenbahn nach Halensee über den noch fast unbebauten Kurfürstendamm, dessen Bauterrains benutzt wurden, wenn Buffalo Bill seine Indianerritte vorführte.

Karl Scheffler, Die fetten und die mageren Jahre

Für den Ausbau des Kurfürstendamms als Zufahrtsstraße zum Grunewald hatte es bereits seit dem Ende der sechziger Jahre Pläne und Projekte gegeben. Bismarck selbst förderte das Unternehmen, den Grunewald in einen Park nach dem Vorbild des Pariser Bois de Boulogne zu verwandeln und durch eine breitangelegte, von einem Reitweg

Weiter und weiter schoben sich die Grenzen des westlichen Berlin hinaus. Aber dazwischen gab es noch immer große Strecken unbebauten Landes. Franz Skarbina, Hinter dem Nollendorfplatz, 1885

durchschnittene Allee mit dem Zoogelände zu verbinden. 1875 wird durch eine Kabinettsordre Wilhelms I. der Bau der Straße zwischen Hardenberg- und Leibnizstraße angeordnet, ein Jahr später legt eine neue Verfügung des Kaisers die Weiterführung bis zur Ringbahn fest. Aber den Mut, hier, so ganz weit draußen, zu investieren, bringen nur wenige auf. Erst in den achtziger Jahren, als die Berliner Handels-Gesellschaft und die Deutsche Bank in das Kurfürstendammgeschäft einsteigen, kommt wieder Schwung in das Projekt, und die Grundstückspreise klettern über Nacht.

Im März 1883 hat der Stadtreporter Emil Dominik die Gegend besucht:

Emsig arbeiten Hunderte von geschäftigen Händen, schütten, planieren und pflanzen, und schon sehen wir zwischen Fasanen- und Hardenbergstraße ein Stückchen der kommenden Prachtstraße entstehen, welche, ähnlich der den Arc de triomphe mit dem Bois de Boulogne verbindenden Avenue de l'imperatrice in Paris, Berlin mit dem Grunewald verknüpfen, und in mächtiger Breite, 4 1/2 Kilometer lang, vom Lützower Ufer bis zum Halensee reichen soll ... Die Herstellung der Straße geschieht entsprechend der Allerhöchsten Kabinettsordre vom 2. Juni 1875 in der Weise, daß neben der Mittellinie ein 5 Meter breiter Reitweg und eine ebenso breite Mittelpromenade angelegt wird ... Vier bis fünf Baumreihen sollen der in Ausführung begriffenen Prachtstraße genügenden Schatten verleihen, und der bauliche Charakter der Straße soll etwa dem der Landgrafenstraße gleichkommen ... Bei dem Interesse, welches Seine Majestät der Kaiser wie der Fürst Reichskanzler an der Kurfürstendammstraße nehmen, möchten wir ganz besonders die maßgebenden Bauaufsichtsbehörden veranlassen, keinem Bau von Mietskasernen die Bauerlaubnis zu erteilen.

Für einen Teil der Straße kann dies nicht mehr verhindert werden. Der prächtige Rest des ehemaligen Birkenwäldchens (an der Ecke der Kurfürstenstraße und des Kurfürstendamms gelegen), ist erst in den letzten Tagen von Bauspekulanten, die ich hier nicht charakterisieren will, seines ganzen Baumschmucks beraubt worden, damit Platz für Mietskasernen geschaffen werde.

Emil Dominik, Die Prachtstraße »Kurfürstendamm« in Berlin

Die von der Berliner Handels-Gesellschaft und der Deutschen Bank gegründete Kurfürstendamm-Aktiengesellschaft betreibt zwischen 1883 und 1886 energisch (und mit Millionengewinnen) den Bau der künftigen Prachtstraße; aber die Bebauung schreitet nur langsam voran. Sie erreicht bis zum Ende des Jahrhunderts erst die Höhe der Knesebeckstraße. Um die Attraktivität der Gegend zu erhöhen, wird eine Dampfstraßenbahn angelegt, die im Mai 1886 ihren Betrieb aufnimmt und anfangs vom Zoo, später vom Nollendorfplatz aus den Kurfürstendamm entlang bis zum Grunewald fährt. Hier, zwischen Hubertus- und Halensee, hat die Kurfürstendamm-Gesellschaft mit der Anlage einer Villenkolonie begonnen, die sich rasch zum bevorzugten Wohngebiet einer kleinen Schicht zahlungskräftiger Berliner entwickelt.

Im Herbst 1892 macht Alfred Lichtwark einen Ausflug in die neue Grunewaldsiedlung:

Vor sechs Jahren war es ein dürftiger Föhrenwald, der mückerigste Teil des Grunewaldes, denn von der Stadt aus lag eine weite, wüste Sandfläche davor, deren Staub der Ostwind auf die Stämme und Kronen der Kiefern und auf die magern Gräser am Boden legte. Die Besucher des Grunewaldes eilten ohne sich aufzuhalten hindurch. Es war das armseligste und trostloseste Stück Wald, das man sehen konnte. Man wurde hungrig bei dem bloßen Gedanken daran, kein Vogel, kein Insekt fand Nahrung.

Die Spekulation hat große Schneisen durch den dünnen Baumbestand gelegt. Das gab weite Blicke über Hügel und Tal zu fernen Waldhöhen. Als die Schneisen in gut gepflasterte Straßen umgewandelt waren, mit Promenaden und Reitwegen, als Wasserleitungen für die Bewässerung des Bodens gesorgt hatten, sah es schon bald sehr freundlich aus, denn unter den Kiefern wucherte das Gras und die neugepflanzten Büsche gediehen auf dem neugierigen Boden vortrefflich. Dann schossen die Villen auf, und in gewissen Kreisen war die Kolonie mit einem Schlag Mode, denn die Luft ist ganz vorzüglich.

Wer jetzt hinkommt, empfängt einen Eindruck, der mit nichts zu vergleichen ist. Die magern Kiefern stehen noch. Ihre Kronen sind noch verstaubt, denn so hoch reichen die Spritzen nicht. Aber den Boden deckt saftiger Rasen, der ihre Armseligkeit noch auffallender macht, und überall erheben sich belaubte Büsche und junge Alleebäume, deren tiefrote Kronen auf Nordamerika und Japan weisen.

Das Seltsamste aber sind die lustigen Häuser, die überall durch die kahlen, rotgrauen Föhrenstämme lugen. Während in Berlin die Neubauten ein Festkleid übermütigen Ornaments in Sandstein tragen, sind sie ganz ohne plastische Verzierungen. Aber dafür tritt die Farbe vollauf genügend ein. Weisse Wände mit braunem Holz, rote Dächer, oft auch diese aus roten und grünglasierten Ziegeln.

Sonderbar sieht es aus, wie die Häuser hinter den Stämmen liegen ... Wenn die Sonne tief steht, ist der ganze Wald durchsichtig, und die Landschaft erinnert an Japan.

Alfred Lichtwark, Briefe/1

Was hier in kurzer Zeit an Villen- und Parkanlagen, an geschmackvoller und gediegener Architektur entstanden ist, befindet sich im krassen Gegensatz zu der trostlosen Öde der Mietskasernenviertel im Norden und Osten, in Moabit, in Kreuzberg oder auf dem Tempelhofer Feld, wo die überwiegende Mehrheit der Berliner Bevölkerung zu leben gezwungen ist. Berlin hat sich zu einer großen, aber keineswegs zu einer wohnlichen Stadt entwickelt. 1888 besteht gut die Hälfte der 304 108 Berliner Wohnungen aus nur einem heizbaren Zimmer. In jeder dritten dieser Kleinstwohnungen leben zwischen fünf und neun Menschen, viele von ihnen in feuchten Kellerwohnungen und dunklen Hinterhöfen. Licht und Luft ist rar geworden in der Spreemetropole, menschenwürdiger Wohnraum für die überwiegende Mehrheit der nun gut 1,5-Millionen-Bevölkerung ein unerschwinglicher Luxus. »Sie hat die Wahl zwischen drei Übeln«, resümiert der Berliner Ökonomieprofessor Rudolf Eberstadt: »1. die elende Kellerwohnung; 2. die Kochstube, in der die ganze Familie hausen muß; und 3. die teuere Wohnung, die dann mit Schlafleuten geteilt werden muß – die erbärmlichste und leider auch die häufigste Art der Unterkunft, denn solcher Schlafgänger (wohlgemerkt nicht Chambregarnisten) wurden im Jahre 1890 in Berlin 95 365 in den Wohnungen aufgenommen ... Stube und Küche auf dem Hof für die Bevorzugten; Kochstube oder die Gesellschaft des Schlafburschen für die große Mehrzahl der minder Begünstigten, das ist der ganze Raum, den die Mietskaserne für die Arbeiterfamilie übrig hat« (Rudolf Eberstadt, Städtische Bodenfragen).

Der Privatspekulation mit Grund und Boden, dem Hochtreiben der Mieten sind keine Grenzen gesetzt. Wer baut, will so teuer wie möglich vermieten: über 300 Mark Miete im Jahr kostet 1891 die Hälfte aller Berliner Wohnungen – und das bei einem statistisch errechneten Jahresdurchschnittsverdienst eines Arbeiters von 720 Mark. Kein Wunder, daß vor allem kinderreiche Familien, Alte und Kranke auf immer engerem Raum zusammengedrängt werden.

Unser Weg führt uns in den südwestlichen Bezirk der Stadt. Breite Straßen, wie die Belle-Alliance- und die Gneisenaustraße, geben dieser Gegend ein stattliches Ansehen und lassen wahrlich keinen Mangel an Luft und Licht vermuten. Die helle, warme Mittagssonne verkündet die Nähe des Frühlings, und Scharen des Volkes entströmen den Arbeitsräumen und Schulen, um nach der Anstrengung des Morgens beim Mittagsmahl neue Kräfte zu sammeln. Wir treten in ein Haus der Fürbringerstraße. Der sehr enge, schmutzige Hofraum ist von vierstöckigen Gebäuden umgeben. Indem wir uns umsehen, bemerken wir im Hinterhause die Fenster einer Kellerwohnung, die kaum über die Hoffläche hinausragen. An der Tür befindet sich ein Zettel mit dem Namen der Einwohnerin, einer Witwe. Wir öffnen die Tür, eine schmale, steile Treppe führt uns in die Tiefe des Kellers, der aus der sogenannten Küche und einer Stube besteht. In der dumpfen Moderluft stockt der Atem, und so dunkel ist es hier, daß man den Weg tastend suchen muß. In der Stube brennt die Lampe auf dem kleinen Tisch und verbreitet ein trübes Licht, das seltsam mit dem hellen Sonnenschein draußen kontrastiert. Wir treffen die Familie beim Mittagessen, das aus einer Bohnensuppe besteht, welche die Mutter soeben aus der Armenküche geholt hat ... Während die Mutter und ihre drei Kinder an der Bohnensuppe ihren Hunger stillen, sehen wir uns das Kellerloch, das diesen Menschen zur Wohnung dient, etwas näher an. Die Küche ist ein enger Gang, der von der Treppe ausgeht und in dessen Hintergrund sich ein abgenutzter Herd befindet. Von dem Hahn der Wasserleitung tropft das Wasser auf den Boden, in dem ein großes Loch sichtbar ist. Im ganzen Boden scheint Schwammfäule zu sein, denn bei stärkerem Auftreten gerät er in Schwankung. An den nackten, kalten Mauerflächen bemerkt man in beiden Zimmern feuchte Flecke. In der Stube sind die beiden Fenster wie zum Hohn auf frische Luft und helles Sonnenlicht angebracht, die in diese Tiefe niemals eindringen. Das eine Fenster darf des nahen Hofklosetts wegen überhaupt nicht geöffnet werden. Drei Betten, ein kleiner Tisch und eine Kommode beengen den Raum so sehr, daß man kaum begreift, wie vier Menschen darin Platz finden können. Natürlich herrscht die blühendste Unordnung und Unsauberkeit in dem Gemach. Die Frau macht bei ihren vierzig Jahren den Eindruck einer Sechzigjährigen, und sie klagt darüber, daß ihre Hände rheumatisch gelähmt sind. Sie ist mit der Hausreinigung beauftragt, wofür sie sich den Luxus dieser Wohnung unentgeltlich gestatten darf. Danach würde der Mietpreis ungefähr 10 Mark monatlich betragen. Aus der städtischen Armenkasse erhält sie monatlich 12 Mark. Davon lebt sie mit ihren beiden Töchtern, die vierzehn und acht Jahre alt sind, und ihrem elfjährigen Sohne.

Die Kinder, die in diesen Kellerlöchern aufwachsen, bieten einen traurigen Anblick. Kümmerliche Ernährung, ungesunde, muffige Luft und mangelhafte Kleidung müssen ihre körperliche Gesundheit früh zerstören. Ordnung und Sauberkeit können sie in diesen Wohnungen nicht lernen. Dagegen gewöhnt sich ihr Auge leicht an allerlei Bilder des Elends und der Unsittlichkeit ... Für Leute, die in solchen Wohnungen leben, hat das Gefängnis kaum etwas Abschreckendes, wo in jeder Weise gut für sie gesorgt wird. Weit über 100 000 Einwohner Berlins sind in diesen unterirdischen Gelassen anzutreffen. Die allerschlimmsten Kellerwohnungen werden von Witwen und verlassenen Frauen bewohnt, deren Gesundheit so weit zerrüttet ist, daß sie durchaus erwerbsunfähig sind und der Armenunterstützung anheimfallen ...

Wenn wir jetzt die dunklen Kellerwohnungen verlassen und ins Parterre hinaufsteigen, so finden wir auch hier nicht viel bessere Zustände. Im allgemeinen sind die Parterrewohnungen der Höfe feucht, kalt und schlecht beleuchtet. In einem weiten, großen Hofe hinter einem Hause der südlichen Friedrichstraße, in welchem sich Holz- und Kohlenplätze befinden und auch allerlei Unrat angehäuft wird, steht eine ziemlich baufällige Hütte, die von einer Arbeiterfamilie bewohnt wird. Der Mann ist vierzig Jahre alt und hat keine regelmäßige Beschäftigung. Die Frau verdient eine Kleinigkeit mit Waschen. Sie haben sieben lebende Kinder im Alter von zwei bis fünfzehn Jahren. Drei sind gestorben. Ein vierjähriges Mädchen ist immer kränklich und sieht sehr elend aus. In der Stube stehen drei Betten. Die Miete beträgt 15 Mark monatlich. Sie wohnen hier schon fünf Jahre, und es würde schwerhalten, bei der großen Kinderschar für die Familie eine bessere Wohnung zu finden. In der gleichen Lage befindet sich ein Familienvater, der mit seiner Frau und acht Kindern eine Hochparterrewohnung, bestehend aus zwei Zimmern, in der Heimstraße bewohnt. Wenn der Mann eine bessere Wohnung haben will, so muß er sich von seinen Kindern trennen. Er bezahlt 280 Mark jährliche Miete. Um die Lage dieser Leute zu bezeichnen, bemerken wir, daß diese zehn Personen nur über drei Betten verfügen, die zum Teil aus Lumpen bestehen. Einige Familienglieder müssen sich natürlich ihre Schlafstätte auf dem kalten Fußboden bereiten.

Ob die Dachwohnungen gesünder sind als die Kellerwohnungen, wird von Sachverständigen stark bezweifelt. Jedenfalls ist die Sterblichkeit in den oberen Regionen bedeutender als in den unteren. Alte Leute und solche, welche an Asthma leiden, werden nur mit größter Qual fünf steile Treppen auf- und absteigen können. Ihre Welt wird häufig von den engen Wänden ihrer Dachwohnung eingeschlossen. In dem fünften Stockwerk eines Hinterhauses der Ritterstraße wohnt eine Wäscherin mit ihrer siebenundsiebzigjährigen Mutter und vier Söhnen im Alter von sieben bis fünfzehn Jahren. Die Wohnung besteht aus einer kleinen Stube und einer noch kleineren Küche. Die Räume sind so niedrig, daß ein ausgewachsener Mensch kaum darin aufrecht stehen kann, und die Vorderwand ist schräg. Die Wohnung ist im Winter kalt, feucht und zugig. Dabei sind die Öfen in schlechtem Zustande. Kleidungsstücke und Mobiliar waren stockig …

Die bisher geschilderten Wohnungen sind typisch für die Wohnungsverhältnisse der armen Leute in Berlin. Es ist daraus zu ersehen, daß für ihr Wohnungsbedürfnis überhaupt nicht gesorgt ist, denn jedenfalls ist es ein starker Euphemismus, derartige Räumlichkeiten als menschliche Wohnungen zu bezeichnen; den Namen verdienen sie nicht. Die Personen, die in ihnen wohnen, müssen notwendig im Laufe der Zeit unter den Durchschnitt eines gesunden normalen Menschentums herabsinken.

Vossische Zeitung, 27. Mai 1893

»Theoretisch ist längst festgestellt, wohin dies Zusammenpressen der Bevölkerung über- und nebeneinander führen müsse. Aber nicht bloß um das Hygienische handelt es sich. Zu was für Männern und Frauen sollen sich ihrer Denkweise nach die Kinder entwickeln, die in dieser steinernen Einöde aufwachsen? … Ich, wenn ich in einer dieser Straßen aufgewachsen wäre», gibt Herman Grimm, Professor der Kunstgeschichte an der Berliner Universität, offen zu, »in einem dieser Keller, in die keine Sonne dringt, würde mich zu allem Natürlichen im Gegensatze empfunden und das unauslöschliche Gefühl in meine späteren Jahre mit hineingetragen haben, es sei gegen das Bestehende Opposition zu machen» (Herman Grimm, Aus den letzten fünf Jahren).

An erschreckenden Analysen und ungeschönten Berichten engagierter Wissenschaftler und Journalisten fehlt es schon damals nicht – aber was vermag eine Feder gegen das geballte Privatinteresse von Hausbesitzern und Bodenspekulanten?

Die Zahl der Bodenspekulanten ist Legion; ich wage nicht, hier eine bestimmte Ziffer auszusprechen. Denn der Bodenspekulant nennt sich bald Bankier, bald Rentier; bald bildet er ein Konsortium, bald eine Aktiengesellschaft; bald erscheint die Bodenspekulation als Hauptgewerbe, bald bietet sie unseren vornehmen Bankinstituten einen willkommenen Nebenerwerb. Wer spielt nicht alles in Terrains? Man muß diese Leute schätzen, zählen kann man sie nicht.

Alsdann kommen die professionellen Häuserspekulanten; ihre Zahl und Bedeutung mag man an den Ziffern des ununterbrochenen Grundbesitzwechsels ermessen. Zuletzt ist noch der endlosen Schar von Agenten und Vermittlern zu gedenken, die im Grundstücks-, Häuser- und Hypothekenverkehr tätig sind.

Zu dieser regulären Truppe gesellt sich der gewaltige Troß der Irregulären, die zusammenlaufen, wo immer die Trommel gerührt wird; es ist die lockere Zunft der Bau- und Häuserschwindler.

Das ist der Hausbesitzer, der für 10 Mark den Tag Manifestationseide schwört, der Unternehmer, der die Häuser halb umsonst baut (die Hypothekenbanken sind gedeckt, die Lieferanten fallen aus), der Mieter, mit dessen gefälschten Kontrakten ein Neubau ausstaffiert und weit über Preis an den Mann gebracht wird, die Strohmänner, die Hypothekenverschärfer, die Geldgeber, die Häuserschieber, ja, wer wollte auch nur eine erschöpfende Liste, geschweige denn die Zahl dieses Gesindels angeben. Ich will gern glauben, daß dieser marodierende Haufe den ehrlichen Existenzen oft recht lästig wird und daß die stabilierten Hausbesitzer es ernst meinen, wenn sie ihr Gewerbe von diesem Pack je eher, je lieber gereinigt sehen möchten.

Wir wollen nicht den Versuch machen, die Personenzahlen zusammenzurechnen; die geringste Schätzung wird noch immer eine Ziffer ergeben, hinter der jedes produktive Gewerbe weit zurückstehen muß. Man hätte den blühendsten Zweig der rheinischen Industrie nach Berlin verpflanzen können, und er hätte keinen solchen Zuzug gebracht wie die Überantwortung des Wohnungswesens an die Allmacht der Spekulation.

Rudolf Eberstadt, Städtische Bodenfragen

Kein Wunder, daß bei derartigen Wohnverhältnissen die Sterblichkeitsziffer in Berlin überdurchschnittlich hoch liegt. Mitte der siebziger Jahre vollenden von den in der Hauptstadt geborenen Mädchen nur ein Drittel, von den Jungen nur knapp ein Viertel das erste Lebensjahr, und die durchschnittliche Lebensdauer wird durch die hohe Kindersterblichkeit bei den Männern auf 25 Jahre, bei den Frauen auf 29 Jahre reduziert. Auch ein Jahrzehnt später weist die Statistik keine wesentlich anderen Zahlen aus – trotz deutlicher Verbesserungen auf hygienischem Gebiet durch Wasserversorgung und Kanalisation, trotz des raschen Fortschritts der medizinischen Wissenschaft.

Franz Oppenheimer, seit 1887 niedergelassener Arzt in der Eichendorffstraße, im Studentenviertel nördlich des Bahnhofs Friedrichstraße, erzählt in seinen Erinnerungen:

Es gab dort viel Kleinbürgertum, namentlich von alten Leuten, die von der Vermietung der Zimmer an die Studenten lebten, und kolossal viel Prostitution. Es gab außerdem sehr viele Arbeiter, wenn auch nicht gerade von der alleruntersten Schicht der Lumpenproletarier; mehr Gelernte als Ungelernte.

Hier sah ich zum ersten Male mit immer wachsendem Verständnis und immer größerem Grauen in das Medusenantlitz der sozialen Frage. Es war eine Kleinleutepraxis, oft sogar eine Armeleutepraxis; es kam immer öfter vor, daß sich ganz arme Familien an mich statt an den offiziellen Armenarzt wendeten; das ganze Elend der Großstadt entblößte sich vor meinen Augen, und die soziale Bedingtheit so vieler Krankheiten drängte sich mir auf. Als Arzt der Sanitätswache hatte ich häufig die Folgen von schweren Schlägereien zu behandeln. Einmal wurde ich in das fürchterlichste Milieu berufen, das ich jemals betreten habe: eine alte Dirne war von ihrem Zuhälter, angeblich mit einem zerbrochenen Teller, wahrscheinlich aber mit einem gefährlicheren Instrument, schwer verletzt worden; der Rand des Schulterblattes lag frei in der klaffenden Rückenwunde. Alle paar Wochen wurde ich in eines der finsteren kleinen Absteigequartiere jener Gegend gerufen, um einem Selbstmörderpaare die Totenscheine auszustellen; und ich hatte eine ganz regelmäßige Einnahme aus der Bescheinigung von blauen Flecken und derartigen kleinen Schäden, Attesten, die der erfolgreichen Anstrengung eines Prozesses dienen sollten. Entsetzliche Roheit, beschämende Unbildung, gräßliche Unwissenheit!

Und die übrige Praxis? An der Spitze marschierte die tödliche Seuche, die damals noch die Säuglinge der Großstadt mehr als zehntete: die Kindercholera, die Sommerdiarrhöe, die mir selbst vor langer Zeit meinen geliebten kleinen Bruder Georg geraubt hatte. Wir kannten die Ursache: verdorbene Milch und schlechte Luft in den überhitzten Mietskasernen, in die auch die Nacht keine Kühlung bringen konnte, weil die aneinandergedrängten Mauermassen nachts die Hitze ausströmten, die sie am Tage aufgesogen hatten. Vor allem in den engen Höfen mordete die Seuche. Ein berühmter Arzt sagte damals in bitterer Empörung: »Die armen Kinder werden erst auf dem Totenbette kühl.« Wieviel Totenscheine habe ich ausgestellt für solche Würmchen, die ich vorher nie gesehen hatte! Der Tod hatte sie fast mit der Geschwindigkeit eines Blitzes dahingerafft. An zweiter Stelle kam der Zahl nach die Tuberkulose, namentlich in ihrer Gestalt als Lungenschwindsucht. Wir hatten gerade damals begriffen, daß dieses Leiden dort, wo keine Erblichkeit vorliegt, im Anfangszustande fast immer heilbar ist, wenn man nur die Kranken lange genug in guter Luft bei reichlicher Ernährung pflegen und sie dauernd den Schädigungen ihres Berufes entziehen kann. Hier handelte es sich in der Regel um Menschen mit unbelasteter Aszendenz, um ursprünglich gesunde und starke Männer und Frauen, die den Einwirkungen des Fabrikstaubes, der licht- und luftlosen Wohnung und der unzureichenden Ernährung verfallen waren oder die sich im Zusammenleben mit anderen Kranken infiziert hatten. Man mußte sie sterben und die Familien zugrunde gehen lassen; gelang es einmal, einen in eine der wenigen damals vorhandenen Anstalten zur Aufnahme zu bringen, so war das fast immer nur eine Atempause; er mußte zurück in seine Beschäftigung, und das gefräßige Tier in seiner Lunge wurde seiner Herr. An dritter Stelle stand die Unzahl der künstlich herbeigeführten Fehlgeburten, die ich nachzubehandeln hatte, verbrochen in schmutzigen Winkeln von noch schmutzigeren Weibern, die ihren Opfern den letzten Pfennig aus der Tasche zogen und oft genug ihnen dauerndes Siechtum oder gar den Tod brachten. Und dann das Heer der Geschlechtskrankheiten, die Prostitution aller Schattierungen, von der eleganten Freundin mehrerer Männer bis herab zur völlig verkommenen unseligen »Tippelschickse«: »der Menschheit ganzer Jammer« faßt mich noch heute an, wenn ich an all das Elend zurückdenke, das wie ein gespenstischer Film an mir vorüberglitt.

Franz Oppenheimer, Erlebtes, Erstrebtes, Erreichtes

Industriestandort Berlin

Mit dem Abklingen der Wirtschaftskrise 1878/79 tritt die Berliner Wirtschaft in den achtziger Jahren in eine neue, prosperierende Phase ihrer Entwicklung, die im wesentlichen, unterbrochen nur von zwei kürzeren zyklischen Depressionen Mitte der achtziger und Anfang der neunziger Jahre, bis zum Ende des Jahrhunderts anhält.

Die Berliner Wirtschaft in allen ihren Verzweigungen stieg zu einem Gebilde von erstaunlichem Glanz auf. Was wir bisher an Firmen der Industrie, des Großhandels, des Einzelhandels kennenlernten, bildete auch weiterhin Kern und Stamm des geschäftlichen Lebens der Stadt, wirkte anfeuernd in die Runde, fand Stütze durch zahlreiche neue Unternehmungen und erlebte eine Zeit der Blüte, die dem Kaufmanntum eine noch ganz andere Stellung im Organismus Berlins verlieh als zuvor. Überall beobachten wir nun Vergrößerung, Erweiterung, Ausbreitung der geschäftlichen Betriebe. Die alten Läden genügen nicht mehr, sie gehen auf in ganze Ladengeschosse, die man durch Niederlegung der Verbindungsmauern, hellen und luftigen Ausbau mit den Mitteln moderner Technik gewinnt, oder in ganze Geschäftshäuser, die zu Burgen von Einzelfirmen werden. Die Industrie beginnt ihre »Randwanderung«, wie der Architekt Martin Mächler diese Dezentralisationsbewegung genannt hat, die mit der Konzentrierung und Konsolidierung des Handels im Stadtinnern Hand in Hand geht, um langsam Ordnung und Übersicht in die drohende Verwirrung der immer weiter anwachsenden Stadt zu bringen. Das Siemenswerk ... war vom Südwesten der Stadt Berlin, wo es begonnen, 1883 nach der Franklinstraße in Moabit gewandert ... Borsig zog nach Tegel hin und übernahm in »Borsigwalde« abermals die Rolle eines Stadtgründers. Schwartzkopff nahm die Richtung nach Südosten und zauberte in Wildau bei Königs Wusterhausen wiederum eine neue Stadt aus dem Boden. Die Artilleriewerkstätten, zuerst völlig im Stadtinnern angelegt, strebten nach Spandau hinaus. So ging es allenthalben. Es wurden die ersten Wachttürme der riesigen Peripheriestadt aufgestellt, die sich allmählich um ganz Berlin ziehen sollte.
Max Osborn, Berlins Aufstieg zur Weltstadt

In den achtziger Jahren, nach dem Bau der Stadtbahn, wandern die Werke entlang der Spree und dem Landwehrkanal nach dem Schlesischen Tor, nach Charlottenburg und Moabit, aber auch schon nach Treptow und Schöneweide, Lichtenberg und Marienfelde. Wasserstraßen und Gütereisenbahnen, vor allem aber die Reichweite der Vorortverkehrslinien bestimmen die Grenzen der industriellen Randwanderung. Kaum eines der großen Unternehmen, die das Profil der Industriestadt Berlin in zunehmendem Maße prägen, verzichtet auf die neuen Möglichkeiten, sich auszudehnen, zu modernisieren, günstige Transportwege zu nutzen und den Einzugsbereich für einen qualifizierten Facharbeiterstamm zu erweitern. So baut die AEG in Schöneweide und Köpenick, Loewe errichtet Anfang der neunziger Jahre in Martinikenfelde die damals modernste Fabrikanlage des europäischen Werkzeugmaschinenbaus; die metallverarbeitende Industrie breitet sich östlich der Stadtgrenze in Lichtenberg aus, wie die Landmaschinenfabrik Eckert oder das vor allem für den Eisenbahnwaggonbau arbeitende, 1883 von J. F. Carpenter gegründete, 1893 von Georg Knorr übernommene Bremsenwerk; Carl Spindler hatte schon in den siebziger Jahren begonnen, seine Waschanstalt, Färberei und chemische Reinigung an die Oberspree zu verlegen, wo sich nun, in den achtziger und neunziger Jahren, um seinen Betrieb ein ganzer Stadtteil mit eigenem Bahnanschluß entwickelt: Spindlersfeld; die renommierte Kunheimsche Fabrik für technische Gase, bald der größte Ammoniakhersteller in Deutschland, produziert seit 1885 in Niederschöneweide, und auch die für Berlin immer bedeutender werdenden Produktionsstätten von Anilinfarben und pharmazeutischen Präparaten (Schering, Agfa) verlassen ihre angestammten Sitze im Stadtzentrum und weichen an die Peripherie aus.

Berlin ist seit dem Ende der achtziger Jahre die am weitesten entwickelte industrielle Großstadt Deutschlands. Trotz der zunehmenden Abwanderungen der Großindustrie in die Randgebiete wächst Umfang und Vielfalt der Produktion auch im eigentlichen Stadtgebiet von Berlin. Die Zahl der in der Industrie Tätigen steigt, wie der Bericht über den Handel und die Industrie von Berlin ausweist, von 280 000 im Jahre 1882 auf über 410 000 im Jahre 1895. Noch immer sind rund die Hälfte von ihnen in Kleinbetrieben mit bis zu fünf Personen beschäftigt, aber die Tendenz zur Konzentration, zur Entwicklung leistungsfähiger, exportintensiver Großbetriebe wächst. Mit deutlich ausgestelltem Optimismus ziehen die Ältesten der Berliner Kaufmannschaft am Ende des Jahrhunderts Bilanz:

Das 19. Jahrhundert, das nunmehr abgeschlossen hinter uns liegt, hat dem wirtschaftlichen Leben einerseits durch die Entwickelung der Naturwissenschaften und der Technik, vor allem durch die Anwendung des Dampfes und der Elektrizität, andererseits in unserem

Hans Baluschek, Neue Häuser, 1895

deutschen Vaterlande auch durch dessen Einigung und machtvolle Erhebung sowie durch eine Reihe weiser wirtschaftlicher Gesetze zu ungeahnter Blüte verholfen. Freilich hat sich der Aufschwung nicht ununterbrochen vollzogen, sondern es sind in häufigem Wechsel den guten Jahren auch schlechte gefolgt, Jahre der Krisis, in denen der Absatz stockte, die Fabrikate sich entwerteten, die Arbeiter in Massen entlassen werden mußten. Aber vor seinem Scheiden hat das Jahrhundert noch einmal eine so anhaltende und so glänzende Blüteperiode, eine so große und allgemeine Steigerung des Wohlstandes und der materiellen Kultur gebracht, daß man gern geneigt ist, in dem Bilde der modernen wirtschaftlichen Entwickelung weit mehr Licht als Schatten zu sehen.
Bericht über den Handel und die Industrie von Berlin im Jahre 1899

Kernstück der Berliner Industrie ist noch immer der Maschinenbau, der sein Produktionsprofil erweitert und modernisiert; die Nahrungs- und Genußmittelindustrie erfährt mit der wachsenden Bevölkerung Berlins einen großen Aufschwung: von Bolles Milchimperium über Schokoladenfabriken und Brauereien bis zu Garbatys Zigarettenfabriken; zu einem führenden Betrieb der optischen Industrie entwickelt sich die Firma C.P.Goertz, seit 1885 in Niederschöneweide ansässig; tausende Berliner arbeiten in der Papierindustrie, in der polygraphi-

schen Industrie, die mit den expandierenden Zeitungs- und Zeitschriftenverlagen der Hauptstadt – Mosse, Ullstein (seit 1877), Scherl (seit 1883) – verbunden sind. Das Textil- und Konfektionsgewerbe, traditionell ein wichtiger Bestandteil des Berliner Wirtschaftslebens, nimmt im letzten Drittel des 19. Jahrhunderts ebenfalls einen bedeutenden Aufschwung:

Manche Stadtgegenden tragen völlig den Stempel des Bekleidungsgewerbes. Der Hausvogteiplatz wird zum anerkannten Hauptquartier der großen Konfektionsfirmen. Aber auch noch andere Zentren bilden sich ... eine zweite Hauptstelle wird die Gegend um das Berliner Rathaus, wo von alters her der Sitz des Berliner Tuch- und Baumwollhandels war; die Herrenkonfektion liebt die Kaiser-Wilhelm- und Neue Friedrichstraße, die Herrenwäsche die Straßen nördlich des Oranienburger, Rosenthaler und Schönhauser Tores; die Damenwäsche schlägt ihre Fabriken gern in der Neuen Kloster- und Neuen Friedrichstraße auf; wer die Jupon- und Blusenbranche aufsuchen, namentlich Stapelartikel finden will, begibt sich am besten ins Baumwollenviertel um den Neuen Markt.
Max Osborn, Berlins Aufstieg zur Weltstadt

Im Berliner Bekleidungsgewerbe mit seinen unzähligen Nebenbranchen waren nach unvollständigen Angaben über 200 000 Menschen beschäftigt. Sie stellten von Damen- und Kindermänteln über Kleider, Blusen, Wäsche bis zu Handschuhen und Hüten, vom kostbaren Pelz bis zum billigen modischen Kleinkram alles her, was in den Konfektionsgeschäften gefragt war. Der größte Teil der Erzeugnisse war für den Export bestimmt.

Sogar nach den unvollständigen statistischen Angaben leben in Berlin 13,28 Prozent der Bevölkerung von den Bekleidungsgewerben, in denen jeder 12. Berliner – in der Saison jeder 8. – tätig ist. Sie sind die weitaus bedeutendste Industrie des modernen Berlin (13,74 Prozent aller selbsttätigen Berliner), der, vom Handel (10,79 Prozent) abgesehen, die Metallindustrie (6,80 Prozent) als zweite erst in weiterem Abstand folgt. Indessen zeigen diese beiden wichtigsten Berliner Gewerbe voneinander ganz verschiedene Produktionssysteme ... Beide sind bedeutende Exportindustrien, aber bei jenen beruht die Überlegenheit auf der technischen Bildung der Ingenieure und der Leistungsfähigkeit der Arbeiter, bei diesen neben manchem andern hauptsächlich auf billigen Löhnen; dort herrscht das Fabriksystem in ausgeprägtester Form, hier die Hausindustrie in den vielfachsten Spielarten ...

Die zunehmende Bedeutung Berlins als Industriestadt zieht auch die Maler in ihren Bann: Paul Andorff, Die Spindlerwerke an der Oberspree, 1881

Die auf 8 000 bis 10 000 geschätzten Zwischenmeister haben größtenteils nur eine kleine Werkstatt, in der sie die Stoffe zuschneiden und nach dem Nähen fertigmachen lassen; mitunter auch dies nicht. Das Nähen lassen sie außer dem Hause besorgen, so daß in tausenden kleiner Berliner Haushaltungen die Nähmaschinen für die Großkonfektion klappern. Die Zahl der Arbeiter, meistens Arbeiterinnen, wird für die stille Zeit auf 30 000, für die Saison auf 80 bis 100 000 geschätzt. Die von der Statistik erfaßte Zahl der Allein- und Kleinbetriebe bleibt demnach selbst 1882 (756 Betriebe beschäftigten 30 186 Hausindustrielle) weit hinter der Wirklichkeit zurück. Außerdem haben zahllose Frauen und Töchter von kleinen Beamten, Arbeitern, schlecht gelohnten Kommis und so weiter ihre Nähmaschine und sind nebenher in der Konfektion tätig. Ja in der Hochsaison helfen selbst die Männer mit, wenn sie vom Büro oder aus der Arbeit kommen, und bügeln oder nähen Knöpfe an. Diese unabschätzbare Zahl von nebenher Tätigen, deren Eingreifen gelegentlich des Konfektionsarbeiterstreiks von den Streikenden am meisten gefürchtet wurde, trägt viel Schuld an den »Hungerlöhnen«, die in der Konfektionsindustrie gezahlt werden ... Das eigentliche Schwitzsystem beruht darin, daß sich zwischen den ersten Zwischenmeister und der Arbeiterin fortwährend neue Zwischenglieder schieben, indem jeder mehr Arbeit übernimmt, als er selbst leisten kann, und nun wieder an andre weitergibt, um von deren Arbeit mitzuverdienen und so weiter. So wird die Kette zwischen Konfektionshaus und Arbeiterin immer länger, und immer mehr wollen von der Produktion leben. Da nun die Warenpreise den festen Abschlüssen gemäß nach oben fest sind, werden die Arbeitslöhne immer tiefer herabgedrückt, so daß sie schließ-lich nicht einmal von der Gefängnisarbeit mehr unterboten werden können (1882 waren nur 249 Gefangene in der Konfektion tätig). Neuerdings bilden sich über den ersten Zwischenmeistern sogenannte Kontrakter, die das Konfektionshaus der Mühe entheben, mit vielen Zwischenmeistern verhandeln zu müssen; als kapitalkräftige Leute übernehmen sie gegen Kontrakt große Warenmengen zur Herstellung und geben sie dann selbständig an die Zwischenmeister weiter.

Otto Wiedfeldt, Statistische Studien zur Entwicklungsgeschichte der Berliner Industrie

Keine Statistik vermochte Auskunft zu geben, wieviele Heimarbeiter tatsächlich in der Berliner Konfektionsindustrie beschäftigt waren. Die Gewerbedeputation schätzte ihre Zahl auf 100 000, für die es weder geregelte Arbeitszeit noch einen menschenwürdigen Lohn noch irgendeinen Schutz vor Verdienstausfall durch Krankheit oder die Wechselfälle der Konjunktur gab.

Unter den neuen, den »modernen« Industrien war die Elektrotechnik am raschesten und sichtbarsten den Kinderschuhen entwachsen. Zählte man 1882 erst 25 Betriebe dieser Branche mit rund 1 000 Beschäftigten, so sind es am Ende des Jahrzehnts bereits über 6 000 Arbeiter und Techniker, die durch die Herstellung elektrotechnischer Produkte, von der Glühbirne bis zur Dynamomaschine, Brot und Arbeit finden.

Die Berliner Elektroindustrie war lange Zeit fast ausschließlich mit dem Namen von Werner Siemens verbunden, der seine 1847 mit Johann Georg Halske gegründete Telegraphenbauanstalt schon in den siebziger Jahren zu einem Unternehmen von Weltruf ausgebaut hatte:

Um das Jahr 1880 glänzte am Himmel eigentlich nur ein elektrischer Stern, das war die Firma Siemens & Halske in Berlin. Der Ruhm, der den Namen ihres Gründers umstrahlte, war so groß, daß kaum jemand daran dachte, es könne daneben noch andere geben, die ähnlich hohem Ziele zustrebten. Die Erfolge auf dem Gebiete des Telegraphenwesens, der Signaleinrichtungen für Eisenbahnen waren ja bekannt; für das große Publikum versanken sie aber, als man vom dynamoelektrischen Prinzip, von Maschinen zur Erzeugung elektrischen Stroms, von elektrischen »Lichtern« und besonders von der geheimnisvollen elektrischen Eisenbahn hörte, die 1879 während der Berliner Gewerbeausstellung das Staunen aller erregt hatte, die das Wunder zu sehen Gelegenheit gehabt hatten. Wohl hatten Leute, die Berichte über eine Ausstellung in Paris im Jahre 1878 gelesen hatten, davon Kenntnis, daß auch sonstwo Erfinder auf diesen Gebieten tätig waren, manche wußten vielleicht auch, daß in Nürnberg eine solche Werkstätte sein solle – wenn man aber irgendwie fragte, dann hörte man nur Siemens & Halske gleichsam als den Berg Sesam nennen, in dem alle Rätsel und der ganze Zauber der Elektrizität verborgen liegen sollten.

Heinrich Voigt, Nachdenkliches und Heiteres aus den ersten Jahrzehnten der Elektrotechnik

Siemens, der nicht nur klug disponierender Unternehmer, sondern selbst auch ein genialer Erfinder ist, weiß wie kein zweiter um die Anforderungen, die aus dem atemberaubenden Entwicklungstempo des jungen Industriezweiges erwachsen. Am 6. Februar 1882 schreibt er an seinen Bruder Karl in Petersburg:

Unsere große Aufgabe ist es, uns an der Spitze der Elektrotechnik zu halten, und das heißt heute, wo alle Welt Elektrotechnik treibt und ganz fidel auf unseren Schultern steht, keine Kleinigkeit! Du solltest nur die unendlichen Mühen und Sorgen mitgemacht haben, die uns jetzt die elektrische Eisenbahn in ihrer praktischen Durchführung und die Herstellung guter Glühlampen, die für die Aufrechterhaltung unserer Stellung und unseres Beleuchtungsgeschäftes durchaus notwendig war, gemacht hat und noch macht, obgleich wir glücklich über den Berg (hier in Wirklichkeit den Spandauer Bockberg bei Charlottenburg) sind! Es gehören da Erfindungen zu Dutzenden dazu, und die wollen gemacht und durchgearbeitet werden! Ihr seht nachher die fertigen Sachen, denen man die Geburtswehen gar nicht mehr ansieht! Diesem wichtigsten Teile unseres Geschäftes müssen die Kräfte unserer ersten Beamten vornehmlich gewidmet sein.

Werner Siemens. Ein Lebensbild nebst einer Auswahl seiner Briefe/2

Zu einem der bedeutendsten Unternehmen der Elektroindustrie neben Siemens entwickelt sich die 1883 gegründete Deutsche Edisongesellschaft für angewandte Elektrizität unter Leitung von Emil Rathenau, die 1887 den Namen Allgemeine Elektrizitätsgesellschaft (AEG) an-

nimmt. Sie beginnt in einer kleinen Werkstatt mit sechs Angestellten, fünfzehn Jahre später gehören ihr zahlreiche Fabriken in und um Berlin, in denen Glühlampen und Akkumulatoren, Dynamos und Turbinen, Kabel und elektrochemische Anlagen produziert werden und in denen (1899) 14 000 Menschen beschäftigt sind. Filialunternehmen entstehen in Wien und Petersburg, in London und Paris.

1884 gründet Rathenau als Tochterunternehmen der Deutschen Edisongesellschaft die Städtischen (später Berliner) Elektrizitätswerke. Ein Vertrag mit der Stadt Berlin ermächtigt ihn, für die Dauer von dreißig Jahren von einer oder mehreren Zentralen aus elektrischen Strom zu verteilen und die Leitungen unter den Straßen zu verlegen. Die Gesellschaft verpflichtet sich dafür, feste Tarife einzuführen und nach Ablauf des Vertrages der Stadt die Anlagen zum Taxpreis zu überlassen. Am 15. August 1885 eröffnen die BEW ihre erste Kraftzentrale in der Markgrafenstraße, der schon bald weitere in der Mauer- und Spandauer Straße sowie am Schiffbauerdamm folgen. Mit der Gründung der Berliner Elektrizitätswerke, der ersten öffentlichen Einrichtung dieser Art in Deutschland, macht die Einführung der elektrischen Beleuchtung in Berlin rasche Fortschritte. Auch die Industrie profitiert von dem neuen Unternehmen: 1886 wird der erste Elektromotor an das Netz der BEW angeschlossen, und 1900 übertrifft erstmals der Kraftstromverbrauch den Lichtstromanteil.

Zu den Wunderwerken der Elektrotechnik, die in den achtziger Jahren in Berlin ihren Einzug halten, gehört auch das Telephon. Werner Siemens hatte bereits Ende der siebziger Jahre begonnen, das von dem Amerikaner Bell konstruierte Telephon technisch zu verbessern und in seiner Firma zu produzieren. Am 7. November 1877 erfahren die Berliner aus einem Artikel der »National-Zeitung«: »Das erste Telephon ist in Berlin wirklich in Dienst gestellt, und zwar von dem Arbeitszimmer des Generalpostmeisters in der Leipziger Straße zu dem Arbeitszimmer des Direktors des Generaltelegraphenamts in der Französischen Straße. Die mündliche Verständigung auf der zwei Kilometer langen Leitung ist vollkommen …, als ob beide Herren sich in ein und demselben Zimmer befänden.« Die Zeitungsmeldung erregt in Berlin ungeheures Aufsehen. Am 19. November schreibt Werner Siemens an seinen Bruder Wilhelm in London:

Der Telephonschwindel ist jetzt in Deutschland in voller Blüte, und ich kann sagen, ich werde die Geister, die wir berufen haben, nicht mehr los! Heute sind ca. 100 Briefe, welche Lieferung von Telephonen verlangen, eingegangen, und so geht es täglich. Dazu die Berliner, die unser Geschäft vollständig belagern und alle guten Freunde – wenn auch nur ad hoc –, welche es bei uns sehen und darüber schwatzen wollen! Es ist eine wahre Kalamität! Ich habe leider den Preis

zu niedrig normiert – 5 M. das Stück. Wir verdienen dabei zwar noch 50 %, und ich wollte durch billigen Preis die Dinger in der Hand behalten. Einen solchen Sturm hatte ich aber doch nicht vorausgesehen. Ich denke nämlich, daß das Telephon die Telegraphierung allgemein machen wird, und dann werden wir durch Kabelleitungen und magnetelektrische Wecker ein gutes Geschäft machen können.
Werner Siemens. Ein Lebensbild nebst einer Auswahl seiner Briefe/2

Auch der Kaiser ist neugierig auf den neuen Wunderapparat. Generalpostmeister Stephan darf ihn höchstpersönlich Seiner Majestät präsentieren:

Unmittelbar von dieser Vorführung kommend, hat er mir, meiner Frau und meinen Geschwistern, die er zu sich geladen hatte, erzählt, wie der alte Herr seinen Vortrag ziemlich ungläubig angehört hatte. Erst als die nach seiner Wahl bestimmten Melodien und Tonstücke, die dem am anderen Ende der Leitung, im sogenannten Kronprinzenhause an der Behrenstraße befindlichen Beamten durch den Fernsprecher aufgegeben und von ihm auf der Geige gespielt worden waren, dem Kaiser in seinem Arbeitszimmer mit dem bekannten historischen Eckfenster ganz deutlich aus dem Apparat in seiner Hand entgegenklangen, hatte sich seine Ungläubigkeit in helles Erstaunen und in Bewunderung verwandelt. Seien Sie froh, Stephan, hatte der Kaiser zu ihm gesagt, daß Sie jetzt leben; vor vierhundert Jahren hätte man Sie als Hexenmeister verbrannt!
Paul David Fischer, Erinnerungen aus meinem Leben

1880 verkündet das Reichspostamt, daß es den Bau einer Fernsprechanlage für Berlin beschlossen habe – die Hauptstadt ist nach Mülhausen im Elsaß die zweite deutsche Stadt, die eine solche Anlage erhält. Die anfängliche Telephonbegeisterung der Berliner ist inzwischen allerdings einer gewissen Skepsis gewichen. Als 1881 das erste Telephon-»Buch« erscheint, sind lediglich 48 Teilnehmer verzeichnet. Berliner Hausbesitzer protestieren gegen die »unentgeltliche Hergabe der Dächer zu Telephonzwecken«, ein »entschieden sozialistischer Zug, der mehr und mehr die Anschauungen der ganzen modernen Gesellschaft durchdringt«, wie der Betreiber des Hotels Kaiserhof, Sebastian Hensel, kritisiert (»Ein Lebensbild aus Deutschlands Lehrjahren«). Die Bewohner fürchten, daß die Telephonstangen den Blitz ins Haus leiten könnten, und auch mit dem Zweifel an seiner Wirksamkeit, ja mit Unglauben über seine Wesensart hat der Fernsprecher noch eine ganze Weile zu kämpfen:

Auf dem Dach der Telefonzentrale ►
in der Oranienburger Straße.
Foto von Waldemar Titzenthaler, 1899

Ich bin Zeuge gewesen, wie im Winter 1877/78 im Hause von Werner Siemens ein Mitglied der Akademie der Wissenschaften leidenschaftlich bestritt, daß die Wirksamkeit des Fernsprechers auf elektromagnetischen Vorgängen beruhe; statt durch Umwandlung der Schallwellen in elektrische Ströme und umgekehrt dieser Ströme wieder in Schallwellen wollte er sie einfach durch die mechanische Fortpflanzung der Schallwellen an der Leitung erklären, wie man dies an jedem Bindfaden zu tun vermöge. Also ungefähr derselbe Standpunkt, von dem aus im Berliner Jargon der Fernsprecher lange Zeit als Quasselstrippe bezeichnet worden ist. – Ich bin einer der ersten gewesen, der den Fernsprecher in seiner Wohnung gehabt und ihn tagtäglich benutzt hat. Auf jeder dienstlichen Reise habe ich später mich erkundigt, wie weit von dem betreffenden Ort ferngesprochen werden könnte, und mich dann an weitere Verbindungen bis Berlin einschalten lassen, um durch ein Gespräch mit meiner Frau die Ohrenzeugen im Erzgebirge, in Ostpreußen oder am Rhein über die Tragweite ihres Fernsprechers in Erstaunen zu setzen. Ein Postmeister im sächsischen Vogtland fand es besonders wunderbar, daß der Fernsprecher auch italienisch reden konnte, als ich mich dieser Sprache in der Unterhaltung mit meiner Frau bediente.

Paul David Fischer, Erinnerungen aus meinem Leben

Trotz aller Lobsprüche in der Presse steigt die Zahl der Berliner Teilnehmer nur langsam: das Telephonverzeichnis von 1882 enthält 579 Anschlüsse. Neben den Bankiers tauchen jetzt die großen Berliner Zeitungen auf, Eisenbahnen, Hotels, Firmennamen. Auch in der Berliner Stadtverwaltung hält die neue Technik langsam Einzug. In der Ärzteschaft hat anfänglich nur der Hofzahnarzt Telschow Bedarf fürs Fernsprechen, zögernd kommen im folgenden Jahr noch zwei praktische Ärzte hinzu. Aber am Ende des Jahrzehnts ist der Durchbruch geschafft: »Berlin hat jetzt wohl das größte Telephonnetz der Welt. Es hatte am Schlusse des Jahres 15 000 Anschlüsse und direkte Telephonverbindung mit vielen entfernten Städten Deutschlands, wie Hamburg, Hannover, Dresden etc. Der in Berlin immer fühlbarer werdenden Schwierigkeit der Anbringung und Erhaltung der gewaltigen Mengen von Leitungsdrähten begegnete die Telegraphenverwaltung erfolgreich durch Anlage eines Systems unterirdischer Leitungen.« (Bericht über den Handel und die Industrie von Berlin im Jahre 1890)

Mit der Entstehung neuer, moderner Industrieunternehmen entwickelt sich Berlin auch zum Bankenplatz von internationaler Bedeutung. Die großen Unternehmungen der Industrie brauchen für ihre Entwicklung in erster Linie Geld, viel Geld – und das können nur große, kapitalkräftige Finanzunternehmen geben. Wenn sie wollen:

Sie fördern durch Kreditgewährung in erster Linie die aussichtsreichsten Zweige und Unternehmungen und begünstigen sie in ihren Entwickelungstendenzen. Ursprünglich war der Eisenbahnbau durch Aktiengesellschaften der Stachel für industrielle Bankgeschäfte. Seit Ende der siebziger Jahre wurden die Eisenbahnen verstaatlicht. Das Geschäft mit diesen Unternehmungen hörte daher, wenigstens in Deutschland, fast ganz auf. Nur im Auslande wurden weiter Bahnen gebaut. Die Banken mußten daher seit den achtziger Jahren ein neues Befruchtungsgebiet aufsuchen, und das war die schwere Industrie Rheinland-Westfalens ... In den neunziger Jahren wird dann die Elektrizitätsindustrie und der Maschinenbau das Operationsgebiet für das Bankkapital. Die schnelle Ausdehnung, der große Kapitalbedarf und die vielen Transaktionen auf dem Gebiete dieser Industrien boten den Effektenbanken Beschäftigung in Hülle und Fülle.
Oskar Stillich, Geld- und Bankwesen

Schon während der ersten Jahre nach dem Deutsch-Französischen Krieg, als alle alles »gründeten«, hatte es in der deutschen Hauptstadt einen Bankenboom gegeben: zwischen 1870 und 1873 entstanden hier über 40 neue Geld- und Kreditinstitute, meist Baubanken, aber die meisten von ihnen überleben den großen Krach von 1873 nicht. Die Schlüsselposition der Banken aber bleibt, und auch hier setzt sich, wie in der Industrie, die Tendenz zur Zentralisation und Konzentration durch. Noch gibt es (1892) 538 Privatbankiers in Berlin – die bedeutendsten unter ihnen sind Bleichröder, Mendelssohn und Robert Warschauer –, aber das Hauptgeschäft machen mehr und mehr die Großen der Branche unter sich aus: Deutsche Bank und Disconto-Gesellschaft, Dresdner Bank und die Darmstädter Bank für Handel und Industrie; 1890 läßt sich auch der Schaaffhausensche Bankverein in Berlin nieder, und mit der Direktion Fürstenbergs beginnt der steile Aufstieg der Berliner Handels-Gesellschaft.

Die großen Berliner Banken sichern sich ihren Einfluß auf die Entwicklung der Wirtschaft nicht nur durch Kreditvergaben. Sie beteiligen sich selbst mit Aktienbesitz an den von ihnen geförderten Unternehmen oder entsenden leitende Mitarbeiter in die Aufsichtsräte der Industriegesellschaften. So ist die Deutsche Bank bei Siemens mit vier Aufsichtsratsstellen vertreten, die Disconto-Gesellschaft entsendet ihre Inhaber als Aufsichtsratsmitglieder in die Rüstungswerke der Ludwig Loewe & Co. AG und in die Berliner Maschinenbau AG vorm. L. Schwartzkopff. Der Bankier Fürstenberg, der die »Terraingesellschaft am Kurfürstendamm« gründet und profitable Grundstücksinteressen in Wannsee, Grunewald und Westend unterhält, sitzt gleichzeitig im Aufsichtsrat von Emil Rathenaus AEG. Bescheidenbieder plaudert der Finanzgewaltige in seinen Erinnerungen aus dem Nähkästchen:

Obgleich das Aufsichtsratswesen damals noch nicht gar so stark blühte wie später und obgleich ich es zeitlebens vermieden habe, Aufsichtsräte zu »sammeln«, das heißt, der Verwaltung von Gesellschaften beizutreten, in denen ich nicht wirklich etwas zu suchen hatte, so war die Zahl meiner Aufsichtsratsstellen, wie ich finde, doch schon im Jahre 1897 auf etwa dreißig angestiegen. Der Kreis meiner geschäftlichen Bekannten wurde hierdurch immer größer.

Carl Fürstenberg. Die Lebensgeschichte eines deutschen Bankiers

Nicht nur in der expandierenden Wirtschaft der deutschen Hauptstadt, in der Schwerindustrie des Ruhrgebiets oder im oberschlesischen Berg- und Hüttenrevier haben die Finanziers mehr und mehr das Sagen – auch im ausländischen Geschäft engagieren sich Berliner Großbanken. Die wirtschaftlich zurückgebliebenen Länder des Balkans, des Nahen und Fernen Ostens und des afrikanischen Kontinents bieten profitable Anlagemöglichkeiten. Die Deutsche Bank und die Berliner Handels-Gesellschaft machen das große Geschäft mit dem Eisenbahnbau in Südamerika und Afrika; 1884 gründen Adolf von Hansemann von der Disconto-Gesellschaft und der Bankier Bleichröder die Neu-Guinea-Kompagnie, die in der Südsee die Weichen für deutschen Kolonialbesitz stellt.

Hansemann und Bleichröder stehen auch an der Spitze der 1885 gegründeten Deutschen Colonialgesellschaft für Südwest-Afrika, in die Bleichröder ein Viertel des Gesamtkapitals einzahlt. Ein Jahr später entsteht in Berlin – als Tochter der Deutschen Bank – die Deutsche Überseebank, die sich vor allem der »Erschließung« Afrikas und Asiens widmen will, und 1889 zieht die Disconto-Gesellschaft mit der Deutsch-Asiatischen Bank nach. Bank- und Industriekapital drängen gemeinsam auf weiträumige Erschließung neuer Absatzmärkte und billiger Rohstoffquellen. Mitte der achtziger Jahre – Bismarck hatte sein anfängliches Zögern in der Kolonialpolitik aufgegeben – erwirbt Deutschland (Franzosen, Engländer, Italiener, Belgier und Portugiesen waren vorangegangen) ein Kolonialgebiet von der fünffachen Größe des Deutschen Reiches: in Südwest- und Ostafrika, Togo und Kamerun, im nordöstlichen Neuguinea und auf den vorgelagerten Inselgruppen der Südsee. 1884 wird in Berlin, unter Leitung des Reichskanzlers, eine »Kongo-Konferenz« abgehalten, auf der Vertreter aus fünfzehn Ländern ihre Handelsinteressen in Zentralafrika abstimmen.

So treibt in diesen Jahren auch in Berlin die Kolonialpropaganda üppige Blüten: Kolonialzeitungen und Kolonialgesellschaften, Vorträge über die »kühnen Erforscher des schwarzen Kontinents«, Bildserien im Kaiser-Panorama Unter den Linden sollen dem kleinen Mann suggerieren, daß mit dem deutschen Kapital nicht nur die Zivilisation nach Afrika und Asien kommt, sondern auch die soziale Frage daheim ihrer Lösung ein gutes Stück näher gerückt ist. Überall in Berlin schießen nun die Kolonialwarenhandlungen aus dem Boden; Berlin erhält ein Kolonialmuseum; und wer nicht selbst nach Afrika fahren kann, der darf schon mal im Friedrichstraßenkarree ein bißchen vom Duft der großen weiten Welt schnuppern:

Die Zahl der originellen Bierlokale im Stile der Bagno-Kneipe in Paris ist mit dem heutigen Tage um ein neues, entschieden ganz eigenartiges vermehrt worden. Dasselbe, in den Parterreräumen des Hauses Zimmerstraße 4 belegen, stellt eine veritable Kamerun-Faktorei dar, gelegen am Meeresstrande, die von solcher primitiver Einfachheit, daß man sich in die Heimstätte eines Robinson hineinversetzt glaubt. Der Faktoreibesitzer, Herr Schüler, hat seine Hütte inmitten eines üppigen Urwaldes aufgeschlagen, und von der einfriedigenden »Fenz« der Faktorei bietet sich dem Gast ein Blick auf die nahe See mit ihrer malerischen Küste. Büffet und Schanktisch sind aus einfachen Warenkisten zusammengezimmert, Speisenkarten auf Antilopenfelle geschrieben, und Waffen der Eingeborenen schmücken nebst Jagdtrophäen den inneren Raum der Faktorei. Und in dieser Wildnis, in diesem Stückchen »Neu-Deutschland«, gibt's prächtiges Bockbier vom Tempelhofer Berg nebst guter deutscher Küche, und deutsche Matrosen kredenzen den edlen Gerstensaft. Mehr kann der müde Wanderer im Urwald nicht verlangen. Da wird es an Besuchern auch nicht mangeln.

Volks-Zeitung, 17. April 1886

Das mit den achtziger Jahren beginnende Wirtschaftswachstum, oft auch als »zweite Gründerzeit« bezeichnet, umgibt Berlin mit dem äußerlichen Glanz einer prosperierenden Weltstadt. Die sozialen Probleme in dem rasant und chaotisch sich ausweitendem Gemeinwesen wachsen dabei mit. Der zunehmende Reichtum in den Händen einer dünnen Schicht gut und sehr gut Verdienender korrespondiert mit einem ebenfalls wachsenden Heer sozial Schwacher, denen weder hart erkämpfte Lohnsteigerungen noch die ersten Ansätze einer Sozialgesetzgebung eine wirkliche Erleichterung ihrer Lage bringen können. Laut »Statistischem Jahrbuch der Stadt Berlin« verfügten 1889/90 in der Hauptstadt 45 Personen über ein jährliches Einkommen zwischen

Ein Blick in die Zukunft.

Berlin unter dem Einfluß des Kolonialsegens.

240 000 und 480 000 Mark (die Millionäre, die sich längst jenseits der westlichen Weichbildgrenze niedergelassen hatten, nicht mitgezählt), 25 840 müssen schon mit einem Verdienst zwischen 3 000 und 6 000 Mark im Jahr zurechtkommen, während der größte Teil der Berliner – 481 390 – weniger als 3 000 Mark Jahreseinkommen zur Verfügung hat: zum Leben zu wenig, zum Sterben zu viel, wie man damals sagt.

Zu ihnen zählen Arbeiter, Gesellen, Angestellte ebenso wie niedere Beamte oder das Heer der »persönliche Dienste« Leistenden. 225 691 Berliner werden überhaupt nicht zur Einkommensteuer veranlagt, weil ihr Verdienst unter 420 Mark im Jahr (!) liegt.

Die tägliche Arbeitszeit für solche Hungerlöhne ist beträchtlich: sie beträgt in der Hauptstadt, bei großen Unterschieden in den einzelnen Branchen, zehn bis zwölf Stunden, den oft extrem langen Weg zur Arbeit nicht gerechnet:

In der blauen Bluse, mit der Blechkanne voll Kaffee unter dem Arm, trabte ich im Winter, wenn die Sterne noch am Himmel standen, über die verschneiten Felder und durch die langen Chausseen von meinem Dorf nach meiner Arbeitsstätte in Berlin. Der Weg war fast anderthalb Stunden lang, und ich lief ihn fünf Jahre lang, Sommer und Winter, weil ich die 60 Pfennig, die damals eine Arbeiterwochenkarte auf der Vorortbahn kostete, sparen wollte, um mir Bücher dafür kaufen zu können. Die Winter waren damals außerordentlich streng, und ich erinnere mich heute noch, daß ich erbärmlich fror, wenn ich so – bei Sternenschein noch – in der Frühe verschlafen und ohne Überzieher über die verschneiten und vereisten Felder stampfte, der großen Chaussee zu, die nach Berlin hineinführte ... Um sieben Uhr morgens begann man in den Fabriken, und abends um sieben war Schluß. Wer – wie ich – einen weiten Weg zur Arbeitsstelle hatte, der mußte morgens um fünf aus den Federn und kam abends nach acht daheim an. Dann wusch man sich und verzehrte das Mittagbrot (der geringe Verdienst gestattete tagsüber nur ein paar Brote), und wenn man noch einen Blick in die Zeitung werfen wollte, schlief man nach den ersten Zeilen ein.

Bruno H. Bürgel, Vom Arbeiter zum Astronomen

Die Lohnerhebungen des Berliner Statistischen Amts vom Jahre 1888 geben für Klempner, Schlosser und Drechsler Wochenlöhne von 21 Mark an, die Tuchmacher verdienten 15 Mark, die Schuhmacher 14 Mark und Sattler 18 Mark die Woche. Das effektiv verfügbare Einkommen wird jedoch immer wieder durch Kurzarbeit und Zeiten der Arbeitslosigkeit reduziert. Selbst in den achtziger Jahren, im wesentlichen Jahre der Konjunktur, gibt es in Berlin ständig ein großes Heer von Arbeitslosen, denen oft genug das Notwendigste zum Lebensunterhalt fehlt. Wärmehallen, Pennen und Asyle für Obdachlose sind immer überfüllt:

Ich habe in der Nacht das städtische Asyl, das in der »Friedensstraße« liegt und die »Palme« genannt wird – die »Friedenspalme«, grausame Ironie – besucht, und ich muß sagen, es ist der furchtbarste menschliche Aufenthalt, den ich je gesehen habe. Es sind da einige Baracken, die wohl früher zu Lazarettzwecken gedient haben: und in diesen Bretterbuden sind so viel Bänke wie möglich aufgestellt worden. Für Männer und Weiber sind gesonderte Säle. Auf jeder Bank liegen zwei der Unglücklichen. Auch auf die nackte Diele haben sich die müden Bettler wie die Hunde hingestreckt. Dieses hölzerne Lager ist das einzige, was die Stadt ihnen gibt; kein Kissen, keine Decke, nicht einmal das bißchen Spreu, das dem elenden Vieh

geschüttet wird, ist da. Die meisten haben Rock und Stiefel ausgezogen, den Rock zum Kopfkissen zusammengedreht und die Stiefel unter die Bank gestellt. Es mögen wohl sechzig bis achtzig dieser schmutzigen Elenden in jedem der engen Räume liegen; es herrscht darin eine Hitze, daß man es nicht aushalten kann. Für Ventilation ist gar nicht gesorgt; freilich wird stark desinfiziert, das ganze Gemach riecht nach Karbol und Chlor, aber das nützt nichts. Obgleich ich zu verhältnismäßig früher Stunde, etwa um zehn Uhr, das Asyl besuchte, war die Atmosphäre schon derart verdorben, daß mir nach einem Aufenthalt von einer halben Minute ganz übel wurde; länger konnte ich es in diesem Höllendunste nicht aushalten. Ein Mensch, der in dieser verpesteten Luft die Nacht verbringt – wie kann der am anderen Morgen arbeitsfähig und arbeitslustig sein? Niemals ist mir das menschliche Elend in grausigerer Gestalt entgegengetreten.
Paul Lindau, Im Fluge

Besonders hart ist das Los der erwerbstätigen Frauen und Mädchen, die am Ende des Jahrhunderts in Berlin bereits ein Viertel der berufstätigen Bevölkerung stellen. Sie arbeiten als Fabrikarbeiterinnen, als Heimarbeiterinnen, als Ladenmädchen oder als Dienstboten. Ihre Mitarbeit ist in den meisten Proletarierfamilien längst zur bitteren Notwendigkeit geworden, damit das Familienbudget um ein paar kümmerliche Groschen aufgebessert wird. Und die Lage der Frauen und Mädchen ist eine besonders rechtlose: der Zugang zu höher qualifizierten Berufen ist ihnen verwehrt, Frauen dürfen an preußischen Universitäten keinen Abschluß erwerben, Frauen dürfen keinen politischen Vereinen angehören, und Frauen dürfen auch nicht wählen, geschweige denn gewählt werden. Wo man ihnen gestattet zu arbeiten, erhalten sie weniger Lohn als ihre männlichen Kollegen.

1895 arbeitet die bürgerliche Frauenrechtlicherin Elisabeth Gnauck-Kühne drei Monate in einer Berliner Kartonagenfabrik und veröffentlicht ein Jahr später ihre Erfahrungen, ergänzt durch Untersuchungen und eine Fragebogenaktion in 72 Betrieben der Berliner Papierwarenindustrie:

Die Lohnunterschiede bei gleicher Beschäftigung zwischen männlichen und weiblichen Arbeitern sind so bedeutend, daß dieser Umstand allein die Nachfrage nach weiblichen Händen erklärt. Lassen wir einige Arbeiter die Frage selbst beantworten, ob männliche und weibliche Arbeiter bei gleicher Beschäftigung und gleicher Leistung verschiedenen Lohn erhalten. Ein Kontobucharbeiter schreibt auf dem Sammelbogen: »Die Arbeiterinnen erhalten weniger. Der Minimallohn des männlichen Arbeiters beträgt 19 Mark, der Durchschnittslohn der Arbeiterin 9 Mark 50 Pfennig.«

Für halben Lohn die gleiche Arbeit – weibliche Arbeitskräfte sind zunehmend gefragt. In der Glühlampenfabrikation der AEG, um 1890

Ein anderer Kontobucharbeiter: »Frauen und Männer stanzen Titel auf der Vergolderpresse. Der Arbeiter bekommt 1 Mark pro 1 000 Stück, die Arbeiterin 70 Pfennige. Die Arbeiter, welche liniieren, erhalten 27 Mark Wochenlohn, die Frauen, welche liniieren, 12 bis 15 Mark.«

Ein Werkführer aus der Luxuspapierbranche schreibt: »Die Frauen erhalten rund 50 % weniger.«

Ein anderer: »Die schlechter bezahlten Sorten werden von Arbeiterinnen gemacht.«

Und ein dritter: »Männer und Frauen prägen Titel, Monogramme. Die Männer verdienen im Akkord 24 Mark, die Frauen im Wochenlohn 9 Mark 50 Pfennige.« …

Ein anderer: »Die Männer verdienen 18 – 20 Mark, die Frauen bei gleicher Beschäftigung 9 – 12 Mark, sie leisten aber bedeutend mehr. Eigene Erfahrung.«

Eine Folge der geringeren Entlöhnung der Arbeiterin ist, daß diese versucht, ihre Einnahme zu steigern. Die Möglichkeit dazu gibt ihr die Heimarbeit. So geschieht es denn, daß die Arbeiterinnen, insonderheit die der jüngeren Altersstufen, Arbeit aus der Fabrik mit nach Hause nehmen und hier nach kurzer Abendpause mehrere Nächte in der Woche bis 2 oder 3 Uhr morgens durcharbeiten. Die Arbeiter erklären einstimmig, daß nur weibliches Personal auf diese Weise zuverdient, und daß die ersteren diese Unsitte zu bekämpfen suchen. Die Arbeiterin erhält für diese Arbeit nicht mehr, obschon sie ihre Nachtruhe opfern und Beleuchtung, Leim und Kleister stellen muß.

Elisabeth Gnauck-Kühne, Die Lage der Arbeiterinnen in der Berliner Papierwaren-Industrie

1891 legt eine Novelle zur Gewerbeordnung einige Arbeitsschutzbestimmungen für Frauen fest, wonach zum Beispiel Wöchnerinnen bis vier Wochen nach der Niederkunft nicht beschäftigt werden dürfen, die Arbeit in Fabriken auf elf Stunden täglich begrenzt und Nachtarbeit zwischen 20.30 und 5.30 verboten ist – die ungleiche Entlohnung aber wird nicht angetastet.

Gegen die Diktatur der Alten – die Kunstopposition formiert sich

Die überall im gesellschaftlichen Leben der Reichshauptstadt spürbaren Veränderungen, die Herausbildung eines Industrieproletariats in bisher unbekannten Ausmaßen, die Wandlung Berlins zur modernen Großstadt, die für Hunderttausende völlig neue Bedingungen ihrer Existenz mit sich bringt – all das bleibt auch auf die Entwicklung von Kunst und Literatur nicht ohne Einfluß. Bis zur Mitte der achtziger Jahre herrschen im Berliner Kulturleben im wesentlichen noch die gleichen Zustände wie im ersten Jahrzehnt nach der Reichsgründung. »Es ist«, schreibt Karl Bleibtreu 1886 in seiner programmatischen Broschüre »Revolution der Literatur«, »als wären die furchtbaren sozialen Fragen für die deutschen Dichter gar nicht vorhanden.«

Und doch ist unsere Zeit eine wild erregte, gefahrdrohende. Es liegt wie ein Schatten über dem ganzen neuen Reich, trotz des kurzen, blendenden Sonnenscheins. Das ist nicht Spleen, nicht das ennui* der französischen Romantiker, sondern ein mürrischer Mißmut lastet wie ein farbloser Nebelschleier über allem Weben und Streben … Die Aufklärung und der Zweifel, diese beiden ersten Phasen und Symptome der Besserung, sind bei uns schon bis zur Krisis gelangt; jetzt kommt wieder die Begeisterung an die Reihe. Es ist daher die erste und wichtigste Aufgabe der Poesie, sich der großen Zeitfragen zu bemächtigen. Zugleich gilt es, das alte Thema der Liebe nun im modernen Sinne, losgelöst von den Satzungen konventioneller Moral, zu beleuchten.
Karl Bleibtreu, Die Revolution in der Literatur

Auch auf den »Brettern, die die Welt bedeuten«, bleiben die Probleme der Zeit weitgehend ausgespart. Es gibt in der Hauptstadt eine große Zahl von Theatern, aber keine große Theaterkunst.

* Langeweile, Überdruß

Hans von Bülows bitterböses Wort vom Zirkus Hülsen galt zwar zunächst nur der Opernverwaltung, aber fand auch in der Übertragung auf das Schauspielhaus die allgemeine Billigung. Man sprach nur noch mit einem halb mitleidigen, halb verächtlichen Achselzucken von dem Schauspielhaus, seiner künstlerischen Rückständigkeit, dem verknöcherten Spielplan, dem die plattesten Erzeugnisse der dramatischen Literatur eben am gemäßesten erschienen. Die Zeit war gekommen, um in der zum Staunen der gesamten Welt sich entwickelnden Reichshauptstadt auch dem Theaterwesen eine neue, entscheidende Wendung zu geben. Dies geschah durch die im Jahre 1883 erfolgte Gründung des Deutschen Theaters.
Isidor Kastan, Berlin wie es war

Die Initiative zur Gründung des Deutschen Theaters war von Adolph L'Arronge ausgegangen. Kapellmeister von Beruf, hatte L'Arronge sehr schnell den Weg zum Theater und zur Schriftstellerei gefunden. Er schrieb Possen und Volksstücke, die über alle deutschen Bühnen gingen und den Verfasser zu einem reichen Mann machten. 1877 siedelt er nach Berlin über, wo er vier Jahre später das Friedrich-Wilhelmstädtische Theater in der Schumannstraße erwirbt. Als er hier 1883 das Deutsche Theater eröffnet, steht man dieser Neugründung anfangs mit großer Skepsis gegenüber. L'Arronge erzählt in seinen Erinnerungen:

Das erste Theater, das es neben dem Königlichen Schauspielhause in Berlin versuchte, das Publikum für ein ernstes Repertoire, namentlich für die Aufführung klassischer Dramen zu gewinnen, war das auf dem Weinbergsweg erbaute große Nationaltheater. Gute Schauspielkräfte, die den Berlinern hätten imponieren können, waren schon damals nicht mehr zu haben; sie hätten auch zu hohe Gagenansprüche gemacht. Um nun die Minderwertigkeit der Darstellungen auszugleichen, nahm man verhältnismäßig kleine Eintrittspreise; es sollte ja auch ein Volkstheater sein. Aber das sogenannte Volk wollte sich auch damals selbst für kleine Preise keine schlecht gespielten Dramen ansehen … Das Nationaltheater fristete nur vorübergehend bei Gastspielen einzelner beliebter Künstler, so namentlich wenn Ludwig Barnay sich dort zeigte, seine Existenz; im übrigen war der Besuch des Theaters kläglich, die Unternehmer wechselten von Jahr zu Jahr, und das Theater ging bald elend zugrunde.

Die Misere und das Schicksal dieses Theaters lähmten für einige Zeit die Unternehmungslust in Berlin. Ich erinnere mich noch sehr gut des allgemeinen Erstaunens, als das Projekt bekannt wurde, daß ich im Verein mit verschiedenen berühmten Künstlern in dem von mir käuflich erworbenen Friedrich-Wilhelmstädtischen Theater ein neues Unternehmen in großem Stil, sozusagen ein Konkurrenzunternehmen gegen das Königliche Schauspielhaus, das Deutsche Theater, begründen wollte. Mitleidiges Achselzucken, hämische Unkenrufe, freundschaftliche Mahnworte und sonst allerlei Zeichen mangelnden Vertrauens zu meinem Unternehmen erfuhr ich in reichster Auswahl. An einem Sommertage vor Eröffnung des Deutschen Theaters hörte ich, versteckt in einem Laubengang im Garten meiner Villa zu Neubabelsberg, von zwei Vorübergehenden folgendes Gespräch:

»Diese Villa gehört L'Arronge.«

»So, L'Arronge? Sieh mal, eine sehr hübsche Villa, gefällt mir! Na, die wird ja wohl bald billig zu haben sein!«

Ich sah dem freundlichen Herrn nach, ich kannte ihn nicht, aber ich wollte mir seine Züge doch merken, wenn ich ihm demnächst etwa als Meistbietendem wiederbegegnen sollte.

Das Deutsche Theater zu Berlin wurde am 29. September 1883 eröffnet. Der belehrende und anregende Einfluß der Meininger war für das Königliche Schauspielhaus ohne Wirkung geblieben. Trotzdem damals Publikum und Presse ihrer Mißstimmung über die mangelhafte Inszenierung und Darstellung gerade der klassischen Werke laut Ausdruck gaben, hüllte man sich am Schillerplatz in vornehme Nonchalance, fußte darauf, daß man das einzige große und obendrein reich subventionierte Theater in Berlin war, und sah von dorther auf die Anmaßung des Deutschen Theaters, dem Schauspielhause Konkurrenz machen zu wollen, ungefähr mit derselben freundlichen Gesinnung herab, die jener Herr vor meiner Villa bekundet hatte. Mit anderen Worten: es wäre nur die Frage, wie lange es dauern könnte, daß die Herrschaften in der Schumannstraße anstatt Konkurrenz Konkurs anmelden würden.

Adolph L'Arronge, Deutsches Theater und deutsche Schauspielkunst

Die anfängliche Skepsis mancher Zeitgenossen erweist sich als unbegründet. L'Arronge ist ein erfahrener Theaterfachmann, und er hat sehr wohl erkannt, woran die meisten seiner Vorgänger gescheitert waren: Sie hatten sich mit dritt- und viertrangigen Schauspielerrn begnügt, und der Stil ihrer Klassikeraufführungen war nicht weniger verstaubt gewesen als der des Königlichen Schauspielhauses. In der Schumannstraße ist dagegen von Anfang an ein Stamm erstklassiger Schauspieler tätig, die unter Anleitung des Regisseurs und eigentlichen künstlerischen Leiters, August Förster, den Geist der klassischen Dichtungen in blutvolles, lebendiges Theater verwandeln. »Hohe Feste waren es, die damals im Deutschen Theater gefeiert wurden«, schreibt

Gerhart Hauptmann rückblickend auf die ersten Jahre des Hauses in der Schumannstraße. »In seine Sphäre stiegen wir aus den Bierwinkeln banalen Stumpfsinns immer wieder auf und erfuhren ähnliche Läuterungen wie anderwärts im Gebiet der Musik« (»Das Abenteuer meiner Jugend«).

Eröffnet wurde das neue Theater im September 1883 mit einer großartigen Aufführung von Schillers »Kabale und Liebe«:

Barnay spielte den Präsidenten, Kainz den Ferdinand, Haase den Hofmarschall, Förster den Miller, Friedmann den Wurm, die Haverland die Lady Milford, dazu kam als reizende Novität die Luise der jungen Jolanthe Ramazetta – es war eine ideale Besetzung, eine Auswahl von Stars, von großen Nummern stand beisammen, aber das nicht allein, sondern sie war auch in unermüdlichen Proben zu einem ganz neuartigen Zusammenspiel gebracht. So etwas war noch nicht dagewesen. Das Drama schien neugeboren. Die Zuschauer waren wie berauscht.

Der Riesenerfolg drückte sich übrigens nicht, wie gebräuchlich, in einer besonders hohen Zahl von »Vorhängen« aus. Das gehörte zu den eingeführten Neuerungen: wenn das Stück zu Ende war (oder nach einem Aktschluß) hob sich die Gardine nicht mehr, auch beim lautesten Beifall nicht. Es wurde als Störung der Illusion und als Beleidigung der Dichtung empfunden, wenn der soeben ermordete Wallenstein oder auch der glücklich aus seinen Abenteuern gerettete Tell sich verbindlich lächelnd an der Rampe zeigte. Nur ein lebender Autor durfte, und auch das nur zum Schluß, vor dem Vorhang Beifall entgegennehmen. Dies spartanische Gesetz wurde mit eiserner Konsequenz festgehalten. Es wurde nur einmal durchbrochen beim Zehnjahrjubiläum der L'Arronge-Direktion im Herbst 1893 gelegentlich einer Festvorstellung, zu der die Schauspieler dem »Alten« diese Lockerung der strengen Disziplin abschmeichelten. Das Vorhangsverbot jedoch blieb nachher weiter in Kraft, auch später unter Brahms Direktion. Im ganzen 21 Jahre lang, ein in der Theatergeschichte einzigartiger Fall. Übrigens stammt auch die Bezeichnung der Mitwirkenden auf dem Theaterzettel mit Vor- und Zunamen statt mit »Herr«, »Frau« und »Fräulein«, uns heute geläufig, von L'Arronge.

Der Eröffnungstriumph blieb nicht auf »Kabale und Liebe« beschränkt. So leicht nahm L'Arronge sein Arbeit nicht, daß er mit einem einzigen Werk losrückte, das auf Serienspiel berechnet war. Er hatte einen lebhaft wechselnden Spielplan im Auge und machte die Tür nicht auf, bevor nicht vier Abende »standen«. Zwei weitere Klassikervorstellungen gingen mit gleicher Idealbesetzung vom Stapel: Goethes »Iphigenie« – mit Anna Haverland in der Titelrolle, Kainz als Orest, Otto Sommerstorff, dessen noble Kunst damit in

Berlin debutierte, als Pylades, Förster als Thoas – und »Minna von Barnhelm« an einem unvergeßlichen Meisterabend mit der bezaubernden jungen Adele Sandrock als Minna, Hedwig Niemann-Raabe als Franziska, auch diese Künstlerin ein wunderbar glücklicher Zuwachs, und Sommerstorff als Tellheim, zu dem er wie von Natur geschaffen war ... Dazu eine überaus behagliche Überraschung: Georg Engels, bis dahin am Wallner-Theater im Berliner Osten tätig (etwa als Leutnant in Gustav v. Mosers »Reiff-Reiff-lingen«), von L'Arronges scharfem Auge als ein zu Höherem Berufener erkannt und wegengagiert, vollzog als Minnas drolliger Wirt seine Verwandlung und begann mit einem gewaltigen Sondererfolg seine neue Laufbahn. Lessings Lustspiel, damals auf den Bühnen fast verschollen, erlebte seine glorreiche Wiederauferstehung, es blieb erst seitdem im Vordergrund des allgemeinen deutschen Spielplans. Der vierte Eröffnungsabend brachte dann leichtere Ware, um zu zeigen, daß auch dergleichen gepflegt werden solle: »Krisen« von Bauernfeld ...

Zu den weiteren interessanten Unternehmungen jenes ersten Winters der neuen Bühne gehörte die Aufführung des »Don Carlos« an zwei Abenden, ein wohl sonst nirgends wiederholtes Experiment, wobei zum ersten und einzigen Male das Drama ohne jeden Strich gespielt wurde. Kainz schnellte mit seinem Carlos glänzend vor, von daher datierte recht eigentlich sein Ruhm – zuerst freilich standen seine Auffassung und Darstellung noch im Mittelpunkt heftigster Kämpfe. Bescheidener, aber nicht weniger packend, hielt sich daneben Sommerstorffs Posa, Barnay hatte die Regie und mischte sich im zweiten Akt in der winzigen Rolle des Medina Sidonia selbst unter das Hofgesinde – das hielt L'Arronge öfter so: der Spielleiter stand irgendwie mit auf der Bühne ... Unermüdlich war L'Arronge in der Auffindung schauspielerischer Talente. Er gewann den ergreifenden und süßen Zauber Agnes Sormas, die recht eigentlich Kainzens Partnerin wurde, die überaus verwendbaren jungen Begabungen von Arthur Kraussneck und Max Pohl, die derbe Gestalt Hermann Nissens, die vornehme Innerlichkeit Oskar Sauers, für das Lustpiel den liebenswürdigen und geschmeidigen Gustav Kadelburg.

Mit diesem Namen sind wir allerdings an den Grenzen von L'Arronges Ruhmeswerk angelangt; in den Lust- und Schauspielen lebender Verfasser, in denen Kadelburg exzellierte, blieben der Direktor des Deutschen Theaters im Landläufigen befangen. Hier wagte er nichts, genoß gern die »Salonstücke« Oskar Blumenthals – »Der Probepfeil«, »Ein Tropfen Gift« usw. –, die nach Pariser Muster geschneidert waren, und sträubte sich zunächst hartnäckig gegen die »Moderne«, die bald so ungebärdig ihr Haupt erhob. Das Deutsche Theater, von dem eine so gewaltige Phantasieanregung ausging, versagte in diesem Punkt lange Zeit; von einer Einwirkung auf die Produktion war vorderhand nichts zu spüren.

Max Osborn, Der bunte Spiegel

Der erste Kampfplatz der »Jungen« in der Literatur, die in den achtziger Jahren zum Sturm auf die festen Stellungen der etablierten Dichtergeneration blasen, ist nicht das Theater. Sie gruppieren sich vorerst um neue Zeitschriften, formulieren ihr weltanschauliches Kredo, ihren Angriff auf die bestehende ästhetische Ordnung in Anthologien und theoretischen Auseinandersetzungen. Die Brüder Heinrich und Julius Hart eröffnen 1882 in ihren »Kritischen Waffengängen« den Kampf, drei Jahre später erscheint in Berlin die Lyrikanthologie »Moderne Dichtercharaktere«, die einer neuen, kraftvolleren und unkonventionellen Lyrik den Weg ebnen will. Voller Pathos bekennen sich die Herausgeber Hermann Conradi und Karl Henkell zu der »wahren Mission« des Dichters, »Hüter und Heger, Führer und Tröster, Pfadfinder und Weggeleiter, Ärzte und Priester der Menschen zu sein«.

Auch wenn das literarische Ergebnis vorerst noch nicht so recht überzeugt – an Selbstbewußtsein und Optimismus gebricht es der jungen Dichtergeneration nicht:

Wir waren damals alle Radikale, unerbittliche Realisten und unvergleichliche Utopisten. Wenn wir die Gesetze, die über den Menschen bestimmen, erst alle festgestellt hatten, konnten wir sie auch anwenden und der Entwicklung der Menschheit eine neue vernünftige Basis geben. Erst ihr beibringen, wie arm, krank und häßlich sie war unter widersinnigen sozialen Verhältnissen. Diesen Anschauungsunterricht hatte die Kunst zu übernehmen, das war die Größe ihrer Bestimmung, ihr Apostolat. Und weil die Menschheit so litt, daß sie keine andere Befriedigung mehr hatte als die kühne Betrachtung des brutalen und häßlichen Gesichts der Dinge, mußten wir auch schmucklos, zynisch, finster leben, bis wir in der Lage waren, dem Volke seine Feste zu geben. Die Volksversammlung war uns etwas Heiliges durch ihre Kraft und Unschuld, durch die lautere, gläubige Bestimmtheit, mit der gefordert und erwartet wurde. Damals hatte das Proletariat den ersten heißen Bildungshunger, der keinen Brokken zu hart fand, und die Flut ging so stark, daß sie auch noch starke Individualitäten tragen konnte. Wir glaubten bei Marx zu sein, und wir hielten in Wirklichkeit bei Rousseau. Man hatte wieder einmal den voraussetzungslosen Menschen entdeckt, die Gleichheit von allem, was Menschenantlitz trägt.

Wir bemühten uns also, arm und häßlich zu sein, einige waren es auch ohne Bemühung. Wir trugen Kalabreser und Knotenstock und

ließen den Havelock wehen, der nicht gefüttert sein durfte, solange Menschen froren. Wenn wir am Morgen auseinandergingen, war die Welt immer ein Stück weiter. Für uns selbst verlangten wir nichts als das Vertrauen des Volkes, die Erlaubnis, ihm dienen zu dürfen; da oben unter den gefütterten Röcken war doch kein Platz für uns. Wir waren tief illoyal, verdächtig und gefährlich.
Arthur Eloesser, Fünfundzwanzig Jahre

Die Wohnung der Brüder Hart in der Luisenstraße entwickelt sich zum ersten Sammelpunkt der jungen, aufbegehrenden Schriftstellergeneration. In den »Berliner Monatsheften für Literatur, Kritik und Theater«, die den »Kritischen Waffengängen« folgen, führen sie einen schonungslosen Kampf gegen die seichte Modeliteratur der Zeit, die von den geistigen Kämpfen der Gegenwart nicht einmal gestreift wird.

Vorläufig, um 1883 und 1884 herum, wußte im Berliner Publikum kein Mensch davon, daß zwei Dichter Hart existierten. Nur auf das werdende Dichtergeschlecht, auf die Allerjüngsten, wirkten wir mit unserer Poesie. Davon zeugten die täglichen Briefe, die Hermann Conradi, Karl Henckell und andere an uns richteten, täglich, länglich und überschwenglich. In weitere Kreise drang der »Literaturkalender«, den wir begründet hatten. Als er das vierte Lebensjahr erreicht, handelte ihn uns Joseph Kürschner für ein Linsengericht ab. Etwas wie Aufsehen erregten die »Kritischen Waffengänge«, in denen wir mehreren Literaturgrößen der Gegenwart arg zu Leibe gingen. Sie führten uns denn auch nach und nach ganze Schwärme von Stürmern und Drängern zu. Unsre beiden Zimmer, in denen wir im Norden Berlins ganz à la bohémienne hausten, waren oft überfüllt mit jungen Revolutionären, die in Worten jeden Augenblick eine Welt vernichteten und eine neue in Reden schufen. Auch Hermann Conradi und Karl Henckell stellten sich in Berlin ein. Fast jeden Abend traf man sich bei uns oder in irgendeiner Winkelkneipe. Nur das Abnorme, das Abnormste hatte Aussicht auf allgemeinen Beifall. Wer sich am tollsten gebärdete, galt für das überragendste Genie. Mehrfach stritten sich die Leutchen darum, wer für den Verrücktesten zu gelten habe; es galt für eine besondere Ehre, Irrsinnsanwandlungen zu haben. Trumpf war es, wenn einer nachweisen konnte, daß er bereits einmal, vielleicht mehrmals einige Zeit in einer Nervenheilanstalt oder gar in einer Irrenanstalt zugebracht hatte. Mein Bruder und ich machten da natürlich nicht mit, konnten es auch nicht, aber wir horchten stillvergnügt. Eines Tages kam einer zu uns, ein Männlei in wallendem Mantel, mit wallendem Haupthaar. »Sie sind die Brüder Hart, nicht wahr? Mein Name ist ...« – »Was steht zu Diensten?« – »Ja, das ist nicht so leicht zu sagen, lassen Sie mich erst erzählen. Ich komme aus Magdeburg, wir haben da einen Verein gebildet und Ihre ›Waffengänge‹ gemeinsam mit großer Freude gelesen. Wir möchten nun etwas Ähnliches machen, Flugschriften herausgeben, nein, nicht Flugschriften, sondern Kampfschriften, Grimm- und Zornschriften, die – die – die ...« – »Sehr brav! Sehr wacker!« erwiderte ich. »Aber was verfolgen Sie für Ziele, gegen wen wird Ihr Zorn sich wenden?« – »Nun, mit der Literatur wollen wir uns nicht begnügen, das machen Sie ja schon. Wir wollen mehr. Dreierlei muß vor allem bekämpft, zerstört, vernichtet werden. Unsere erste Flugschrift soll gegen Gott gehen; Gott muß endlich abgeschafft werden, gründlich, ein für allemal. Unsere zweite soll den Staat treffen, daß er nicht mehr jappen kann; wir sind gegen die Todesstrafe, aber den Staat verurteilen wir zum Tode; Sie werden zugeben, daß der Staat wie ein Alp auf den freien Individuen lastet. Gott muß fort, Staat muß fort. Drittens aber« – bis hierher hatte der junge Mann ziemlich gleichmütig gesprochen, jetzt plötzlich kam in seine Stimme etwas Wildes, Entsetzliches – »drittens aber wollen wir gegen die Schule vorgehen. Die verdammte Institution steckt voll Ungerechtigkeit bis zum Rande. Da ist alles Mist und verjährte Verkommenheit. Alles geht nach Gunst und Gnade. Der patzige Hochmut der Lehrer ist einfach unerträglich ...« – »Aha!« unterbrach ihn mein Bruder, »Sie sind erkannt, darf ich fragen, welche Klasse Sie beengt?« – »Ich bin Sekundaner. Aber das tut nichts zur Sache. Ich rede ganz unpart 193« Er konnte nicht ausreden, denn ein Schauspieler, der sich eben bei uns befand, wurde von einem solchen Lachkrampf gepackt, daß er mit dem Stuhle zusammenbrach.

Der junge Mann ist inzwischen zu einem sehr klugen, geistvollen und klarbewußten Manne herangereift. Aber das Beispiel zeigt, wie es damals in den Köpfen gärte.

Heinrich Hart, Literarische Erinnerungen

Auch Wilhelm Bölsche, der wie Bruno Wille, Otto Erich Hartleben, Arno Holz und Peter Hille ein oft und gern gesehener Gast in der Luisenstraße war, schildert in seinen Erinnerungen das Heim der Brüder Hart:

Das Haus, ein Kasten von wurmstichiger Scheusäligkeit, lehnte sich unmittelbar an die Stadtbahn. Hier klirrten nicht nur die Scheiben, sondern die Tinte tanzte im Faß, und die noch unverkloppten Rezensionsexemplare wiegten sich rhythmisch im Regal, wenn die Stadtbahnzüge sich kreuzten. Bisweilen hatte man das Gefühl, ein dicker Zug kollere geradeswegs über den Schreibtisch am Fenster. Auf dem

Schreibtisch lagen Blätter mit Versen. Julius' Handschrift wie zierliche Bazillenschwänzlein aneinandergemalt, Heinrichs in romantische Schnörkel ausgebaucht. Eine Berliner möblierte Stube in der Luisenstadt, über der Eisenbahn, drei Schritte von der Charité, im Zentrum der Weiberkneipen und Versatzämter des Studentenviertels …

Lange Jahre durch, wenn man zu Harts kam, fand man in ihrem armen Heim immer und immer wieder die seltsamsten Gestalten. Stellenlose Schauspieler, die auf dem alten Sofa nächtigten, verkrachte Studenten, Bucklige, die sich nachts in eine alte Hose ringelten, in einem Bein geborgen und mit dem andern zugedeckt, neu zugereiste Halbpoeten, die noch keine Wohnung hatten und auch kaum eine finden würden, literarische Propheten, die vom Prophetentum nur die Heuschrecken und Kamelshaare besaßen. Das kam und ging, lebte hier Wochen und Monate wie zu Hause, aß, was da war, und pumpte, was bar war. Und alles aufgenommen mit der gleichen, unerschöpflichen Gutmütigkeit, alles hingenommen wie selbstverständlich, alles gefüttert und gepflegt durch Teilen des letzten eigenen Groschens.

Mancher Redakteur, der in diesen Jahren gegen die Brüder wetterte wegen eines Vorschusses, der niemals abgearbeitet wurde, mancher Verleger, der ihnen grollte wegen Zahlung auf Versprechen, die nicht so gehalten wurden, er ahnte nicht, daß mit seinen Groschen ein Tisch gedeckt stand für die ganzen hungernden Alräunchen und Hutzelmännchen der Berlinor Kunst und daß seine beiden Poeten oft selber hungerten, nur um diese ganz Armseligen zu beruhigen.
Wilhelm Bölsche, Hinter der Weltstadt

Die Wohnung der Brüder Hart in der Luisenstraße ist in jenen Jahren nicht der einzige Sammelpunkt der »alternativen« Berliner Künstler. Da gibt es einen Verein mit dem programmatischen Namen »Durch«, der 1887 von dem Arzt Conrad Küster und zwei jungen Schriftstellern, Leo Berg und Eugen Wolff, gegründet wird. Hier verkehren Bruno Wille und Wilhelm Bölsche, die Brüder Hart, Arno Holz und Gerhart Hauptmann. Mit Bölsche, den Harts, Dehmel und seinem damaligen Schwager Franz Oppenheimer, mit Otto Erich Hartleben und Wilhelm von Polenz bildet Bruno Wille den »Ethischen Club«, der seine Sitzungen im Keller des Münchner Hofbräus in der Behrenstraße abhält. Eine buntgemischte Gesellschaft findet sich hier zu hitzigen Debatten zusammen: Schriftsteller und Schauspieler, »Neureligiöse« und begeisterte Darwinisten, Menschen der verschiedensten Berufe und der verschiedensten Weltanschauungen, einig nur in dem einen, daß gegen das Bestehende Opposition zu machen sei. Ein anderer, bald legendenumwobener Sammelpunkt der jungen Künstlergeneration bildet sich um 1887 in dem Berliner Vorort Friedrichshagen:

Es werden in diesem Sommer genau dreizehn Jahre, daß meinem Freunde Bruno Wille und mir die Großstadt in einer Weise zum Halse herauszuhängen anfing, daß wir es wirklich nicht mehr länger aushalten konnten. Wir beide wohnten damals, in geistiger Gewissensehe miteinander verheiratet, in der Jüdenstraße – in einem Hause, das vorne einen Käseladen und im Hinterflügel einen Lederhandel hatte; ein dritter Ort erzeugte im Hofe winters einen Gletscher; daran, daß der taute, merkte man, daß es in der Welt Frühling geworden. Das Glockenspiel der Parochialkirche sang uns zwar die rührendsten Weisen, wenn wir nach Großstadtbrauch um fünf Uhr morgens aus dem Nachtkaffee heimkamen, aber auf die Dauer war der Zustand doch auch damit allein nicht haltbar. Wir verdienten zwar beide damals wenigstens annähernd so viel, um den substantiellen Hunger stillen zu können, aber es entwickelte sich plötzlich in beiden ein ganz neuer, und zwar schlechterdings unstillbarer Heißhunger – nämlich nach einer nicht gekochten, sondern in natura blühenden Kartoffel, nach der dürrsten Heidekiefer, sintemalen solche immer noch hübscher ist als die Laternenpfähle der Friedrichstraße, und nach einem unverfälschten Riß Himmelsblau ohne Telegraphendrähte und Schlotruß. Nun hauste damals tief in der östlichen Kiefernheide, eine Bahnstunde von Berlin, ein lieber Freund mit dem annoch gänzlich indifferenten Namen Gerhart Hauptmann. Hinter seiner Wohnung dehnte sich der Wald, ab und zu durchbrochen vom blanken weißen Spiegel eines flachen Schilfsees, zu dem der Ufersand gelb wie Dukatengold niederquoll und aus dessen Moorboden die Ruderstange das Sumpfgas wie Selterswasserperlen stieß. Wacholder und Heidelbeeren und dürres Farnkraut. Libellen und Schmetterlinge. Ein Spechtruf und zwei sich jagende Eichkätzchen. Das war nun keine berauschende Landschaft, die man sehen mußte, ehe man starb. Aber immer doch eine Landschaft.

Und als wir ein paarmal draußen gewesen waren, faßte uns jener Hunger so übergewaltig, daß wir eines Tages gar nicht mehr zurückkamen, sondern uns eine Station näher ansiedelten, die aber noch im Walde lag: in Friedrichshagen. Friedrichshagen, so lernen die kleinen Kinder hier in der Schule, ist gegründet vom alten Fritz; es heißt deshalb Friedrichshagen, hat eine Friedrichstraße und ein Denkmal vom alten Fritz. Zweck der Gründung war Seidenkultur, die aber nicht reüssierte, ich weiß nicht, wer daran schuld hatte, der alte Fritz oder die Seidenraupen. Jedenfalls stehen heute noch ein paar uralte ehrwürdige Maulbeerbäume an der Hauptstraße, die dem Orte beinah etwas Fremdartig-Exotisches verleihen könnten. Als ich hierher kam, gab es auch noch ein paar grüne Moosdächer mehr und eine Kuhherde, die alltäglich durch die Straßen zog. Darüber ist nun heute die allenthalben fortschreitende Weltkultur zur Tagesordnung übergegangen. In Summa ist es aber auch jetzt noch ein guter Ort mit einem wirklich wundervollen blauen See, hinter dem sogar eine kleine Hügelwelle ragt, von der ganz mit Unrecht behauptet worden ist, daß sie von diluvialen Maulwürfen aufgeworfen worden sei, und die vielmehr eine alte Sanddüne zwischen zwei Spreearmen ist, von der man eine wirklich ernsthaft großartige Aussicht genießt ...

Jener stille Hauptmann hatte von Erkner aus das ganze Theater Berlins auf den Kopf gestellt. An die Freie Bühne auf den Brettern schloß sich die »Freie Bühne« auf dem Papier, die Zeitschrift – und der Zufall wollte, daß gerade ich hier draußen die Redaktionsregie für einige freud- und leidvolle Jahre in die Hand bekam. Es war ein seltsames Pflänzchen, diese »Freie Bühne«, recht ist sie nie aus der Zwitterei zwischen luftjappender Großstadt und gesundem künstlerischen Kiefernatem herausgekommen. Sie ging schlecht und hatte dabei doch einen beträchtlichen Leserkreis. Mindestens muß ich rückblickend sagen, daß ein wirklich famoser Kreis vernünftiger Menschen sich für die Mitarbeiterschaft interessierte. Von denen kam denn nun auch der Reihe nach dieser und jener persönlich heraus, ja einige schlugen kürzer oder länger selber ihr Quartier in Friedrichshagen auf. Es waren aber nur wenig echte Kiefernsucher dabei, die meisten schluckte der Rauchhorizont rasch wieder hinab. Immerhin gab es lustige Zeit, mit Tragik, wie jede, mit unglaublich viel Lächerlichkeit, aber doch auch mit gutem Hochgeist.

Die große soziale Wolke der Stadt warf ihren roten Schein ab und zu herüber zu der kleinen Klippe im Kiefernmeer, wo allerlei heiteres und groteskes Poetenvolk wie die Nixe aus der Tiefe kroch, um sich einen Augenblick harmlos zu sonnen und zu necken. Wohlmeinende Berliner Kritiker, die gegen die Kunstrichtung der ersten Hauptmann-Zeit ankämpften, glaubten gelegentlich, ihrem Zorn kein besseres Ziel geben zu können als das unschuldige Lokalwörtlein Friedrichshagen – wie mir denn auch das nette Wort »Berliner Vorortrealismus« als eine besonders gute Erfindung in der Erinnerung geblieben ist. Woraus aber nachher wieder bei Unbeteiligten die putzige Legende entstanden ist von einer geschlossenen naturalistischen Dichterschule, die, mit Gerhart Hauptmann an der Spitze, eines Tages in corpore nach Friedrichshagen übergesiedelt sei. In Wahrheit eine engere freundschaftliche Gemeinschaft haben in jener lebhaftesten Zeit nur Bruno Wille, die Gebrüder Hart und ich (alle fest im Ort ansässig) gebildet. Auch was von allerlei extravagantem Bohemien-, Hungerleider- und Lumpentum nachmals berichtet worden, kann ich leider nicht so recht bestätigen. Krause Dinge mit ihrer individuellen Tragik durchgreifen überall das Leben ... Wenn ich mich recht genau auf die ganze Epoche besinne, so ist mir, als schwebe

darüber viel eher etwas von epikureischer Blume, die sich leise dem Kiefernhauche und Seeatem mischt.
Wilhelm Bölsche, Hinter der Weltstadt

Friedrichshagen – so resümiert Max Halbe in seinem Erinnerungsbuch »Jahrhundertwende« – das war keine Ortsbezeichnung: Friedrichshagen war ein Zustand, eine Geistesverfassung. »Im Sinne dieser geistigen Zuständigkeit gab es eine ganze Anzahl ›Friedrichshagener‹, die in Berlin oder in dessen anderen Vororten wohnten (so in Friedenau) und alle um den Friedrichshagener Kern kreisten.«

Im Arbeiterbezirk Wedding wohnt um diese Zeit der Pole Stanislaw Przybyszewski, ebenfalls ein oft und gern gesehener Gast in den Kreisen der Berliner Boheme – nicht zuletzt wegen seines vielgerühmten Chopin-Spiels. Zehn Jahre, von 1889 bis 1898, lebt der junge Pole in Berlin, anfangs als Student der Architektur an der Technischen Hochschule, später als Medizinstudent, Redakteur und schließlich als freier Schriftsteller:

In dem Namen Stachu, den er mitgebracht hatte und der ihm blieb, sammelte sich das werbende, drohende, abgründige Wesen des Polen. Sein Gesicht, starke Backenknochen, zurückliegende Augen, flausiger Bart, Kopf eines slawischen Christus, den man sich am Kreuz vorstellen konnte, hatte zugleich Züge eines Berserkers.

Stachu machte uns eine Tür auf. Wenn ich zurückdenke, ging uns damals täglich eine Tür auf, mindestens eine, ja, mir ist, als habe das Berlin jener Zeit, obwohl groß und massiv und Sitz der Machthaber, nur aus offenen Türen bestanden, weshalb es uns nicht bedrückte, sondern eher spornte, hierhin und dorthin, in möglichst verschiedene Richtungen zu schweifen. Muntere Winde spielten in unseren Locken. Die Welt entstand erst, Gegenstand beschwingter Improvisation. Stachu machte uns das Slawische auf, nicht das große Tor zu Dostojewski, vielmehr eine verborgene Tapetentür, von der man nicht wußte, ob sie ins Chaos oder in eine bewohnbare Landschaft oder nur in einen mit Mixturen gefüllten Wandschrank führte. Er war neu, und darauf kam es an. Es ging uns hier wie im Westen, wo man auch nicht zuerst nach Flaubert griff, sondern mit Leuten, die noch lebten und möglichst in unserem Alter waren, begann. Mit Stachu konnte man reden. Er war da. In solchen geöffneten Zeiten spricht man Bücher, schreibt allenfalls welche, aber liest ihrer so wenig wie möglich. Der Drang, sich auszudehnen und dabei auf Bestätigungen desselben Drangs zu stoßen, übertrifft das Verlangen nach gesicherten Mustern. Leben wollten wir, konkret und symbolisch, möglichst ungehemmt, der von zu Hause mitgebrachten Fesseln

Blick auf das Berliner Schloß, von der Kaiser-Wilhelm-Brücke aus. Die Brücke bildete den Abschluß des 1885 bis 1887 neu angelegten Straßenzuges durch die Altstadt.

ledig, um uns mit der Leichtheit Zephirs und der Wucht des Zyklopen offenbaren zu können. Keime, die der Wind uns zutrug, beglückten uns. Außerdem hing der Pole mit den Skandinaven zusammen. Strindberg und Munch, die uns bestürmten, waren mit ihm befreundet. Ducha, seine Frau, war Norwegerin.

Julius Meier-Graefe, Geschichten neben der Kunst

Ganz am nördlichen Rand der ständig weiter ins Umland hinauswachsenden Metropole wohnt Ende der achtziger Jahre Arno Holz. In einer ärmlichen Dachkammer in der Viktoriastraße 4 (heute Majakowskiring) dichtet er seine kraftvollen, rebellischen Verse, in denen er das Leben der modernen Großstadt in poetischen Bildern einfängt. 1886 erscheinen sie unter dem Titel »Buch der Zeit, Lieder eines Modernen«. Im Winter 1887/88 arbeitet er mit seinem Freund Johannes Schlaf zusammen an der im Stile des »konsequenten Naturalismus« gehaltene Novellensammlung »Papa Hamlet«.

Und nun brach ein Winter für uns an, wie wir ihn allerdings nur einmal erlebten. Unsere Finanzlage war eine mehr als türkische, und doch lachen uns heute, wenn wir in unseren Notizen von damals kramen, Sätze entgegen wie: »Wir leben in einem köstlichen Idyll. Wir wissen, dies sind die glücklichsten Tage.« – Sie waren es. Nur ist uns heute noch unbegreiflich, wie wir sie überhaupt noch überstehen konnten! Unsre kleine »Bude« hing luftig wie ein Vogelbauerchen mitten über einer wunderbaren Winterlandschaft. Von unsren Schreibtischen aus, vor denen wir dasaßen, bis an die Nasen eingemummelt in große rote Wolldecken, konnten wir fern über ein verschneites Stück Heide weg, das von Krähen wimmelte, allabendlich die märchenfarbensten Sonnenuntergänge studieren, aber die Winde bliesen uns durch die schlechtverkitteten kleinen Fenster von allen Seiten an, und die Finger waren uns trotz der vierzig dicken Preßkohlen, die wir allmorgendlich in den Ofen schoben, oft so frostverklammt, daß wir gezwungen waren, unsre Arbeiten schon aus diesem Grunde zeitweise einzustellen. Denn mitunter mußten wir sie auch noch aus ganz anderen Gründen quittieren. So zum Beispiel, wenn wir aus Berlin, wohin wir immer zu Mittag essen gingen – eine ganze Stunde lang, mitten durch Eis und Schnee, weil es dort »billiger« war –, wieder gar zu hungrig in unser Vogelbauerchen zurückgekrochen waren, wenn uns ab und zu, um die Dämmerzeit, während draußen die Farben starben und in all der Stille rings die Einsamkeit, in der wir lebten, plötzlich hörbar wurde, hörbar und fühlbar, die Melancholie überfiel, oder wenn, was freilich stets das Allerbedenklichste war, uns einmal der »Toback« ausging. Das war denn ein Herzeleid – gar nicht zu beschreiben! Von Cuba waren wir so allmählich auf »Carabella« gesunken, von Carabella auf »Paetum optimum«. Ja einmal, als die Not am größten war, entsinne ich mich, rauchten wir sogar das letzte Stück einer alten Girlande auf. Honni soit qui mal y pense … Unsern schönsten runden Tisch mit bunter Veloursdecke, der eigentlich hätte vor dem Sofa stehen sollen – dem »Perserdivan«, wie es offiziell hieß –, hatten wir eigens zwischen unsre beiden Schreibtische gerückt, als würdige Unterlage für die lange Stricknadel, mit der wir unsre Pfeifen putzten, eine leere Liebigbüchse diente als Aschbecher. Schließlich, als dann endlich durch unsre Scheiben wieder blau der Frühlingshimmel brach, hatten wir die Genugtuung, konstatieren zu können, daß unser schöner, schneeweißer Hermeskopf, der so lange quer über einem großen, rotgebundenen »Don Quijote« mitten unter einem Spiegelchen gestanden, aussah wie ein Niggerschädel. Veröffentlicht von uns, als das erste sichtbare Resultat dieser Kampagne, wurde dann ein Jahr später im Verlage von Carl Reißner in Leipzig: Bjarne P. Holmsen, »Papa Hamlet«.

Arno Holz, Die Kunst

Daß Holz und Schlaf ihren gemeinsamen Erstling unter einem nordischen Pseudonym in die Welt schicken, ist kein Zufall – fühlte sich doch die junge deutsche Literatengeneration in ihrem Kampf um formale und inhaltliche Neuorientierung von dem stürmischen Erfolg der skandinavischen Literatur in Deutschland ermutigt und gestützt.

Vor allem die Dramen Ibsens waren es, die in Berlin, wie überall in Deutschland, die Gemüter zuerst erregt hatten. Seine Zeitstücke, die den Abgrund sichtbar machten, der zwischen der wohlanständigen Außenseite und der verborgenen Immoralität bürgerlicher Lebensführung klaffte, stießen auf wütende Gegnerschaft ebenso wie auf enthusiastische Parteinahme. Nachdem die »Gespenster« im Pariser Théâtre libre einen Welterfolg errungen hatten, wagte im Jahre 1887 auch das Berliner Residenztheater eine Aufführung dieses Ibsen-Stückes, aber die Zensur verbot es sofort wieder, und auch die Meininger, die es im Spielplan hatten, durften es in Berlin nicht zeigen.

Ende der achtziger Jahre entbrannte der Streit um die »Moderne«. Ich kämpfte den Kampf mit. Gegen die Zensur, gegen die Kritik, gegen das Publikum ...

Das große Erlebnis war uns Ibsen. Alle seine Stücke sind heiß umstritten worden, keines aber wohl so wie die »Gespenster«. Hier ging der Streit um das alte Problem, was der Kunst erlaubt sei. Hie »die Kunst soll«, dort »die Kunst will«. Die Mehrheit weigerte der Kunst die Autonomie. Aber man sprach doch viel von der Lust am Streicheln der Vorhänge aus kirschrotem Samt und zitierte: »Mutter, gib mir die Sonne.« ... Damals packten seine Formulierungen so, daß sie als Zusammenfassungen von Gedankenreihen in den Sprachschatz eingingen. »Du hast gesiegt, Galiläer«; »das Wunderbare«, auf das Nora wartet; Hedda Gablers »Tod in Schönheit« und »dreieckiges Verhältnis«. Ulrich Brendels Bitte um »ein paar abgelegte Ideale«; der Kampf der »idealen Forderung« mit der notwendigen »Lebenslüge« in der »Wildente«.

Ludwig Herz, Spaziergänge im Damals

»Die Wildente« gelangte 1888 in einer Matinee im Residenztheater zur Aufführung, und Theoder Fontane rezensierte sie für die »Vossische Zeitung«:

Das Stück ... machte einen noch tieferen Eindruck auf mich als die »Gespenster« desselben Herrn Verfassers. Beiden Stücken gemeinsam ist die Wahrheit und Ungeschminktheit in der Wiedergabe des Lebens, beiden gemeinsam auch die pessimistische Weltanschauung. »Alles ist eitel«; wohin wir blicken, Phrasen, die wir uns gewöhnt haben, »Ideale« zu nennen, Lügenideale, mit denen, so verstehen wir Ibsen, als nächstes Menschheitsziel aufgeräumt werden muß …

Es sei nichts, ein Stück Leben aus dem Leben herauszuschneiden, behaupten die, die's nicht können, und behandeln die Sache so ziemlich nach der Analogie von Kattun und Schere. Aber weit gefehlt. Es ist das Schwierigste, was es gibt (und vielleicht auch das Höchste), das Alltagsdasein in eine Beleuchtung zu rücken, daß das, was eben noch Gleichgültigkeit und Prosa war, uns plötzlich mit dem bestrickendsten Zauber der Poesie berührt. Im zweiten Akt der »Wildente« sitzt die Ekdalsche Familie am Tisch, Mann, Frau, Tochter, und die Frau rechnet eben ihr Wirtschaftsbuch zusammen: »Brot 15, Speck 3, Käse 10, ja – 's geht auf«, und dabei brennt die kleine Lampe mit dem grünen Deckelschirm, und die Luft ist schwül, und das arme Kinderherz sehnt sich nach einem Lichtblick des Lebens, nach Lachen und Liebe – ja, das packt und erschüttert das Herz trotz 10-Pfennig-Käse, und ein Jambentragödienschreiber, der aus Jugurtha und Catilina nie herausgekommen, er watet daneben umsonst durch Blut und Redensarten … »Und vielleicht das Höchste«, sagte ich; freilich, vielleicht auch nicht. Diese schwierigen letzten Fragen sind eben in der Schwebe. Der, für den sie abgeschlossen sind, erscheint mir wenig beneidenswert. Das Gebäude der überkommenen Ästhetik kracht in allen Fugen, und auch von ihrer großen Mittelsäule darf gesagt werden: »Auch diese schon geborsten« usw.

Theodor Fontane, Causerien über Theater/2

Am Beginn der neunziger Jahre ist die Schlacht für oder wider Ibsen entschieden. »Auf ein kleinstes Minimum sind die Gegner zusammengeschrumpft«, schreibt Otto Brahm im Aprilheft des ersten Jahrgangs der Zeitschrift »Freie Bühne«, »die unzählbar waren, wie Sand am Meere. Heute ist es fast zur Regel geworden, dasjenige, was man gegen den Naturalismus auf dem Herzen hat, mit einer Respektsbezeugung für Ibsen einzuleiten: Ibsen, oh, alle Hochachtung; aber die jungen Deutschen, die Neuesten: Raus!« (Freie Bühne, 16. April 1890)

In eine breitere Öffentlichkeit dringt vom Denken und Wirken der jungen Schriftstellergeneration – »Gründeutschland« hatte sie der Kritiker Paul Lindau abfällig genannt – bis zum Ende der achtziger Jahre nur wenig. Vor allem die Theater scheuen das Risiko, mit den Produkten der aufmüpfigen Jugend die Zensurbehörden auf der einen und das zahlungskräftige Publikum auf der anderen Seite vor den Kopf zu stoßen. Der entscheidende erste Schritt, dem sozialen, dem »naturalistischen« Drama den Weg in die Berliner Öffentlichkeit zu bahnen, wird 1889 mit der Gründung der Freien Bühne getan. In einem Aufruf an das »kunstsinnige Publikum« der Hauptstadt erläutern die Initiatoren, was mit dem neuen Unternehmen beabsichtigt ist:

»Uns vereinigt der Zweck, unabhängig von dem Betriebe der bestehenden Theater und ohne mit diesen in einen Wettkampf einzutreten, eine Bühne zu begründen, welche frei ist von den Rücksichten auf Theaterzensur und Gelderwerb. Es sollen während des Theaterjahres in einem der ersten Berliner Schauspielhäuser etwa zehn Aufführungen moderner Dramen von hervorragendem Interesse stattfinden, welche den ständigen Bühnen ihrem Wesen nach schwerer zugänglich sind. Sowohl in der Auswahl der dramatischen Werke als auch in ihrer schauspielerischen Darstellung sollen die Ziele einer der Schablone und dem Virtuosentum abgewandten lebendigen Kunst angestrebt werden.«

Paul Schlenther, Wozu der Lärm. Genesis der Freien Bühne

Um nicht wie jedes Theater den Zensurvorschriften unterworfen zu sein, wählt die Freie Bühne die Form eines Vereins, zu dessen Veranstaltungen nur listenmäßig erfaßte Mitglieder Zutritt haben. In den dreiköpfigen Vorstand des Vereins werden als Vorsitzender der Literaturwissenschaftler und Kritiker Otto Brahm, als Rechtsbeistand Paul Jonas und als Schatzmeister Samuel Fischer gewählt, dessen 1886 in Berlin gegründeter Verlag sich gerade zur Heimstatt der literarischen Moderne zu entwickeln beginnt.

Die Freie Bühne eröffnet ihre Spielzeit mit den vieldiskutierten und immer noch polizeilich verbotenen »Gespenstern« von Ibsen. Schon als zweite Aufführung bringt sie das Erstlingsdrama eines jungen Dichters, dessen Name bald in aller Mund sein wird: Gerhart Hauptmanns: »Vor Sonnenaufgang«.

Die Gründung der Freien Bühne wirbelte in deutschen Landen allen Staub auf, der nur irgendwo über abgelehnten Stücken lag. Auch im Archiv der Freien Bühne häufte sich bald unübersehbar ein Wust von Handschriften und Drucksachen. Wenn aus diesem Wust, schäbig und nachlässig gedruckt, das soziale Drama »Vor Sonnenaufgang« ziemlich früh in unsre Hände fiel, so verdanken wir das dem lebhaften Interesse, das Meister Fontane an dem Werke nahm. Kein Geringerer als er ist es, der die ersten Fäden zwischen der Freien Bühne und Gerhart Hauptmann knüpfte. Als ich das Stück las, wurde mir sofort klar, daß es der Freien Bühne erste und vornehmste Pflicht sei, sich dieses Wildlings anzunehmen; denn hier war Kraftgenie, hier war Revolution, hier war Realismus, hier war alles frisch, frech, frei, stark, unbändig, waghalsig, wie nur die Jugend ist. Der Dichter selbst, den wir bald darauf kennenlernten: zurückhaltend, scheu, verschlossen, fein, stand persönlich im seltsamsten Gegensatze zu seinem Erstlingsdrama. Man fühlte instinktiv: in ihm birgt sich noch andres als dies!

Leider lag »Vor Sonnenaufgang« bei Buchhändlern aus. Bald ging in Kneipen und Kaffeehäusern ein Raunen von Tisch zu Tisch: etwas Furchtbares sei im Werk. Auf der Freien Bühne würden nächsten Sonntag nach dem Gottesdienst alle Bande frommer Scheu reißen. Die Entrüstung wuchs bei Christen und Juden. Aber noch stärker als die Entrüstung war die Gier, dem Gräßlichen beizuwohnen. Die Zahl unserer Passiven wuchs rasend. Das Lessingtheater mit seinen tausend Plätzen genügte nicht der Nachfrage. Nie hat es eine stürmischere Vorstellung gegeben als diese Sonntagsmatinee vom Oktober 1889. Die sittliche Entrüstung lauerte den von dem Buche her berüchtigten Saftstellen auf und war desto entrüsteter, je öfter sich's ergab, daß diese Stellen von der Regie gestrichen waren. Als sich im vorzüglichen letzten Akt Arzt und Gatte um die nebenan wimmernde Wöchnerin sorgen, die auf der Bühne aber nicht wimmerte, schwang mitten im Parkett ein unpraktischer Arzt die eigens dazu mitgebrachte Geburtszange durch die Luft. Da er diesen groben Unfug nur einmal und nicht öfters vollführte, so hinderte uns ein weiser Landgerichtsbeschluß, den Spaßvogel vor die Tür zu setzen. Mitten im tosenden Lärm eroberte sich der Dichter, der tapfer und scheinbar kaltblütig standhielt, immer wieder sein Recht. Es ging von ihm ein Zauber aus, der vor dem Äußersten bewahrte. Als das Stück zu Ende war, verließen ebensoviel Enthusiasten wie Wutentbrannte das Haus, dessen Wirt, Oscar Blumenthal, zu den epigrammatisch schärfsten Gegnern gehörte. Andern Tags flogen die Zeitungsblätter ins Land. An der Spitze der moralischen Empörung schrieben Frenzel und Lindau.

Paul Schlenther, Die Freie Bühne

Von »Gedankenleere«, von »schlechtem Fusel« ist da die Rede, von »Unflätigkeiten«, mit denen das Stück »reich gesegnet sei« (National-Zeitung, 21. Oktober 1889), von Mangel an »dichterischer Ojektivität«, von »entstellender, schwarzseherischer Nörgelei« (Tägliche Rundschau, 22. Oktober 1889). »Aus Rattenzahn und Molchszunge wird nun die Nahrung für die Bühne und ihre Gemeinde bereitet« klagt der »Berliner Börsen-Courier« nach der Uraufführung des Hauptmannschen Stückes:

Die »Freie Bühne« bewährt sich immer mehr als eine überaus sinnreiche Einrichtung, dem überfeinerten Großstädter die Sonntage angenehm durchzuekeln. Nachdem Ibsen, der Großherr des Realismus, mit etwas erblicher Gehirnerweichung und Wahnsinn den schönen Anfang gemacht, folgen dem gebietenden alten Hexenmeister die Zauberlehrlinge, die des Widrigen noch unendlich, unendlich mehr auf der Bühne anhäufen, die uns mit dem unsauberen Wasser aus

Zu starker Tobak für empfindliche Nasen. Karikatur des »Kladderadatsch« von Ernst Retemeyer nach der Aufführung von Gerhart Hauptmanns Erstling »Vor Sonnenaufgang« in der Freien Bühne.

dem neuesten kastalischen Schlammquell der Realisten überschwemmen, und die nur noch nicht gelernt haben, die Geister, die sie riefen, wieder loszuwerden. Heute war Gerhart Hauptmann der Sonntagnachmittagsprediger der »Freien Bühne«, und er behandelte das Thema vom Trinken und Betrinken, vom delirium tremens, dem Säuferwahnsinn und den Formen seiner Vererbung. Man hatte das Gefühl, als seien die Vorstände des Vereins »Freie Bühne« zugleich Vorstandsmitglieder des »Vereins gegen den Mißbrauch geistiger Getränke« und hätten einfach im Drange der Geschäfte die Vorlagen für die beiden Vereine vertauscht. Eins haben sie sich jedenfalls erschwert, das ist die Steigerung. Was wollen sie uns noch vorsetzen, womit uns noch überraschen, nachdem sie uns heute schon das Abstoßendste geboten haben, was je auf einer deutschen Bühne erschien, das Abstoßendste, das eine geübte Realisten-Phantasie ersinnen kann?

Berliner Börsen-Courier, 20. Oktober 1889

Zu den wenigen, die in diesem Sturm der Entrüstung zu einer gerechten Würdigung des Stückes gelangen, gehört Theodor Fontane: »Gerhart Hauptmann … hat nicht bloß den rechten Ton, er hat auch den rechten Mut, und zu dem rechten Mute die rechte Kunst«, schrieb er einen Tag nach der Uraufführung in seiner Rezension für die »Vossische Zeitung«.

Fontane verfolgte die Tätigkeit der Freien Bühne während ihrer ersten, für die deutsche Theatergeschichte so bedeutungsvollen Spielzeit mit dem größten Interesse. Er schrieb für die »Vossische Zeitung« sämtliche Theaterkritiken über die Aufführungen der Freien Bühne: von Ibsens »Gespenstern« über Tolstois »Macht der Finsternis«, Anzengrubers »Viertes Gebot«, Holz' und Schlafs »Familie Selicke« bis zu Hauptmanns »Friedensfest«, mit dem im Juni 1890 die erste Spielzeit abschloß. »Das literarische Leben des Winters gruppierte sich um die Freie Bühne, sowohl um das Theater wie um das Blatt dieses Namens. Ich verfolge all diese Erscheinungen mit dem größten Interesse und finde, die Jugend hat recht. Das Überlieferte ist vollkommen schal und abgestanden; wer mir sagt: ›Ich war gestern in «Iphigenie», welch Hochgenuß!‹, der lügt oder ist ein Schaf und Nachplapprer« (Fontane an Georg Friedlaender, 29. April 1890).

Zu dem äußeren Erfolg der Freien Bühne gesellen sich jedoch schon im Verlauf des ersten Jahres eine Reihe innerer Probleme. Nach dem Skandal des »Schnaps- und Zangenstückes« verweigern etablierte Theaterdirektoren ihren Schauspielern die Mitwirkung an Aufführungen des Vereins. Nicht wenige Besucher kündigen ihre Mitgliedschaft, teils aus Angst, für Naturalisten, also für »ästhetische Verbrecher« gehalten zu werden, teils aus Überdruß an dem Spaß, sich aus der Kunst der Jungen einen Jux zu machen.

Aber auch die Spielplanpolitik stößt auf zunehmende Kritik. »Eine dürftige Nachmahd ist auf der ›Freien Bühne‹ da, aber kein frischer Nachwuchs«, schreibt Fontane am 5. Dezember 1890 an Paul Heyse. Mancher der jungen Autoren, die zu fördern der Verein angetreten war, erlebt beim Vorstand eine herbe Abfuhr – zum Beispiel Frank Wedekind mit seinem Drama »Erdgeist«.

Die Freie Bühne war müd geworden. Man tröstete sich damit, daß dem modernen Realismus, soweit er von echten dramatischen Talenten vertreten war, die ständigen Theater sehr viel zugänglicher geworden waren als vor Begründung der Freien Bühne. Andrerseits glaubte man durch die bisherigen fünfzehn Vormittagsvorstellungen der Neuschöpfung soviel Anregung geboten zu haben, daß sie nun selbständig und ihrer eignen Art nach fortschreiten könnte. Die Freie Bühne hatte sich immer nur als eine Art dramaturgischen Laboratoriums angesehen. Sie wollte nichts weiter als experimentieren. Nun kam sie zu einem Beruhigungsschluß, der sophistischer scheint, als er ist: »In der Natur des Experimentes liegt es, daß sein größter Sieg zugleich sein Ende ist.« Aber ganz aufgeben wollte sie sich doch nicht. Nach wie vor war sie bereit, Möglichkeiten freier Kunstbetä-

tigung zu schaffen. Sie wollte für den Fall zur Stelle sein, daß unversehens und unverhofft ein aufstrebender Dramatiker wieder mal eine kühne Tat vollführen sollte, für die unsre Theaterdirektoren zu vorsichtig, unser Publikum zu spröd, unsre Zensur zu streng wäre.
Paul Schlenther, Die Freie Bühne

Und ein solcher Fall kam:

Es war die Aufführung der »Weber« von Gerhart Hauptmann am 26. Februar 1893, zu einer Zeit, wo dieses Drama noch polizeilich verboten war und sein Schicksal beim Oberverwaltungsgerichte hing. Das Wagnis, die »Weber« aufzuführen, war noch nirgend versucht worden. Ohne alle Vorarbeiten mußte Cord Hachmann, der damals Oberregisseur des verkrachenden Theaters am Schiffbauerdamm war, an dieses Riesenwerk schreiten; was er mit mehr als fünfzig eifrigst Mitwirkenden künstlerisch erreichte, ist auch später im Deutschen Theater nicht übertroffen worden. Die Vorstellung lockte wieder soviel Mitglieder in unseren Bann, daß sie wiederholt werden konnte. Sie wird ihren Platz in der Theatergeschichte behaupten.
Paul Schlenther, Die Freie Bühne

»Die Vorstellung ließ gar keinen Zweifel an der mächtigen revolutionären Wirkung, die das Schauspiel auf ein empfängliches und genußfähiges Publikum haben müßte, und wenn Hauptmann noch Hoffnungen auf die Freigabe seines Stückes für die öffentliche Aufführung gehabt haben sollte, so mag er sie nunmehr begraben«, schreibt Franz Mehring nach dem Besuch der Veranstaltung:

Noblesse oblige, und den »Webern« steht es besser an, sich mit Würde in – die preußische Polizei zu fügen als im Verwaltungsstreitverfahren darum zu hadern, daß sie »historische« Zustände schildern und nicht politische. Seien wir doch ehrlich: sie sind revolutionär und höchst »aktuell«. Doch, um nochmals auf die Vorstellung der Freien Bühne zu kommen, so zeigte sie in lehrreicher Weise, wie eine gesunde Neuerung gleich andere gesunde Neuerungen nach sich zieht. Mit dem dramatischen Einzelhelden schwindet auch der schauspielerische Virtuose. Es waren meist ganz unbekannte, von einem halben Dutzend Theater vorwiegend zweiten oder dritten Ranges zusammengeholte Mimen, welche die »Weber« im Neuen Theater spielten, aber – wiederum von manchen Einzelheiten abgesehen – die Darstellung war wie aus einem Guß, und keine der fünfzig sprechenden Personen ließ es ganz an sich fehlen. Freilich hatte Hauptmann auch

das Glück gehabt, in Cord Hachmann einen kongenialen Regisseur zu finden.
Franz Mehring, Gerhart Hauptmanns »Weber«

Andere Theater der Hauptstadt versuchen nun ebenfalls, mit neuen Autoren und neuen Stücken Theatergeschichte zu schreiben. Oscar Blumenthal, der 1888 das Lessingtheater am Friedrich-Karl-Ufer gegründet hatte, bindet Hermann Sudermann an sein Haus. Bereits im ereignisreichen Theaterjahr 1889 war Hermann Sudermanns »Ehre« im Lessingtheater mit großem Erfolg zur Aufführung gelangt. Ein Jahr später erregte sein Drama »Sodoms Ende«, in der Welt des neureichen Geldbürgertums von Berlin W angesiedelt, die Berliner Öffentlichkeit.

Jeden, aber auch jeden Tag las man in den Zeitungen Notizen über das neue Stück, an dem Sudermann arbeitete. Erst hatte man erfahren, daß das neue Schauspiel im vornehmen Tiergartenviertel Berlins spiele; dann, daß der erste Akt sehr lustig sei; dann, daß die folgenden sehr ernst wären. Man verfolgte die Entstehung des Stückes gewissermaßen Tag für Tag, ohne doch in Wirklichkeit vom Inhalt etwas zu erfahren. Wo der glückliche Dichter seinen Fuß hinsetzte auf seinen Sommerreisen, von dort aus flog sogleich eine Nachricht durch alle deutschen Zeitungen. Man konnte in Deutschland über Bismarck und den jungen Kaiser kaum mehr hören oder lesen als über den Dichter der »Ehre«. Seine stattliche Männergestalt wurde von den jungen Damen weit und breit im Bilde angeschwärmt, und über den Geist seiner Dichtung verbreiteten sich die ernsthaftesten Männer in dem Sinne, als habe Sudermann dem Epigonentume endlich ein Ende gemacht. Ja viele stellten ihn allen Ernstes neben oder gar über Schiller und Kleist, und manche meinten das in Wirklichkeit, was man in Berlin in einem spottenden Coupletvers sang:

Schiller, jetzt bist nicht mehr du der Mann,
sondern jetzt ist es Sudermann.

Kein Wunder, daß man in fieberhafter Spannung dem Ende des Sommers und dem endlichen Erscheinen des neuen Dramas dieses Allgewaltigen entgegensah. Da kam der Herbst, da ward die Aufführung von »Sodoms Ende« angekündigt – welch vielverheißender Titel! Und nun kurz vor der Aufführung in letzter Stunde – o Schreck, o neue Spannung! – ein polizeiliches Verbot auf Grund des Sittlichkeitsparagraphen! So ward das Stück zunächst nicht aufgeführt, aber in verschiedenen Zeitungen erschien eine Inhaltsangabe desselben.
Adalbert von Hanstein, Das jüngste Deutschland

Oscar Blumenthal, der beim Berliner Polizeipräsidium erfolglos gegen das Verbot des Stückes protestiert, wendet sich nun um Hilfe an den preußischen Innenminister Herrfurth:

Schon nach wenigen Tagen wurde ich zum Minister des Innern wieder zur Audienz berufen, und er teilte mir mit der vollsten Offenherzigkeit die Eindrücke der Lektüre mit: »Ich habe gestern abend das Stück gelesen«, begann er, »und ich bekenne, daß für meine Nachtruhe diese Lektüre nicht eben förderlich war. Es ist zweifellos eine tiefernste, wenn auch zum Teil gewagte Arbeit, und ich wünschte nur, daß eine Anzahl von Stellen, die ich angezeichnet habe, vom Verfasser ausgemerzt werden. Ich halte es für zweckmäßig, daß Sie, bevor ich im Aufsichtswege einschreite, das Buch dem Königlichen

Polizeipräsidium in dieser geänderten Form nochmals überreichen, und ich hoffe, daß mir dann jeder Eingriff erspart bleiben wird.«

Damit sollte offenbar dem Polizeipräsidenten eine goldene Brücke zum Rückzuge gebaut werden, und bereitwillig gingen wir auf diesen Wunsch des Ministers ein. Nachdem wir an siebzehn Stellen kleine Änderungen, Striche und Milderungen vorgenommen hatten, die ohne jede Vergewaltigung des literarischen Gewissens möglich erschienen, überreichte ich das Buch mit einem besonderen Anschreiben nochmals der Behörde.

Oscar Blumenthal, Verbotene Stücke

Aber Polizeipräsident von Richthofen, der das Verbot des Stückes mit dem berühmt-berüchtigten Satz begründet hatte: »Die janze Richtung paßt uns nich!«, läßt sich von ein paar belanglosen Strichen nicht beeindrucken. Am 27. Oktober 1890 gibt er dem hartnäckigen Theaterdirektor unwillig zur Kenntnis, daß er »auch nach nochmaliger Erwägung« sich »nicht veranlaßt sehen kann, die Genehmigung zur Aufführung des Dramas ›Sodoms Ende‹ zu erteilen, da dasselbe in seiner ganzen Anlage und Durchführung geeignet erscheint, das sittliche Gefühl zu verletzen, dieses sittenpolizeiliche Bedenken daher durch die von Ihnen angebotene Streichung einzelner besonders anstößiger Stellen nicht behoben werden kann«. Blumenthal sucht nun erneut Unterstützung beim Innenminister, der seine Genehmigung von einer Voraufführung des Stückes vor drei Ministerialräten abhängig macht, um die Wirkung des inkriminierten Stückes auf der Bühne zu testen.

Auf Grund dieser Verfügung fand im Lessingtheater am 30. Oktober 1890 die merkwürdigste Theaterprobe statt, die ich in meiner zehnjährigen Tätigkeit zu verzeichnen hatte. Eine Geheimprobe, der außer dem Regisseur der Vorstellung, Herrn Anton Anno, und dem Autor lediglich die drei Ministerialräte beiwohnten, die der Minister entsandt hatte ... Der Eindruck der Darstellung war tief ergreifend. Im Mittelpunkte stand Josef Kainz, der die Gestalt des Willy Janikow mit seiner ganzen persönlichen Liebenswürdigkeit und Jugendwärme durchströmt hat. Der nun heimgegangene Oskar Höcker bot als alter Janikow eine der schönsten Gestaltungen seiner lebensvollen Kunst – jeder Zug schlicht und ehrlich, aus dem Vollen des Menschlichen geschöpft. Alle andern Künstler, von der entscheidungsschweren Bedeutung der Probe besonders erregt, gaben jeder an seiner Stelle das Beste und Reifste ihrer Kunst ... und da über dieser ganzen Vormittagsaufführung eine seltsam ehrfürchtige Stimmung lag, eine Art von befangener Andacht, so ist vielleicht das Werk nie wie-

der mit so vollendeter Wärme und Ehrlichkeit auf der Bühne gegeben worden.
Oscar Blumenthal, Verbotene Stücke

Das Ergebnis der Probe läßt nicht lange auf sich warten: Bereits am nächsten Tag erhält der Theaterdirektor aus den Händen eines Schutzmannes das Reskript des Polizeipräsidenten, mit dem »auf Anordnung des Herrn Ministers des Innern« die Genehmigung zur Aufführung des Dramas »Sodoms Ende« »nachträglich erteilt wird«.

Am 5. November 1890 findet im Lessingtheater die mit Spannung erwartete Uraufführung statt:

Zunächst entbrannte ein Kampf um die Einlaßkarten. Wochenlang vorher bestellte man sie, und wochenlang vorher waren sie schon vergriffen. »Ganz Berlin« wollte hinein, um dem »literatur-geschichtlichen Ereignis« beizuwohnen. Alles bisher war ja nur Einleitung gewesen: Hauptmann, Wilbrandt, Wildenbruch, Fulda – was galten alle gegen Sudermann! Der Weizen der Billetthändler blühte. Höhere Preise sind vielleicht beim letzten Auftreten der Sängerin Lucca nicht gezahlt worden als diesmal bei Sudermanns neuem Schauspiel. 80, 90, 100 Mark wurden für eine einzige Karte gegeben, und mancher Besonnene fragte sich wohl mit Recht im stillen, wie denn das Stück überhaupt noch beschaffen sein sollte, das den Erwartungen eines so gespannten Publikums noch hätte entsprechen können?! Es machte wirklich den Eindruck, als sei dies Schauspiel ein unsinnig in die Höhe getriebenes Börsenpapier, das einem unvermeidlichen Kurssturz entgegengehe.
Adalbert von Hanstein, Das jüngste Deutschland

Und so kam es denn auch: das Stück, das am 5. November 1890 im Lessingtheater über die Bühne ging, konnte die hochgespannten Erwartungen nicht erfüllen. Waren die einen empört, daß sie sich für ihr vieles Geld auch noch eine so herbe dramatische Strafpredigt hatten anhören müssen, so bemängelten andere die wenig überzeugende literarische Gestaltung des Sujets. »Aber freilich, obgleich das Stück in Wirklichkeit sehr wenigen gefiel – gesehen wollte es doch jeder haben. Und so erlebte es denn eine stattliche Reihe von Aufführungen und wurde eine Zeitlang Abend für Abend vor ausverkauftem Hause munter ausgezischt, bis man sich daran gewöhnt hatte« (Hanstein, Das jüngste Deutschland).

Die Aufbruchstimmung der Jugend macht sich seit der Mitte der achtziger Jahre überall im kulturellen Leben der Haupstadt bemerk-

bar. Nicht nur Literatur und Theater, auch das künstlerische Leben Berlins gerät in Bewegung. Und auch hier, wie in der Literatur, treffen die »Jungen« mit ihrer Sicht auf das Leben, mit ihren ästhetischen Prinzipien auf den erbitterten Widerstand der »Alten«. »Es ist eine merkwürdige und im eigentlichen Sinne unorganische Erscheinung, daß Berlin, das sonst in allen Dingen immer vorne sein will, sich in Sachen der bildenden Kunst gegen jeden gesunden Fortschritt stemmt. Heute ist Menzel der Mann, über den es nach der Ansicht vieler Kritiker und gebildeter Laien ein Hinaus nicht mehr geben soll« (Franz Servaes, Berliner Kunstfrühling). Was würdig ist, gefördert und der Öffentlichkeit gezeigt zu werden, das bestimmen noch immer die Akademie und ihr allmächtiger Präsident Anton von Werner, und der Kreis der etablierten Maler achtet ängstlich darauf, daß niemand von den unbotmäßigen Jungen ihnen das einträgliche Geschäft mit der Kunst schmälert. Bitter klagt der junge Schweizer Maler Karl Stauffer-Bern, der in Berlin Fuß zu fassen sucht, in einem Brief vom 1. August 1883:

Um mich herum sehe ich nur Vetternwirtschaft, Intrigen, blinden Ehrgeiz, Gesichter, die gegen die Mächtigen und Hochgebornen leuchten. Das ist eine knechtische Bande, diese preußischen Maler. Allen diesen Berühmtheiten ist nicht die Kunst das eigentliche Panier; es ist nicht ihr Ziel, sich zu wahren Künstlern heranzubilden und sich bis an das Ende ihres Lebens zu vervollkommnen, nein, nichts von dem. Jeder sucht Professor zu werden, dann Ritter mit hohen Orden, und möchte Grafen, Prinzen, Minister bei sich sehen, um einen großen Einfluß zu erlangen und viel Geld zusammenzuscharren und es bei großen Tanzfesten zum Fenster hinauszuwerfen.

Es gibt hier keine Männer (Menzel und Begas, die außerhalb diesem Treiben sind, natürlich ausgenommen) wie Arnold Böcklin, den ich für den idealsten und tiefsten Maler unserer Zeit halte, und den vor einigen Jahren verstorbenen Anselm Feuerbach. Nein, man erwirbt viel Geld und bekümmert sich wenig, wie. Kein hiesiger Maler hat das Ziel, das ich habe, nämlich die Feinheiten der Natur wiederzugeben, in die Geheimnisse der Erscheinung einzudringen und sich zum Herrn über das zu machen, was man sieht. Das sind große Worte; aber ich weiß zu gut, daß ich nicht erreichen werde, was ich soeben gesagt habe, andrerseits weiß ich aber auch, daß ich Anstrengungen machen werde, um dahin zu gelangen.

Karl Stauffer-Bern, Familienbriefe

Der offizielle Kunstmarkt bleibt den »Jungen«, die mit ihren Bildern, Zeichnungen und Skulpturen so gar nicht den erwünschten ideologisch-patriotischen Erziehungswert von Kunst im Auge haben, lange verschlossen; in der Großen Berliner Kunstausstellung im Glaspalast hinter dem Lehrter Bahnhof, die alljährlich über tausend neue Kunstwerke zeigt, ist für sie kaum Platz.

Den langwierigen und von harscher Kritik begleiteten Weg in die Öffentlichkeit finden die jungen Künstler meist nur durch das Engagement einiger privater Kunsthändler und Galeristen, die das Risiko nicht scheuen, die »modische Narretei« der modernen Kunst auch an der Spree ins Gespräch zu bringen.

Einer der ersten, der versucht, mit seinen Ausstellungen eine Bresche in das Althergebrachte zu schlagen, ist der Kunsthändler Fritz Gurlitt:

Fritz Gurlitts Platz auf der Erde war fünfzehn Jahre lang im berühmtesten Kunstwinkel Berlins, Behrenstraße, zwischen der Friedrich- und Charlottenstraße. Dort hielt er rechts mit Amsler & Ruthardt gute, links mit Eichler minder gute Nachbarschaft. Rechts von den farblosen Stichen, links von den farblosen Gipsabgüssen alter Meister her kam man vor den Schaufenstern des Gurlittschen Kunstsalons zur Farbe der Modernen. Wie aus andren Zeiten und höhern Gegenden kehrte man hier wieder ins eigne Leben zurück, und Fritz Gurlitt saß an dieser Kunstecke wie zwischen den Propheten das Weltkind …

Während der achtziger Jahre, vor Eröffnung der Schulteschen Säle, hat man bei Gurlitt die besten Bilder gesehen, die überhaupt zu jener Zeit gemalt worden sind. Hier in den engen, nicht eben lichtvollen Räumen ist Arnold Böcklin von Berlin entdeckt worden. Hier wagten sich zum ersten Male Pariser Impressionisten in die Residenz Adolph Menzels. Hier ging der bethlehemitische Stern Fritz von Uhdes auf. Über so manchen neugekommenen Mann wurden hier viel weise Köpfe und staubige Perücken geschüttelt. Nicht nur von zarten Frauen, bei denen man ja auch in der Kunst erfahren soll, was sich ziemt, bekam der Veranstalter dieser Ausstellungen mehr denn einmal zu hören: »Aber, um Gottes willen, lieber Herr Gurlitt! Das ist ja ganz schauderhaft! Wie können Sie nur so etwas herschaffen!«

Paul Schlenther, Fritz Gurlitt

Fritz Gurlitts Kunstsalon, der sich zuerst Unter den Linden, dann in der Behrenstraße, später in der Leipziger Straße befand, hat im Berliner Kunstleben eine außerordentlich wichtige Rolle gespielt. Gurlitt wollte vom Kunsthandel leben, aber er wollte nicht mit leichtverkäuflicher Ware Geld verdienen, er wollte durch Förderung der größten Talente seiner Zeit zugleich der deutschen Kunst dienen. Unbeirrt durch den Tadel der Kritik und die Witze des Publikums hat er sich Jahre hindurch immer von neuem für Böcklin eingesetzt.

Aber sein Interesse galt nicht nur ihm und den andern Neuidealisten, auch den Vorkämpfern der neuen deutschen Wirklichkeitskunst gewährte er in seinem Salon freudig Aufnahme. »Die öffentliche Würdigung von Thoma, Marées, Hildebrandt, Uhde, Liebermann ist aus seinen Räumen hervorgegangen«, hat sein Bruder Cornelius von ihm gerühmt. Und auch als er allzufrüh vom Tode hinweggerafft worden war – »artibus inserviens consumptus«* haben ihm seine Angehörigen auf das Grabmal meißeln lassen –, blieb sein Kunstsalon die Stätte, an der die besten Schöpfungen der modernen Kunst den Kunstfreunden gezeigt wurden. An keiner Stelle habe ich von der Malerei unserer Zeit tiefere Eindrücke empfangen wie in den schlecht beleuchteten Räumen im ersten Stockwerk des Hauses Leipziger Straße 131. Nicht nur die Werke unserer bedeutendsten Meister sah man hier, auch manche jungen aufstrebenden Talente, manche interessanten, abseits von der großen Heerstraße wandernden Sonderlinge genossen hier Gastrecht.

Walter von Zur Westen, Berlins graphische Gelegenheitskunst

Im Oktober 1883 veranstaltet Fritz Gurlitt in seinem Salon die erste umfassende Ausstellung französischer Impressionisten in Deutschland. Die Exposition, die Bilder von Manet, Renoir, Pissarro, Degas, Monet und anderen heute weltberühmten Künstlern zeigt, stößt bei der Berliner Kritik auf einhellige Ablehnung:

Wie die Kundgebungen dieser neuen Schule auf ihrer ersten Sonderausstellung in Paris in der Rue St. Georges im Frühling 1877 entrüstetes Erstaunen oder Gelächter erregten, so dürften sie hier erst recht keine andere Wirkung machen. Der Widerspruch in diesen Malereien gegen alles, was ein Bild zum Kunstwerk und zum Gegenstand des Wohlgefallens für Augen und Geist macht, ist zu krass … Die beiden einzigen Impressionisten unter den hier Vertretenen, die bei aller Verkehrtheit noch Talent verraten, sind Manet, der in diesem Winter Verstorbene, und Degas. Aber wieviel Geschmacklosigkeit und Rohheit ist damit bei beiden verbunden, welche ebenso unwahre als unschöne Buntheit bei Degas!

Vossische Zeitung, 10. Oktober 1883

»Fassen wir unser Urteil über die Bilder zusammen«, schreibt ein anderer Kunstkritiker, »so können wir ihnen kaum mehr als ein pathologisches Interesse einräumen. Als Krankheitserscheinung, als ein

* Im Dienst der Künste hat er sich verzehrt

warnendes Exempel, wohin die Kunst gerät, wenn sie sich von dem Ideale des Schönen lossagt, verdienen sie Beachtung« (Deutsches Kunstblatt, 15. November 1883). Auf den gleichen Ton sind fast alle Rezensionen der Ausstellung eingestimmt.

Aber nicht nur französischen Impressionisten – auch den deutschen Wegbereitern der Moderne weiß Gurlitt mit Gespür und Geschick den dornigen Weg zur Anerkennung zu bahnen. Vor allem Böcklin gilt seine Liebe, aber auch Leibl, Trübner, Hans Thoma oder der junge Max Klinger, der 1881 bis 1883 und 1887 in Berlin lebt, finden in seinem Salon eine Heimstatt:

Klinger galt damals bei den Berlinern für einen Mystiker und Genialitätshascher. Beides war unbequem und paßte nicht in den Rahmen der Weltstadt. Schlagt ihn tot, er ist ein Original, sagte die besonnene Kritik. Er malte sein »Parisurteil«; es war das eines der ersten Werke einer neuen Richtung, das auf deutschen Ausstellungen erschien. Der Erfolg war überraschend. Er sei nach einer Erzählung meines Bruders Ludwig Gurlitt dargestellt: Als Fritz, der Kunsthändler – so erzählt dieser –, Geschäftsführer der Kunstausstellung in Berlin war, suchte ich ihn tags nach der Eröffnung, um mich seiner kundigen Führung zu erfreuen. Ich fand ihn nicht und machte meine Wanderung allein. Unter dem vielen Herrlichen fesselte mich ein großes mythologisches Bild, »Das Urteil des Paris«, unzweifelhaft das Werk eines der Gewaltigsten. Das Bild nannte den Künstler nicht, ich konnte ihn auch nicht erraten; das Werk war nur sich selbst ähnlich; ein neuer, mir unbekannter Geist sprach hier zu mir, und ich stand lange in stummem Staunen. Neben mir aber machte sich die erbarmungsloseste Kritik laut; ihre plumpen Witze wirkten auf mich wie Peitschengeknall in der Kirche. Daß man doch vielfach so wenig Achtung vor dem Geistesringen eines Künstlers hat, so wenig Rücksicht für die Umstehenden! Da traf ich meinen Bruder. Meine erste Frage natürlich: Von wem ist denn das herrliche »Urteil des Paris«? Er ließ mir nicht Zeit, mein Entzücken weiter auszusprechen, sich nicht Zeit zu antworten, riß mich nur mit sich fort; die Aufklärung würde gleich folgen. Wir eilten von Saal zu Saal, zurück an den Eingang, blickten hinaus ins Freie, endlich sagte mein Bruder verstimmt: »Schade, er ist fort!« – Eben war Klinger bei mir im Büro, ganz zerschlagen und vernichtet. Er hatte eine halbe Stunde vor seinem Bilde gestanden, seinem ersten großen Ölgemälde, an das er alle Kraft, auf das er alle Hoffnung gesetzt hatte, und mußte nun die Urteile der Berliner hören: Herrjeh! von wem is denn das?! Der muß nach Dalldorf; den darf man nicht frei rumlaufen lassen! In der Tonart war es fast unausgesetzt gegangen. Klinger, bis ins tiefste verletzt und den Tränen nahe, forderte sofortige Zurückziehung des Bildes. Ihn durch eigene Anerkennung und Bewunderung, durch Vertröstung auf das Urteil der Presse dazu zu bewegen, das Bild zunächst noch hängen zu lassen, war Fritz Gurlitt nur mit schwerer Mühe gelungen. »Wie schade«, sagte er, »daß wir Klingern nicht mehr gefunden haben; dein Lob würde ihm wohlgetan haben. Nein, diese entsetzliche Berliner Kritik!«

Cornelius Gurlitt, Die deutsche Kunst des neunzehnten Jahrhunderts

Das Engagement von privaten Sammlern und Kunsthändlern wie Fritz Gurlitt trägt nicht wenig dazu bei, daß Berlin in den achtziger Jahren auch als Kunststadt allmählich an Bedeutung gewinnt. Seit 1876 wohnt Hans Baluschek in der Stadt, die in ihm einen ihrer sensibelsten Chronisten finden wird. 1889 beginnt er sein Kunststudium in Berlin, das ihn weniger in die Unterrichtssäle der Akademie als an die Peripherie der sich dehnenden Großstadt führt, in die Wohnquartiere der kleinen Leute, ihre dunklen Ecken und lauten Rummelplätze, in Bahnhöfe und Kneipen, in denen die Entwurzelten der modernen Gesellschaft, die Verfemten und Ausgestoßenen ihr Schicksal preisgeben. »Berliner Skizzenbuch« heißt sein erstes Werk, mit dem er 1889 debütiert.

1889 kommt auch die junge Malerin und Zeichnerin Käthe Schmidt nach Berlin, wo sie wenig später den Kassenarzt Hans Kollwitz heiratet. 1891 bezieht das junge Paar im Norden Berlins, in der Weißenburger, der heutigen Kollwitzstraße Quartier: fast fünfzig Jahre hindurch wird es ihre künstlerische Heimstatt bleiben.

Ein großes Ereignis fiel in diese Zeit: die Uraufführung der Hauptmannschen »Weber« in der Freien Bühne … Diese Aufführung bedeutete einen Markstein in meiner Arbeit. Die begonnene Folge zu »Germinal« ließ ich liegen und machte mich an die »Weber«. Mein technisches Können war im Radieren noch so gering, daß die ersten Versuche mißglückten. Auf diese Weise kam es so, daß die drei ersten Weber-Blätter lithographiert wurden und erst die drei letzten Radierungen, »Zug der Weber«, »Vor dem Fabrikantenhaus« und »Ende«, auch technisch genügten. Das Arbeiten an dieser Folge war mühsam und langsam. Allmählich kam sie zustande, und ich hatte den Wunsch, die Folge meinem Vater zu widmen. Ich wollte voraussetzen das Gedicht »Weber« von Heine. Unterdessen erkrankte mein Vater schwer, und den vollen Erfolg, der sich bei den Ausstellungen dieser Arbeit zeigte, hat er nicht mehr erlebt.

Käthe Kollwitz, Rückblick auf frühere Zeit

Wie im Werk von Hans Baluschek und Käthe Kollwitz hinterlassen die sozialen Widersprüche der sich entwickelnden Metropole, die Veränderungen im Leben ihrer Bewohner bei vielen Künstlern der Zeit ihre Spuren: Julius Jacob hält in liebevoll-naturalistischen Studien das Bild von Alt-Berlin fest, das mit seinen Gassen und Speichern, Winkeln und Werkstätten dem Abriß preisgegeben ist; Franz Skarbina spiegelt in seinen Berliner Straßenbildern und genau beobachteten Milieustudien den Rhyythmus und die Atmosphäre der werdenden Weltstadt.

Seit 1887 ist auch Lesser Ury in Berlin ansässig, dessen Bilder Berliner Straßenatmosphäre in neuen, ungewöhnlichen Farb- und Lichteffekten einfangen. Als die Kunsthandlung Fritz Gurlitt 1890 eine Ausstellung seiner Bilder veranstaltet, ist die akademische Kritik entrüstet: »Es ist ganz erstaunlich, was und wie der junge Mann sieht. Die Linden und die Leipziger Straße stellen sich seinem Auge als Kohlenbergwerke dar – er gehört nämlich zu den Impressionisten pech-kohl-rabenschwarzer Observanz. Aus ruhiger Nacht leuchten im Scheine der Straßenlaternen alle möglichen und unmöglichen Farben heraus, als wäre es beim Künstler darauf angekommen, mit den Resten seiner Tuben zu räumen. Was da sonst noch beleuchtet wird, ist schauderhaft, höchst schauderhaft.« (Die Gegenwart, 1. Februar 1890). Und auch noch drei Jahre später, als der Künstler zum ersten Male mit einer größeren Sammlung seiner Bilder bei Gurlitt an die Öffentlichkeit tritt, moniert der hochangesehene Kunstkritiker Adolf Rosenberg: »Eine koloristische Empfindung ist … vorhanden. Aber wo bleibt die Stimmung, das seelische Element, die Gemütstiefe oder auch nur, wenn wir uns auf die geringsten Ansprüche beschränken, die nationale Note?« (Kunstchronik, 27. April 1893)

Wie als ob es sich darum handelte, ein giftiges Ungeziefer wegzubeißen, fielen mit verschwindenden Ausnahmen die zünftigen Kritiker über den kecken Eindringling her, und in lautem Echo erschallte rings ein »Bravo« aller pinselnden Stümper und stümpernden Pinsel. *Dem* hatte man es gründlich gegeben! *Der* mochte jetzt verschwinden auf Nimmerwiedersehen! Und doch hatte man den Uryschen Bildern im Grunde genommen wenig vorzuwerfen gehabt … Es ist vor allem die Farbenintensität, was Urys Eigenart ausmacht. So wie er sehen nur äußerst wenige die Natur. So wie er dürften daher auch nur die wenigsten, oder besser: gar keiner wieder die Natur malen. Es gibt eben keine »objektive« Natur, außer vielleicht für den Chemiker, der die einzelnen Bestandteile voneinander löst und bestimmt. Für den Künstler gibt es nur eine subjektiv angeschaute Natur, und diese subjektive Anschauung ist es, die er zum Ausdruck zu bringen hat. Er malt daher auch vor der Natur nur sein innerstes Erleben, und er hat dabei kein anderes Bestreben als: vor sich selbst ganz ehrlich zu sein …

Von diesem echten Künstlerschlage ist Ury, das Farbentemperament. Es will daher gar nichts besagen, wenn ein knutternder Rezensent emphatisch beteuert, er habe in vierzigjährigem Beobachtungsstudium derartige Farbenstimmungen niemals gesehen, wie Ury sie gemalt hat. Er ist zu bedauern, daß er sie nicht gesehen hat; denn dann hat er niedriger organisierte Augen und hat auf mancherlei Schönheiten verzichten müssen. Ich meinesteils bin mir bewußt, mancherlei ähnliche Naturstimmungen in mir erlebt zu haben, wie Ury sie gemalt hat – nicht ganz dieselben, denn dann wäre ich ja nicht ich, und Ury nicht Ury. Ich weiß auch ferner, daß ich den Maler um das Glück der Stunde beneide, in der beispielsweise jenes wie von einem Farbensprühregen übergossene Stück Strand vor ihm lag, das er in einem seiner nicht hoch genug zu schätzenden holsteinischen Pastelle festgehalten hat. Oder um den Anblick jenes im Sonnenschein gebadeten Bauernhauses, das mit seinem rotglühenden Dach gleichsam in das von Gelb und Blau umstrittene Grün der über ihm rauschenden Buchen hineinbrennt …

Aber vielleicht ist das der heutigen Welt schon zu verstiegen, der noch eben die Werke von gestern – zu naturalistisch waren.

Franz Servaes, Berliner Kunstfrühling 1893

Am unversöhnlichsten verhält sich die akademische Kritik lange Zeit gegenüber Max Liebermann. Der Fünfundzwanzigjährige war 1872 zum erstenmal mit einem Bild an die Berliner Öffentlichkeit getreten, und mit diesem Bild, das keine christliche Legende, keine Griechen oder Römer, keine Episode aus der ruhmreichen Hohenzollerngeschichte, sondern Gänserupferinnen darstellte, hatte Liebermann sofort die Empörung von Publikum und Rezensenten auf sich gezogen:

Die Genremaler malten Bilder anekdotischen Inhalts. Die schaulustige Welt ergötzte sich oder erschütterte sich, je nach der Heiterkeit oder Betrübnis des Inhalts, und zeigte sich befriedigt. Und waren die Bilder auch ohne Wahrheit, ohne Akzent der Natur, ohne eigentliches Leben, es tat nichts, man sah doch komische Gesichter, eine hübsche Legende, eine anheimelnde Erzählung, einen Stoff; und was sehr schön war: jedermann konnte diese bildende Kunst verstehen, war einem auch sonst das Verständnis für Kunstdinge völlig verschlossen. Die diese Genrebilder anfertigten, standen auf schlechtem Fuß mit der Darstellung als solcher, seit ihrer jugendlichen Lehrzeit hatten sie das Studieren der Natur meist an den Nagel der Dinge gehängt, die sie nicht mehr nötig hatten, und sie begannen, einen Kollegen wie Liebermann, der kein Gewicht auf den erzählenden Inhalt legte, der die Wünsche des Publikums nach »Gegenständen«

Lesser Ury, Am Bahnhof Friedrichstraße, 1888. – Auch dieses Bild gehörte zu jenen, die dem Maler den Vorwurf der »Schwarzmalerei« eintrugen.

unberücksichtigt ließ und ihm keine lachenden oder weinenden Schauspiele, sondern Malerei bieten wollte, zu verachten, wie denn er seinerseits sich als ihren Berufsgenossen von Anfang an nicht fühlte und ganz andere Dinge vor Augen sah.

Nicht als ob er mit seiner ersten Arbeit schon völlig emanzipiert gewesen wäre, es war noch immer ein sehr gemäßigtes, nicht zwar akademisches, doch malklassenhaftes Bild gewesen, und wir, die ein starkes Jahrzehnt später davorstehen, wir vermögen kaum mehr zu begreifen, wie diese Fülle des Staubes bei den engeren Zeitgenossen aufwirbeln mochte über ein Gemälde, das uns schon fast korrekt dünken will.

Herman Helferich, Studie über den Naturalismus und Max Liebermann

Liebermann ist seit den »Gänserupferinnen« als »Apostel der Häßlichkeit«, wie ihn der renommierte Kritiker Adolf Rosenberg genannt hat, abgestempelt. Der Berliner Kunsthändler Rudolf Lepke weigert sich, Liebermanns zweites großes Bild, die »Konservenmacherinnen« (1873) auszustellen, und wenig später verläßt der Künstler, enttäuscht und resigniert, Berlin, um sich in Paris, später in München niederzulassen. Als Liebermann 1884 in seine Heimatstadt zurückkehrt, wird er erneut mit dem allgemeinen Unverständnis des Publikums und der Gehässigkeit der Kritik konfrontiert. Der Maler, der »Korbflechter« (1873) und »Arbeiter im Rübenfeld« (1875), »Netzflickerinnen« (1888) und »Frau mit Ziegen« (1890) zum Gegenstand von Kunst macht, dessen Sujets »Kartoffelernte« (1875) und »Zimmermannswerkstatt« (1877) heißen oder »Amsterdamer Waisenmädchen« und »Flachsscheuer in Laren« (1886), kann nicht darauf hoffen, in Berlin, dem Zentrum staatlich gelenkter Kunstpolitik, so schnell einen Durchbruch zu erreichen. Liebermanns künstlerisches Kredo findet erst in den späten achtziger und frühen neunziger Jahren eine breitere Resonanz, als das geistige Klima in Berlin sich gewandelt und der Künstler selbst anderwärts, vor allem im Ausland, zu Ehren und Anerkennung gekommen ist.

Er wollte nichts anderes, als daß Malerei Malerei bleibe, und daß dies auch in Berlin anerkannt werde. Und er wollte zeigen, daß es weder auf »Sinn« und »Bedeutung« noch auf »Schönheit« und »Interessantheit« bei der Malerei in erster Linie ankomme, sondern auf die Fähigkeit, Gesehenes intim zu reproduzieren, daß der Maler daher ruhig »Sujetlosigkeit« wählen dürfe, um rein durch sich selber zu wirken. Dies ist vielleicht das Verblüffendste an Liebermann: er besaß, als Berliner unter Berlinern, den Mut zur Uninteressantheit (im stofflichen Sinne); und trotzdem hat er es verstanden, sich durch-

Max Liebermann in seinem Atelier

zusetzen! Heute ist Liebermann im künstlerischen Berlin der zweitmächtigste Mann – der mächtigste ist natürlich Anton von Werner –, und er ist vor Europa Berlins vollgültigster Künstler …

Als im Jahr 1897 Liebermann zum erstenmal Gelegenheit erhielt, sich auf einer großen Berliner Jahresausstellung seinen engeren Landsleuten, dem Umfange seiner Kunst nach, würdig zu präsentieren, da war dies für Berlin nahezu eine Entdeckung. Der Saal, in dem Liebermann ausstellte, war unstreitig der schönste in der ganzen Kunstausstellung, ja der einzige echte Kunst-Saal. Gedämpftes Licht herrschte, Teppiche, am Boden und an den Wänden, fingen alle störenden Außenlaute auf. Die Bilder waren so gehängt, daß sie sich nicht bloß dem Auge bequem darboten, sondern auch durch ihre Gruppierung den Eindruck von Vornehmheit weckten. Gesättigte Ruhe überall, Stille, echt künstlerische Weihe.

Mit solch edler Feierlichkeit wurde der Beschauer aufgefordert zur Betrachtung von Kunstwerken, die beinahe ausschließlich den niedrigsten und ärmsten Kindern dieser Erde galten: Feldarbeitern, Spittelmännern und Waisenkindern. Etwas wie ein kirchliches Bekenntnis lag darin – gleich als ob der Künstler den vornehmen Herrschaften, die seine Bilder betrachteten, hätte sagen wollen: »Sehet her, das sind Euere Brüder und Schwestern! Und sie sind mir lieber als Ihr in Euerem Staat. Sie stehen dem Sinn der Erde näher, und inniger dienen sie dem Sinne der Menschheit!«

Franz Servaes, Praeludien

Das Ende einer Ära

Anfang des Jahres 1888 tritt ein Ereignis ein, mit dem sich für viele Berliner die Hoffnung auf einen Wandel in den innenpolitischen Verhältnissen verknüpft: am 9. März stirbt der neunzigjährige Kaiser Wilhelm I.:

Eine drückende Erregung lag in der Luft. Auch äußerlich war es ein düsterer Tag, wie wenige in diesem düstern Winter. Alles lief unruhig hin und her, als wüßte niemand wohin. Schwarze Flaggen erschienen aus Fenstern, Flaggen auf Dächern sanken auf Halbmast. Unter den Linden sammelten sich die Leute. Das Kaiserpalais war in weitem Kreis abgesperrt. Ein schwarzer, dichter Kranz von Menschen bildete sich um den öden Platz vor dem schlichten Haus, über dem sich die stolze Kaiserstandarte, tief gesenkt, schwermütig im Schneewind bewegte. Lautlose Stille lag über den Tausenden, die dichter und dichter die breite Straße füllten. Ein unbeschreibliches, nervöses Fluidum schien von ihnen auszugehen und alles zu ergreifen, was in seinen Bereich kam. Auch wenn man nicht an Kaiser und Reich dachte, füllten sich die Augen zehnmal des Tags mit Tränen. Eine Kleinigkeit genügte: eine Fahne, die sich im Wind nicht heben wollte, das »W« auf der Torte im Schaufenster einer Konditorei. Es war das geheimnisvolle »Seufzen der Kreatur«, das auch den unvernünftigen Menschen packt, wenn er in seiner Ohnmacht dem Großen in Natur oder Geschichte gegenübersteht.
Max Eyth, Im Strom unserer Zeit

Gekrönte und ungekrönte Häupter aus allen Teilen der Welt, Delegationen der deutschen Bundesstaaten und viele Berliner versammeln sich im Zentrum der Hauptstadt, um dem deutschen Kaiser das letzte Geleit zu geben.

Der spätere Arzt Alfred Hoche hat das Ereignis als Medizinstudent miterlebt:

Die Absperrung der Linden war äußerst streng; die Tante bekam aber einen Passierschein, den der Kutscher am Hute trug und der mich im Wagen mit durchschlüpfen ließ. Auf der Schloßbrücke stieg ich aus und stellte mich mit auf in einer der spalierbildenden Organisationen; es war die Spandauer Geschützgießerinnung. Es waren 9 Grad Kälte; ein schneidender Ostwind fegte über den offenen Platz; die eingefrorenen Spreekähne trugen an ihren Masten riesengroße schwarze Segel; die Linden entlang waren hohe Opfersäulen von antiker Form errichtet, aus deren Becken ein dunkler Rauch quoll, den der Wind herunterdrückte und wie einen Trauerflor um Menschen und Dinge legte. Das Brandenburger Tor war bis oben hin schwarz ausgeschlagen und trug unterhalb der Quadriga die Inschrift; Vale senex Imperator. Hinter dem Sarge kam zu Fuß (der Enkel an der Spitze allein) alles, was sich an Monarchen und sonstigen Fürstlichkeiten aus Europa zur Totenfeier des Seniors zusammengefunden hatte; niemand – außer vielleicht dem klugen König Leopold von Belgien, der an einem Stocke daherhinkte – ahnte, daß sie nicht nur Kaiser Wilhelm, sondern das monarchische Prinzip zu Grabe geleiteten, dessen Hauptstütze die persönliche Achtung vor dem pflichttreuesten Inhaber eines Thrones gewesen war. An den vorausgehenden Tagen hatte die Leiche im Dom offen zur Schau gestanden, und ein ununterbrochener Strom von Menschen war schweigend daran vorbeidefiliert; hunderttausend, die sich auf dem Platz zwischen Spree, Altem Museum und Dom drängten, kamen nicht hinein. Ich war einer von diesen und habe an jener Stelle zum ersten Male den Begriff »Masse« erlebt. Man stand so eingekeilt, daß Menschen mittlerer Größe die Arme nicht bewegen konnten; ich war etwas länger und hatte einen Arm frei, mit dem ich, so weit er reichte, den Frauen die im Gedränge verschobenen Hüte zurechtrückte. Man war willenloses Atom, wurde durch die Bosketts und über die eisernen Einfassungen hinweggeschoben, wie die Physik es fügte; fallen konnte man nicht; auch wenn man beide Füße vom Boden hob, blieb man – ich habe es mehrfach probiert – in der Pressung schwebend stehen. Man verstand, daß schon der Schrei eines hysterischen Weibes genügt haben würde, um eine für die Schwächeren tödliche Ballung von Körpern herbeizuführen; die Atmung wurde so schon zu Zeiten knapp. Ich besichtigte am nächsten Morgen den Schauplatz; er war bedeckt mit abgerissenen Schürzen und Rüschen, zerknitterten Volants und zertrampelten Hutfedern; befreiend komisch wirkten die herumliegenden »culs de Paris«; die Mode verlangte damals Akzentuierung der weiblichen hinteren Wölbungen durch aufgebundene Polster; alles, was nicht niet- und nagelfest war, hatte in jenem mitleidslos pressenden Gedränge nachgegeben; so hatten sich auch viele der nicht unmittelbar dem Körper

Max Koner, Kaiser Wilhelm II., 1890. Die provozierende Gestik dieses Porträts veranlaßte einen hohen französischen Militär zu dem Ausspruch: »Dieses Bild – das bedeutet den Krieg.«

angehörenden Vorwölbungen von ihrer Unterlage abgelöst; das Entbehrliche fällt in der Not zuerst dahin.
Alfred Hoche, Jahresringe

Nachfolger Wilhelms I. als preußischer König und deutscher Kaiser wird sein siebenundfünfzigjähriger Sohn, der als Friedrich III. den Thron besteigt. Damit geht der langgehegte Wunsch vieler, vor allem aus dem Kreis der Freisinnigen und Linksliberalen, in Erfüllung, einen Hohenzollern an der Spitze der Monarchie zu sehen, der als Kronprinz wiederholt liberalen Ideen Ausdruck gegeben hatte. Aber dem unheilbar an Kehlkopfkrebs erkrankten Friedrich III. bleibt keine Zeit, politische Vorstellungen in die Tat umzusetzen. Kaum hat der neue Kaiser den Thron bestiegen, da beginnen auch schon die Spekulationen und personellen Intrigen im Vorfeld eines neuen Machtwechsels. Und die Berliner bereiten sich auf ein neues Kaiserbegräbnis vor:

Vor dem zugesperrten Parkgitter des Charlottenburger Schlosses stand jederzeit ein Häuflein banger Menschen. An einem Baum neben dem Eingang wurde täglich ein handgeschriebenes, oft bald vom Regen verwaschenes Stück Papier – das Bulletin über Kaiser Friedrichs Befinden – angenagelt. Auf diese vorsintflutliche Weise erfuhr ein Volk von fünfzig Millionen, ob sein Oberhaupt noch am Leben sei …
Rudolph Stratz, Schwert und Feder

Nach einer Regierungszeit von nur 99 Tagen stirbt Friedrich III. Ihm folgt am 15. Juni 1888, 29jährig, sein Sohn als Wilhelm II. Daß es zwischen dem jungen selbstbewußten und profilsüchtigen Kaiser und dem »Alten aus Friedrichsruh« auf die Dauer zu einer guten, partnerschaftlichen Beziehung kommen würde – daran glaubt im Umfeld des Hofes niemand.

Vorerst aber bleibt, zumindest äußerlich, alles beim alten. Der junge Kaiser, auf die Erfahrungen seines Kanzlers angewiesen, konzentriert seine Aktivitäten auf anscheinend untergeordnete Angelegenheiten, zum Beispiel der »geschmackvolleren Gestaltung und Aufstellung des Thrones, einem anderen Schnitte der Purpurmäntel des Schwarzen Adlerordens für das auf den 23. März anberaumte Ordensfest und auf die Schaffung einer neuen Hoftracht«:

Die Aufmerksamkeit Seiner Majestät erstreckte sich auf die geringsten Einzelheiten dieser Dekorations- und Kostümfragen, die erst Mitte April in befriedigender Weise gelöst wurden. Der kirschrote Sammetmantel des Schwarzen-Adler-Ordens, der bis jetzt auf beiden Schultern getragen und in der Mitte am Halse durch eine Goldschnur geknüpft, beide Arme bedeckte, wurde nun, in seinem neuen Schnitte ungefähr dem Rittermantel des Hosenband- und des St.-Georg-Ordens nachgebildet, auf der rechten Schulter geschlossen und ließ den rechten Arm frei. Wurde er richtig getragen, so verlieh er seinem Träger bei guter Figur und Haltung das nötig Würdevolle … auch die Schaffung neuer Fahnen nach Entwürfen des Kaisers zum Ersatz der alten, von denen die meisten schon 1871 bei der Kaiser-Proklamierung kaum noch einige Fetzen zerschossenen Fahnentuches als Zeugnis ruhmvoller Vergangenheit aufwiesen, fiel in diese Zeit.
Anton von Werner, Erlebnisse und Eindrücke

Mit seinem Hang zu mittelalterlicher Traditionspflege auf der einen Seite und dem Bestreben, als »sozialer«, als »Arbeiter«-Kaiser Popularität zu gewinnen, auf der anderen irritiert der junge Kaiser seine enge und weitere Umgebung. »Von ihm wurde fast so viel wie vom Wetter geredet«, notiert Marie von Bunsen in ihren Aufzeichnungen, »meistens kritisch, auch in den konservativsten Kreisen.«

11. August 1890 ... Der Kaiser hat noch auf keinem Gebiete eine eigentliche Ansicht und weiß nicht, worauf er hinaus will; er ist von leidlich geschickten Leuten leicht zu beeinflussen und macht die überraschendsten Sprünge nach allen Seiten. Ein Gedanke bestimmt alle seine Handlungen: das Interesse für seine persönliche Stellung, der Wunsch, populär zu sein! Dazu tritt die Sorge für persönliche Sicherheit und schnell zunehmende Eitelkeit. Ich habe den Kaiser Friedrich für einen sehr eitlen Herrn gehalten, der sich gern drapierte und posierte. Der jetzige Herrscher übertrifft ihn aber darin bei weitem. Er hascht geradezu nach Ovationen und hat nichts lieber als hurrabrüllende Volksmassen. Da er von den eigenen Fähigkeiten sehr eingenommen ist (was leider auf arger Täuschung beruht), so empfindet er Schmeicheleien sehr angenehm. Gern spielt er den Mäzen und wirft mit dem Gelde um sich, ohne sich die geringsten Sorgen zu machen. All das hat sich so schnell entwickelt, daß ich von einem Staunen ins andere gerate.

Die große Stärke des Kaisers ist das ihm eigene Geschick, mit Menschen umzugehen, er besitzt eine bezaubernde Liebenswürdigkeit und gewinnt die Herzen überall, wo er hinkommt und – nicht lange bleibt.

Alfred Graf von Waldersee, Denkwürdigkeiten/2

Alles andere als »bezaubernde Liebenswürdigkeit« bezeigt der junge Monarch allerdings den gewählten Vertretern seiner Haupt- und Residenzstadt Berlin. Am 27. Oktober 1888 erscheint im Schloß eine Delegation der städtischen Behörden, mit Oberbürgermeister von Forckenbeck an der Spitze, um dem frisch inthronisierten Monarchen als »Huldigungsgeschenk« der Stadt Berlin einen Brunnen anzubieten, an dem der vom Kaiser hochgeschätzte Bildhauer Reinhold Begas gerade arbeitet – nicht ganz aus eigenem Antriebe, denn unmißverständlich hatte man aus den Kreisen des Kultusministeriums zu verstehen gegeben, daß Wilhelm II. ein solches »Huldigungsgeschenk« erwarte. Der Empfang ist jedoch mehr als frostig. Verärgert über Presseveröffentlichungen aus dem Tagebuch Friedrichs III. und Heiratspläne seiner Schwester Victoria, äußert sich der Kaiser höchst ungehalten darüber, daß die Presse seine »intimsten Familienverhältnisse auf eine

Vom jungen Kaiser »wurde fast so viel geredet wie vom Wetter. Meistens kritisch.«
Christian Wilhelm Allers, Italienischer Gipsfigurenhändler auf der Potsdamer Straße, 1889

Art und Weise besprochen hat, die sich kein Privatmann gefallen lassen würde. Meine Herren! Ich nehme meinen Aufenthalt in den Mauern dieser Stadt. Und so hoffe ich, daß Sie das Ihrige dazu beitragen werden, daß dergleichen Dinge nicht mehr vorkommen.« (Vossische Zeitung, 27. Oktober 1888, Abendausgabe) Die taktlose Abstrafung der für das Pressewesen absolut unzuständigen Stadtväter geht am nächsten Tag durch alle Blätter. Und: »Die Berliner machen Witze«, notiert Lucius von Ballhausen am 7. November 1888 in sein Tagebuch, »wer andern einen Brunnen schenkt, fällt selbst hinein.«

Drei Jahre später wird der Neptunbrunnen von Begas auf dem Schloßplatz, in der Höhe der Breiten Straße, eingeweiht (erst 1969 erhält er, nach gründlicher Restaurierung, seinen heutigen Standort zwischen Marienkirche und Rathaus). Das imposante Kunstwerk aus schwedischem Granit, mit seinem Meeresgetier, seinen Putten und den vier wasserspeienden Tritonen, die die Muschelschale mit der krönenden Figur des Neptuns tragen, wird schnell zu einer der volkstümlichsten Sehenswürdigkeiten Berlin, an der auch die großen und kleinen Berliner ihre Freude haben.

Seinem Unmut über den in der Berliner Stadtverwaltung dominierenden Einfluß des Freisinns und des linken Liberalismus hat Wilhelm II. immer wieder Ausdruck gegeben. Im März 1889 läßt er die Berliner »Volks-Zeitung«, Organ der Linksliberalen, verbieten, weil diese sich, anläßlich des ersten Todestages Wilhelms I. kritisch mit der Legendenbildung um den ersten deutschen Kaiser auseinandergesetzt und außerdem, vier Wochen zuvor, geschrieben hatte, das deutsche Volk werde erleichtert »Uff!« rufen, wenn es von Bismarck erlöst sein werde. Allerdings kann das Verbot nicht lange aufrechterhalten werden, »denn die Berliner Richter konnten sich nicht zu der chinesischen Ansicht aufschwingen, daß es eine Beleidigung Wilhelms II. sei, wenn man Wilhelm I. nicht als übernormalen Geist feiere, sondern sprachen den verantwortlichen Redakteur der ›Volks-Zeitung‹, gegen den der Staatsanwalt drei Jahre Gefängnis beantragt hatte, von der Anklage der Majestätsbeleidigung frei. Nur die Beleidung Bismarcks ward zugegeben und mit einer Geldstrafe gebüßt. Niemand ahnte, wie bald das ›Uff‹ in Berlin zu Ehren kommen sollte« (Eduard Bernstein, Die Geschichte der Berliner Arbeiterbewegung/2).

Auch den wechselnden Methoden, der Sozialdemokratie Herr zu werden, fügt Wilhelm II. eine neue, originelle Variante hinzu. In einer Kronratssitzung kommt er zu dem Schluß, man müsse die sozialdemokratischen Tendenzen an der Wurzel packen und den »Hauptkampfplatz« in die Schule verlegen. Am 1. Mai 1889 ergeht eine diesbezügliche »Allerhöchste Ordre« an alle zuständigen Stellen:

Ich kann mich der Erkenntnis nicht verschließen, daß in einer Zeit, in welcher die sozialdemokratischen Irrtümer und Entstellungen mit vermehrtem Eifer verbreitet werden, die Schule zur Förderung der Erkenntnis dessen, was wahr, war wirklich und was in der Welt möglich ist, erhöhte Anstrengungen zu machen hat. Sie muß bestrebt sein, schon in der Jugend die Überzeugung zu verschaffen, daß die Lehren der Sozialdemokratie nicht nur den göttlichen Geboten und der christlichen Sittenlehre widersprechen, sondern in der Wirklichkeit unausführbar und in ihren Konsequenzen dem einzelnen und dem Ganzen gleich verderblich sind. So muß die neue und die neueste Zeitgeschichte mehr als bisher in den Kreis der Unterrichtsgegenstände ziehen und nachweisen, daß die Staatsgewalt allein dem einzelnen seine Familie, seine Freiheit, seine Rechte schützen kann, und der Jugend zum Bewußtsein bringen, wie Preußens Könige bemüht gewesen sind, in fortschreitender Entwickelung die Lebensbedingungen der Arbeiter zu heben, von den gesetzlichen Reformen Friedrichs des Großen und von Aufhebung der Leibeigenschaft an bis heut.

Ferdinand Bünger, Entwickelungsgeschichte des Volksschullesebuchs

Am 24. Juni 1889 wird das letzte der Bismarckschen Sozialgesetze, das Gesetz zur Alters- und Invalidenversicherung nach jahrelanger kontroverser Diskussion im Reichstag angenommen. Es wird gern als die Krönung der Bismarckschen Sozialgesetzgebung bezeichnet, obwohl seine Leistungen nur äußerst bescheidene waren: Altersrente konnten Männer und Frauen vom 71. Lebensjahr an bekommen, wenn sie zuvor mindestens 30 Jahre Beiträge gezahlt hatten. 1892 belief sich die durchschnittliche Jahresrente auf 119,28 Mark, im Monat also auf 10 Mark! Bei einer durchschnittlichen Lebenserwartung von 34 Jahren bei Männern und 37 Jahren bei Frauen kamen ohnehin nur wenige in den Genuß dieser sozialen Wohltat. In Berlin wurden am 1. Juli 1898 – bei einer Bevölkerungszahl von 1,8 Millionen – lediglich 2 641 Empfänger von Altersrente gezählt. Immerhin schreiben die neuen Gesetze den Anspruch des alten oder invaliden Arbeiters auf bestimmte gesetzliche Leistungen fest und verweisen ihn nicht länger auf die menschlich demütigende Beihilfe der kommunalen Armenfürsorge.

Im Herbst 1889 legt Bismarck dem Reichstag den Entwurf eines modifizierten, diesmal unbefristeten Sozialistengesetzes zur Verlängerung vor. Angesichts des stetig wachsenden Einflusses der Sozialdemokratie und des offensichtlichen Mißerfolgs ausnahmegesetzlicher Regelungen gelingt es ihm jedoch nicht mehr, die »Ordnungsparteien« auf eine gemeinsame Taktik zur Bekämpfung der »gemeingefährlichen sozialistischen Bestrebungen« zu verpflichten. Bei der Abstimmung

Schloß und Schloßplatz um 1894. Auf der linken Bildseite der 1891 aufgestellte Neptunbrunnen von Reinhold Begas an seinem ursprünglichen Standort.

am 25. Januar 1890 erfährt die Regierungsvorlage eine klare Niederlage, und damit ist auch die notwendige Verlängerung des Sozialistengesetzes über den 30. September 1890 hinaus vom Tisch.

Unmittelbar nach der entscheidenden Abstimmung wird der Reichstag geschlossen, und es werden Neuwahlen für den 20. Februar ausgeschrieben. Sie bringen der Sozialdemokratie einen überwältigenden Erfolg. Mit 1,4 Millionen Stimmen wird sie zur wählerstärksten deutschen Partei und gewinnt 35 Reichstagsmandate, 24 mehr als bei der Reichstagswahl 1887. In Berlin erhalten die Sozialdemokraten 126 317 von 237 377 Stimmen und damit die absolute Mehrheit der Wähler – und das nach zwölf Jahren ausnahmegesetzlicher Verfolgung, die der Partei den Todesstoß versetzen sollte! Auch die bürgerlichen Oppositionsparteien können beträchtliche Mandatsgewinne verzeichnen, allen voran die Freisinnigen, die ihre Präsenz im Reichstag mehr als verdoppeln.

Konsterniert notiert der Generalfeldmarschall von Waldersee am 22. Februar 1890 in sein Tagebuch:

Das Wahlresultat ist schlechter, als irgend gedacht wurde ... Der Kaiser hat sich die ganze Tragweite noch nicht klargemacht. Wir stehen vor einem wichtigen Wendepunkte. Militärforderungen bewilligt dieser Reichstag gewiß nicht. Seine Auflösung kann kaum zu besseren Zuständen führen, höchstens, wenn der Sommer große Ausschreitungen bringen sollte; aber auch dann wäre für die Dauer nichts gewonnen. Es bleibt nichts übrig, als das allgemeine Wahlrecht abzuschaffen. Ich will gern dabei mithelfen.

Alfred Graf von Waldersee, Denkwürdigkeiten/2

Nach dem Wahlergebnis vom Februar 1890 verschärfen sich die Widersprüche innerhalb der Regierungsparteien. Während Bismarck für einen offenen Konfrontationskurs zu den Sozialisten – notfalls mittels eines Staatsstreichs – plädiert, zieht der Kaiser seine Bereitschaft, ein solches Vorgehen mitzutragen, Anfang März zurück. Bereits am 4. Februar waren im »Reichs- und Staatsanzeiger« – ohne die erforderliche Gegenzeichnung des Kanzlers – sozialpolitische Reformpläne des Kaisers, die sogenannten »Februarerlasse«, veröffentlicht worden, die umfangreiche Arbeitsschutzmaßnahmen wie das Verbot der Sonntagsarbeit, Begrenzung der Frauen- und Kinderarbeit, die Einführung von Arbeiterausschüssen und anderes mehr in Aussicht stellten. Während der junge Kaiser seine Herrschaft mit der Aura des »sozialen Königtums« umgeben möchte, hält Bismarck die Pläne seines Monarchen schlicht für »humanitären Schwindel«. Auch im außenpolitischen Bereich vertiefen sich die Differenzen. Ohne eigenes tragfähiges politisches

Konzept, ohne Bundesgenossen, offen brüskiert von seinem monarchischen Herrn, bleibt Bismarck nichts anderes übrig als sein Rücktrittsgesuch einzureichen. In seinen Erinnerungen hat der Fünfundsiebzigjährige sein Redekonzept für die entscheidende Ministersitzung am 17. März 1890 überliefert:

Ich nehme also an, daß ich mit meinen Kollegen nicht mehr in voller Übereinstimmung bin, wie ich auch das Vertrauen Seiner Majestät nicht mehr im ausreichenden Maße besitze. Ich freue mich, wenn ein König von Preußen selbst regieren will, erkenne die Nachteile meines Rücktritts für die öffentlichen Interessen, sehne mich auch, da meine Gesundheit jetzt gut ist, nicht nach einem arbeitslosen Leben; aber ich fühle, daß ich dem Kaiser im Wege bin, und bin amtlich durch das Kabinett benachrichtigt, daß derselbe meinen Rücktritt wünscht. Ich habe daher auf Allerhöchsten Befehl meine Dienstentlassung erbeten.
Otto von Bismarck, Erinnerung und Gedanke/2

Schon am nächsten Tag gibt der Kaiser im Kreis seiner Generäle die Entmachtung Bismarcks bekannt und benennt als dessen Nachfolger den General Leo von Caprivi:

An dem nassen, trüben Spätabend des 18. März liefen die Extrablattverkäufer die Leipziger Straße entlang. Ich kaufte mir das Blatt. Es enthielt die Nachricht von der Entlassung Bismarcks. Alle Leute umher ließen es sich im Vorbeigehen geben, lasen es, steckten es gleichgültig ein, schritten unbewegt weiter. Nirgends ein erregtes Gesicht. Nirgends ein lautes Wort. Nirgends eine Gruppe von Menschen. Die Pferdebahnen bimmelten. Im Rauchstank der Bierställe saßen die Menschen schwarz wie die Fliegen. Seelenruhe überall, Bismarck fort. Was weiter …? Mich überlief ein ungläubiger Schauder vor deutschem politischem Dickhäutertum …

An einem schönen Frühlingstag, in den ersten Nachmittagsstunden, hat der Fürst Berlin verlassen. Berlin hatte bis dahin in unerschütterlichem Stumpfsinn des Alltags verharrt. Jetzt scharte sich vor dem Reichskanzlerpalais an jenem Nachmittag eine kleine ergriffene Menge, unter der auch ich mich befand. Unverkennbare Spitzel darunter. Infolgedessen, um nicht »oben« unliebsam bemerkt zu werden, nicht eine einzige bekannte Persönlichkeit der großen Berliner Welt. Zwei offenbare Dämchen der Friedrichstraße dicht vor mir sah ich bitterlich weinen.

Die Stahlhelme der Kürsassier-Eskorte glänzten. So ungefähr dachte ich mir in dem Rußland des achtzehnten Jahrhunderts die Abfahrt eines gestürzten Petersburger Großen nach Sibirien. Bismarck nahm in einem offenen Wagen Platz. Seine Augen schimmerten feucht. Es war sein altes Augenleiden. Aber die Menge umher nahm es für Rührung. Damen schluchzten und winkten mit Tüchern. Herren schwenkten die Hüte. Ein schwaches »Hoch!« und »Hurra!« Ein »Wiederkommen!« Der greise Kanzler dankte in ernster Ruhe. Die Hufe der Kürassiergäule klapperten. Ein Schutzmann ritt voraus. Weg! Für immer! ...

Ein mir bekannter preußischer Regierungsassessor, ein leidenschaftlicher Verehrer Bismarcks, war von der Wilhelmstraße noch auf den Lehrter Bahnhof geeilt, um dort vor aller Augen dem Fürsten eine umflorte Weltkugel aus Veilchen in den Wagen zu reichen. Am nächsten Tag mußte er Atlas und Lexikon zu Hilfe ziehen, um zu erfahren, daß es wirklich ein Pfarrdorf Bersenbrück mit 500 Seelen, an der Haase, in der Nähe von Quakenbrück in der Hannoverschen Heide gelegen, gab! Er war Knall und Fall dorthin, wo sich Fuchs und Wolf gute Nacht sagten, an das Landratsamt versetzt worden ... Caprivi und seine Leute waren neue Besen und kehrten gut.
Rudolph Stratz, Schwert und Feder

Schon die Zeitgenossen haben das deutliche Gefühl, daß mit der 28jährigen Herrschaft Bismarcks eine Ära zu Ende gegangen ist, die einen empfinden Ratlosigkeit und Bedauern, die meisten Erleichterung. »Die menschliche Sympathie mit der gefallenen Größe«, schreibt der Redakteur des »Berliner Tageblatts« in seinen Erinnerungen, »die Dankbarkeit für das große Lebenswerk Bismarcks, die Bewunderung seiner Genialität, das alles kann nicht darüber hinweghelfen, daß die Zeit Bismarcks längst vorüber war, als er gestürzt wurde. (Paul Michaelis, Von Bismarck bis Bethmann)

Er hinterließ eine Nation ohne alle und jede politische Erziehung, tief unter dem Niveau, welches sie in dieser Hinsicht zwanzig Jahre vorher bereits erreicht hatte. Und vor allem eine Nation ohne allen und jeden politischen Willen, gewohnt, daß der große Staatsmann an ihrer Spitze für sie die Politik schon besorgen werde. Und ferner, als Folge der mißbräuchlichen Benutzung des monarchischen Gefühls als Deckschild eigener Machtinteressen im politischen Parteikampf, eine Nation, daran grwöhnt, unter der Firma der »monarchischen Regierung« fatalistisch über sich ergehen zu lassen, was man über sie beschloß, ohne Kritik an der politischen Qualifikation derjenigen, welche sich nunmehr auf Bismarcks leergelassenen Sessel niederließen und mit erstaunlicher Unbefangenheit die Zügel der Regierung in die Hand nahmen. An diesem Punkt lag der bei weitem schwerste Schaden. Eine politische Tradition dagegen hinterließ der große Staatsmann überhaupt nicht. Innerlich selbständige Köpfe und vollends Charaktere hatte er weder herangezogen noch auch nur ertragen.

Max Weber, Parlament und Regierung im neugeordneten Deutschland

Und der Leitartikler der »Freisinnigen Zeitung« – es ist wohl Eugen Richter – schreibt unmittelbar nach Bismarcks Sturz:

Die Entlassung des Reichskanzlers Fürsten Bismarck ist vollendete Tatsache. Gott sei Dank, daß er fort ist! So sagen wir heute ebenso aufrichtig, wie wir ihm gegenüber stets gewesen sind. Es wäre ein Segen für das Reich gewesen, wenn er schon viel früher beseitigt worden wäre. Nicht um der Person willen sagen wir dies, sondern wegen des Regierungssystems, welches Fürst Bismarck befolgte ... Erst eine spätere Generation wird ein vollkommen gerechtes Urteil über den Fürsten Bismarck fällen. Wir sind der Meinung, die Nachwelt wird seine achtundzwanzigjährige Wirksamkeit in ihrer Gesamtheit weniger in den Himmel erheben, als es die Mitwelt vielfach getan hat. Vor den Augen der letzteren kam voll und ganz zur Geltung, was er für die Einheit des Vaterlandes getan; aber wie seine falsche innere Politik an dem Volksleben gesündigt, daß wird in seinem ganzen Umfange erst späteren Generationen zum vollen Bewußtsein gelangen, die noch unter den Nachwirkungen dieser Politik zu leiden haben werden.

Diejenigen Staatsmänner, welche die Erbschaft anzutreten haben, sind wahrlich nicht zu beneiden. Es wird noch gar vieles anders werden müssen im Deutschen Reich, wenn es gelingen soll, die bösen Folgen einer langjährigen Mißregierung zu überwinden. Aber nachdem der blinde Autoritätskultus, den man mit der Person des Fürsten Bismarck getrieben, gegenstandslos geworden, wird man hoffentlich in allen Kreisen des Volkes die Schäden jener Politik schärfer als bisher erkennen. Vor allem aber hoffen wir, daß nunmehr in Deutschland überall wieder ein kräftiges, selbstbewußtes, politisches Leben erwacht. Statt in stumpfer Passivität hinzuhorchen, was von oben kommen wird, muß man sich wieder überall mit dem Gedanken durchdringen, daß das Volk selbst berufen ist, an seinem Geschicke mitzuarbeiten.

Freisinnige Zeitung, 21. März 1890

Anhang

Nachbemerkung

Das vorliegende Buch erhebt nicht den Anspruch, eine lückenlose Geschichte Berlins in den beiden ersten Dezennien nach der Reichsgründung nachzuzeichnen. Es setzt sich vielmehr zum Ziel, in charakteristischen Ausschnitten ein Stück deutscher Geschichte lebendig zu machen, wie sie sich in der Entwicklung einer Stadt und ihrer Menschen widerspiegelt, ein Zeit- und Stadtpanorama zu zeichnen, in dem der Betrachter von heute Vertrautes und Bekanntes, aber auch Neues und Überraschendes entdecken kann. Dabei sollten in erster Linie die Menschen jener Zeit selbst zu Wort kommen, ihre Wünsche und Hoffnungen, ihre Freuden und Sorgen, die großen und kleinen Kämpfe der Zeit. Und auch ihre Irrtümer und Illusionen. Aus Briefen und Tagebuchaufzeichnungen, Erinnerungen und Zeitungsberichten ist das widerspruchsvolle »Panorama einer Metropole« zusammengefügt, das ständigen Wandlungen unterworfen ist, das nichts »Fertiges« bietet, nichts Abgeschlossenes, nicht die Analyse des Historikers aus der Sicht und mit dem Wissen späterer Generationen, sondern das gerade »Erfahrene«, das sich Entwickelnde, das von den Zeitgenossen als neu, hoffnunggebend oder bedrohlich, empfunden wird.

Ganz bewußt wird der subjektive Aspekt historischen Seins und Handelns sichtbar gemacht. Die Zeitgenossen, die zu Wort kommen, sind Akteure und Betroffene, Persönlichkeiten von Macht und Einfluß auf den Gang der Geschichte und solche, deren Energien vorwiegend auf das Sichbehaupten im eigenen Lebensumfeld konzentriert sind: Politiker und Wissenschaftler, Schriftsteller und Künstler, Publizisten, Arbeiter und Handwerker, Beamte, Militärs, Techniker und Ingenieure, bekannte Persönlichkeiten und solche, deren Namen in kaum einem Nachschlagewerk zu finden sind. Sie geben keine »objektiven« Nachrichten von dem Geschehenen. Ihr Urteil ist gefärbt durch das Temperament, durch die Lebenserfahrung, durch Herkommen und soziale Stellung.

Berliner und Nichtberliner berichten von ihren Erfahrungen in der Stadt an der Spree, einer Stadt, von der aus die Entwicklung in Deutschland nun die entscheidenden Impulse erhält. Viele der charakteristischen Erscheinungen der Epoche, vieles von dem komplizierten Prozeß der politischen und geistigen Entwicklung seit der Reichseinigung wird in Berlin besonders deutlich sichtbar: hier schlägt seit 1871 das politische Herz Deutschlands, hier treffen die unterschiedlichen Erwartungen und Vorstellungen über die Ausgestaltung des öffentlichen Lebens besonders hart aufeinander, hier nehmen die Konzentrationsbewegungen in Wirtschaft und Bevölkerungsentwicklung ein besonders rasantes Entwicklungstempo an. Vieles in Jahrzehnten organisch Gewachsene muß im Zeitraum weniger Jahre dem Geist einer neuen Zeit weichen. Hier, in der Hauptstadt, finden aber auch die meisten der Errungenschaften jener Epoche, die den kulturellen, wissenschaftlichen und technischen Fortschritt markieren, einen fruchtbaren Boden, auf dem sich, zögernd anfangs noch, dann immer rascher der Aufbruch in die Moderne vollzieht. Gewinn und Verlust werden von den Zeitgenossen aufmerksam registriert: die radikalen Veränderungen der Existenzverhältnisse durch die rasche Industrialisierung und Urbanisierung, die wachsende Differenzierung in den Arbeits- und Lebensverhältnissen, das zunehmende Infragestellen scheinbar für die Ewigkeit gesetzter Werte, das Gefühl der Ohnmacht und des Ausgeliefertseins auf der einen – das neue Gefühl unbegrenzter Aktionsmöglichkeiten auf der anderen Seite: Anknüpfungspunkt für den Leser von heute, seine eigenen – ganz ähnlichen oder ganz anderen – Erfahrungen dagegenzusetzen oder hinzuzufügen.

*

Die ausgewählten Quellentexte wurden, der besseren Lesbarkeit wegen, in einer behutsam modernisierten und vereinheitlichten Orthographie und Interpunktion dargeboten, Auslassungen innerhalb der Texte sind durch drei Punkte kenntlich gemacht. Überleitende Zwischentexte, ein kommentiertes Personenregister und nicht zuletzt das zeitgenössische Bildmaterial bieten zusätzliche Informationsmöglichkeiten. Wer die ausschnittsweise dargebotenen Texte im Original einsehen möchte, findet die entsprechenden Hinweise im Quellenverzeichnis am Schluß des Bandes. Dem Leser, der sich über Straßen und Plätze orientieren möchte, die heute einen anderen Namen tragen, wird das beigefügte Straßenvergleichsverzeichnis nützlich sein.

Mein Dank gilt allen, die mich bei der aufwendigen Materialrecherche unterstützten, insbesondere den Mitarbeitern der Berliner Stadtbibliothek, der Ratsbibliothek, der Universitätsbibliothek der Humboldt-Universität, der Amerika-Gedenkbibliothek sowie der Staatsbibliothek Preußischer Kulturbesitz. Den im Bildnachweis aufgeführten Museen und Archiven sei für die freundliche Hilfe bei der Beschaffung der Illustrationsvorlagen gedankt.

Straßenvergleichsregister

Artilleriestraße – Tucholskystraße
Belle-Alliance-Straße – Mehringdamm
Dönhoffplatz – an der südlichen Seite der Leipziger Straße, zwischen Jerusalemer und Krausenstraße
Dorotheenstraße – Clara-Zetkin-Straße
Elsässer Straße – Teil der Wilhelm-Pieck-Straße, zwischen Oranienburger Tor und Rosenthaler Platz
Friedrich-Karl-Ufer – Kapelleufer
Friedrichstraße (Friedrichshagen) – Bölschestraße
Grüner Weg – Singerstraße
Kaiser Franz-Grenadier-Platz – Heinrich-Heine-Platz
Kaiser-Wilhelm-Straße – Karl-Liebknecht-Straße
Kanonierstraße – Glinkastraße
Königgrätzer Straße – Ebert- und Stresemannstraße
Königsplatz – Platz der Republik
Königstor (Neues Königstor) – Am Friedrichshain, Ecke Greifswalder Straße
Königstraße – Rathausstraße
Kurfürstenbrücke – Rathausbrücke
Küstriner Platz – Franz-Mehring-Platz
Neue Friedrichstraße – Littenstraße
Neue Königstraße – Hans-Beimler-Straße
Neuer Markt – Platz zwischen Marienkirche und Spandauer Straße
Schillerplatz – Platz vor dem Schauspielhaus am Gendarmenmarkt
Sommerstraße – Teil der Ebertstraße, am Reichstag
Weißenburger Straße – Kollwitzstraße
Wilhelmplatz – an der Wilhelmstraße, etwa Höhe Einmündung Voßstraße
Zietenplatz – zwischen Mauerstraße und Wilhelmplatz

Literaturverzeichnis

Quellen

Ärzte-Memoiren aus vier Jahrhunderten. Hrsg. von Erich Ebstein, Berlin 1923

Auer, Ignaz, Nach zehn Jahren. Material und Glossen zur Geschichte des Sozialistengesetzes, Nürnberg 1913

Auerbach, Berthold, Briefe an seinen Freund Jakob Auerbach, 2 Bde, Frankfurt am Main 1884

Barney, Ludwig, Erinnerungen, Berlin 1953

Bebel, August, Aus meinem Leben (Ausgewählte Reden und Schriften, Bd. 6), Berlin 1983

Beiträge zur Geschichte der antisemitischen Bewegung vom Jahre 1880 – 1885. Hrsg. von Max Liebermann von Sonnenberg, Berlin 1885

Bericht über die Gemeinde-Verwaltung der Stadt Berlin in den Jahren 1861 – 1878. 1. Heft: Berlin 1879

Bericht über den Handel und die Industrie von Berlin im Jahre 1872 (Berlin 1873), im Jahre 1874 (Berlin 1875), im Jahre 1877 (Berlin 1878), im Jahre 1890 (Berlin 1891), im Jahre 1899 (Berlin 1900). Erstattet von den Aeltesten der Kaufmannschaft von Berlin

Berlin und seine Bauten. Hrsg. vom Architekten-Verein zu Berlin, 2 Theile, Berlin 1877

Berlin und seine Eisenbahnen. 1846 – 1896. Hrsg. im Auftrage des Preußischen Ministers der öffentlichen Arbeiten, 2 Bde, Berlin 1896

Berlin und seine Entwickelung. Städtisches Jahrbuch für Volkswirtschaft und Statistik. Hrsg. vom statistischen Bureau der Stadt. 6. Jg.: Berlin 1872

Bernstein, Eduard, Die Geschichte der Berliner Arbeiter-Bewegung. Ein Kapitel zur Geschichte der deutschen Sozialdemokratie. 1. Teil: Vom Jahre 1848 bis zum Erlaß des Sozialistengesetzes. 2. Teil: Die Geschichte des Sozialistengesetzes in Berlin, Berlin 1907

(Bismarck) Die politischen Reden des Fürsten Bismarck. Historisch-kritische Gesamtausgabe, besorgt von Horst Kohl. Bd.7: 1877 – 1879, Bd. 8: 1879 – 1881, Bd. 9: 1881 – 1883, Bd.10: 1884 – 1885.Neudruck der Ausgabe Stuttgart 1893: Aalen 1970

Bismarck, Otto von, Erinnerung und Gedanke. 2. Band. Kritische Neuausgabe von Gerhard Ritter und Rudolf Stadelmann, Berlin 1932 (Die gesammelten Werke, Bd. 15)

Bleibtreu, Karl, Revolution der Literatur, Leipzig 1886

Blos, Wilhelm, Denkwürdigkeiten eines Sozialdemokraten. Bd. 1: München 1914, Bd. 2: München 1919

Blumenthal, Oscar, Verbotene Stücke, Berlin (1900)

Blumenthal, Oscar, Von der Bank der Spötter. Allerlei Glossen, Berlin 1884

Boehn, Max von, Die Mode. Menschen und Moden im 19. Jahrhundert. 1878 – 1914. München 1919

Bölsche, Wilhelm, Berlin nach der Windrose. In: Berliner Pflaster, Illustrierte Schilderungen aus dem Berliner Leben. Hrsg. v. Moritz Reymond, Berlin 1891

Bölsche, Wilhelm, Hinter der Weltstadt. Friedrichshagener Gedanken zur ästhetischen Kultur, Leipzig 1901

Bölsche, Wilhelm, Naturwende. Tagebuchblätter. Berlin (1926)
Berliner Börsen-Courier, Berlin
Berliner Börsen-Zeitung, Berlin
Brandes, Georg, Berlin als deutsche Reichshauptstadt. Erinnerungen aus den Jahren 1877 – 1883. Aus dem Dänischen von Peter Urban-Halle, Berlin 1989
Brandl, Alois, Zwischen Inn und Themse. Lebensbeobachtungen eines Anglisten. Berlin 1936
Buchmann, Eduard, Die Entwickelung der Großen Berliner Straßenbahn und ihre Bedeutung für die Verkehrsentwicklung Berlins, Berlin 1910
Freie Bühne für modernes Leben. Hrsg. von Otto Brahm, 1. Jg.: Berlin 1890
Bünger, Ferdinand, Entwickelungsgeschichte des Volksschullesebuches, Leipzig 1898
Bürgel, Bruno H., Vom Arbeiter zum Astronomen. Die Lebensgeschichte eines Arbeiters, Berlin 1921
Bunsen, Marie von, Die Welt, in der ich lebte. Erinnerungen aus glücklichen Jahren. 1860 – 1912, Leipzig 1929
Busch, Moritz, Tagebuchblätter. 3. Bd.: Denkwürdigkeiten aus den Jahren 1880 – 1893, Leipzig 1899
Communal-Blatt der Haupt- und Residenz-Stadt Berlin. Organ für die gesamte Gemeinde-Verwaltung und communale Interessen
Curtius, Ludwig, Deutsche und antike Welt. Lebenserinnerungen, Stuttgart 1950
Damaschke, Adolf, Aus meinem Leben. Bd. 1: Leipzig 1924
Dehmel, Richard, Ausgewählte Briefe aus den Jahren 1883 – 1902, Bd.1: Berlin 1922
Richard Dehmels Tagebuch. 1893 – 1894. Als Handschrift gedruckt. Leipzig 1921
Doerry, Kurt, Leichtathletik. In: Zeitschrift des Vereins für die Geschichte Berlins, Jg. 1936, H. 3
Doerry, Kurt, Der Rasensport im alten Berlin. In: Zeitschrift des Vereins für die Geschichte Berlins, Jg. 1936, H. 3
Dokumente aus geheimen Archiven. Übersichten der Berliner politischen Polizei über die allgemeine Lage der sozialdemokratischen und anarchistischen Bewegung 1878 – 1913. Bearbeitet von Dieter Fricke und Rudolf Knaack. Bd. 1: 1878 – 1889, Weimar 1989
Dominik, Emil, Die Prachtstraße »Kurfürstendamm« in Berlin. In: Der Bär. Illustrierte Berliner Wochenschrift, 17. März 1883 (9. Jg., Nr. 25)
Dominik, Emil, Quer durch und ringsum Berlin. Eine Fahrt auf der Berliner Stadt- und Ringbahn, Berlin 1883
Eberstadt, Rudolf, Städtische Bodenfragen, Berlin 1894
Eberstadt, Rudolf, Die Spekulation im neuzeitlichen Städtebau. Eine Untersuchung der Grundlagen des städtischen Wohnungswesens, Jena 1907
Eloesser, Arthur, Fünfundzwanzig Jahre. In: Das XXVte Jahr. S. Fischer Verlag Berlin 1886 bis 1911, Berlin 1911
Eloesser, Arthur, Die Straße meiner Jugend. Berliner Skizzen, Berlin 1919
Erman, Adolf, Mein Werden und mein Wirken. Erinnerungen eines alten Berliner Gelehrten, Leipzig 1929
Eyth, Max, Im Strom unserer Zeit. Aus Briefen eines Ingenieurs. Heidelberg 1909
Fechner, Hanns, Spreehanns. Eine Jugendgeschichte aus dem vorigen Jahrhundert, Berlin 1911
Fischer, Emil, Aus meinem Leben, Berlin 1922
Fischer, Paul David, Erinnerungen aus meinem Leben, Berlin 1916
Fontane, Theodor, Berlin vor fünfzig Jahren. In: Unterwegs und wieder daheim. Gesammelt von Kurt Schreiner, fortgeführt und hrsg. von Jutta Neuendorf-Fürstenau (Sämtliche Werke, Bd.18), München 1972

Fontane, Theodor, Causerien über Theater. 2. Teil. Unter Mitwirkung von Kurt Schreinert hrsg. v. Edgar Gross (Gesammelte Werke, Bd. 22/2), München 1964
Fontane, Theodor, Literarische Essays und Studien. 1. Teil. Gesammelt und hrsg. von Kurt Schreinert (Sämtliche Werke, Bd. 21/1), München 1963
Fontane, Theodor, Werke, Schriften und Briefe. Hrsg. von Walter Keitel und Helmuth Nürnberger. Abt. IV: Briefe. Bd. 2: 1860 – 1878, München 1979, Bd. 3: 1879 – 1889, München 1980, Bd. 4: 1890 – 1898, München 1982
Frenzel, Karl, Berliner Dramaturgie, Bd. 2: Erfurt 1877
Friedel, Ernst, Die Deutsche Kaiserstadt Berlin, Berlin und Leipzig 1882
Friedlaender, Moritz, Der Sport im neuen Deutschen Reich. In: 1872 – 1897. 25 Jahre deutscher Zeitgeschichte. Jubiläums-Schrift, hrsg. von der Redaktion des Berliner Tageblatts, Berlin 1897
Carl Fürstenberg. Die Lebensgeschichte eines deutschen Bankiers 1870 – 1914. Hrsg. von seinem Sohn Hans Fürstenberg, Berlin 1931
Die Gegenwart. Wochenschrift für Literatur, Kunst und öffentliches Leben. Hrsg. von Theophil Zolling, Berlin
Gerlach, Hellmut von, Von Rechts nach Links. Hrsg. v. Emil Ludwig, Zürich 1937
Gersal, Luc (d.i. Jules Legras), Spree-Athen. Berliner Skizzen von einem Böotier, Leipzig 1892
Glagau, Otto, Der Börsen- und Gründungs-Schwindel in Berlin, Leipzig 1876
Gnauck-Kühne, Elisabeth, Die Lage der Arbeiterinnen in der Berliner Papierwaren-Industrie. In: Jahrbuch für Gesetzgebung, Verwaltung und Volkswirtschaft, 20. Jg., H. 2, Leipzig 1896
Goldschmidt, Paul, Berlin in Geschichte und Gegenwart, Berlin 1910
Grimm, Herman, Aus den letzten fünf Jahren. Fünfzehn Essays, Gütersloh 1890
Gurlitt, Cornelius, Die deutsche Kunst des Neunzehnten Jahrhunderts. Ihre Ziele und Taten. Dritte, umgearbeitete Auflage, Berlin 1907
Haller, Johannes, Lebenserinnerungen, Stuttgart 1960
Hanstein, Adalbert von, Das jüngste Deutschland. Zwei Jahrzehnte miterlebter Litteraturgeschichte. Leipzig 1900
Harden, Maximilian, Theodor Fontane. In: Die Zukunft, 1. Oktober 1898
Hart, Heinrich, Literarische Erinnerungen (Gesammelte Werke. Hrsg. von Julius Hart, Bd. 3), Berlin 1907
Hart, Heinrich und Julius, Kritische Waffengänge, H. 2, Leipzig 1882
Hauptmann, Gerhart, Das Abenteuer meiner Jugend (Sämtl. Werke. Hrsg. von Hans-Egon Hass, Bd. VII: Autobiographisches), Frankfurt a. M./Berlin 1962
Heil, Gustav, Zehn Jahre Berliner Kunstgeschichte (1870 – 1880). Humoristische Extrafahrten nach der Kunstausstellung, Berlin 1889
Heilborn, Ernst, Zwischen zwei Revolutionen. Bd. 2: Der Geist der Bismarckzeit (1848 – 1918), Berlin 1929
Heinrich, Wilhelm, Warnungen und Ratschläge für Radfahrer, Berlin 1897
Helferich, Herman (d.i. Emil Heilbut), Studie über den Naturalismus und Max Liebermann. In: Die Kunst für Alle, Jg. 2 (1886/87), H. 14 und 15
Anna von Helmholtz. Ein Lebensbild in Briefen. Hrsg. von Ellen von Siemens-Helmholtz, 2 Bde, Berlin 1929
Hensel, Sebastian, Ein Lebensbild aus Deutschlands Lehrjahren,Berlin 1903
Herz, Ludwig, Spaziergänge im Damals. Aus dem alten Berlin, Berlin 1933
Hoche, Alfred E., Jahresringe. Innenansicht eines Menschenlebens. München 1934
Höfer, Robert, Zwanzig Jahre Deutscher Rad-Rennsport. Geschichte des Deutschen Rennsports von 1881 bis 1901. Berlin (1903)
Hoffmann, Ludwig, Lebenserinnerungen eines Architekten. Bearbeitet und aus dem Nachlaß hrsg. von Wolfgang Schäche, Berlin 1983

Holz, Arno, Die Kunst. Ihr Wesen und ihre Gesetze, Berlin 1891
Hugo, C., Die Deutsche Städteverwaltung, 2., verb. und verm. Auflage, Stuttgart 1901
Statistisches Jahrbuch der Stadt Berlin. Hrsg. von R. Böckh, 15. Jg.: Berlin 1890, 18. Jg.: Berlin 1893
40 Jahre Wintergarten. Hrsg. von Heinz Ludwigg, Berlin 1928
20 Jahre Café des Westens. Erinnerungen vom Kurfürstendamm. Hrsg. von Ernst Pauly, Berlin 1913
Jonas, Fritz, Erinnerungen an Theodor Mommsen zu seinem hundertjährigen Geburtstage, Berlin 1909
Jonas, Fritz, Zum achtzigsten Geburtstage Theodor Mommsen's (30. 11. 1897), Seperatabdruck aus »Deutsche Rundschau«
Jugend. Münchner Illustrierte Wochenschrift für Kunst und Leben. Redaktion Fritz von Orsini, München und Leipzig
Kampffmeyer, Paul, Unter dem Sozialistengesetz, Berlin 1928
Kastan, Isidor, Berlin wie es war, Berlin 1919
Klaußmann, Oskar A., Berlin im Jahre 1880. Aus den Erinnerungen eines Pressemenschen. In: Groß Berliner Kalender. Illustriertes Jahrbuch, 1915
Kollwitz, Käthe, Rückblick auf frühere Zeit (1941). In: Käthe Kollwitz, Die Tagebücher. Hrsg. von Jutta Bohnke-Kollwitz, Berlin 1989
Kretzer, Max, Wilder Champagner. Berliner Erinnerungen und Studien, Leipzig (1919)
Deutsches Kunstblatt. Organ der Deutschen Kunstgenossenschaft. Redakteur: Theodor Seemann, Dresden
Kunstchronik. Beiblatt zur »Zeitschrift für bildende Kunst«
Laforgue, Jules, Berlin. Der Hof und die Stadt, 1887. Aus dem Französischen und mit einem Nachwort von Anneliese Botond, Frankfurt am Main 1970
L'Arronge, Adolph, Deutsches Theater und deutsche Schauspielkunst, Berlin 1896
Leixner, Otto von, Soziale Briefe aus Berlin, Berlin 1894
Leixner, Otto von, Die moderne Kunst und die Ausstellungen der Berliner Akademie. 1. Bd.: Die Ausstellung von 1877, Berlin 1878
Deutscher Liberalismus im Zeitalter Bismarcks. Eine politische Briefsammlung von P. Wentzke und J. Heyderhoff, 2. Bd.: Braunschweig 1925
Lichtwark, Alfred, Briefe an die Commission für die Verwaltung der Kunsthalle, 1. Bd.: Hamburg 1896
Lichtwark, Alfred, Der Neubau der technischen Hochschule. In: Die Gegenwart, 8. November 1884 (Bd. 26, H. 45)
Lindau, Paul, Im Fluge. Gelegentliche Aufzeichnungen, 2. Aufl., Leipzig (1886)
Lindenberg, Paul, Berlin in Wort und Bild, Berlin 1895
Lucius von Ballhausen, Robert Freiherr von, Bismarck-Erinnerungen, Stuttgart und Berlin 1920
Luxemburg, Rosa, Gesammelte Briefe, Bd. 1: 1893 bis 1902, Berlin 1982
Maier-Graefe, Julius, Geschichten neben der Kunst, Berlin 1933
Mehring, Franz, Geschichte der deutschen Sozialdemokratie. 2. Teil: Von Lassalles »Offenem Antwortschreiben« bis zum Erfurter Programm, 1863 bis 1891 (Gesammelte Schriften, Bd. 2,), Berlin 1960
Mehring, Franz, Gerhart Hauptmanns »Weber«. In: Aufsätze zur deutschen Literatur von Hebbel bis Schweichel (Gesammelte Schriften, Bd. 11), Berlin 1961
Adolph Menzel. Fünfzig Zeichnungen, Pastelle und Aquarelle aus dem Besitz der Nationalgalerie. Mit einer Einleitung von Max Liebermann, Berlin 1921
Meyer, Alexander, Die Berliner Polizei. In: Die Nation, 24. Oktober 1896

Meyer, Hermann, Fünfzig Jahre bei Siemens. Erinnerungsblätter aus der Jugendzeit der Elektrotechnik, Berlin 1920
Meyerheim, Paul, Adolf von Menzel. Erinnerungen, Berlin 1906
Michaelis, Paul, Von Bismarck bis Bethmann. Die Politik und Kultur Großpreußens, Berlin und Leipzig 1911
Neue Berliner Musikzeitung, Berlin
National-Zeitung, Berlin
Nesper, Eugen, Liebe alte »Urania«. In: Wunder der Welt, Zeitschrift der Deutschen Kultur-Gemeinschaft Urania Berlin, Jg. 1956, H. 3
Ochs, Siegfried, Geschehenes – Gesehenes, Leipzig-Zürich 1922
Oppenheimer, Franz, Erlebtes, Erstrebtes, Erreichtes. Erinnerungen, Berlin 1931
Osborn, Max, Berlins Aufstieg zur Weltstadt. In: Berlins Aufstieg zur Weltstadt. Ein Gedenkbuch. Hrsg. vom Verein Berliner Kaufleute und Industrieller, Berlin 1929
Osborn, Max, Der bunte Spiegel. Erinnerungen aus dem Kunst-, Kultur- und Geistesleben der Jahre 1890 bis 1933, New York 1945
Peschkau, Emil, Die Zeitungen und die Literatur. In: Die Gegenwart, 26. Juli 1884 (Bd. 26, H. 30)
Philippi, Felix, Alt-Berlin. Erinnerungen aus der Jugendzeit, 1913
Planck, Max, Wissenschaftliche Selbstbiographie, Leipzig 1948
Raeder, Alwill, Fünfzig Jahre deutscher Bühnen-Geschichte. 1836 – 1886, Berlin 1886
Rathenau, Walther, Die schönste Stadt der Welt. In: Die Zukunft, 7. Januar 1899 (Nachgelassene Schriften, Bd. 2, Berlin 1928)
Reuleaux, Franz, Briefe aus Philadelphia, Braunschweig 1877
Richter, Eugen, Im alten Reichstag. Erinnerungen. Bd. 1: Berlin 1894, Bd. 2: Berlin 1896
Ring, Max, Die deutsche Kaiserstadt Berlin und ihre Umgebung. Bd. 1: Leipzig 1883, Bd. 2: Leipzig 1884
Rodenberg, Julius, Bilder aus dem Berliner Leben, Folge 1, Berlin 1885
Rosenberg, Adolf, Die Berliner Malerschule 1819 – 1879. Studien und Kritiken, Berlin 1879
Rosenberg, Adolf, Die Berliner National-Galerie. In: Kunstchronik, 14. April 1876 (11. Jg., Nr. 27)
Rother, A., Das Damenfahren. In: Der Radfahrsport in Bild und Wort. Hrsg. von Paul von Salvisberg, München 1897
Saltykow-Schtschedrin, M.J., Reise nach Paris. Eine Satire. Aus dem Russischen von Georg Schwarz, Berlin 1958
Scheffler, Karl, Die fetten und die mageren Jahre, Leipzig 1946
Schleich, Carl Ludwig, Besonnte Vergangenheit. Lebenserinnerungen 1859 – 1919, Berlin 1921
Schlenther, Paul, Einleitung zu Theodor Fontane, Gesammelte Werke. Eine Auswahl in fünf Bänden, Berlin 1915
Schlenther, Paul, Die Freie Bühne. In: Pan, 1896 (2. Jg.), H. 1
Schlenther, Paul, Fritz Gurlitt. In: Das Magazin für Litteratur, 18. Februar 1893 (62. Jg., H. 7)
Schlenther, Paul, Wozu der Lärm. Genesis der Freien Bühne, Berlin 1889
Schwabe, Hermann, Berliner Südwestbahn und Zentralbahn. Beleuchtet vom Standpunkte der Wohnungsfrage und der industriellen Gesellschaft, Berlin 1873
Schwabe, Hermann, Das Nomadentum in der Berliner Bevölkerung. In: Berliner Städtisches Jahrbuch für Volkswirtschaft und Statistik, 1. Jg., 1874 (7. Jg. von »Berlin und seine Entwickelung)

Servaes, Franz, Berliner Kunstfrühling 1893, Berlin 1893
Servaes, Franz, Praeludien. Ein Essaybuch, Berlin und Leipzig 1899
Werner Siemens. Ein kurzgefaßtes Lebensbild nebst einer Auswahl seiner Briefe. Hrsg. von Conrad Matschoß, Bd. 2: Berlin 1916
Soetbeer, Adolf, Die fünf Milliarden. Betrachtungen über die Folgen der großen Kriegsentschädigung für die Wirtschaftsverhältnisse Frankreichs und Deutschlands, Berlin 1874
Spiero, Heinrich, Schicksal und Anteil. Ein Lebensweg in deutscher Wendezeit, Berlin (1929)
Spitzer, Daniel, Wiener Spaziergänge. Fünfte Sammlung, Wien und Leipzig 1882
Spranger, Eduard, Berliner Geist. Aufsätze, Reden und Aufzeichnungen, Tübingen 1966
Springer, Robert, Die deutsche Kaiserstadt nebst Potsdam und Charlottenburg mit ihren schönsten Bauwerken und hervorragendsten Monumenten, Darmstadt 1876
Stauffer-Bern, Karl, Familienbriefe und Gedichte. Hrsg. von U.W. Züricher, Leipzig-München 1914
Stillich, Oskar, Geld- und Bankwesen. Ein Lehr- und Lesebuch, 2. Tausend, Berlin 1907
Stöcker, Adolf, Dreizehn Jahre Hofprediger und Politiker, 7. Aufl., Berlin 1895
Stratz, Rudolph, Schwert und Feder. Erinnerungen aus jungen Jahren Berlin (1925)
Stratz, Rudolph, Reisen und Reifen. Der Lebenserinnerungen zweiter Teil, Berlin 1926
Dr. Strousberg und sein Wirken, von ihm selbst geschildert, Berlin 1876
Berliner Tageblatt, Berlin
Tissot, Victor, Voyage aux pays des milliards, 7me édition, Paris 1875
Treitschke, Heinrich von, Unsere Aussichten. In: Preußische Jahrbücher, 5/1879 (44. Band)
Treitschke, Heinrich von, Die Grundlagen der bürgerlichen Gesellschaft. In: Der Socialismus und seine Gönner, Berlin 1875
Treitschke, Heinrich von, Noch einige Bemerkungen zur Judenfrage. In: Preußische Jahrbücher, 1/1880 (45. Band)
Trojan, Johannes, Gartenvergnügen. In: Berliner Pflaster. Illustrierte Schilderungen aus dem Berliner Leben. Hrsg. von Moritz Reymond, Berlin 1891
Virchow. Werk und Wirkung. Hrsg. von Felix Boenheim, Berlin 1957
Voigt, Heinrich, Nachdenkliches und Heiteres aus den ersten Jahrzehnten der Elektrotechnik, Leipzig 1925
Voigt, Paul, Grundrente und Wohnungsfrage in Berlin und seinen Vororten, Jena 1901
Volks-Zeitung. Organ für Jedermann aus dem Volke, Berlin
Die Wage. Hrsg. von Guido Weiß, Berlin
Waldersee, Alfred Graf von, Denkwürdigkeiten. Bearbeitet und hrsg. von Heinrich Otto Meisner, Bd. 2: 1888 – 1900, Stuttgart und Berlin 1922
Waldeyer-Hartz, Wilhelm von, Lebenserinnerungen, Bonn 1921
Weber, Max, Parlament und Regierung im neugeordneten Deutschland. In: Gesammelte politische Schriften, Tübingen 1958
Wedekind, Frank, Die Tagebücher. Ein erotisches Leben. Hrsg. von Gerhard Hay, Frankfurt am Main 1986
Wermuth, Adolf, Ein Beamtenleben. Erinnerungen, Berlin 1922
Werner, Anton von, Erlebnisse und Eindrücke. 1870 – 1890, Berlin 1913
Wiedfeldt, Otto, Statistische Studien zur Entwickelungsgeschichte der Berliner Industrie von 1720 – 1890, Leipzig 1898

Wustmann, Gustav, Der deutsche Buchhandel auf der Weltausstellung in Philadelphia. In: Die Grenzboten, 1876, Bd. 1 (35. Jg.)
Zeitschrift für bildende Kunst. Mit dem Beiblatt Kunstchronik, Berlin und Wien
Freisinnige Zeitung, Berlin
Vossische Zeitung. Königlich privilegierte Berlinische Zeitung von Staats- und gelehrten Sachen, Berlin
Zobeltitz, Fedor von, Chronik der Gesellschaft unter dem letzten Kaiserreich. Bd. 1: 1894 – 1901, Hamburg 1922
Die Zukunft. Hrsg. von Maximilian Harden, Berlin
Zur Westen, Walter von, Berlins graphische Gelegenheitskunst, Berlin 1912

Benutzte Literatur – Eine Auswahl

Böhme, Helmut, Deutschlands Weg zur Großmacht. Studien zum Verhältnis von Wirtschaft und Staat während der Reichsgründungszeit 1848 – 1881, Köln-Berlin 1966
Engelberg, Ernst, Bismarck. Das Reich in der Mitte Europas, Berlin 1990
Exerzierfeld der Moderne. Industriekultur in Berlin im 19. Jahrhundert. Hrsg. von Jochen Boberg, Tilman Fichter und Eckhart Gillen, München 1984
Forschen und Wirken. Festschrift zur 150-Jahr-Feier der Humboldt-Universität zu Berlin. Bd. 1: Beiträge zur wissenschaftlichen und politischen Entwicklung der Universität, Berlin 1960
Fricke, Hans, Bismarcks Prätorianer. Die Berliner politische Polizei im Kampf gegen die deutsche Arbeiterbewegung, Berlin 1962
Gall, Lothar, Bismarck. Der weiße Revolutionär, Frankfurt a. M./Berlin/Wien 1980
Geschichte Berlins. 2. Bd.: Von der Märzrevolution bis zur Gegenwart. Hrsg. von Wolfgang Ribbe, München 1987
Hegemann, Werner, Der Städtebau nach den Ergebnissen der Allgemeinen Städtebau-Ausstellung in Berlin. 1. Teil, Berlin 1911
Hegemann, Werner, Das steinerne Berlin. Geschichte der größten Mietskasernenstadt der Welt, Berlin 1930
Herzfeld, Hans, Berlin als Kaiserstadt und Reichshauptstadt 1871 – 1945. In: Hans Herzfeld, Ausgewählte Aufsätze, Berlin 1962
Heymann, Bruno, Robert Koch. 1. Teil: 1843 - 1882, Leipzig 1932
Höfele, Karl-Heinrich, Geist und Gesellschaft der Bismarckzeit (1870 – 1890), Göttingen 1967
Lange, Annemarie, Berlin zur Zeit Bebels und Bismarcks. Zwischen Reichsgründung und Jahrhundertwende, Berlin 1972
Modrow, Hans O., Berlin 1900. Querschnitt durch die Entwicklung einer Stadt um die Jahrhundertwende, Berlin 1936
Paret, Peter, Die Berliner Secession. Moderne Kunst und ihre Feinde im kaiserlichen Deutschland, Berlin 1981
Rosenberg, Hans, Große Depression und Bismarckzeit. Wirtschaftsablauf, Gesellschaft und Politik in Mitteleuropa, Berlin 1967
Teeuwisse, Nicolaas, Vom Salon zur Secession. Berliner Kunstleben zwischen Tradition und Aufbruch zur Moderne. 1871 – 1900, Berlin 1986
Wickert, Lothar, Theodor Mommsen. Eine Biographie. Bd. 4: Größe und Grenzen, Frankfurt am Main 1980
Wissenschaft in Berlin. Von den Anfängen bis zum Neubeginn nach 1945. Hrsg. von Hubert Laitko, Berlin 1987

Personenregister

Die Angaben zu den Personen, soweit zu ermitteln, wurden auf den Zeitraum 1870 bis 1890 sowie auf ihre Tätigkeit in Berlin konzentriert. Herausgeber und Autoren wissenschaftlicher Publikationen sind nur mit dem Namen erfaßt, historische Persönlichkeiten, die als bekannt vorausgesetzt werden können, nur mit ihren Lebensdaten. Kursiv gesetzte Seitenzahlen bezeichnen die Stelle, an denen ein Text des Genannten abgedruckt ist. Folgende Bezeichnungen wurden abgekürzt: Mitglied des Reichstags – MdR, Mitglied des preußischen Abgeordnetenhauses – MdA, Allgemeiner Deutscher Arbeiterverein – ADAV

Achenbach, Andreas (1815–1910), Maler 186
Alexander II. (1818–1881), russischer Zar seit 1855 34
d'Albert, Eugen (1864–1932), Pianist und Komponist 20, 192
Allers, Christian Wilhelm (1857–1915), Maler und Zeichner 112, 379
Andorff, Paul (1849–1920), Maler 323
Anno, Anton (1838–1893), Schauspieler und Regisseur, seit 1889 Oberregisseur am Lessingtheater 362
Anzengruber, Ludwig (1839–1889), österreichischer Schriftsteller 358
Arnim, Bettina von (1785–1859), Schriftstellerin 160
Auer, Ignaz (1846–1907), Sattler, Sozialdemokrat, zwischen 1877 und 1907 mehrfach Reichstagsabgeordneter *258–259*
Auerbach, Berthold (1812–1882), Schriftsteller 32, *32*, 128, *128*, 129, 166
Augusta (1811–1890), Gemahlin Wilhelms I., deutsche Kaiserin seit 1871 165
Auwers, Arthur (1838–1915), Astronom, seit 1866 Professor an der Berliner Universität, 1878–1912 Sekretar der Physikalisch-mathematischen Klasse der Akademie der Wissenschaften 131

Bach, Johann Sebastian (1685–1750) 134
Baluschek, Hans (1870–1935), Maler und Zeichner 77, 163, 231, 307, 321, 368, 369
Barnay, Ludwig (1842–1924), Schauspieler, 1883 Mitbegründer des Deutschen Theaters, 1888–1894 Leiter des Berliner Theaters 176, 340, 342, 343
Baron, Julius (geb. 1840), Kaufmann und Schriftsteller, 1887–1900 Direktor des Wintergartens 230
Bastian, Adolf (1826–1905), Ethnograph und Forschungsreisender, seit 1866 an der Berliner Universität, Direktor des Museums für Völkerkunde 190
Bauernfeld, Eduard von (1802–1890), österreichischer Schriftsteller 343
Bebel, August (1840–1913), Drechslermeister, Sozialdemokrat, 1871– 1881 und seit 1883 MdR, seit 1890 einer der beiden Vorsitzenden der sozialdemokratischen Partei 58, *58*, 59, *118*, 120, 260, 262
Becker, Carl (1820–1900), Maler 179
Beethoven, Ludwig van (1770–1827) 134, 193, 194, 195, 198
Begas, Reinhold (1831–1911), Bildhauer 21, 186, 195, 364, 378, 380, 383
Behring, Emil von (1854–1917), Mediziner, seit 1880 Militärarzt und seit 1891 zugleich Assistent am Institut für Infektionskrankheiten in Berlin, Entdecker des 1891 erstmalig angewandten Diphterieserums 142

Bell, Alexander Graham (1847–1922), schottischer Physiologe, konstruierte das erste, 1875 in Amerika patentierte Telephon 326
Bennigsen, Rudolf von (1824–1902), Justizbeamter, nationalliberaler Politiker, MdA 1867–1888, MdR 1867–1883 und 1887–1898 58
Bergmann, Ernst von (1836–1907), Chirurg, seit 1882 an der Berliner Universität 19, 135, 140, 141, 142
Berlioz, Hector (1803–1869), französischer Komponist 20, 200
Bernstein, Eduard (1850–1932), Bankangestellter, Sozialdemokrat, 1881–1890 Herausgeber des »Sozialdemokrat« *82–84*, *119–120*, 120, *123*, 252, *254*, *305–306*, 380
Beseler, Georg (1809–1888), Jurist, seit 1859 an der Berliner Universität, seit 1874 MdR 19
Betz, Franz (1835–1900), Opernsänger, 1859–1897 an der Berliner Hofoper 202
Bier, August (1861–1949), Chirurg 142
Billroth, Theodor (1829–1894), Chirurg 142
Bilse, Benjamin (1816–1902), Kapellmeister, seit 1868 in Berlin als Leiter der »Bilse-Konzerte« 20, 196, 197, 198
Bismarck, Johanna von (1824–1894), Ehefrau Otto von Bismarcks 165
Bismarck, Otto Fürst von (1815–1898), preußischer Ministerpräsident 1862–1890, deutscher Reichskanzler 1871– 1890, preußischer Minister für Handel und Gewerbe 1880–1890 13, 15, 18, 19, 21, 23, 25, 31, 32, 49, 52, *53*, 55, 56, 57, 58, 59, 85, 107, 110, 126, 128, 138, 155, 185, 203, 242, 247, 250, 251, 252, 254, 255, 256, *256*, 257, 263, 264, 266, 268, 269, 309, 311, 332, 360, 377, 380, 381, 384, 385, *385*, 386, 387
Bismarck, Wilhelm Graf von (1852–1901), jüngster Sohn Otto von Bismarcks, MdR 1878–1881, MdA 1882–1885 262
Bleibtreu, Karl (1859–1928), Schriftsteller und Redakteur 339, *339*
Bleichröder, Gerson (1822–1893), Bankier, Inhaber des Bankhauses S. Bleichröder, Vermögensverwalter Bismarcks 85, 331, 332
Blos, Wilhelm (1849–1927), Journalist, Sozialdemokrat, 1873/74 Redakteur des »Volksstaat«, MdR 1877/78, 1881–1887, 1890–1907 251, *255*, *261*
Blücher, Gebhard Leberecht von, Fürst von Wahlstatt (1742–1819), preußischer Generalfeldmarschall 248
Blumenthal, Oskar (1852–1917), Schriftsteller, 1875–1887 Theaterkritiker und Feuilletonredakteur am »Berliner Tageblatt«, 1888–1897 Leiter des Berliner Lessing-Theaters 281–283, 343, 356, 360, 361, *361–362*, 362, *362–363*
Böcklin, Arnold (1827–1901), Schweizer Maler 364, 365, 367
Bockum-Dolffs, Florens Heinrich Gottfried von (1802–1899), liberaler Politiker, MdR 1871–1884 54
Bode, Wilhelm von (1845–1929), Kunsthistoriker, seit 1890 Leiter der Berliner Gemäldegalerie 190
Boehn, Max von (1860–1932), Schriftsteller 249
Boetticher, Karl Heinrich von (1833–1907), Staatsminister und Staatssekretär im Reichsamt des Innern 1880–1897, Stellvertreter Bismarcks im Bundesrat und im Reichstag 107, 261
Bolle, Carl (1832–1910), Gründer der Norddeutschen Eiswerke und 1881 der größten Meierei Berlins 321
Bölsche, Wilhelm (1861–1939), Schriftsteller *150–151*, *169–171*, *306–308*, 346, *346–347*, 347, *348–350*
Borsig, Albert (1829–1878), Maschinenbaufabrikant, seit 1854 Leiter der Borsig-Werke, 1863–1872 Stadtverordneter 96, 98, 99, 109
Borstell, Fritz (1834–1896), Buchhändler, seit 1863 Besitzer der Nicolaischen Buchhandlung und von »Fritz Borstells Lesezirkel« 165

Brahm, Otto (1856–1912), seit 1881 Theaterkritiker der »Vossischen Zeitung«, 1889–1893 Leiter der Freien Bühne, seit 1890 Hrsg. der Zeitschrift »Freie Bühne für modernes Leben« 342, 354, 355
Brahms, Johannes (1833–1897), Komponist, Dirigent und Pianist 193, 198, 199
Brandes, Georg (1842–1927), dänischer Literaturwissenschaftler und Publizist, lebte 1877–1883 in Berlin *52, 130*, 130, *154*, 161, *162, 165*, 187, *187*, 251, *251*–252, 253, *253–254, 261–263, 263, 280*, 302, *302–304*
Brandl, Alois (1855–1940), Anglist, Studium in Berlin 1878/79 155
Brentano, Lujo (Ludwig Joseph) (1844–1931), Wirtschaftshistoriker und Nationalökonom 156, 158
Brugsch (-Pascha), Heinrich Karl (1827–1894), Ägyptologe, seit 1886 in Berlin 158
Brunner, Heinrich (1840–1915), Jurist, seit 1874 an der Berliner Universität 131
Buchmann, Eduard 294
Bülow, Bernhard Ernst von (1815–1879), Staatssekretär des Auswärtigen Amtes 1873–1879 250
Bülow, Hans von (1830–1894), Dirigent und Pianist, Leiter des Berliner Philharmonischen Orchesters 1887–1892 20, 193, 194, 199, 200, 201, 202, 340
Bünger, Ferdinand (geb. 1838), Pädagoge *381*
Bunsen, Georg von (1824–1896), liberaler Politiker, 1871–1889 MdR 57
Bunsen, Marie von (1862–1941), Schriftstellerin und Malerin 57, *57*, 170, *220–222*, 239, *240–242*, 378
Bürgel, Bruno H. (1875–1948), Astronom und Schriftsteller *335*
Busch, Moritz (1821–1899), Journalist, 1870–1873 Mitarbeiter im Auswärtigen Amt, Vertrauter Bismarcks *55–56*, 59, 268, *268–269*

Calandrelli, Alexander (1834–1903), Bildhauer 189
Caprivi, Leo Graf von (1831–1899), preußischer General, 1890–1894 Reichskanzler und preußischer Ministerpräsident 385, 386
Carpenter, Jesse F. (1853–1901), amerikanischer Ingenieur, Erfinder der Zweikammer-Luftdruckbremse, 1883 Gründer eines Bremsenwerkes (der späteren Knorr-Bremse) in Berlin-Lichtenberg 320
Carstenn, Johann Anton Wilhelm von (1822–1896), Rittergutsbesitzer und Bauspekulant 68
Cohn, Albert (1827–1905), Buchhändler und Shakespeare-Forscher 42
Conrad, Michael Georg (1846–1927), Schriftsteller, 1885–1901 Hrsg. der für den Naturalismus programmatischen Zeitschrift »Die Gegenwart«
Conradi, Hermann (1862–1890), Schriftsteller 344, 345
Conze, Alexander (1831–1914), Archäologe, seit 1877 an der Berliner Universität, Direktor der Antiken-Sammlungen der Kgl. Museen, beteiligt an den Ausgrabungen auf Samothrake, in Pergamon u.a. 158, 190
Curtius, Ernst (1814–1896), Archäologe, seit 1868 Professor für klassische Philologie an der Berliner Universität und Direktor des Alten Museums, 1871–1893 Sekretar der Philosophisch-historischen Klasse der Akademie, leitete die Ausgrabungen in Olympia 19, 131, 156, 158
Curtius, Ludwig (1874–1954), Archäologe 158
Czerny, Adalbert (1863–1941), Mediziner 142

Dahn, Felix (1834–1912), Schriftsteller 166
Damaschke, Adolf (1865–1935), Sozialpolitiker und Nationalökonom 15, *76, 113–114*
Darwin, Charles (1809–1882), englischer Naturforscher, Begründer der Entwicklungslehre 150

Degas, Edgar (1834–1917), französischer Maler 366
Dehmel, Richard (1863–1934), Schriftsteller 166, *167*, 347
Dehrmann, Marta (geb. 1863), Malerin 201
Delbrück, Ludwig (1855–1922), Bankier 93
Delbrück, Rudolf von (1817–1903), Präsident des Reichskanzleramts 1871–1876, MdR 1878–1881 94, 264
Dielitz, Julius (1805–1896), Kunsthistoriker, bis 1885 Generalsekretär der Verwaltung der Kgl. Museen 190
Diels, Hermann (1848–1922), Altphilologe, seit 1882 an der Berliner Universität 158
Dilthey, Wilhelm (1833–1911), Philosoph und Kulturhistoriker, seit 1882 an der Berliner Universität 19, 131, 151
Doerry, Kurt (1874–1947), Sportjournalist *227*
Dominik, Emil (1844–1896), Journalist und Verleger, 1879–1885 Redakteur der Berliner Heimatzeitschrift »Der Bär« 302, *304*, 310, *310–311*
Dorn, Franz (geb. 1855), Schauspieler, Direktor des Berliner Wintergartens 1887–1900 230
Dostojewski, Fjodor Michailowitsch (1821–1881) 350
Droysen, Johann Gustav (1808–1884), Historiker, seit 1859 an der Berliner Universität 19
Du Bois-Reymond, Emil (1818–1896), Physiologe und Physiker, seit 1858 an der Berliner Universität, 1869/70 und 1882/83 deren Rektor, 1867–1895 Sekretar der Physikalisch-mathematischen Klasse der Akademie 19, 131, 132, 142, 143, 154
Dürer, Albrecht (1471–1528) 189
Dvořák, Antonín (1841–1904), tschechischer Komponist 20, 200

Ebers, Georg (1837–1898), Ägyptologe und Romanschriftsteller 166
Eberstadt, Rudolf (1856–1922), Wirtschaftswissenschaftler und Stadtplaner 73, 312, 313, *316*
Ecks, Heinrich (geb. 1836), Zigarrenarbeiter, Sozialdemokrat, 1871/72 Vorstandsmitglied des ADAV 120
Edison, Thomas Alva (1847–1931), nordamerikanischer Techniker und Erfinder 149, 281
Ehrlich, Paul (1854–1915), Mediziner, seit 1878 Oberarzt an der Charité, seit 1887 Dozent an der Berliner Universität, seit 1890 am Institut für Infektionskrankheiten, Begründer der Chemotherapie zur Bekämpfung von Infektionskrankheiten 138, 141
Eichler, Kunsthändler 365
Eloesser, Arthur (1870–1938), Schriftsteller und Kritiker 296–298, *344–345*
Engels, Georg (1846–1907), Schauspieler, 1883–1894 am Deutschen Theater 343
Erman, Adolf (1854–1937), Ägyptologe, seit 1877 Assistent am Münzkabinett, seit 1884 Direktor des Ägyptischen Museums 158, 190, *190–191*
Ernst, Adolf (1846–1927), Theaterdirektor 231
Eulenburg, Botho Graf zu (1831–1912), preußischer Innenminister, MdA 1878–1881 273
Eulenburg, Friedrich Graf zu (1815–1881), preußischer Innenminister 1862–1878 74, 83, 118
Ewald, Ferdinand (geb.1846), Vergolder, Sozialdemokrat, Berliner Stadtverordneter 1884/85 272
Eyth, Max (1836–1906), Ingenieur, 1884–1896 Angestellter der Deutschen Landwirtschaftsgesellschaft in Berlin *374*

Falk, Adalbert (1827–1900), Jurist, 1872–1879 preußischer Kultusminister 190, 264
Fechner, Hanns (1860–1931), Maler und Schriftsteller *71–72*
Ferdinand, Prinz von Preußen (1730–1813) 49
Feuerbach, Anselm (1829–1880), Maler 364
Fichte, Johann Gottlieb (1762–1814), Philosoph 151, 154
Fidicin, Ernst (1802–1883), Historiker, 1847–1878 Berliner Stadtarchivar 62
Fischer, Emil (1852–1919) Chemiker, seit 1892 Direktor des I. Chemischen Instituts der Berliner Universität 19, *132*, *133*, 135, 144, *144–145*
Fischer, Paul David (1836–1920), Jurist, 1867–1897 Mitarbeiter im Generalpostamt *327, 330*
Fischer, Samuel (1859–1934), Verleger 355
Flaubert, Gustave (1821–1880), französischer Schriftsteller 350
Foerster, Wilhelm (1832–1921), Astronom, seit 1863 an der Berliner Universität, seit 1863 interimistischer Leiter, seit 1865 Direktor der Berliner Sternwarte 148
Fontane, Martha (1860–1917), Tochter Theodor Fontanes 168
Fontane, Theodor (1819–1898) 12, 16, 20, 21, 24, 25, 75, 130, 167, *167*, 168, *168–169,* 169, 171, 172, 173, 182, 228, 229, 266, *266–267*, 291, *291*, 309, 353, *353–354*, 355, 357, 358
Forckenbeck, Max von (1821–1892), Rechtsanwalt, liberaler Politiker, Abgeordneter des Reichstags 1871–1892 und dessen Präsident 1874–1879, Oberbürgermeister von Berlin seit 1878 13, 14, 264, 378
Förster, August (1828–1889), Schauspieler und Regisseur, Mitbegründer des Deutschen Theaters 341, 342, 343
Förster, Bernhard (1843–1889), Lehrer, seit 1880 führend in der antisemitischen Bewegung in Berlin tätig, Mitbegründer des antisemitischen Deutschen Volksvereins 126
Fraentzel, Oskar (1838–1894), Mediziner, seit 1870 an der Charité, seit 1875 Professor für Lungenkrankenheiten an der Berliner Universität 140
Fränkel, Bernhard (1836–1911), Mediziner, seit 1872 als praktischer Arzt und Privatdozent in Berlin, seit 1884 Professor für Hals- und Nasenkrankheiten an der Berliner Universität 138
Frenzel, Karl (1827–1914), Schriftsteller und Kritiker, 1862–1905 Literaturredakteur der »National-Zeitung« *174–175, 176–177*
Frerichs, Friedrich Theodor (1819–1885), Mediziner, seit 1859 an der Berliner Universität 141
Freytag, Gustav (1816–1895), Schriftsteller 166, 174, 190
Fricke, Hans 119
Friedel, Ernst (1837–1918), Verwaltungsbeamter, seit 1872 Berliner Stadtrat, Mitbegründer (1874) und erster Direktor des Märkischen Museums 133
Friedlaender, Georg (1843–1914), Amtsgerichtsrat, Korrespondenzpartner Fontanes 182, 358
Friedlaender, Julius (1813–1884), Numismatiker, seit 1868 Leiter des Münzkabinetts in Berlin 190
Friedlaender, Moritz (1867–1910), Journalist, Redakteur des »Berliner Tageblatts« 219
Friedmann, Siegwart (1842–1916), Schauspieler, 1883 Mitbegründer des Deutschen Theaters 342
Friedrich II. (1712–1786), seit 1740 König von Preußen 19, 279, 348
Friedrich III. (1831–1888), deutscher Kaiser und König von Preußen 1888 147, 190, 376, 377, 378
Friedrich Wilhelm I. (1688–1720), König von Preußen seit 1717 49, 158

Friedrich Wilhelm III. (1770–1840), König von Preußen seit 1797 171
Friedrich Wilhelm IV. (1795–1861), König von Preußen seit 1840 134, 187
Fritzsche, Friedrich Wilhelm (1825–1905), Tabakarbeiter, Sozialdemokrat, 1865–1878 Präsident des Allgemeinen Deutschen Zigarrenarbeitervereins, MdR 1877–1881 120
Fritzsche, Julius (1844–1907), Theaterdirektor 207
Frohme, Karl (1850–1933), Maschinenbauer, Redakteur, Sozialdemokrat, MdR seit 1881 118
Fulda, Ludwig (1862–1939), Schriftsteller 363
Fürstenberg, Carl (1850–1933), Bankier, seit 1883 Inhaber der Berliner Handels-Gesellschaft *202–203*, 331, *332*

Garbaty-Rosenthal, Josef (1851–1939), Kaufmann, Gründer der Zigarettenfabrik Garbaty in Berlin 321
Geib, August (1842–1879), Buchhändler, Sozialdemokrat, MdR 1874–1876 120
Georg II. Herzog zu Sachsen-Meiningen (1826–1914) 176
Gerlach, Hellmut von (1866–1935), Schriftsteller und Publizist *155*
Gersal, Luc (d.i. Jules Legras) (geb.1866), französischer Journalist und Schriftsteller 66–67
Gierke, Otto von (1841–1921), Jurist, seit 1887 an der Berliner Universität 19
Glagau, Otto (1834–1892), Schriftsteller und Redakteur *68–70, 75, 87–88, 89–90*
Gluck, Christoph Willibald (1714–1787), Komponist 198
Gnauck-Kühne, Elisabeth (1850–1917), Schriftstellerin, Frauenrechtlerin 336, *336–338*
Gneist, Rudolf von (1816–1895), Jurist und liberaler Politiker, seit 1844 an der Berliner Universität, MdR 1871–1884 19, 47
Goethe, Johann Wolfgang von (1749–1832) 42, 342
Goldschmidt, Paul (1840–1920), Pädagoge *61–62, 286–287,* 306
Gontard, Carl von (1731–1791), Baumeister und Architekt 298
Goßler, Gustav von (1838–1902), Jurist, MdR 1878–1884, preußischer Kultusminister 1881–1891 139, 140, 172
Gounod, Charles (1818–1893), französischer Komponist 203
Grawitz, Paul (1850–1932), Pathologe 137
Grell, Eduard (1800–1886), Komponist und Dirigent, 1853–1876 Leiter der Berliner Singakademie 192, 193
Grillenberger, Karl (1848–1897), Schlosser, später Journalist, MdR 1881–1897 261
Grimm, Herman (1828–1901), Schriftsteller, seit 1873 Professor für Kunstgeschichte an der Berliner Universität 160, 315
Grimm, Wilhelm (1786–1859), Philologe und Kulturhistoriker 160
Großheim, Karl von (1841–1911), Architekt, Inhaber einer 1872 gemeinsam mit Heinrich Joseph Kayser gegründeten Architektenfirma 304
Großkopf, Friedrich Gottlieb, Zimmermeister, 1869–1873 Direktor des Walhalla Volkstheaters in Berlin 175
Gurlitt, Cornelius (1850–1938), Kunstwissenschaftler 366, *367–368*
Gurlitt, Fritz (1854–1893), Kunsthändler 21, 365, 366, 367, 368, 369
Gurlitt, Ludwig (1855–1931), Pädagoge, bis 1907 Lehrer am Steglitzer Gymnasium 367
Gutzkow, Karl (1811–1878), Schriftsteller 174

Haase, Friedrich (1825–1911), Schauspieler, 1883 Mitbegründer des Deutschen Theaters 342
Hachmann, Cord (1848–1905) Schauspieler und Regisseur, seit 1890 an der Freien Bühne, seit 1894 am Deutschen Theater 359, 360
Haeckel, Ernst (1834–1919), Naturforscher und Philosoph 150
Halbe, Max (1865–1944), Schriftsteller 350
Haller, Johannes (1865–1947), Historiker *155–156*
Halske, Johann Georg (1814–1890), Elektrotechniker, Mitbegründer (1847) der Telegraphenbauanstalt Siemens & Halske, bis 1875 Stadtverordneter, 1880–1886 Berliner Stadtrat 324
Hansemann, Adolf von (1826–1903), Bankier, seit 1864 Direktor der Disconto-Gesellschaft 332
Hanstein, Adalbert von (1861–1904), Schriftsteller *360, 363,* 363
Harden, Maximilian (1861–1927), Schriftsteller und Publizist, seit 1892 Herausgeber der Berliner Wochenschrift »Die Zukunft« 172
Harnack, Adolf von (1851–1930), Theologe, seit 1888 an der Berliner Universität 131
Hart, Heinrich (1855–1906), Schriftsteller und Kritiker 161, 162, 174, 344, 345, *345–346,* 346, 347, 349
Hart, Julius (1859–1930), Schriftsteller und Kritiker 161, 344, 345, 346, 347, 349
Hartleben, Otto Erich (1864–1905), Schriftsteller 346, 347
Hasenclever, Wilhelm (1837–1889), Lohgerber, Journalist, 1871–1875 Präsident des ADAV, 1875/76 einer der beiden Vorsitzenden der sozialdemokratischen Partei, MdR 1874–1888 119, 120
Hasselmann, Wilhelm (1844–1916), Journalist, Sozialdemokrat, 1871– 1876 Redakteur des »Neuen Social-Demokrat«, MdR 1874–1876 und 1878–1881 120
Hauptmann, Gerhart (1862–1946) 21, 197, 198, 229, 230, 342, 347, 348, 349, 355, 356, 357, 358, 359, 363, 368
Haverland, Anna (1851–1908), Schauspielerin, 1878/79 am Berliner Schauspielhaus, 1883–1885 am Deutschen Theater 342
Haydn, Joseph (1773–1809) 198
Hebbel, Friedrich (1813–1863) 174
Hegel, Georg Wilhelm Friedrich (1770–1831) 151
Hegemann, Werner (1881–1936), Architekt und Schriftsteller 397
Heil, Gustav (1826–1897), Maler und Schriftsteller, Mitarbeiter der satirischen Zeitschrift »Berliner Wespen« 180, *180–181*
Heilborn, Ernst (1867–1942), Schriftsteller und Redakteur 167, *234*
Heine, Heinrich (1797–1856) 35, 368
Heinrich, Prinz von Preußen (1726–1802) 144
Heinrich, Wilhelm 220
Heinsch, August (1847–1878), Schriftsetzer, Sozialdemokrat 118, 120
Helferich, Herman (d.i. Emil Heilbut) (1861–1921), Kunstschriftsteller *370–372*
Helmholtz, Anna von (1834–1899), Frau von Hermann von Helmholtz, Tochter des schwäbischen Staatsrechtlers Robert von Mohl 59, 140, *140*, 217, *217–218*
Helmholtz, Hermann von (1821–1894), Physiologe und Physiker, seit 1871 an der Berliner Universität, seit 1888 Präsident der Physikalisch-Technischen Reichsanstalt 19, 131, 132, 144, 145, 146, 195
Henckell, Karl (1864–1929), Schriftsteller 344, 345
Henoch, Eduard (1820–1910), Mediziner, seit 1872 Direktor der Klinik für Kinderkrankheiten an der Berliner Charité 141

Hensel, Sebastian (1830–1898), Direktor der Berliner Markthallengesellschaft 1872/73, Direktor des Hotels Kaiserhof (bis 1880), 1880 bis 1888 Direktor der Deutschen Baugesellschaft *38*, 327
Herrfurth, Ludwig (1830–1900), Jurist, preußischer Innenminister 1888–1892 361, 362
Hertz, Hans (1848–1895), Verleger 172
Hertz, Heinrich (1857–1894), Physiker, 1880–1883 Assistent bei Helmholtz in Berlin 145, 146
Hertz, Wilhelm (1822–1901), Verleger 172
Herwarth, Wilhelm (1853–1916), Maler 245
Herz, Ludwig (1863–1942), Jurist *287*, 353
Herzfeld, Hans 33
Hesekiel, Ludovica (1847–1889), Schriftstellerin 168
Heubner, Otto (1843–1926), Mediziner, seit 1894 Professor für Kinderheilkunde an der Berliner Universität 141
Heymann, Bruno (geb. 1871), Mediziner 138
Heyse, Paul (1830–1914), Schriftsteller 162, 166, 358
Hildebrandt, Adolf von (1847–1921), Bildhauer 366
Hille, Peter (1854–1904), Schriftsteller 346
Hirschfeld, Otto (1843–1922), Historiker und Archäologe, seit 1876 an der Berliner Universität, Direktor des Instituts für Altertumskunde 131
Hitzig, Friedrich (1811–1881), Architekt 21
Hobrecht, Arthur (1824–1912), nationalliberaler Politiker, 1872–1878 Oberbürgermeister von Berlin, 1878/79 preußischer Finanzminister 13
Hobrecht, James (1825–1902), Ingenieur, 1872–1874 Lehrer an der Berliner Bauakademie, Chefingenieur der Berliner Kanalisation, 1885–1897 Stadtbaurat für Straßen- und Brückenbau 70
Hochberg, Bolko Graf von (1843–1917), 1886–1903 Generalintendant der Berliner Hoftheater 201, 202
Hoche, Alfred E. (1865–1943), Psychiater 203, *203–204*, 374, *375–376*
Höcker, Oskar (1840–1894), Schauspieler und Schriftsteller 362
Hödel, Max (1857–1878), Klempnergeselle, verübte am 11. Mai 1878 ein Attentat auf Wilhelm I. und wurde am 16. August desselben Jahres hingerichtet 250
Höfer, Robert *223*
Hoff, Jacobus Henricus van't (1852–1911), niederländischer Chemiker, seit 1896 an der Berliner Universität 132
Hoffmann, Ludwig (1852–1932), Architekt, 1896–1924 Stadtbaurat von Berlin *275–278*
Hofmann, August Wilhelm von (1818–1892), Chemiker, Professor an der Berliner Universität seit 1865 19, 132, 143, 144
Holz, Arno (1863–1929), Schriftsteller 166, 346, 347, 351, *352*, 353, 358
Hosang, Ernst (geb. 1857), Maler und Zeichner 225
Hugo, C. (d.i. Carl Hugo Lindemann) (1867–1950), Schriftsteller *283–284*, *285–286*, 286
Hülsen, Botho von (1815–1886), Generaldirektor der Berliner Hoftheater 1851–1886 200
Humann, Karl (1839–1896), Ingenieur und Archäologe, Leiter der Ausgrabungen von Pergamon (1878–1886) und anderen antiken Stätten 187
Humboldt, Alexander von (1769–1859), Naturforscher und Geograph 144, 248
Humboldt, Wilhelm von (1767–1835), preußischer Staatsmann, Sprachforscher 248

Ibsen, Henrik (1828–1906), norwegischer Dramatiker 21, 353, 354, 355, 356, 358
Ihring-Mahlow, Ferdinand, Angehöriger der Berliner politischen Polizei, im Feburar 1886 als Lockspitzel entlarvt 273
Israel, Oskar (1854–1907), Pathologe, seit 1878 an der Berliner Universität 137
Itzenplitz, Heinrich Graf von (1799–1883), Jurist, 1862–1873 preußischer Minister für Handel, Gewerbe und öffentliche Arbeiten 70, 81

Jacob, Julius (1842–1929), Maler 27, 245, 369
Jacoby, Johann (1805–1877), Arzt und demokratischer Politiker, Mitglied der sozialdemokratischen Partei seit 1872 251
Jagič, Vratoslav von (1838–1923), Slawist, 1874–1880 Leiter des Lehrstuhls für slawische Philologie an der Berliner Universität 160
Joachim, Joseph (1831–1907), Violinist, Komponist und Musikpädagoge, seit 1868 Direktor der Berliner Hochschule für Musik 20, 194, 195, 199
Jonas, Fritz, Historiker *159*, 160
Jonas, Paul, Rechtsanwalt, Mitbegründer der Freien Bühne 355
Jordan, Max (1837–1906), Kunsthistoriker, 1874–1905 Direktor der Berliner Nationalgalerie 190
Juell, Dagny (1867–1901), erste Frau des polnischen Schriftstellers Stanislaw Przybyzewski 351
Jürgens, Rudolf (1843–1903), Pathologe 137

Kadelburg, Gustav (1851–1925), Schauspieler und Lustspieldichter, seit 1871 am Wallnertheater, 1883–1894 am Deutschen Theater 343
Kainz, Josef (1858–1910), österreichischer Schauspieler, 1883–1889 und 1892 bis 1899 am Deutschen Theater in Berlin 342, 343, 362
Kalisch, David (1820–1872), Schriftsteller und Journalist, 1848 Mitbegründer der satirischen Zeitschrift »Kladderadatsch« 34
Kampffmeyer, Paul (1864–1945), Schriftsteller und Redakteur 395
Kapell, August (geb. 1854), Zimmermann, Sozialdemokrat, MdR 1877/78 118
Käpernick, Fritz (1857–1884), Läufer 227
Kappstein, Carl (1869–1933), Maler 71
Kastan, Isidor (1840–1931), Arzt und Journalist, seit 1872 Redakteur des »Berliner Tageblatts« *34, 37, 39, 41–42, 45–46, 48, 53, 60–61, 133–134, 143, 192–193, 194–195, 209–211, 218–219, 279, 295, 340*
Kayser, Heinrich (1842–1917), Architekt, Inhaber einer 1872 gemeinsam mit Karl von Großheim gegründeten Architektenfirma 304
Keller, Gottfried (1819–1890) 161, 167
Kirchhoff, Gustav (1824–1887), Physiker, an der Berliner Universität seit 1874 19, 145
Klaußmann, Oskar A. (1851–1916), Journalist, Mitarbeiter des »Berliner Tageblatts« *291*
Kleist, Heinrich von (1777–1811) 360
Klindworth, Karl (1830–1916), Pianist, Dirigent und Komponist 199
Klinger, Max (1857–1920), Bildhauer, Maler und Graphiker, 1875–1878, 1881/82 und 1887 in Berlin 21, 367, 368
Knaus, Ludwig (1829–1910), Maler 157, 179, 209
Knorr, Georg (1859–1911), Ingenieur, seit 1893 Leiter des nach ihm benannten Bremsenwerkes in Berlin-Lichtenberg 320
Koch, Carl (1827–1905), Maler und Zeichner 210
Koch, Robert (1843–1910), Mediziner, seit 1880 Mitglied des Reichsgesundheitsamtes in Berlin, seit 1885 an der Berliner Universität 19, 138, 139, 140

Koenig, Robert (1828–1900), Journalist, 1864–1889 Chefredakteur der Zeitschrift »Daheim« in Leipzig 168
Kollwitz, Karl (1863–1940), Arzt, Ehemann von Käthe Kollwitz 368
Kollwitz, Käthe (1867–1945), Graphikerin und Bildhauerin 368, *368,* 369
Koner, Max (1845–1900), Maler 376
Kranz, Wilhelm, Maler und Bühnenbildner, Leiter des Wissenschaftlichen Theaters der »Urania« 149
Kraussneck, Arthur (1856–1941), Schauspieler, seit 1884 am Deutschen, seit 1889 am Berliner Theater 343
Kretzer, Max (1854–1941), Schriftsteller *196–197, 212, 229–230,* 254, *254–255*
Kronecker, Leopold (1823–1891), Mathematiker, an der Berliner Universität seit 1883 143
Kummer, Ernst Eduard (1810–1893), Mathematiker, seit 1855 an der Berliner Universität 143
Kürschner, Joseph (1853–1902), Herausgeber des »Deutschen Literaturkalenders« und anderer Nachschlagewerke 345
Küster, Conrad (1842–1831), Arzt, Mitbegründer des literarischen Vereins »Durch« 347

L'Arronge, Adolph (1838–1908), Schriftsteller, Mitbegründer und 1883–1894 Leiter des Deutschen Theaters 207, 340, *340–341*, 341, 342, 343
Laforgue, Jules (1860–1887), französischer Schriftsteller und Journalist, 1881 bis 1886 als Vorleser der Kaiserin Augusta in Berlin *237–239*, 244, *244–247*
Landolt, Hans (1831–1910), Chemiker, seit 1880 an der Landwirtschaftlichen Hochschule, seit 1891 an der Berliner Universität 132, 133
Landvogt, Adolf, Schauspieler und Restaurantbesitzer 41
Langenbeck, Bernhard von (1810–1887), Chirurg, seit 1848 Professor an der Berliner Universität 141
Langhans, Carl Gotthard (1732–1808), Baumeister und Architekt 47
Lanner, Joseph (1801–1843), österreichischer Komponist und Dirigent 177
Lasker, Eduard (1829–1884), Rechtsanwalt, Mitbegründer und Führer der Nationalliberalen Partei, MdA 1865–1879, MdR 1871–1884 58, 90, 92, 256
Laube, Heinrich (1806–1884), Schriftsteller 174
Lehmann, Lilli (1848–1929), Sängerin, Mitglied der Berliner Hofoper 1870–1886 202
Leibl, Wilhelm (1844–1900), Maler 367
Leixner, Otto von (1847–1907), Schriftsteller und Redakteur 178, *179–180, 232–234*
Lenbach, Franz von (1836–1904), Maler 146
Lenné, Peter Joseph (1789–1866), Park- und Gartengestalter, seit 1854 Generaldirektor der königlichen Gärten in Berlin 51, 96, 144, 217
Leopold II. (1835–1909), König der Belgier seit 1865 375
Lepke, Rudolf (1845–1883), Kunsthändler 185, 372
Lepsius, Richard (1810–1884), Ägyptologe und Sprachforscher, seit 1842 Professor an der Berliner Universität, seit 1873 Oberbibliothekar der Kgl. Bibliothek 19, 158
Lessing, Gotthold Ephraim (1729–1781) 343
Leyden, Ernst von (1832–1910), Mediziner, seit 1876 an der Berliner Universität, 1885–1907 Direktor der I. Medizinischen Klinik der Charité 141
Lichtwark, Alfred (1852–1914), Kunsthistoriker, seit 1884 Bibliothekar am Berliner Kunstgewerbemuseum, seit 1886 Direktor der Hamburger Kunsthalle *147–148*, 182, 192, 308, 311, *311–312*

Liebermann von Sonnenberg, Max (1848–1911), Mitbegründer und Vorsitzender des 1881 begründeteten antisemitischen »Deutschen Volksvereins« in Berlin, Hrsg. der antisemitischen »Deutschen Volkszeitung« 391
Liebermann, Max (1847–1935), Maler und Graphiker 21, 185, *185–186*, 217, 366, 370, 372, 373
Liebig, Justus von (1803–1873), Chemiker 145
Liebknecht, Wilhelm (1826–1900), Journalist, Sozialdemokrat, seit 1876 Redakteur des »Vorwärts«, MdR seit 1874 58, 120, 251, 261
Liliencron, Detlev von (1844–1909), Schriftsteller 161
Lindau, Paul (1839–1919), Schriftsteller und Publizist, 1872–1881 Herausgeber der Wochenschrift »Die Gegenwart«, 1878–1904 der Berliner Monatsschrift »Nord und Süd« *335–336*, 354
Lindenberg, Paul (1859–1944), Schriftsteller und Redakteur *226*
Lippmann, Friedrich Wilhelm (1838–1903), Kunsthistoriker, 1877–1903 Direktor des Berliner Kupferstichkabinetts 190
Lister, Sir Joseph (1827–1912), englischer Chirurg 140
Liszt, Franz (1811–1886), Komponist und Pianist 195, 200
Loewe, Ludwig (1837–1886), Maschinenfabrikant, seit 1865 Berliner Stadtverordneter, MdA seit 1877, MdR seit 1878 99
Lucca, Pauline (1841–1908), österreichische Opernsängerin, Mitglied der Berliner Hofoper bis 1872, seit 1880 zu wiederholten Gastspielen in Berlin 202, 203, 363
Lucius von Ballhausen, Robert Freiherr (1835–1914). einer der Gründer und Führer der freikonservativen Partei, MdR seit 1871, 1879–1890 preußischer Landwirtschaftsminister *49–52*, 58, 380
Lüders, Hermann (1836–1908), Maler und Zeichner 289
Luise (1776–1810), Königin von Preußen seit 1797 241
Luxemburg, Rosa (1871–1919) 305

Mächler, Martin (1881–1958), Architekt 319
Madai, Guido von (1810–1892), Berliner Polizeipräsident 1872– 1885 118
Magnus, Gustav (1802–1870), Physiker, seit 1845 an der Berliner Universität 131, 132
Mallinger, Mathilde (1848–1920), Sängerin, Mitglied der Berliner Hofoper 1869–1882 202
Manet, Edouard (1832–1883), französischer Maler 366
Marées, Hans von (1837–1887), Maler 366
Maria Alexandrowna (1824–1880), Gemahlin Alexander II., russische Zarin seit 1855 34
Marx, Karl (1818–1883) 344
Maybach, Albert von (1822–1904), seit 1874 Leiter des Reichseisenbahnamtes, 1878 Handelsminister, 1879–1891 Minister für öffentliche Arbeiten 292
Mehring, Franz (1846–1919), Journalist, 1884–1890 Mitarbeiter der Berliner »Volks-Zeitung«, seit 1891 Sozialdemokrat 255, *272*, *273*, *359–360*
Meier-Graefe, Julius (1867–1935), Kunstschriftsteller *350–351*
Mendelssohn, Franz von (1829–1889), Bankier 331
Menzel, Adolph (1815–1905) 21, 25, 167, 182, 183, 184, 185, 186, 195, 238, 241, 364, 365
Meyer, Alexander (1832–1908), Jurist, Schriftsteller, 1871–1876 Generalsekretär des Deutschen Handelstages, MdR 1881–1896, MdA 1877–1888 *47–48*, 85
Meyer, Conrad Ferdinand (1825–1898), Schriftsteller 161

Meyer, Gustav (1816–1877), Gartenarchitekt, seit 1870 Direktor des Berliner Gartenamtes 216
Meyer, Hermann, Ingenieur, seit 1870 bei Siemens *280–281*, 293
Meyer, Wilhelm (1853–1910), Astronom, seit 1885 wissenschaftlicher Mitarbeiter des »Berliner Tageblatts«, Mitbegründer und erster Direktor der Urania (1889–1897) 148, 149
Meyerbeer, Giacomo (1791–1864), Komponist und Dirigent 201
Meyerheim, Paul (1842–1915), Maler 81, 97, 179, *183–185, 186–187,* 195
Michaelis, Paul (1863–1934), Schriftsteller und Journalist 386
Mikulicz-Radecki, Johann von (1850–1905), Chirurg 142
Millöcker, Karl (1842–1899), österreichischer Operettenkomponist 205, 208
Modrow, Hans Otto 159
Molière (1622–1673) 177, 178
Moltke, Helmuth Graf von (1800–1891), preußischer Generalfeldmarschall, 1858–1888 Chef des Generalstabs, MdR 1871–1891 25, 31, 32, 138, 195, 287
Mommsen, Theodor (1817–1903), Historiker und Jurist, seit 1858 Professor für alte Geschichte an der Berliner Universität, 1874–1895 Sekretar der Philosophisch-historischen Klasse der Akademie, Mitglied der nationalliberalen Partei, seit 1881 der Liberalen Vereinigung, MdR 1881–1884, MdA 1873–1882 19, 131, 155, 157, 159, 160, 264, 266
Monet, Claude (1840–1926), französischer Maler 366
Moser, Gustav von (1825–1903), Lustspieldichter 343
Mosse, Rudolf (1843–1920), Zeitungsverleger und Druckereibesitzer 322
Most, Johann (1846–1906), Buchbinder, Redakteur, Sozialdemokrat, MdR 1874–1878 118, 120
Motteler, Julius (1838–1908), Tuchmacher, Sozialdemokrat, MdR 1874–1878 120
Mozart, Wolfgang Amadeus (1756–1791) 198, 202
Müller, Paul Lothar (geb. 1869), Maler 119
Müller-Schönhausen, A. (1838–1890), Maler 30
Munch, Edvard (1863–1944), norwegischer Maler und Graphiker 351

Nesper, Eugen (1879–1961), Elektroingenieur, Pionier der drahtlosen Telephonie und des Rundfunks *148–149*
Nicolai, Friedrich (1733–1811), Schriftsteller und Buchhändler, veröffentlichte 1769 eine »Beschreibung der Königlichen Residenzstädte Berlin und Potsdam« 171
Niemann, Albert (1831–1917), Sänger, 1866–1886 Mitglied der Berliner Hofoper 41, 202, 203, 204
Niemann-Raabe, Hedwig (1844–1905), Schauspielerin, am Deutschen Theater 1883–1887, am Berliner Theater seit 1888 343
Nietzsche, Friedrich Wilhelm (1844–1900), Philosoph und Schriftsteller 19, 151
Nikisch, Arthur (1855–1922), Dirigent, seit 1895 Dirigent der Philharmonischen Konzerte in Berlin 199
Nikolaus I. (1796–1855), russischer Zar seit 1825 187
Nissen, Hermann (1853–1914), Schauspieler 343
Nobiling, Karl (1848–1878), Agrarwissenschaftler, verübte am 2. Juni 1878 ein Attentat auf Wilhelm I. 252

Ochs, Siegfried (1858–1929), Dirigent, Leiter des von ihm 1882 gegründeten Philharmonischen Chors *193–194, 195, 198–199, 201–202,* 208
Offenbach, Jacques (1819–1880), französischer Komponist 205

Oldenberg, Karl, Journalist und Schriftsteller 53
Oppenheimer, Franz (1864–1943), Arzt, Soziologe und Schriftsteller *124*, 317, *317–318*, 347
Osborn, Max (1870–1946), Literatur- und Kunstkritiker *59–60, 151–154*, 200, *319, 322,* 343

Patti, Adelina (1843–1919), italienische Sängerin 202
Payr, Erwin (1871–1946), österreichischer Chirurg 142
Pertz, Georg Heinrich (1795–1876), Historiker, Direktor der Kgl. Bibliothek bis 1873 134
Peschkau, Emil (geb. 1856), Ingenieur, Schriftsteller und Journalist *167–168*
Philippi, Felix (1851–1921), Schriftsteller *88–89*, 94
Phillips, Adolf (1845–1886), Journalist, MdR 1881–1884 (Deutsche Fortschrittspartei), 1885 Mitbegründer der Demokratischen Partei, seit 1883 Chefredakteur der Berliner »Volks-Zeitung« 267
Pissarro, Camille (1830–1903), französischer Maler und Graphiker 366
Planck, Max (1858–1947), Physiker, seit 1889 an der Berliner Universität 145, *145–146*
Pohl, Max (1855–1935), Schauspieler, 1884–1894 am Deutschen Theater 343
Polenz, Wilhelm von (1861–1903), Schriftsteller 347
Preller, Friedrich (1804–1878), Maler 190
Przybyszewski, Ducha, s. Juell, Dagny 351
Przybyszewski, Stanislaw (1868–1927), polnischer Schriftsteller, lebte 1889–1898 in Berlin 350
Puttkamer, Robert von (1828–1900), preußischer Kultusminister 1879–1881, preußischer Innenminister 1881–1888, MdR 1874–1876, 1878/79, 1890/91 17, 54, 107, 273, 274

Quistorp, Heinrich (1835–1910), Bankier und Bauunternehmer 68, 69, 93

Raabe, Wilhelm (1831–1910) 161
Radecke, Robert (1830–1911), Dirigent und Komponist, 1. Kapellmeister der Berliner Hofoper 1880–1887 201
Radziwill, Anton von (1775–1833), seit 1815 preußischer Statthalter im Großherzogtum Posen 49
Radziwill, Friederike von (1770–1836), Frau von Anton R. und Tochter des Prinzen Ferdinand von Preußen 49
Raeder, Alwill, Theaterkritiker und Redakteur *175–176*
Ramazetta, Jolanthe, Schauspielerin 342
Rammelsberg, Karl Friedrich (1813–1899), Chemiker, seit 1874 an der Berliner Universität 132
Ranke, Leopold von (1795–1886), Historiker, 1825–1871 Professor an der Berliner Universität 19, 155
Raschdorff, Julius (1823–1914), Architekt 21
Rathenau, Emil (1838–1915), Techniker, Unternehmer, Gründer der AEG 22, 281, 325, 326, 332
Rathenau, Walther (1867–1922), Industrieller, Politiker und Publizist *278*
Reimer, Otto (1841–1892), Zigarrenarbeiter, Sozialdemokrat, MdR 1874–1877 120
Rembrandt Harmensz van Rijn (1606–1669) 185
Renoir, Auguste (1841–1919) französischer Maler und Bildhauer 366
Retemeyer, Ernst, Zeichner 357
Reuleaux, Franz (1829–1905), Ingenieur, Direktor der Berliner Gewerbe-

akademie 1868–1879, dann Professor für Maschinenbau an der Technischen Hochschule Charlottenburg 101, *101–102*, 103
Richter, Eugen (1838–1906), Regierungsassessor, Journalist, führendes Mitglied der Deutschen Fortschrittspartei, Mitbegründer und 1884–1893 Vorsitzender der Deutschen Freisinnigen Partei, MdR seit 1871 14, *54–55*, 58, 129, 387
Richter, Gustav (1823–1884), Maler 179
Richthofen, Bernhard Freiherr von (1836–1895), Berliner Polizeipräsident 1885–1895 21, 362, 363
Ring, Max (1817–1901), Arzt und Schriftsteller *49*, 227, 230, 299
Rodenberg, Julius (1831–1914), Schriftsteller und Publizist, 1874–1914 Herausgeber der »Deutschen Rundschau« *62–63*, 162
Rohbock, Ludwig, Maler und Zeichner 189
Rohr, Mathilde von (1810–1889), Stiftsdame, längjährige Korrespondenzpartnerin Fontanes 75
Roon, Albrecht Graf von (1803–1879), preußischer Generalfeldmarschall, 1859–1873 Kriegsminister 31, 32
Rosenberg, Adolf (1850–1906), Kunstwissenschaftler, seit 1873 Berliner Korrespondent der »Zeitschrift für bildende Kunst« 181, *188–189*, 369, 372
Rother, A. *220*
Rousseau, Jean-Jacques (1712–1778), französischer Philosoph 344
Rubinstein, Anton (1829–1894), russischer Komponist und Pianist 20, 192, 201
Rüfer, Philippe-Bartholomé (1844–1919), Komponist 202

Sachse, Louis Friedrich (1798–1877), Lithograph und Kunsthändler, unterhielt seit 1853 eine ständige Kunstausstellung in der Jägerstraße 45
Sachse-Hofmeister, Anna (1852–1904), Sängerin, 1876–1889 Mitglied der Berliner Hofoper 204
Saint-Saëns, Camille (1835–1921), französischer Komponist, Pianist und Dirigent 20, 192
Saltykow-Schtschedrin, Michail Jewgrafowitsch (1826–1889), russischer Schriftsteller 243, *243–244*
Sandrock, Adele (1863–1937), Schauspielerin 343
Sarasate, Pablo de (1844–1908), spanischer Violinvirtuose 20, 192
Sauer, Oscar (1856–1918), Schauspieler, seit 1890 am Lessing-Theater in Berlin 343
Scheffel, Viktor von (1826–1886), Schriftsteller 166
Scheffler, Karl (1869–1951), Schriftsteller und Kunstkritiker *178–179*, 309
Scherenberg, Christian Friedrich (1798–1881), Schriftsteller 32
Scherer, Wilhelm (1841–1886), österreichischer Germanist, seit 1877 an der Berliner Universität 160
Scherl, August (1849–1921), Zeitungsverleger 322
Schiller, Friedrich (1759–1805) 174, 342, 360
Schinkel, Friedrich (1781–1841), Baumeister und Maler 35, 39, 42, 51, 147
Schlaf, Johannes (1862–1941), Schriftsteller 166, 351, 353, 358
Schleich, Carl Ludwig (1859–1922), Arzt und Schriftsteller, seit 1889 als Chirurg in Berlin 135, *135–138*, 141–142
Schleiermacher, Friedrich Ernst Daniel (1768–1834), Theologe und Philosoph 151
Schlenther, Paul (1854–1916), Schriftsteller und Publizist, 1886– 1898 Theaterkritiker der »Vossischen Zeitung«, 1889 Mitbegründer der Freien Bühne *171–172, 355, 355–356, 358–359, 359,* 365

Schliemann, Heinrich (1822–1890), Archäologe 135, 187
Schlüter, Andreas (1664–1714), Bildhauer und Baumeister 284
Schmidt, Oscar (1823–1886), Zoologe 154
Schmoller, Gustav (1838–1917), Historiker und Nationalökonom, seit 1882 Professor für Staatswissenschaften an der Berliner Universität, Vorsitzender des Vereins für Sozialpolitik 19, 131, 156, 158
Schöne, Richard (1840–1922), Altertumswissenschaftler, 1878–1905 Generaldirektor der Kgl. Museen in Berlin 190, 191
Schopenhauer, Arthur (1788–1860), Philosoph 151
Schubert, Franz (1797–1828) 198
Schulte, Eduard, Kunsthändler 365
Schumann, Clara (1819–1896), Pianistin 20, 192
Schwabe, Hermann (1830–1874), Jurist, Bibliothekar, Direktor des Statistischen Büros der Stadt Berlin seit 1862 69, 73, 76, *100–101*
Schwartz, F. Albert (1836–1906), Photograph 35, 40. 45, 54, 235, 285, 296, 297
Schwartzkopff, Louis (1825–1892), Maschinenbaufabrikant 109, 148
Servaes, Franz (1862–1947), Schriftsteller und Kunstkritiker 364, *369–370, 372–373*
Shakespeare, William (1564–1616) 174, 178
Siemens, Karl (1829–1906), Ingenieur, 1869–1880 gemeinsam mit seinem Bruder Wilhelm Leiter des Londoner Siemens-Werkes, 1880–1890 Leiter der Petersburger Niederlassung 104, 110, 325
Siemens, Werner (1816–1892), Ingenieur und Unternehmer, bis 1889 Leiter des von ihm mitbegründeten Siemens-Werkes 93, *93*, 103, 104, 105, *104–105,* 110, *110*, 146, 148, 279, 280, 292, *292*, 324, 325, *325*, 326, *326–327,* 330
Siemens, Wilhelm (1823–1883), Ingenieur und Unternehmer, leitete mit seinem Bruder Karl das Londoner Siemenswerk 93, 292, 326
Siemens, Wilhelm (1855–1919), Sohn von Werner Siemens, seit 1884 Mitinhaber der Firma, seit 1890 gemeinsam mit seinem Bruder Arnhold Leiter der Siemens-Werke
Simson, Eduard von (1810–1899), Jurist, erster Präsident des Deutschen Reichstags (bis 1874), seit 1879 Präsident des Reichsgerichts 57
Singer, Paul (1844–1911), Kaufmann, Sozialdemokrat, seit 1884 Mitglied der Stadtverordnetenversammlung, seit 1890 einer der beiden Vorsitzenden der sozialdemokratischen Partei, MdR seit 1884 251
Skarbina, Franz (1849–1910), Maler und Graphiker 43, 310, 369
Soetbeer, Adolf (1814–1892), Wirtschaftspolitiker 85
Sommerstorff, Otto (1859–1934), Schauspieler, am Deutschen Theater 1883–1894 342, 343
Sorma, Agnes (1865–1927), Schauspielerin, 1883–1889 am Deutschen Theater, 1890–1894 am Berliner Theater 343
Spangenberg, Gustav (1828–1891), Maler 179
Spielhagen, Friedrich (1829–1911), Schriftsteller 161, 166, 172
Spiero, Heinrich (1876–1947), Literaturwissenschaftler *131*, 158, *158–159*
Spindler, Carl, Unternehmer, seit 1869 Teilhaber der Färberei, Wasch- und Reinigungsanstalt W. Spindler 320
Spitzer, Daniel (1835–1893), österreichischer Schriftsteller und Journalist 242, 243
Spranger, Eduard (1882–1963), Pädagoge und Philosoph *227–228*
Springer, Robert (1816–1885), Lehrer und Schriftsteller *40–41, 42–44*
Stauffer-Bern, Karl (1857–1891), Maler, Kupferstecher und Bildhauer 364, *364*

Steffeck, Karl (1818–1890), Maler 179
Stephan, Heinrich von (1831–1897), Generalpostdirektor des Deutschen Reiches seit 1871, seit 1880 Staatssekretär des Reichspostamtes 292, 326, 327
Stern, Julius (1820–1883), Musiker, Leiter des Sternschen Gesangvereins (1847–1874), Mitbegründer (1850) des nach ihm benannten Konservatoriums 193
Stillich, Oskar (1872–1945), Wirtschafts- und Sozialwissenschaftler *331*
Stoecker, Adolf (1835–1909), Theologe, Hof- und Domprediger in Berlin 1874–1890, antisemitischer Politiker, MdR 1881–1893 und 1898–1909 122, *122*, 123, 250
Storm, Theodor (1817–1888) 161, 167
Stratz, Rudolph (1864–1936), Offizier, seit 1890 freier Schriftsteller in Berlin *224–226*, 236, *236–237*, *377*, *385–386*
Strauss, Richard (1864–1949) Komponist und Dirigent 20, 200
Strauß, Johann (1825–1899), österreichischer Komponist 197, 200, 205, 207, 208
Strindberg, August (1849–1912), schwedischer Schriftsteller 351
Strousberg, Bethel Henry (1823–1884), Unternehmer, vor allem auf dem Gebiet der Eisenbahngründungen tätig, eine der schillerndsten Figuren der Gründerzeit, machte 1875 bankrott 70
Stumm-Halberg, Karl Ferdinand Freiherr von (1836–1901), Großindustrieller, führendes Mitglied der freikonservativen Partei, MdR 1871–1881, 1889–1901 58
Sudermann, Hermann (1857–1928), Schriftsteller 360, 361, 362, 363
Suppé, Franz von (1819–1895), Komponist und Kapellmeister 205, 208
Sybel, Heinrich von (1817–1895), Historiker, nationalliberaler Politiker, seit 1875 Direktor des Preußischen Staatsarchivs 131

Tesla, Nikola (1856–1943), kroatischer Physiker und Elektrotechniker 149
Tessendorf, Hermann (1831–1895), Staatsanwalt, 1873–1879 am Berliner Stadtgericht, seit 1885 Präsident des Berliner Strafsenats 117, 118, 120
Theuerkauf, Gottlob (1833–1911), Maler und Zeichner 234
Thiel, Ewald (geb. 1855), Maler und Zeichner 56
Thoma, Hans (1839–1924), Maler und Graphiker 366, 367
Tissot, Victor (1845–1902), französischer Schriftsteller *36*
Titzenthaler, Waldemar (1869–1937), Photograph 327
Tolstoi, Lew (1828–1910) 358
Treitschke, Heinrich von (1834–1896), Historiker, seit 1874 an der Berliner Universität, MdR 1871–1884 74, 124, *124–125*, 125, 126, 155, 156, 160
Trojan, Johannes (1837–1915), Schriftsteller, seit 1862 Redakteur, seit 1886 Chefredakteur der Zeitschrift »Kladderadatsch« 103, *212–216*
Trübner, Wilhelm (1851–1917), Maler 367
Tschaikowski, Peter (1840–1893) 200

Ullstein, Leopold (1826–1899), Zeitungsverleger, 1871–1877 Berliner Stadtverordneter 322
Ury, Lesser (1862–1931), Maler 21, 369, 370, 371
Usedom, Guido Graf von (1805–1884), preußischer Diplomat, 1872–1879 kommissarischer Generaldirektor der Kgl. Museen in Berlin 190

Vahlen, Johannes (1830–1911), Altphilologe, seit 1874 an der Berliner Universität, 1893–1911 Sekretar der Philosophisch-historischen Klasse der Akademie 131, 158

Vahlteich, Karl Julius (1839–1915), Schuhmacher, Sozialdemokrat, MdR 1874–1876 und 1878–1881 120
Victoria, Prinzessin von Preußen (geb. 1866), Schwester von Wilhelm II. 378
Virchow, Rudolf (1821–1902), Mediziner und Anthropologe, seit 1856 an der Berliner Universität, Berliner Stadtverordneter seit 1859, MdA seit 1862, MdR 1880–1893, Mitbegründer der Fortschrittspartei 19, 46, 131, 134, 135, 136, 137, 141, 149, 150, 154, 279
Vischer, Friedrich Theodor (1821–1887), Philosoph und Ästhetiker 162
Visconti, Pietro Ercole (1802–1880), bis 1870 Kommissar der römischen Altertümer, Direktor der vatikanischen Kunstsammlungen 176
Voigt, Heinrich (geb. 1857), Elektroingenieur *324–325*
Voigt, Paul (1872–1900), Staatswissenschaftler 397

Wagener, Wilhelm (1782–1861), Bankier und Kunstsammler 188
Wagner, Richard (1813–1883) 194, 198, 200, 203
Waldersee, Alfred Graf von (1832–1904), preußischer Generalfeldmarschall, seit 1888 Geeralstabschef *378*, 384, *384*
Waldeyer-Hartz, Wilhelm von (1836–1921), Mediziner, seit 1883 Direktor des Anatomischen Instituts der Berliner Universität *139–140*, 141
Walker, Thomas, englischer Handelsvertreter und Radsportler 222, 223
Walter, Bruno (1876–1962), Dirigent 199
Warschauer, Robert (1816–1884), Bankier 331
Weber, Albrecht (1825–1901), Indologe, an der Berliner Universität seit 1856 160
Weber, Carl Maria von (1786–1826), Komponist 198
Weber, Max (1864–1920), Jurist, Soziologe 387
Wedekind, Frank (1864–1918), Schriftsteller 236, 358
Weierstraß, Karl (1815–1897), Mathematiker, seit 1864 an der Berliner Universität 131, 143
Weinhold, Karl (1823–1901), Germanist, seit 1889 an der Berliner Universität 131
Weiß, Guido (1822–1899), Publizist, Chefredakteur der Berliner Tageszeitung »Die Zukunft« 1867–1871, des Wochenblatts für Politik und Literatur »Die Wage« von 1873–1879 251
Weiß, Hermann (1822–1897), Kulturhistoriker, Direktor des Zeughauses 1879–1895 178
Wermuth, Adolf (1855–1927), Jurist, seit 1883 im Reichsamt des Innern 107, *107–108*
Werner, Anton von (1843–1915), Maler, seit 1875 Direktor der Akademie und der Hochschule für Bildende Künste, seit 1887 auch Vorsitzender des Vereins Berliner Künstler 20, 33, 179, 180, 234, 364, 373, *377*
Wiedfeldt, Otto (1871–1926), Nationalökonom 102, *322–324*
Wieniawski, Henryk (1835–1880), polnischer Violinist und Komponist 192
Wieniawski, Joseph (1837–1912), polnischer Pianist 192
Wilamowitz-Moellendorff, Ulrich von (1848–1931), Altphilologe, seit 1896 an der Berliner Universität 19
Wilbrandt, Adolf von (1837–1911), Schriftsteller und Theaterleiter 363
Wildenbruch, Ernst von (1845–1909), Schriftsteller 363
Wilhelm I. (1797–1888), seit 1861 König von Preußen und seit 1871 deutscher Kaiser 19, 23, 25, 32, 41, 53, 55, 116, 122, 138, 147, 186, 191, 250, 253, 254, 310, 311, 327, 374, 375, 376, 377, 380
Wilhelm II. (1859–1941), 1888–1918 deutscher Kaiser und König von Preußen 19, 20, 23, 24, 31, 147, 200, 236, 237, 238, 239, 244, 248, 249, 360, 377, 378, 379, 380, 384

Wille, Bruno (1860–1928), Schriftsteller und Philosoph 346, 347, 348, 349
Windhorst, Ludwig (1812–1891), Jurist, Führer der katholischen Zentrumspartei, MdR 1871–1891 17–18, 54, 58
Wirth, Max (1822–1900), volkswirtschaftlicher Schriftsteller 114
Wittig, Friedrich (geb. 1854), Maler und Zeichner 293, 303
Wöhlert, Johannes Friedrich (1797–1877), Maschinenbaufabrikant 109
Wolff, Hermann (1845–1902), Komponist und Musikagent 198, 199, 202
Wolff, Wilhelm (1816–1887), Bildhauer 218, 219
Wolzogen, Ernst Ludwig Freiherr von (1855–1934), Schriftsteller 172
Woworski, Anton (1834– 1910), Sänger, Mitglied der Berliner Hofoper 1859 bis 1874 203
Wrangel, Friedrich Heinrich Ernst Graf von (1784–1877), preußischer Generalfeldmarschall 31, 248
Wüllner, Franz (1832–1902), Dirigent 199
Wustmann, Gustav (1844–1910), Schriftsteller und Bibliothekar *165–166*

Yorck von Wartenberg, Hans David Ludwig Graf (1759–1830), preußischer Feldmarschall 248

Zeller, Eduard (1814–1908), Theologe, Philosoph, seit 1872 an der Berliner Universität 131
Zobeltitz, Fedor von (1857–1934), Schriftsteller *231–232,*
Zola, Émile (1840–1902), französischer Schriftsteller 171
Zur Westen, Walter von (geb. 1871), Kunsthistoriker *365–366*

Abbildungsnachweis

Leihgeber

Archiv für Kunst und Geschichte Berlin: 56, 144, 157, 201, 276/277
Berlin Museum: 26/27, 30, 323
Bildarchiv Preußischer Kulturbesitz: 33, 35, 45, 64/65, 97, 105, 127, 214/215, 232, 234, 235, 238, 258, 285, 303, 337
Brandenburgisches Landesamt für Denkmalpflege, Meßbildarchiv: 284
Landesbildstelle Berlin: 29, 78, 253, 296, 297, 351
Märkisches Museum: 36, 40, 69, 71, 72, 81, 96, 119, 170, 210, 217, 224, 225, 231, 289, 293, 298, 310, 357
Stadtbibliothek Wien: 206

Publikationen

Christian Wilhelm Allers, Spreeathener, Berlin 1889: 112, 379
Das alte Berlin. Hrsg. von Wolfgang Schwarze, Wuppertal 1976: 50/51
Berlin. 800 Jahre Geschichte in Wort und Bild, Berlin 1980: 43
Berlin einst und jetzt. Unveränderter Nachdruck der Auflage von 1926, Frankfurt am Main 1980: 54
Berlin. Von den Gründerjahren zur Weltstadt. Holzstiche von 1870–1900, Berlin 1987: 270/271, 282
Berlin um 1900. Ausstellungskatalog, Berlin 1984: 376
Die Berliner von der Gründerzeit bis 1900: 300/301
Berliner Leben 1870–1900. Hrsg. von Ruth Glatzer, Berlin 1963: 44, 228, 233
Berliner Leben. Zeitschrift für Schönheit und Kunst, Jg. 1898: 183, 221, 338/339, 373
Berliner Wespen, 23. Juni 1871: 86
Janos Frecot, Berlin 1870–1910, München/Luzern 1981: 47, 152/153, 382/383
Ernst Friedel. Die Deutsche Kaiserstadt. Berlin und Leipzig 1982: 91
Das Narrenschiff. Blätter für fröhliche Kunst, Heft 6/1898: 307; Heft 13/1898: 77; Heft 17/1898: 321; Heft 35/1898: 163; Heft 3/1899: 371
Wolfgang Schneider, Berlin. Eine Kulturgeschichte in Bildern und Dokumenten, Leipzig und Weimar 1980: 245
Ingeborg Weber-Kellermann, Frauenleben im 19. Jahrhundert, München 1983: 241
Irmgard Wirth, Berlin 1650–1914, Hamburg 1979: 189